상법총칙 · 상행위법

[제2판]

유 시 창 저

法 文 社

제2판 머리말

본서는 초판의 머리말에서 이미 밝혔듯이 상법을 공부하는 학생들과 상법에 관심을 가진 일반인들을 위한 필수적이고 기본적인 내용을 서술한 간결하고 쉬운 기본서로서의 기능과 역할에 주안점을 두고 쓰여진 것이다. 본서를 출간하여 강의교재로 사용하는 동안 학생들로부터 간결한 내용은 좋으나 그 간결함이 오히려 이해를 어렵게 하는 경우가 있다는 지적을 받기도 하였고, 상법을 간결하면서도 쉬운 내용으로 전달하고자 한 저자의 의도가 지나친 욕심이거나 저자의 능력이 미치지 못한 탓임을 깨닫기도 하였다.

제2판을 출간함에 있어서 저자는 상법과 관련된 문제를 해결하기 위한 실마리를 제공하고 생각하는 힘을 길러 줄 수 있는 기본적 내용을 가진 적절한 분량의 기본서라는 본서의 저술 목표는 그대로 남겨 두고자 하였다. 이에 따라 제2판에서는 초판의 간결한 서술이라는 방침을 가급적 그대로 유지하면서도 이해하기 쉬운 친절한 설명이라는 새로운 서술방침을 세우고 적지 않은 부분을 고치고 다듬어 보충하였다. 제2판이 저자의 이러한 저술의도에 꼭 부합한다고 하기에는 적지 않은 아쉬움이 있지만, 향후 법조 실무계와 학계의 고견을 받아들여 겸허한 마음으로 지속적으로 보완해 나갈 것을 다짐하면서 본서를 출간하게 되었다.

출판시장의 어려운 여건을 무릅쓰고 초판이 출간된 지 2년여밖에 되지 않았음에도 불구하고 제2판의 출간을 흔쾌히 수락하여 준 법문사 사장님과 초판에 이어서 제2판에서도 빈틈없이 꼼꼼하게 편집작업을 하여준 김용석 과장님 그리고 제2판의 출간업무를 차질 없이 수행하여 준 정해찬씨에게도 깊이 감사드린다.

끝으로 항상 저자에게 성실함을 일깨워 주시는 부모님과 격려를 아끼지 않는 가족들에게도 고마운 마음을 전한다.

2015년 1월
유 시 창

머 리 말

본서는 저자가 작년에 출간한 주식회사법에 이은 상법에 관한 해설서이다. 저자는 전문적인 법률연구자를 위하기보다는 상법을 공부하는 학생들과 상법에 관심을 가진 일반인들로 하여금 상법에 대한 기본적인 이해를 돕기 위한 목적에서 이 책을 쓴 것이므로 상법전의 상법총칙편과 상행위편에 관하여 꼭 알아야 할 필수적이고 기본적인 내용만을 이해하기 쉽도록 담아 보려고 노력하였다. 이러한 집필의도에서 벗어나는 지나치게 이론적인 주장과 학설은 과감히 생략하는 한편 수험목적에 맞추어진 세밀한 제목 등은 가급적 붙이지 않았으나 상법이 정하고 있는 상행위의 여러 모습과 그에 관련된 상법의 규정을 구체적인 경우에 법원은 이를 어떻게 해석하는지를 보여주기 위하여 대법원의 판결을 적지 않게 소개하였다. 다만 아쉬운 것은 본서가 기본 해설서로서의 기능과 역할에 주안점을 두고 있음에 따라 꼭 필요한 경우에도 대법원 판결의 전문이 아니라 그 요지만을 소개하는 데 그칠 수밖에 없었다는 점이다.

상법의 총칙편과 상행위편은 비교적 단순한 구조를 가지고 있다고는 하나 이 부분에 관한 명확한 이해는 상법전의 다른 부분을 이해하는 데 가장 기본이 된다고 할 것이므로 구체적인 법률의 규정을 다른 법률과 관련하여 어떻게 해석하고 이해하여야 할 것인지를 명확히 하기 위하여 애썼고 아울러 본서를 읽어가면서 스스로 생각함으로써 법률의 규정을 해석할 수 있는 힘을 기르도록 하기 위하여 지나치게 친절한 설명은 의도적으로 피하려고 하였다. 특히 독자들의 이해를 돕기 위하여 사례문제를 본서 말미에 첨부하여 보았으나 독자들이 본서를 읽고 스스로 자신의 생각을 정리해 보도록 하기 위하여 해설은 별도로 붙이지 않기로 하였다.

본서는 저자의 강의안을 토대로 교과서로서 꼭 갖추어야 할 내용을 첨삭하여 저술되었기에 혹시 다른 분들의 주장과 이론을 소개하고 인용함에 있어서 누락되거나 정확하지 못한 부분이 있을까 염려되기도 하는데 이 자리를 빌어 미리 너그러운 양해를 구하고자 한다. 또한 혹시라도 본서의 미흡하고 오류가 있는 부분은 향후에 법조 실무계와 학계의 고견을 받아들여 겸허한 마음으로 보안해 나가기로 내심 다짐하면서 이 책을 세상에 내놓게 되었다.

본 개정판을 출간함에 있어서 어려운 출판여건에서도 흔쾌히 출간을 수락하여 준 법문사 사장님과 꼼꼼하게 편집하여 준 김용석 과장님 그리고 정해찬 씨에게 깊이 감사드리고 또한 본서를 출간함에 있어서 올해 사법연수원에 입소하게 되어 예비법조인의 길을 걷게 된 이우중군의 꼼꼼한 교정이 적지 않은 도움이 되었다.

끝으로 항상 저자를 곁에서 헌신적으로 격려하여 준 가족들에게도 고마움을 표한다.

2013년 1월 1일

유 시 창

차　　례

제 1 편　서　　론

참고문헌 및 법령 약어표

■ 참고문헌

강위두/임재호	상법강의(상) 3전정판 형설출판사, 2009
김정호	상법총칙 상행위법 법문사, 2008
서돈각 · 정완용	상법강의(상) 법문사, 1999
손주찬	상법(상) 제15보정판 박영사, 2004
송상현 · 박익환	민사소송법 신정 6판 박영사, 2011
송옥렬	상법강의 홍문사, 2011
신현윤	상법총칙 · 상행위편 해설 법무부, 2012
안강현	상법총칙 상행위법 제3판 박영사, 2011
이기수 · 최병규	상법총칙 상행위법 제7판 삼영사, 2010
이철송	상법총칙 상행위법 제10판 박영사, 2011
임홍근	상법(총칙 · 상행위) 법문사, 2001
정동윤	상법(상) 법문사, 2003
정찬형	상법강의(상) 박영사, 2012
지원림	민법강의 제8판 홍문사, 2010
채이식	상법강의(상) 개정판 박영사, 1996
최기원	상법학신론(상) 제19판 박영사, 2011
최준선	상법총칙 상행위법 제7판 삼영사, 2011

■ 법령

가맹사업법	가맹사업거래의공정화에관한법률
공사채법	공사채 등록법
근기법	근로기준법
담신법	담보부사채신탁법
독점규제법	독점규제및공정거래에관한법률
대부업법	대부업등의등록및금융이용자보호에관한법률
민	민법
민소법	민사소송법
민집법	민사집행법
부정경쟁법	부정경쟁방지및영업비밀에관한법률
비송법	비송사건절차법
상	상법

시행령	상법시행령
수	수표법
신보법	신용보증기금법
약관법	약관규제에관한법률
어	어음법
여신법	여신전문금융업법
자본시장법	자본시장과금융투자업에관한법률
외감법	주식회사외부감사에관한법률
한은법	한국은행법
헌	헌법
회생법	채무자회생및파산에관한법률

제 1 편 서 론

제1장 상법의 의의

1. 상법의 개념 구분

상법이 어떠한 법률인지를 알기 위해서는 형식적 측면과 실질적 측면에서 파악해 볼 필요가 있는데, 전자는 시대의 변천과 사회의 변동에 따라 변화하면서 상법전의 형식으로 존재하는 법률을 의미하고, 후자는 상법, 어음법, 수표법, 보험법, 은행법, 자본시장과 금융투자업에 관한 법률 등과 같이 실질적으로 상인의 영리적인 기업 활동을 규율하는 모든 법률을 의미한다.

상법은 사회구성원 간의 생활관계에 관한 법률이라는 점에서 민법과 함께 사법(私法)의 영역에 속하고, 사회구성원의 범죄와 그에 따른 국가 형벌권의 행사에 관한 법률인 형사법이나 국가기관의 공공적인 활동에 관한 법률인 행정법 등과 같이 국가와 사회구성원의 관계를 규율하는 공법(公法)과 구별된다.

그러나 민법은 사회구성원의 개인적(사적) 생활관계의 전반을 일반적으로 규율하는 법률인데 반하여, 상법은 사회구성원의 개인적(사적) 생활관계 중 영리적인 기업활동에 관하여 규율하는 법이기 때문에 상법은 민법과 다르고 이런 점에서 민법과 상법은 일반법과 특별법의 관계에 있다고 할 수 있다.

2. 형식적 의의의 상법

형식적 의의의 상법은 "상법(商法)"이라는 명칭으로 제정된 성문법규인 상법전을 의미하는데, 이러한 형식적 의미의 "상법"은 거의 대부분이 사법적 규정으로 이루어져 있으나, 입법상의 필요에 따라 공법적 성질의 규정을 일부 포함하기도 하고 실제로는 상법의 내용에 포함되었어야 하는 내용이 별도의 법률에 규정되어 있는 경우도 있다.

상법에는 형벌에 관한 규정(상 622조 내지 637조의2 등)이나 소송에 관한 규정(상 186조 내지 190조 등) 등이 있는가 하면, 상법에 규정되어야 할 내용이 은행법, 보험업법 등과 같이 특별법의 형식으로 별도의 법률로서 존재하고 있기도 하다.

우리나라의 현행 상법전은 1962년 1월 20일 법률 제1000호로 공포되어 1963년 1월 1일부터 시행되어 오고 있으며, 제1편 총칙, 제2편 상행위, 제3편 회사, 제4편 보험, 제5편 해상 그리고 제6편 항공운송으로 구성되어 있는데 그동안 수차례의 개정절차를 겪어 왔다.

상법 제1편 상법총칙에서는 상법의 적용대상과 그 행위주체인 상인의 의미, 상인의 영업을 위한 인적 요소로서 상업사용인을, 물적 요소로서 상호, 상업 장부, 상업등기 등을 그리고 상인의 영업 변경으로서 영업의 양도에 관하여, 제2편 상행위에서는 상행위의 의미와 전형적인 상행위 및 그러한 상행위에 따른 법률관계에 관하여, 제3편 회사에서는 전형적인 상인으로서 상법상 인정되는 회사의 종류에 따른 각 회사의 모습과 조직 그리고 그 운영에 관한 법률관계에 관하여, 제4편 보험에서는 보험계약의 내용과 효과에 관하여, 제5편 해상에서는 해상운송에 따른 법률관계에 관하여, 제6편 항공운송에서는 항공운송에 따른 법률관계에 관하여 각기 규정하고 있다.

상법전은 1991년 12월 31일에는 보험편이, 2007년 8월 3일에는 해상편이, 2010년 5월 14일에는 상법총칙과 상행위편에 대한 대폭적인 개정이 있었고, 2011년 4월 14일에는 회사편에 관한 대폭적인 개정과 상행위편에서 합자조합에 관한 규정을 신설하는 개정이 있었으며, 2011년 5월 23일에는 상법에 제6편으로 항공운송편이 신설되었다. 또한 2014년 3월 11일에는 보험편의, 같은 해 5월 20일에는 회사편의 일부개정이 있었다.

3. 실질적 의의의 상법

실질적 의의의 상법을 이해하기 위해서는 상법의 규율대상인 "상(商)"이라는 개념을 우선적으로 이해하여야 한다. 원래 "상"이라는 개념은 생산자와 소비자의 중간에 개입하여 유형적인 재화의 전전유통을 매개하는 행위를 일컫는 말로서 경제학에서 사용되어 왔다.

상법의 규율대상인 "상"이라는 개념도 최초에는 경제학상의 "상"의 개념과 대동소이하였으나, 사회가 다변화되어 복잡하여지고 경제가 발달하여 각 분야별로 전문화됨에 따라 "상"행위와 직접적으로 또는 간접적으로 밀접한 관계를 가지고 있는 다양한 형태의 행위들, 예컨대 물건운송업, 은행업, 손해보험업, 창고업, 중개업 및 생명보험업 등 무수히 많은 다양한 업무영역이 발생하게 되었다. 이에 법학은 기존의 경제학상의 "상"의 개념과는 다른 별개의 "상"의 개념을 필요로 하게 되었고, 견해의 다툼이 있기는 하지만 일반적으로 "상"의 개념을 행위의 영리성과 계속성 그리고 행위주체의 독립성을 본질로 하는 기업적 생활관계로 파악하는 한편 실질적 의미의 상법을 "기업적 생활관계를 규율하는 법률"로 이해하고 있다.[1)]

1) 이철송 7면, 정찬형 6면, 최준선 11면.

상법에 있어서 "상"의 개념에 대한 통일적 파악을 부정하는 견해가 있는가 하면 이를 긍정하는 견해도 구체적인 개념의 내용에 관하여는 (1) 경제적 의미의 "상"이 법률적 의미의 "상"이라는 견해, (2) "상"의 본질을 매개행위로 파악하는 견해, (3) "상"의 본질을 집단적 거래행위로 파악하는 견해, (4) 일반사법의 법률사실 가운데 상인적 색채를 가진 행위로 파악하는 견해, (5) 생활관계의 실질에 주목하여 기업적 생활관계라는 견해 등이 있으나 이를 구별하여 따질 실익은 그렇게 크지 않다고 생각된다.

제2장 상법의 지위

1. 민법과 상법의 관계

가. 민법의 특별법으로서의 상법

상법은 사회구성원의 사법적 생활관계 중에서 기업적 생활관계를 규율 대상으로 하기 때문에 사법적 생활관계를 일반적으로 규율하는 민법에 대하여 특별법적 지위에 있다고 할 것인데, 상법은 일반법인 민법의 규정만으로는 불충분하거나 부적당한 부분만을 상법에서 규율하는 방식을 취하고 있다.

즉, 상법은 민법의 특별법으로서, ① 민법의 규정을 보충(상 1조)하고, ② 민법의 규정을 변경(상 54조, 59조, 64조 등)하거나 혹은 ③ 독자적 입장에서 별개의 제도를 창설(상18조, 29조, 34조 등)하는 방식으로 규정하고 있다.

나. 상법의 자주성

상법과 민법은 매우 밀접한 관계를 가지고 있으므로 그 한계를 명확하게 구분할 수 있는 것은 아니어서 과연 상법이 민법으로부터 자주적으로 존재하는가의 문제가 대두되기도 한다. 이러한 상법의 자주성은 실질적 자주성의 문제로서 민법에 속해 있던 내용이 상법의 내용으로 편입되기도 하고, 반대로 상법의 내용이었으나 차츰 보편화되어 민법의 내용으로 규정되기도 하는 이른바 민법의 상화현상(民法의 商化現狀)과 형식적 자주성의 문제로서 민법과 상법을 단일법전으로 하고자 하는 민상법통일론(民商法統一論)이 제기되기도 한다.

그런데 민법의 상화현상이 발생하는 주된 원인은 민법과 상법이 규율하는 내용이 사회구성원의 사법적 생활관계라고 하는 공통점이 있기 때문인데, 고도로 발전하고 변화하는 자본주의 경제체제에서의 생활관계는 그것이 사회구성원의 일반적인 생활관계일지라도 합리주의를 바탕으로 하는 상인의 기업적 생활관계와 점차 유사해질 수밖에 없게 된 때문이므로 이러한 민법의 상화현상을 제도의 합리적이고도 자연스런 보편화현상으로서 이해하면 될 것이고 이것을 이유로 상법의 자주성이 침해된다고 할 수는 없을 것이다.

또한 과거에 일부 국가에서 민상법통일론에 따른 입법례가 있기도 하였으나, 기본적으로 민법과 상법을 왜 통일법전에 규정하여야 하는가에 대한 설득력 있는 논거가 없다는 점에서 이를 이유로 상법의 자주성을 부인할 이유도 없다고 할 것이다.

2. 노동법과 상법의 관계

상법의 규율대상인 사회구성원의 기업적 생활관계는 일반적으로 인적, 물적 설비를 통하여 이루어지는데, 인적 설비의 가장 중요한 부분은 기업의 주체인 상인의 기업활동을 보조하는 자들이다.

상인의 기업활동을 보조하는 행위는 대외적으로는 상인을 위하여 제3자와 법률행위는 하는 대리관계로 나타나고, 대내적으로는 상인을 위하여 노무를 제공하는 고용관계로 나타난다. 전자의 경우에는 상인의 대외적인 기업활동 과정에 따르는 거래관계라고 할 것이므로 상법이 규율하는 영역에 속하고, 후자의 경우에는 대내적인 근로제공행위와 관련된 고용관계로서 근로자의 생활이익의 보호라는 사회정책적 관점에서 사용자와 근로자 사이의 법률관계를 규율하는 노동법이 규율하는 영역에 속하게 될 것이다.

3. 경제법과 상법의 관계

19세기 후반 이래 기업의 집중과 독점화 경향이 심화되던 중, 제1차 세계대전 이후 각국은 경제적 위기에 직면하게 되었고 급기야 많은 국가에서는 개인들의 경제생활에 대하여 국가가 통제하고 간섭을 하게 되었는데, 이러한 통제에 관한 법률들을 통칭하여 통제경제법 또는 일반적으로 경제법이라고 부르고 있다.

상법은 주로 사회 구성원의 기업적 생활관계에서 발생하는 이해관계를 규율하는 것을 내용으로 하는 법인데 반하여, 경제법은 이러한 사회구성원의 기업적 생활관계에서 발생하는 부작용을 최소화하여 전체로서 국민경제의 발전과 조화를 꾀하려는 법이라는 점에서 상법과 구별된다고 할 것이다.

4. 어음법 · 수표법과 상법의 관계

어음이나 수표는 유가증권으로서 그 발행이나 유통을 상거래행위의 일부로서 파악하여 이를 규율하는 어음법과 수표법이 실질적인 상법에 속한다고 주장하는 경우도 있을 수 있으나, 어음법 · 수표법은 독립된 단행법으로 존재하고 있고, 또한 어음 · 수표는 상인의 기업 활동이나 상거래와 관계없이 이용되기도 하는 등, 어음법 · 수표법[2]은 그 형식적 측면이나 실질적인 측면을 고려하더라도 상인의 기업적 생활관계를 규율하는 상법의 일부라고 하기보다는 상법과 다른 독자적인 법영역을 구성한다고 하여야 할 것이다.

2) 어음법과 수표법은 1962년 1월 20일 제정되었고, 2010년 3월 31일 전면적으로 개정되었으나 법문의 용어 등이 한글화되었을 뿐이고 그 내용은 변경된 것이 거의 없다.

제3장 상법의 특성

상법이 다른 법과 구별되는 독자적인 영역을 구축하였는지를 알기 위해서는 상법이 가진 특성을 파악해 볼 필요가 있고, 이러한 특성은 상법이 추구하는 기본이념을 살펴보면 명확해진다고 할 것이다.

1. 상법의 기본이념

가. 기업의 유지

(1) 기업 활동의 보장

상법은 기업이 자유롭게 영업활동을 할 수 있도록 영업의 자유를 보장하는 한편, 자본의 조달과 집중을 손쉽게 하기 위한 많은 규정을 두고 있다. 즉 ① 기업이 존립할 수 있는 기본적 조건으로서 영업의 자유를 보장하기 위하여 회사 설립에 있어서 준칙주의를 취하고 있으며, ② 자본집중을 촉진하기 위하여 익명조합(상 78조 이하)과 회사의 합병(상 174조) 등을 인정하고, 회사의 구성원들이 부담할 책임을 제한하거나(상 287조의7, 331조, 553조), 그 지분의 양도를 원활히 할 수 있도록 하는(상 329조, 355조) 등 많은 규정을 두고 있다.

(2) 기업 존속의 보장

상법은 기업의 존속을 보장하기 위하여 영리성을 보장하고, 독립성을 확보하도록 하며, 자본의 충실을 꾀하고, 자금조달의 원활화를 기할 수 있도록 규정하고 있다. ① 영리성을 보장하기 위한 제도로서 민법과 달리 상인에게 보수청구권(상 61조)과 법정이자청구권(상 55조) 등을 인정하고, 민법보다 고율의 법정이자를 인정(상 54조)하고 있으며. ② 독립성 확보를 위하여 회사의 법인성을 인정(상 169조)하거나, 개인 기업을 위하여 상호를 인정(상 18조 이하)하고 있으며, 상업장부에 관한 규정(상 29조 이하)과 상사대리에 관한 별도의 규정(상 50조)을 두고 있고, ③ 자본의 충실을 위하여 주식회사에서는 주식발행 대금의 전액납입을 요구(상 295조, 303조, 305조, 321조, 334조)하고, 자본금의 감소를 엄격히 제한(상 438조)하고 있으며, ④ 자금조달의 원활화를 위하여 수권자본제도를 채택(상 289조, 416조)하고, 다양한 종류주식(상 344조 내지 351조)을 인정하며, 사채제도(상 469조 이하) 등을 인정하고 있다.

(3) 기업 해체의 방지

상법은 기업의 해체를 방지하기 위하여 영업양도(상 41조 이하)를 인정하고 있고, 상호의 양도를 제한하며(상 25조 1항), 회사의 계속(상 229조 1항, 269조, 519조, 619조 1항)이라는 제도를 두고 있다. 또한 회사의 조직변경을 인정하고(상 242조, 286조, 604조, 607조 등), 회사구성원의 결의에 의한 해산을 엄격하게 규정하고 있으며(상 227조 2호, 269조, 518조, 609조 2항 등), 나아가 회사의 합병(상 174조)이나 주식회사에 있어서 회사의 분할제도(상 530조의2 이하) 등을 마련하여 기업들이 해체를 하는 대신에 필요에 따라 그 모습을 변경하여 지속할 수 있도록 하고 있다.

나. 거래안전의 확보

(1) 공시주의

상법은 공시주의를 통하여 거래의 상대방이 일정한 정보를 알 수 있도록 하기 위하여 상업등기제도를 마련하여 상호(상 18조 이하), 지배인의 선임과 해임(상 13조), 회사의 설립(상 180조), 해산(상 228 조), 주식회사의 자본증감(상 317조 2항, 317조 3항 등) 등 거래 관계에 있어서 중요한 사항을 모두 등기하도록 하고 있다.

(2) 외관주의

외관주의란 거래과정에서 나타난 외관이 진실과 합치하지 않을 경우, 외관을 신뢰하고 거래한 일반 대중을 보호함으로써 거래의 안전을 도모하고자 하는 것을 말하는데, 영미의 "금반언의 법리" 혹은 독일의 "외관이론"과 그 취지를 같이 한다.

민법은 의사주의를 원칙으로 하면서 특정한 경우에 표시주의(외관주의)로서 이를 보완하고 있는 이른바 절충주의를 취하고 있는데(민 108조, 109조, 110조), 이로 인하여 외관보다는 진실을 존중하고 거래에 관여한 제3자의 안전보다 당사자의 안전을 보호하는데 중점을 두고 있다고 할 수 있다.

그러나 상거래에서는 거래 당사자의 개성보다는 거래의 안전과 신속이 중요시되므로, 상법은 민법과는 달리 외관주의를 기본 원리로 하는 많은 규정을 두고 있다(상 14조, 16조, 24조, 39조, 42조, 43조, 44조, 81조, 124조, 395조).

금반언이란 행위자가 일단 특정한 의사표시를 한 후에 이를 믿은 상대방의 이익에 반하여 추후에 자신의 의사에 반하는 행위나 주장을 하여서는 아니 된다는 원칙을 의미한다. 이러한 금반언의 원칙은 영미법상 법의 일반 원칙으로 인정되고 있는데, 대법원에서는 신의성실의 파생원칙으로서 해고무효의 경우(대법원 1992.1.21. 선고 91다30118 판결), 혹은 해제권의 장기간 미행사의 경우(대법원 1994.11.25. 선고 94다12234 판결) 등에서 이를 인정하고 있다.

(3) 엄격책임주의

일반적으로 상거래에 있어서는 상인의 전문적인 지식과 경험이 일반대중의 그것보다는 우월하다고 할 것이므로 상인의 의무 및 책임을 일반대중의 그것보다 엄격히 추궁하는 것은 거래안전을 보호하는 효과적인 방안이 될 수 있다.

이를 위하여 상법은 상거래상의 책임에 있어서 연대성을 강화하고(상 57조), 상인의 주의의무를 무겁게 하거나(상 62조, 69조, 70조), 특정한 영업을 하는 상인의 책임을 가중하고(상 115조, 135조, 138조, 148조, 152조, 160조), 기업과 관련된 자에게 엄격한 책임을 부담시키고 있다(상 212조, 215조, 281조, 321조, 428조, 322조, 399조, 401조, 327조, 550조, 551조).

(4) 신속종결주의

거래에 따른 법률관계를 신속하게 확정하여 종결시키는 것은 거래의 안전에 매우 중요하므로, 상법은 법률관계를 신속하게 종결하기 위한 많은 규정을 가지고 있다(상 51조, 64조, 68조, 121조, 146조, 147조, 166조, 67조, 109조, 142조, 165조).

모든 법률은 그 제정목적을 통하여 법률이 지향하는 기본적 가치와 이념을 나타내고 있는데 이러한 기본적 가치와 이념은 우리 사회가 지향하는 가치와 그러한 가치를 구현하고 유지하기 위한 수단으로서 법률의 역할을 음미하고 또한 법률의 내용을 종합적이고 합목적적으로 평가함으로써 알 수가 있다. 이러한 법률의 이념과 가치는 그 법률이 가지는 규정의 해석을 위한 기본방향을 제시한다는 점에서 이를 따지는 실익이 있다고 할 것이다.

2. 상법의 경향

가. 상법의 진보적 경향

상법은 기업적 생활관계를 규율대상으로 하므로 윤리적 색채보다는 기술적인 색채가 강하고 사회의 변화와 경제의 발전에 따라 역동적으로 발전하는 기업의 모습에 따라 끊임없이 진보, 발전하는 경향이 있다. 상법이 민법 등 다른 법률보다 비교적 자주 개정되고 있는 것도 이러한 상법의 특성을 반영한 결과라고 할 것이다.

나. 상법의 세계화 경향

오늘날의 거래관계는 경제적 합리주의를 기초로 하게 되므로 자본주의적 경제체제를 유지하는 대부분의 국가에서는 그 거래방식이 유사하게 되는 경향이 있다. 더구나 국제간의 교류와 거래가 양적으로 확대되고 질적으로 복잡해지는 오늘날에 있어서는 상거래를 규율하는 법규인 상법의 세계적 통일이 절실히 요구되는 단계에 이르렀다고 할 것이다.

이에 따라 유엔 등 많은 국제기구에서는 조약 등을 통하여 이를 위한 노력들을 지속적으로 해 오고 있고,[1] 이러한 과정을 통하여 상법은 자연스럽게 세계화의 경향을 띠게 된다.

---

1) 정부간조직으로서 유엔국제상거래법위원회(the United Nations Commission on International Trade Law: UNCITRAL)의 유엔국제물품매매협약(the United Nations Convention for Inernational Sales of Goods), 비정부조직으로서 국제상업회의소(International Chamber of Commerce: ICC)의 국제상거래조건(International Commercial Terms: Incoterms), 화환신용장통일규칙 등이 대표적이라고 할 것이다.

제4장 상법의 법원

1. 법원의 의의

법원이란 법이 존재하는 형식을 말하는데, 상법의 법원은 상법전으로만 존재하는 것이 아니라 널리 상사관계를 규율하는 여러 제정법 그리고 상관습 기타 여러 형식으로 존재하게 된다.

상법 제1조는 "상사적용법규"라는 표제 하에 "상사에 관하여 본법의 규정이 없으면 상관습에 의하고 상관습이 없으면 민법의 규정에 의한다"라고 규정하고 있다. 그러나 상사관계에 적용할 법규로서 상법의 법원은 이에 한정되는 것이 아니라고 할 것이므로 이 규정은 단지 상관습법의 법원성을 밝히고 상관습법의 적용순서를 규정하고 있는 것일 뿐이고 이 규정이 상법의 법원을 일반적으로 규정하거나 민법을 상법의 법원으로 인정한 것은 아니라는 것이 일반적 견해이다.[1]

그런데 상법 제1조에서 말하는 "상사관계"의 의미에 관하여 이를 형식적으로 파악하여 상법전 또는 상법과 관련된 특별법에 의하여 상법전이 적용되기로 한 법률관계를 의미한다고 해석하면서 상법전이 적용되는 법률관계에 한하여 상법 제1조를 적용하려는 견해도 있으나, 상사관계를 실질적으로 파악한다면 개인 간의 법률관계 중에서도 영리성과 기업성을 내용으로 하는 생활관계에 관한 법률관계를 의미한다고 할 것이므로, 설령 상법전이 적용되지 아니하는 법률관계라고 하더라도 실질적 의미에서 상사관계라면 상법 제1조를 적용하여야 할 것이다.

2. 법원의 종류

상사관계를 규율하는 규범은 여러 모습으로 존재하게 되는데 이를 구체적으로 보기

1) 이기수·최병규 55면, 이철송 29면.

로 한다.

가. 상사제정법

상사제정법에는 상법전, 상사특별법령, 상사관련조약[2] 등이 있다.

앞서 본 바와 같이, 상법 제1조는 상사관계에 적용할 법원의 하나로 민법을 열거하고 있으나, 민법을 사법의 일반법으로 이해하고 상법을 민법에 대한 사법의 특별법으로 파악하는 한, 민법은 상법의 법률영역인 영리성과 기업성을 내용으로 하는 생활관계를 규율하고 있다고 할 수 없기 때문에 일반적으로 민법을 상법의 법원으로 보고 있지는 않다고 할 것이다.[3]

헌법에 의하여 체결·공포된 조약과 일반적으로 승인된 국제법규는 국내법과 동일한 효력을 갖게 되므로(헌 6조 1항), 상사에 관한 조약과 국제법규는 국내법 즉 상사특별법으로서의 효력을 갖게 된다.

조약으로는 우리나라가 특정국가와 체결한 조약(예컨대 FTA 등)뿐만 아니라, 다수 국가 간에 체결된 조약(예컨대 국제물품매매계약에 관한 UN협약, 외국중재판정의 승인 및 집행에 관한 뉴욕협약, 국제항공운송에 관한 바르샤바 협약 등)을 포함하지만, 단지 조약의 내용상 체약국에 일정한 내용의 법규를 제정할 의무를 지우는 데 지나지 않는 조약(예컨대 어음법 통일조약 등)은 그에 따라 별도의 법규를 제정하지 않는 한 그 조약만으로는 상법의 법원이 될 수 없다.

나. 상관습법

관습법은 자연적으로 성립된 관행 또는 관례가 사회 일반의 법적인 확신을 받아 규범화된 것을 의미하고, 단순히 생활관계에서 성립한 관행으로서 사회 일반인으로부터 규범이라는 법적 확신을 인정받지 못한 관습 이른바 사실인 관습과 관습법은 구별된다.

기업 활동은 거래의 편의와 효율을 위하여 정형적이고 반복적인 경향을 띠게 되므로

---

2) 유엔국제물품매매협약(the United Nations Convention for Inernational Sales of Goods), 국제민간항공협약, 유류오염손해에 대한 민사책임에 관한 국제조약, 공업소유권의 보호를 위한 파리조약, 외국중재판정의 승인 및 집행에 관한 뉴욕협약 등.

3) 상법이 명시적으로 민법의 규정을 준용하는 경우가 있고, 이런 경우에 민법의 규정이 상사관계에도 적용된다는 점을 주장하면서 민법을 상법의 법원으로 보는 견해(강위두/임재호 37면, 임홍근 36면)가 있으나, 상법이 민법의 규정을 준용하는 것은 민법이 규율하는 개인의 일반적인 생활관계와 상법이 규율하는 영리성에 터잡은 기업적 생활관계를 동일하게 규율하더라도 무방한 경우에 중복적 규정을 피하기 위하여 민법의 규정을 상법에 적용할 뿐이므로 이를 이유로 민법이 상법의 법원이라고 할 수가 없다고 할 것이다(이철송 31면, 최준선 45면, 정찬형 35면).

일반 거래과정보다는 상사거래 과정에서 일정한 관행이나 관습이 쉽게 형성되는데, 이러한 상관습은 때로는 입법을 통하여 명문화되기도 하고,[4] 재판과정에서 판결에 의하여 그 존재가 확인되어 상관습법으로서 상사관계를 규율하는 법원이 되기도 한다.

한편 사실인 상관습은 거래관계를 지배하는 사실상의 관행으로 존재하지만 일반적으로 법규범으로서의 법적 확신이 있다고 볼 수 없으므로 그것을 법원이라고 하기보다는 단지 당사자의 의사표시를 해석하는 자료로서의 의미를 갖는다(민 106조)고 하는 것이 타당할 것이다. 다만 기업활동과 관련하여 인정되는 구체적인 상관습이 상관습법인지 아니면 사실상의 관습에 그치는 것인지 여부는 결국 소송과정에서 법원에 의하여 상사관계를 규율하는 규범으로서 인정되는지 여부에 따라 판별될 것이고 그러한 의미에서 상관습법과 사실인 상관습은 구별된다고 할 것이다.

그런데 일부 견해는 상관습도 상관습법에 포함된다거나 또는 양자의 구별이 모호하다거나 혹은 구별을 인정하면서도 사실인 상관습도 임의규정에 우선하여 의사표시해석의 기준이 되므로(민 106조) 굳이 양자를 구별할 실익이 없다고 주장하기도 한다.[5]

대법원은 상관습법과 사실인 상관습을 구별하는 입장을 취하고 있는데, 이렇게 상관습법과 사실인 상관습을 구별하는 입장에서는 상관습법의 경우에는 법원이 당사자의 주장과 입증에 관계없이 직권으로 적용하여야 하고 또한 이에 위반하는 판결에 대하여는 상고이유가 될 수 있으며, 또한 상법의 강행규정에 위반하여서도 존재할 수 있다고 주장하게 된다.

대법원 1983.6.14. 선고 80다3231 판결[6]

관습법이란 사회의 거듭된 관행으로 생성한 사회생활규범이 사회의 법적 확신과 인식에 의하여 법적 규범으로 승인·강행되기에 이르른 것을 말하고, 사실인 관습은 사회의 관행에 의하여 발생한 사회생활규범인 점에서 관습법과 같으나 사회의 법적 확신이나 인식에 의하여 법적 규범으로서 승인된 정도에 이르지 않은 것을 말하는 바, 관습법은 바로 법원으로서 법령과 같은 효력을 갖는 관습으로서 법령에 저촉되지 않는 한 법칙으로서의 효력이 있는 것이며, 이에 반하여 사실인 관습은 법령으로서의 효력이 없는 단순한 관행으로서 법률행위의 당사자의 의사를 보충함에 그치는 것이다.

법령과 같은 효력을 갖는 관습법은 당사자의 주장 입증을 기다림이 없이 법원이 직권

4) 어음법이나 수표법에 규정된 백지어음(어 10조), 백지수표(수 13조), 백지배서(어 13조 2항, 수 16조 2항) 등은 이러한 상관습이 입법을 통하여 명문화된 것이라 할 수 있다.

5) 손주찬 37면, 정찬형 40면.

6) 이 판결은 상관습법에 관한 것이 아니라 민법상의 관습법에 관한 것이지만 관습법과 사실인 관습에 관한 대법원의 태도가 잘 정리된 판결이라고 생각된다.

으로 이를 확정하여야 하고 사실인 관습은 그 존재를 당사자가 주장 입증하여야 하나, 관습은 그 존부자체도 명확하지 않을 뿐만 아니라 그 관습이 사회의 법적 확신이나 법적 인식에 의하여 법적 규범으로까지 승인되었는지의 여부를 가리기는 더욱 어려운 일이므로, 법원이 이를 알 수 없는 경우 결국은 당사자가 이를 주장 입증할 필요가 있다.

사실인 관습은 사적 자치가 인정되는 분야 즉 그 분야의 제정법이 주로 임의규정일 경우에는 법률행위의 해석기준으로서 또는 의사를 보충하는 기능으로서 이를 재판의 자료로 할 수 있을 것이나 이 이외의 즉 그 분야의 제정법이 주로 강행규정일 경우에는 그 강행규정 자체에 결함이 있거나 강행규정 스스로가 관습에 따르도록 위임한 경우 등 이외에는 법적 효력을 부여할 수 없다.

대법원은 상인인 법인간의 계속적인 물품공급거래에 있어서 거래당사자는 특단의 사정이 없는 한 물품의 종류, 규격, 수량, 인수법인, 인수자의 직위, 성명을 기재하고 작성자의 날인을 한 인수증을 인수일자마다 개별적으로 발행한다는 것(대법원 1983.2.8. 선고 82다카1275 판결), 연불지불조건의 선박매매에 있어서 중개료의 산정은 연불에 따른 이자를 제외한 선박대금을 기준으로 한다는 것(대법원 1985.10.8. 선고 85누542 판결), 국제상거래에서 채무불이행에 대하여는 일반적으로 승인된 국제금리에 따른 지연손해금을 지급한다는 것(대법원 1990.4.10. 선고 89다카20252 판결), 신용장거래에 따른 해상화물운송에 있어서 보증도(대법원 1991.12.10. 선고 91다14123 판결) 등을 상관습으로 인정하고 있다.

다. 상사자치법

상사자치법이란 회사 등의 거래주체가 조직의 모습과 구성원의 법률관계 및 운영의 요령에 관하여 자율적으로 정한 규범을 말하며, 회사의 정관, 증권거래소의 업무 규정 등이 있다.

상법은 회사에 대하여 일정한 내용을 갖춘 정관의 작성을 요구하고 있고(상 178조, 270조, 289조, 543조), 자본시장과 금융투자업에 관한 법률은 한국거래소에 대하여 업무규정의 작성을 요구하고 있다(자본시장법 393조 1항).

상사자치법은 강행법규에 위반할 수 없지만 법률에 근거를 두고 제정되는 것이므로 그 자체가 법규성을 가진다는 것이 일반적 견해[7]이지만, 단순히 계약으로서의 성질을

7) 손주찬 38면, 이철송 34면, 정찬형 42면, 최준선 50면.

가질 뿐이라는 견해도 있다.[8)]

상사자치법이 법규로서의 성질을 갖게 된다고 해석한다면, 상사자치법은 그것을 작성한 자뿐만 아니라 그 조직의 구성원 및 기관까지도 구속하게 되고 그 내용의 의미도 법규해석의 방법으로 객관적 기준에 따라야 할 것이므로 그 내용이 강행법규, 선량한 풍속 기타 사회질서에 반하여서는 아니 될 것이다. 이처럼 상사자치법은 비록 법규로서의 성질이 있다고 하더라도 어디까지나 조직의 내부규칙이므로, 조직이 자치적으로 자유롭게 변경할 수도 있고, 이를 변경하더라도 그 조직의 동일성에는 아무런 영향이 없다고 할 것이다.

◈ 대법원 2000.11.24. 선고 99다12437 판결[9)]

사단법인의 정관은 이를 작성한 사원뿐만 아니라 그 후에 가입한 사원이나 사단법인의 기관 등도 구속하는 점에 비추어 보면 그 법적 성질은 계약이 아니라 자치법규로 보는 것이 타당하므로, 이는 어디까지나 객관적인 기준에 따라 그 규범적인 의미 내용을 확정하는 법규해석의 방법으로 해석되어야 하는 것이지, 작성자의 주관이나 해석 당시의 사원의 다수결에 의한 방법으로 자의적으로 해석될 수는 없다 할 것이어서, 어느 시점의 사단법인의 사원들이 정관의 규범적인 의미 내용과 다른 해석을 사원총회의 결의라는 방법으로 표명하였다 하더라도 그 결의에 의한 해석은 그 사단법인의 구성원인 사원들이나 법원을 구속하는 효력이 없다.

라. 보통거래약관

(1) 보통거래약관의 의의

보통거래약관이란 그 명칭이나 형태 또는 범위를 불문하고 계약의 일방당사자가 다수의 상대방과 계약을 체결하기 위하여 일정한 형식에 의하여 미리 마련한 계약의 내용을 말한다(약관법 2조 1호).

보통거래약관은 대량의 집단적인 거래를 합리적으로 신속하게 처리하기 위한 목적에서 발생하게 되었다고 할 것인데, 이를 통해서 거래관계의 내용을 명확하게 하고 거래관

8) 정동윤 30면.

9) 사단법인 대한민국 헌정회는 정관에 회장의 중임을 금지하는 규정만 두고 있을 뿐 전임자의 권위로 인하여 선임된 이른바 보선회장을 특별히 중임제한 대상에서 제외한다는 규정을 두고 있지 않고 있는데, 차기 회장 선거와 관련하여 선거권을 가진 대의원들이 보선회장을 중임제한의 대상에서 제외하기로 합의한 것에 대하여, 대법원은 "사단법인의 정관은 사원의 다수결에 의한 방법으로 임의로 해석될 수 있는 성질의 것이 아니고 그것의 규범적 의미와 내용을 법규적으로 해석하여야 한다"면서 대의원의 결의에 의한 해석은 회원들이나 법원을 구속하는 효력이 없다고 판시하였던 사건으로서 이 판결은 비록 사단법인의 정관에 관한 것이지만 정관의 자치법규성을 인정하는 법원의 태도를 엿볼 수 있다고 할 것이다.

계를 합리적으로 처리하여 당사자 사이의 분쟁을 예방할 수 있고 특정 사업자와 거래하는 상대방은 약관에 따라 동일하고 신속하게 거래할 수 있다는 장점이 있을 수 있으나, 반면에 경제적 강자인 특정사업자의 의도에 따라 경제적 약자라고 할 수 있는 다수의 거래상대방에게 불공정한 계약이 강제될 수 있다는 단점도 있다.

약관거래의 효율성과 합리성은 인정하지만 불공정성을 방지하기 위하여 이를 규제할 필요가 있다고 할 것인데, 그 규제방법으로는 약관의 규제에 관한 법률과 같이 약관의 내용을 법률로 규제하거나(입법적 규제), 보험약관에 대한 금융위원회의 인가 혹은 공정거래위원회의 표준약관 심사 등과 같이 행정관청의 인가 내지는 심사를 받도록 하는 등 행정력에 의하여 그 내용을 통제하거나(행정적 규제), 혹은 약관의 해석과 관련한 다툼에 대하여 법원이 판결을 통하여 이를 해결하는 것과 같이 사법적 해석에 의한 규제가 있다(사법적 규제).

(2) 보통거래약관의 법원성

보통거래약관의 본질에 관하여는 약관이 당사자 사이에서 효력을 갖고 구속력을 갖는 근거가 무엇인가, 나아가 이를 상법의 법원으로서 인정할 것인가의 문제가 있는데, 이를 긍정하는 입장에서는 (1) 약관을 감독관청의 인가를 받음으로써 법 규범성을 갖게 되는 일종의 자치법규로 보거나(규범설), (2) 약관의 효력이 인정되는 근거를 특정거래관계에 있어서 인정되는 상관습법이라고 보고 있고(상관습법설) 이에 반하여, 이를 부정하는 입장에서는 약관자체가 법원이 될 수는 없고, 단지 그 약관이 계약의 내용이 됨으로써 당사자를 구속하게 될 뿐이라고 주장한다(계약설). 일반적 견해와 판례는 약관 그 자체가 규범성을 가지는 법규라고 볼 수는 없고, 그러한 약관을 인정하는 당사자의 의사표시에 의하여 계약의 일부가 되기 때문에 당사자를 구속한다는 입장이다(계약설).[10)]

◆ 대법원 1991.9.10. 선고 91다20432 판결

보통보험약관이 계약당사자에 대하여 구속력을 갖는 것은 그 자체가 법규범 또는 법규범적 성질을 가진 약관이기 때문이 아니라 보험계약 당사자 사이에서 계약내용에 포함시키기로 합의하였기 때문이라고 볼 것이며, 일반적으로 당사자 사이에서 보통보험약관을 계약내용에 포함시킨 보험계약서가 작성된 경우에는 계약자가 그 보험약관의 내용을 알지 못하는 경우에도 그 약관의 구속력을 배제할 수 없는 것이 원칙이나, 당사자 사이에서 명시적으로 약관의 내용과 달리 약정한 경우에는 위 약관의 구속력은 배제

---

10) 김정호 26면, 이기수·최병규 97면, 임홍근 198면, 정찬형 43면, 최준선 54면.
다만, 계약설에 따를 때 약관내용의 지(知), 부지에 따라 약관의 적용여부가 결정된다는 약점을 보완하기 위하여 당사자가 약관을 배제한다는 명시적 의사가 없는 한 약관에 의한 계약체결의 의사가 추정된다는 견해(의사추정설)도 주장되고 있다(손주찬 45면, 정동윤 32면).

된다.

(같은 취지: 대법원 1990.4.27. 선고 89다카24070 판결, 대법원 2004.11.11. 선고 2003다30807 판결)

그런데 약관의 규제에 관한 법률은, 약관으로 거래를 할 경우에 사업자로 하여금 고객에게 약관의 내용을 설명할 의무를 부담시키고 이를 위반한 경우에는 해당 약관을 계약의 내용으로 주장할 수 없도록 하며(약관법 3조), 약관이 정하는 사항이라도 사업자와 고객이 약관의 내용과 다르게 정한 때에는 그 합의가 우선한다고 규정(약관법 4조)함으로써 명시적으로 약관의 규범성을 부인하고 약관이 가지는 효력의 기초가 당사자의 의사표시에 있음을 밝히고 있으므로 이 부분에 관한 논의는 큰 실익이 없다고 할 것이다.

(3) 보통거래약관에 의한 계약체결

약관규제에 관한 법률은, 보통거래약관에 기한 계약을 체결함에 있어서 사업자는 고객이 약관의 내용을 쉽게 알 수 있도록 한글로 작성하고 중요한 내용은 명확히 표시할 것(약관법 3조 1항), 약관의 내용을 계약의 종류에 따라 일반적으로 예상되는 방법으로 명시할 것(약관법 3조 2항) 그리고 약관의 중요한 내용을 고객이 이해할 수 있도록 설명할 것(약관법 3조 3항)을 규정함과 동시에 이에 위반한 경우에는 그 약관을 계약의 내용으로 할 수 없도록 하고 있다(약관법 3조 4항).

여기서 약관의 중요한 내용이란 고객의 이해관계에 중대한 영향을 미치는 사항으로서 사회통념상 당사자가 계약을 체결할 것인지 여부를 결정하거나 혹은 계약에 대한 대가의 결정에 영향을 미치는 사항을 의미한다고 할 것이다.

또한 약관의 내용 중 특정한 조항의 효력이 인정되지 않는다고 하더라도 그것은 일부무효의 법리에 따라 그 부분만이 효력이 없을 뿐 약관 전체가 효력이 없다고 할 수는 없다고 할 것이다.

◆ 대법원 2008.12.16. 자 2007마1328 결정

사업자가 약관을 사용하여 고객과 계약을 체결하는 경우, 고객에게 약관의 내용을 계약의 종류에 따라 일반적으로 예상되는 방법으로 명시함으로써 그 약관내용을 알 수 있는 기회를 제공하고(약관의 규제에 관한 법률 제3조 제2항), 약관에 정하여져 있는 중요한 내용을 고객이 이해할 수 있도록 설명하여야 하는바(같은 조 제3항), 여기서 설명의무의 대상이 되는 '중요한 내용'이라 함은 사회통념에 비추어 고객이 계약체결의 여부나 대가를 결정하는 데 직접적인 영향을 미칠 수 있는 사항을 말하고, 약관조항 중

에서 무엇이 중요한 내용에 해당하는지에 관하여는 일률적으로 말할 수 없으며, 구체적인 사건에서 개별적 사정을 고려하여 판단하여야 한다.

(같은 취지: 대법원 2007.8.23. 선고 2005다59475, 59482, 59499 판결)

◆ 대법원 2004.4.27. 선고 2003다7302 판결[11]

일반적으로 보험자 및 보험계약의 체결 또는 모집에 종사하는 자는 보험계약의 체결에 있어서 보험계약자 또는 피보험자에게 보험약관에 기재되어 있는 보험상품의 내용, 보험료율의 체계 및 보험청약서상 기재사항의 변동사항 등 보험계약의 중요한 내용에 대하여 구체적이고 상세한 명시・설명의무를 지고 있으므로 보험자가 이러한 보험약관의 명시・설명의무에 위반하여 보험계약을 체결한 때에는 그 약관의 내용을 보험계약의 내용으로 주장할 수 없다고 할 것이나, 이러한 명시・설명의무가 인정되는 것은 어디까지나 보험계약자가 알지 못하는 가운데 약관의 중요한 사항이 계약내용으로 되어 보험계약자가 예측하지 못한 불이익을 받게 되는 것을 피하고자 하는데 그 근거가 있으므로, 약관에 정하여진 사항이라고 하더라도 거래상 일반적이고 공통된 것이어서 보험계약자가 별도의 설명 없이도 충분히 예상할 수 있었던 사항이거나 이미 법령에 의하여 정하여진 것을 되풀이하거나 부연하는 정도에 불과한 사항이라면, 그러한 사항에 대하여까지 보험자에게 명시・설명의무가 있다고는 할 수 없다. 무보험자동차에 의한 상해보상특약에 있어서 보험금액의 산정기준이나 방법은 보험약관의 중요한 내용이 아니어서 명시・설명의무의 대상에 해당하지 아니한다.

(같은 취지: 대법원 2004.11.25. 선고 2004다28245 판결, 대법원 2010.5.27. 선고 2007다8044 판결)

(4) 보통거래약관의 해석기준

약관은, 그 약관이 채택된 과정에 따라 해석방법을 달리 하여야 할 것인바, 약관의 내용에 관하여 당사자가 대등한 입장에서 합의할 수 있는 경우에는 약관의 내용이 곧 법률행위의 내용이 되는 것이므로 그 내용에 관한 법률행위의 일반적인 해석기준에 따라 그 유효성 내지 의미를 확정하여야 한다. 그러나 약관의 채택이 일방으로부터 상대

11) 보험회사와 '무보험자동차에 의한 상해보상'특약이 포함된 개인용 자동차종합보험계약을 체결한 후 무보험차량에 의하여 상해를 입게 된 피보험자에 대하여, 보험회사가 보험약관이 정한 보험금 지급기준은 설명・명시의무의 대상이 아니므로 그 설명 여부와 관계없이 그 지급기준에 따라 산정된 금액만을 지급할 의무가 있을 뿐이라고 주장하였고 이를 배척한 원심판결에 대하여, 대법원은 피보험자가 이 사건 보험계약 체결 당시 그 구체적인 산정기준이나 방법에 관한 명시・설명을 받아서 알았다고 하더라도 이 사건 특약을 체결하지 않았을 것으로는 보이지 않고, 나아가 이러한 산정기준이 모든 자동차 보험회사에서 일률적으로 적용되는 것이어서 거래상 일반인들이 보험자의 설명 없이도 충분히 예상할 수 있었던 사항이라고도 볼 수 있으므로 무보험자동차에 의한 상해보상특약에 있어서 그 보험금액의 산정기준이나 방법은 약관의 중요한 내용이 아니어서 명시・설명의무의 대상이 아니라고 판시하고 있다.

방에 대하여 사실상 강제되는 경우에는 상대방이 그 구체적인 내용을 검토하거나 확인할 충분한 기회를 가지지 못한 채 계약의 내용으로 되는 것이므로 사적자치의 한계를 벗어난다고 할 것이고, 이런 경우에는 그 약관의 의미와 내용을 해석함에 있어서도 그러한 특수성을 고려하여야 할 것이다.

특히 이런 경우를 위하여 약관의 규제에 관한 법률에서는 몇 가지 원칙을 마련하고 있다.

(가) 신의성실에 따른 공정하고 객관적인 해석

약관은 신의성실에 따라 공정하게 해석되어야 하며 고객에 따라 차별적으로 해석되거나 당사자의 주관적 의사에 따라 해석되어서는 안 된다(약관법 5조 1항).

◈ 대법원 2011.4.28. 선고 2010다106337 판결

보통거래약관은 신의성실의 원칙에 따라 당해 약관의 목적과 취지를 고려하여 공정하고 합리적으로 해석하되, 개개의 계약당사자가 기도한 목적이나 의사를 참작함이 없이 평균적 고객의 이해가능성을 기준으로 보험단체 전체의 이해관계를 고려하여 객관적·획일적으로 해석하여야 한다. 특히, 그 계약의 내용이 당사자 일방이 작성한 약관의 내용으로서 상대방의 법률상의 지위에 중대한 영향을 미치게 되는 경우에는 구 약관의 규제에 관한 법률(2010.3.22. 법률 제10169호로 개정되기 전의 것) 제6조 제1항, 제7조 제2호의 규정 취지에 비추어 더욱 엄격하게 해석하여야 한다.

(같은 취지: 대법원 1991.12.24. 선고 90다카23899 전원합의체 판결, 대법원 2011.3.24. 선고 2010다94021 판결, 대법원 2010.11.25. 선고 2010다45777 판결)

(나) 불명료한 내용에 대한 작성자 불이익의 원칙

약관의 내용이 불분명하거나 의심스러운 때에는 고객에게 유리하게, 약관작성자에게 불리하게 해석하여야 한다(약관법 5조 2항).

◈ 대법원 2011.5.13. 선고 2011다15414 판결

약관의 해석은, 신의성실의 원칙에 따라 당해 약관의 목적과 취지를 고려하여 공정하고 합리적으로 해석하되, 개개 계약 당사자가 기도한 목적이나 의사를 참작함이 없이 평균적 고객의 이해가능성을 기준으로 객관적·획일적으로 해석하여야 하며, 위와 같은 해석을 거친 후에도 약관 조항이 객관적으로 다의적으로 해석되고 그 각각의 해석이 합리성이 있는 등 당해 약관의 뜻이 명백하지 아니한 경우에는 고객에게 유리하게 해석하여야 한다.

(같은 취지: 대법원 2010.12.9. 선고 2009다60305 판결, 대법원 1998.10.23. 선고 98

다20752 판결, 대법원 2011.8.25. 선고 2009다79644 판결)

(다) 개별약정에 대한 우선적 해석

계약의 당사자 사이에서 약관이 정한 사항을 약관의 내용과 다르게 합의한 경우에는 그 개별적 합의가 약관보다 우선하는 것으로 해석한다(약관법 4조).

◆ 대법원 2001.3.9. 선고 2000다67235 판결

금융기관의 여신거래기본약관에서 금융사정의 변화 등을 이유로 사업자에게 일방적 이율 변경권을 부여하는 규정을 두고 있으나, 개별약정서에서는 약정 당시 정해진 이율은 당해 거래기간 동안 일방 당사자가 임의로 변경하지 않는다는 조항이 있는 경우, 위 약관조항과 약정서의 내용은 서로 상충된다 할 것이고, 약관의규제에관한법률 제4조의 개별약정우선의 원칙 및 위 약정서에서 정한 개별약정 우선적용 조항에 따라 개별약정은 약관조항에 우선하므로 대출 이후 당해 거래기간이 지나기 전에 금융기관이 한 일방적 이율 인상은 그 효력이 없다.

(같은 취지: 대법원 1998.9.8. 선고 97다53663 판결)

마. 상사판례법

법원에서 기업적 생활관계에 관한 개개의 사건에 관한 판결을 통하여 나타난 법률의 해석이 쌓여 이것이 어느 정도 법규범으로서 사회적으로 인정된 것을 상사판례법이라고 한다.

대법원은 법적 안정성을 추구하므로 앞선 판결을 존중하고 쉽사리 판결을 번복하지 않음으로써 예측가능성을 높이게 되고, 또한 상급심의 판결은 당해사건에 관하여 하급심을 기속하므로(법원조직법 8조) 대법원의 판결이 가지는 사실상의 법규범으로서의 중요성을 부인할 수는 없다고 할 것이다. 그러나 우리나라와 같이 성문법주의를 취하는 나라에서는 명시적으로 판결의 법원성을 인정하는 것은 타당하다고 할 수 없을 것이다.

바. 조 리

조리는 사물의 합리적인 이치 등을 의미하는데 이러한 조리가 법원이 되는지 여부에 관하여 견해의 다툼이 있으나 조리는 법의 일반적 이념이나 자연법적 원리를 의미할 뿐이고 법의 실질적 존재형식이라고 볼 수 없다고 할 것이므로 그 자체가 법원이 되기보다는 법의 해석의 원칙 또는 기준이 될 뿐이라고 하는 것이 타당할 것이다.[12)]

3. 법원의 적용순서

상법은 "상사에 관하여 본법에 규정이 없으면 상관습법에 의하고 상관습법이 없으면 민법의 규정에 의한다"(상 1조)라고 규정하여 상사에 관하여 상법을 제1순위로 적용할 것임을 천명하고 있다.

그렇지만, 상사관계에 적용될 법원에는 상법 이외에 많은 상사특별법이 있고, 국내법률과 동등한 지위를 가지는 상사에 관한 국제조약과 국제법규도 상법에 대하여 특별법적인 지위에 있게 되므로, 결국 상사관계에 관하여는 이들 상사 특별법이나 상사관계에 관한 국제조약이나 국제법규가 상법에 우선적으로 적용될 것이다.

한편 자치법은 당사자의 합의에 의한 것이므로 관행에 근거하는 관습법이나 또는 제정법의 내용상 그것이 당사자의 합의에 의하여 변경할 수 있는 임의규정보다는 우선적으로 적용될 것이지만, 적어도 강행 규정에는 우선할 수 없다고 할 것이다.

또한 관습법과 제정법의 적용순위도 문제되는데, (1) 상법 제1조를 문구 그대로 해석하여 제정법이 없을 경우에 한하여 보충적으로 상관습법을 적용하여야 한다는 견해(보충적 효력설)[13], (2) 상관습법을 상법에 대한 특별법으로 해석하여 상관습법이 상법에 우선적으로 적용되어야 한다는 견해(개폐적 효력설)가 주장된다. 후자의 견해에도 다시 상관습법이 상법에 우선하는 효력을 상법의 임의규정에 한정하여 인정하려는 견해[14]와 강행규정에 대하여도 인정하려는 견해[15]로 나누어진다. 만약 상관습법이 강행규정에도 우선한다고 하면 상법 제1조와 정면으로 배치된다는 점에서 타당하다고 할 수 없으므로, 결국 상관습법은 당사자의 합의에 의하여 변경할 수 있는 임의규정보다는 우선적으로 적용되겠지만, 강행규정에 우선할 수는 없을 것이다.

또한 민법이 상사관계에 관한 법원이라고 할 수는 없으나 상사관계를 규율함에 있어서 많은 경우에 민법이 적용된다. 그런데 상법은 민법의 적용순위를 상관습법보다는 후순위로 규정하고 있으나 이는 민법의 임의규정에 관한 것으로 해석하여야 할 것이므로 상관습법이라고 하더라도 민법의 강행규정보다는 우선할 수는 없을 것이다.[16]

결국 상사관계에 관한 법원의 적용순위를 정리하여 보면, 상사특별법이나 상사에 관한 국제조약 또는 국제법규가 최우선적으로 적용되고, 뒤를 이어서 상법의 강행규정이,

12) 이기수 · 최병규 108면, 이철송 56면, 임홍근 35면, 정찬형 47면, 최기원 44면, 최준선 64면.
13) 정찬형 48면.
14) 이철송 57면, 임홍근 38면.
15) 정동윤 63면, 최준선 67면.
16) 이철송 57면. 그러나 정찬형 48면, 최준선 68면, 정동윤 36면, 손주찬 54면은 강행규정과 임의규정을 구별하지 않고 상관습법이 민법에 우선 적용될 것이라고 한다.

그 다음으로 민법의 강행규정이 적용되며 이어서 상사자치법이나 관습법규가 적용되고 그 뒤에 상법의 임의규정 그리고 민법의 임의규정의 순서로 적용되어야 할 것이다.

제5장 상법의 효력

1. 시간에 관한 효력

법률이 개정된 경우에는 구법이 적용될 당시에 발생한 법률관계에 대하여 신법을 소급하여 적용하는 것은 법적 안정성을 해칠 우려가 있으므로 특별한 사유가 없는 한 이를 금지하는 것이 타당할 것이다. 다만, 신법을 적용하는 것이 불합리하지 않고 당사자에게 이익이 될 경우에는 구태여 이러한 불소급의 원칙을 고수할 필요도 없다고 할 것이므로, 결국 개정된 신법에 소급효를 인정할 것인지 여부는 입법정책적으로 결정되어야 할 것이다.

상사관계를 규율하는 법률 특히 상법의 경우에는 그 기술적 성격으로 인하여 개정이 빈번하게 이루어지고, 개정된 신법이 진보적이고 합리적인 경우가 적지 않으므로, 개정 전의 법률관계에 대하여 개정된 신법을 적용한다고 하더라도 당사자들에게 이익이 되는 경우가 적지 않다고 할 것이다. 이에 상법은 경과규정을 두어 개정 전의 법률관계에 관하여도 개정된 신법을 적용하고 있는 경우가 적지 않다(1984년, 1991년, 1995년 1998년, 1999년 및 2001년 개정상법 부칙).

또한 동일한 사항에 관하여 적용될 2개 이상의 법률이 있는 경우에는 일반적으로 신법이 구법에 우선하게 되지만, 구법과 신법의 관계가 특별법과 일반법의 관계에 있을 때에는 특별법을 일반법에 우선시켜 "일반법인 신법은 특별법인 구법을 변경하지 아니한다"라는 원칙이 적용되는 것이 일반적이라 할 것이다. 이를 반영하여 상법시행법은 "상사에 관한 특별한 법령은 상법시행 후에도 효력이 있다"고 규정하고 있다(시행법 3조).

2. 장소에 관한 효력

상법은 우리나라의 국내법이므로 상법의 효력은 원칙적으로 대한민국의 사법권이 미치는 장소적 범위와 일치하게 된다.

다만 국제적으로 이루어지는 상거래에 관하여는 국제사법의 규정에 따라 상법의 효력이 미치는 장소적 범위가 제약되기도 하고 확장되기도 한다.

3. 사람에 관한 효력

상법은 원칙적으로 대한민국 국민에 대하여 효력을 미치지만, 국제적인 상거래의 경우에는 국제사법에 의하여 정하여지는 준거법에 따라 외국인에 대하여 상법의 효력이 미치기도 하고 대한민국의 국민에 대하여 효력을 미치지 않는 경우도 있다.

또한 상법은 대한민국 국민일지라도 소상인에게는 상법의 일부 규정을 적용하지 않고 있다(상 9조).

4. 사항에 관한 효력

상법은 상사에 관한 법률관계에 적용되는데, 여기서 상사에 관한 법률관계라고 함은 양당사자가 상인으로서 거래하는 쌍방적 상행위뿐 아니라 일방 당사자만이 상인으로서 거래하는 일방적 상행위도 포함한다고 할 것이다. 상법은 당사자 중 1인의 행위가 상행위인 때에는 전원에 대하여 상법을 적용하고 있으나(상 3조), 상법의 일부 규정은 쌍방적 상행위의 경우에만 적용되도록 규정하고 있는 경우도 있다(상 67조 내지 71조).

제 2 편 상법총칙

제 1 장 상인의 의의
제 2 장 상업 사용인
제 3 장 영업소
제 4 장 상 호
제 5 장 상업장부
제 6 장 상업등기
제 7 장 영업양도

제1장 상 인

1. 총 설

법률은 법률관계를 규율대상으로 하고 있고, 법률관계는 권리의무관계로 이루어지므로, 권리의무의 법적인 주체를 누구로 할 것인가의 문제가 발생하게 된다. 상법이 규율하는 기업적 생활관계에 따른 법적인 권리의무의 주체 즉 기업의 조직과 활동의 주체를 누구로 할 것인지는 곧 상법의 적용대상이 되는 범위를 정하는 것으로서 상인의 개념을 정하는 일이라고 할 것이다.

그런데 누구를 법적인 주체로 할 것인가는 다분히 입법정책의 문제라 할 것이고, 상법의 규율대상인 기업적 생활관계의 주체인 상인의 개념을 정하는 것도 입법 정책적으로 결정될 것인데 이에 관하여, (1) 일정한 행위를 상행위로 정하고 이러한 상행위를 하는 자를 상인으로 하거나(실질주의 또는 상행위법주의), (2) 행위의 내용을 묻지 않고 일정한 형식을 갖추고 있는 자를 상인으로 하거나(형식주의 또는 상인법주의), 혹은 (3) 실질주의에 따라 상행위를 하는 자뿐만 아니라 형식주의에 따라 일정한 형식을 갖춘 자도 모두 상인으로 보는(절충주의) 입법례가 있다.

우리 상법은 한정적으로 열거된 22가지 종류의 행위를 상행위(상 46조)로 정하면서 이렇게 열거된 상행위를 하는 자를 당연상인으로 규정(상 4조)하는 한편, 상법에서 한정적으로 열거하고 있는 22가지 종류의 행위를 하지 않더라도 일정한 형식을 갖추고 있는 자를 상인으로 의제하고 있다(상 5조).

전자의 경우에는 행위의 실질에 따라 상인의 개념을 정하는 실질주의에 입각하였다고 보이고, 후자의 경우에는 행위자의 형식 구비여부에 따라 상인의 개념을 정하는 형식주의에 입각하였다고 보이므로 우리나라의 상법은 이른바 절충주의에 입각하였다고 할 것이다.[1)]

---

1) 강위두/임재호 39면, 손주찬 65면, 이기수·최기원 51면, 최병규 122면, 최준선 78면.
이에 대하여 상법 제46조에 정한 상행위는 상인이 영업으로 할 때에만 상행위로 되는 것이므로 상인의 개

이와는 달리 그 영업규모의 크고 작음에 따라 소상인(상 9조)과 완전상인으로 구분하기도 하는데, 당연상인과 의제상인의 구별은 상인의 내용과 성질에 의한 것이고, 소상인과 완전상인의 구별은 상인의 규모에 의한 것으로서 그 구별기준이 다르므로 비록 소상인이라 할지라도 당연상인이거나 의제상인이 되는 경우가 있다. 이 밖에도 크게 의미는 없지만, 자연인으로서 상행위를 하는 자를 회사 등 법인으로서 상행위를 하는 자와 구별하여 개인상인이라고도 한다.

2. 당연상인

당연상인이란 자기 명의로 상행위를 하는 자(상 4조)를 말하는데, 상법이 정하는 기본적 상행위(상 46조)를 함으로써 상인이 되는 자이다.

가. 자기명의로 "상행위"를 하는 자

상행위는 상법에서 한정적으로 열거되는 행위와 기타 특별법에서 상행위로 인정하는 행위를 의미하는데, 상법은 이러한 행위를 영업을 위하여 하는 경우에 이를 기본적 상행위로 규정하고 있다(상 46조).

상법 제46조는 기본적 상행위가 될 수 있는 행위를 22가지로 나누어 열거하고 있는데 이들 행위는 재산상의 행위로서 채권적 행위이다. 이러한 22가지의 행위는 그것의 객관적 성질에 의하여 당연히 상행위가 되는 것이 아니라, 행위자가 영업으로 행하는 경우에 한하여 기본적 상행위가 되는 것이므로 상대적 상행위 혹은 주관적 상행위라고도 한다.

담보부사채신탁법에 따르면 위탁회사와 신탁회사의 신탁계약에 따라 제3자가 사채총액을 인수하는 행위를 상행위로 보고 있는데(담신법 23조 2항), 이처럼 사채 총액을 인수하는 행위에 대하여는 그러한 행위를 영업으로서 하는지 여부를 묻지 않고 상행위로 보게 되므로 이른바 절대적 상행위로 볼 수 있다.

이 밖에도 상법은 상인(당연상인 혹은 의제상인)이 영업을 위하여 하는 행위도 상행위(보조적 상행위)라고 규정하고 있다(상 47조).

념없이 순수하게 행위의 실질에 따라 상인의 개념을 정하는 것이 아니고 따라서 상법상의 의제상인은 말할 것도 없고 당연상인도 실질주의가 아닌 형식주의로 이해하여야 한다는 견해(형식주의설)가 주장되기도 한다(임홍근 53면).

그러므로 상법상의 상행위는 기본적 상행위(상 46조)와 보조적 상행위(상 47조)로 구성된다고 할 것이다.

◆ 대법원 2008.12.11. 선고 2006다54378 판결[2]

[1] 영업을 위하여 하는 것인지 여부가 분명치 아니한 상인의 행위는 상법 제47조의 규정에 의하여 영업을 위하여 하는 것으로 추정되고 그와 같은 추정을 번복하기 위해서는 그와 다른 반대사실을 주장하는 자가 이를 증명할 책임이 있다. 그런데 금전의 대여를 영업으로 하지 아니하는 상인이라 하더라도 그 영업상의 이익 또는 편익(便益)을 위하여 금전을 대여하거나 영업자금의 여유가 있어 이자 취득을 목적으로 이를 대여하는 경우가 있을 수 있으므로, 이러한 상인의 금전대여행위는 반증이 없는 한 영업을 위하여 하는 것으로 추정된다.

[2] 음식점업을 영위하는 상인이 부동산중개업을 영위하는 상인에게 금원을 대여한 행위는 상법 제47조 제2항에 의하여 영업을 위하여 하는 것으로 추정되고, 그 금전대여행위가 상호 고율의 이자소득을 얻기 위한 목적으로 행하여졌다는 사정만으로는 위 추정이 번복된다고 볼 수 없다.

(1) 영업성

상법은 일정한 행위가 영업으로서 행하여지는 경우를 기본적 상행위라고 규정하고 있다(상 46조 본문).

영업으로 행하여진다는 것은 영리의 목적으로 같은 종류의 행위가 계속적이고 반복적으로 이루어지는 것을 의미한다고 할 것이다. 그러므로 영리의 목적, 행위의 계속성 그리고 반복성이 영업성의 본질적 요소라고 할 것이고, 이러한 영업성은 영업을 하는 자의 주관적인 의사가 있고 그것이 점포 상호 등의 영업설비 등을 통하여 객관적으로 인식될 수 있어야 할 것이다.

◆ 대법원 1994.4.29. 선고 93다54842 판결[3]

어느 행위가 상법 제46조 소정의 기본적 상행위에 해당하기 위하여는 영업으로 같은

---

2) 대법원은, 근로계약이나 단체협약이 보조적 상행위에 해당함을 이유로 단체협약에 기한 근로자의 유족들의 회사에 대한 위로금채권은 상법의 적용을 받아 5년의 상사소멸시효기간이 적용되고(대법원 2006.4.27. 선고 2006다1381 판결), 부동산 중개업자의 금원대여행위를 상법 제47조에 의하여 영업을 위하여 한 상행위로 추정하여 그 채권은 상사채권으로서 5년의 상사시효의 적용을 받는다(대법원 1995.4.21. 선고 94다36643 판결)라고 판시하고 있다.

3) 같은 취지에서 대법원은 새마을 금고법의 규정에 비추어 볼 때 새마을 금고가 금고의 회원에게 자금을 대출하는 행위는 영리의 목적으로 하는 행위로 보기 어렵다고 판시하고 있다(대법원 1998.7.10. 선고 98다10793 판결).

조 각호 소정의 행위를 하는 경우이어야 하고, 여기서 영업으로 한다고 함은 영리를 목적으로 동종의 행위를 계속 반복적으로 하는 것을 의미하는바, 구 대한광업진흥공사법(1986.5.12. 법률 제3834호로 전문 개정되기 전의 것)의 제반 규정에 비추어 볼 때 대한광업진흥공사가 광업자금을 광산업자에게 융자하여 주고 소정의 금리에 따른 이자 및 연체이자를 지급받는다고 하더라도, 이와 같은 대금행위는 같은 법 제1조 소정의 목적인 민영광산의 육성 및 합리적인 개발을 지원하기 위하여 하는 사업이지 이를 '영리를 목적'으로 하는 행위라고 보기 어렵다.

(2) 기업성

한편 상법은 "오로지 임금을 받을 목적으로 물건을 제조하거나 노무에 종사하는 자"의 행위는 상행위로 될 수 없다(상 46조 단서)고 규정하여, 영업성이 있는 행위라고 할지라도 그러한 행위를 하는 자에게 기업의 주체성이 없는 경우에는 이를 상행위에 포함시키지 않고 있다.

여기서 임금을 받을 목적으로 물건을 제조하거나 노무에 종사하는 자의 의미는 사용자에 종속된 근로자라는 의미뿐만 아니라 지나친 영세성으로 기업성이 인정되지 아니하는 경우를 포함한다고 할 것이다.[4]

예컨대 유흥지 등 많은 사람이 왕래하는 장소에서 소량의 음료 등을 판매하는 행위는 그 규모의 영세성으로 인하여 상행위라고 할 수 없을 것이다.

나. "자기명의"로 상행위를 하는 자

자기명의라는 것은 그 거래행위에서 생기는 권리의무의 귀속주체가 된다는 의미이므로 자본의 귀속주체, 손익의 귀속주체, 영업행위의 담당자, 납세명의자, 행정관청에 대한 신고명의자와는 구별을 요한다 할 것이다.

예컨대 남편이 아내의 재산으로 장사를 하거나 아내의 명의로 행정청에 신고를 하여 장사를 한 경우라도 실제로 권리의무가 귀속되는 남편이 상인이라고 할 것이고, 아버지가 미성년자인 아들을 대리하여 장사를 한 경우 또는 지배인이 영업주를 위하여 장사를 한 경우에는 실제로 영업행위를 한 아버지 혹은 지배인이 아닌 아들 또는 영업주에게 권리의무는 귀속하므로 이 경우에는 영업주 또는 미성년자인 아들이 상인이라 할 것이다.

4) 이철송 75면, 최준선 82면.

◆ 대법원 2008.12.11. 선고 2007다66590 판결

상인은 자기 명의로 상행위를 하는 자를 의미하는데, 여기서 '자기 명의'란 상행위로부터 생기는 권리의무의 귀속주체로 된다는 뜻으로서 실질에 따라 판단하여야 하므로, 행정관청에 대한 인·허가 명의나 국세청에 신고한 사업자등록상의 명의와 실제 영업상의 주체가 다를 경우 후자가 상인이 된다.

3. 의제상인

상법은 한정적으로 열거한 기본적 상행위를 하지 않더라도 일정한 형식을 갖춘 행위를 하는 자를 의제상인이라고 하여 상인으로 인정하고 있는데, 이러한 의제상인에는 점포 기타 유사한 설비에 의하여 상인적 방법으로 영업하는 자, 이른바 설비상인(상 5조 1항)과 기본적 상행위 이외의 영업을 하는 회사, 이른바 민사회사(상 5조 2항)가 있다. 그러나 의제상인의 경우에도 상법상 상인에 관한 규정이 모두 적용된다는 점에서 당연상인과 구별할 실익은 크지 않다고 할 것이다.

상법이 의제상인을 규정하고 있는 것은, 상법이 기본적 상행위를 한정적으로 열거하고 이런 기본적 상행위를 하는 자만을 상인으로 정하고 있음으로 인하여 향후 발생할 새로운 개념의 상행위를 하는 자를 상인이라고 할 수 없는 경우가 생길 우려가 있는 등의 불합리를 배제하기 위하여 일정한 경우에는 비록 상법상의 기본적 상행위를 하지 않는 경우라도 탄력적으로 상인으로 인정하여 상법의 적용대상으로 하기 위한 배려라고 할 것이다.

가. 설비상인

설비 상인은 점포 기타 유사한 설비에 의하여 상인적 방법으로 상행위 이외의 영업을 하는 자를 의미한다.

"점포 기타 유사한 설비"란 사회의 일반적 통념에 비추어 상인이 영업행위를 하는데 사용되는 영업소 기타 설비 등을 의미하고, "상인적 방법"이란 상인들이 사용하는 영업장부, 상호 등과 같은 물적설비와 상업사용인 등의 인적설비를 이용하여 상인들처럼 거래하는 것을 의미한다고 할 것이다. 또한 "상행위 이외의 영업"을 한다는 것은 상법 제46조에 정한 행위 이외의 행위를 영리의 목적으로 계속적, 반복적으로 하는 것을 의미한다고 할 것이다.

사회가 변화하고 경제가 발전하는 과정에서 각종 컨설팅이나 상담행위, 알선이나 흥행행위 또는 대행행위 등과 같은 새로운 형태의 거래행위 예컨대 자신의 경작지 옆 도로 변에 원두막을 짓고 경작한 옥수수를 마을의

노인으로 하여금 왕래하는 차량의 운전자들에게 매도하도록 하는 농민, 임차한 사무실에 상호를 적은 간판을 걸고 접수원과 보조인을 두고 유료로 사주를 보는 역술인, 전국적 네트워크를 갖춘 대리운전알선행위자, 인력송출행위자, 심부름대행자, 인력 스카우터 등이 생겨나고 있는데 이들을 과연 설비상인으로 인정할 것인가 여부는 이들이 상인적 설비를 갖추었는지, 상인적 방법으로 거래를 하는지 그리고 영업성을 갖추었는지를 종합적으로 판단하여 결정하여야 할 것이다. 이 밖에도 개인의 재능이나 기술에 기반을 둔 다양한 직종의 자유직업인(프리랜서)에게도 상인성을 인정할 것인가의 문제가 있다.

◆ 대법원 2007.7.26. 자 2006마334 결정[5)]

변호사의 영리추구 활동을 엄격히 제한하고 그 직무에 관하여 고도의 공공성과 윤리성을 강조하는 변호사법의 여러 규정에 비추어 보면, 위임인·위촉인과의 개별적 신뢰관계에 기초하여 개개 사건의 특성에 따라 전문적인 법률지식을 활용하여 소송에 관한 행위 및 행정처분의 청구에 관한 대리행위와 일반 법률사무를 수행하는 변호사의 활동은, 간이·신속하고 외관을 중시하는 정형적인 영업활동을 벌이고, 자유로운 광고·선전활동을 통하여 영업의 활성화를 도모하며, 영업소의 설치 및 지배인 등 상업사용인의 선임, 익명조합, 대리상 등을 통하여 인적·물적 영업기반을 자유로이 확충하여 효율적인 방법으로 최대한의 영리를 추구하는 것이 허용되는 상인의 영업활동과는 본질적으로 차이가 있다 할 것이고, 변호사의 직무 관련 활동과 그로 인하여 형성된 법률관계에 대하여 상인의 영업활동 및 그로 인하여 형성된 법률관계와 동일하게 상법을 적용하지 않으면 아니 될 특별한 사회경제적 필요 내지 요청이 있다고 볼 수도 없다. 따라서 근래에 전문직업인의 직무 관련 활동이 점차 상업적 성향을 띄게 됨에 따라 사회적 인식도 일부 변화하여 변호사가 유상의 위임계약 등을 통하여 사실상 영리를 목적으로 그 직무를 행하는 것으로 보는 경향이 생겨나고, 소득세법이 변호사의 직무수행으로 인하여 발생한 수익을 같은 법 제19조 제1항 제11호가 규정하는 '사업서비스업에서 발생하는 소득'으로 보아 과세대상으로 삼고 있는 사정 등을 감안한다 하더라도, 위에서 본 변호사법의 여러 규정과 제반 사정을 참작하여 볼 때, 변호사를 상법 제5조 제1항이 규정하는 '상인적 방법에 의하여 영업을 하는 자'라고 볼 수는 없다 할 것이므로, 변호사는 의제상인에 해당하지 아니한다.

◆ 대법원 1993.6.11. 선고 93다7174, 7181 판결[6)]

자기가 재배한 농산물을 매도하는 행위도 이를 영업으로 할 경우에는 상행위에 해당한다고 볼 수 있겠으나, 원심증인 김용해의 증언에 의하면, 피고는 약 5,000평의 사과나무 과수원을 경영하면서 그 중 약 2,000평 부분의 사과나무에서 사과를 수확하여 이를

---

5) 대법원은 법무사에 대하여도 "상인적 방법으로 영업을 하는 자"라고 볼 수 없다는 이유로 상인성을 부인하고 있다(대법원 2008.6.26. 자 2007마996 결정).

6) 대법원은 사과나무 과수원을 경영하는 피고가 (의제)상인이 아니므로 매수인이 상인이더라도 상인간의 매매에 적용되는 즉시 목적물의 검사와 하자통지를 할 의무를 지우고 있는 상법 제69조의 규정은 적용되지 않는다고 판시하고 있다.

대부분 대도시의 사과판매상에 위탁 판매한다는 것이어서 피고가 영업으로 사과를 판매하는 것으로는 볼 수 없으니 피고는 상인이 아니라고 할 것이다.

◈ 대법원 2000.2.11. 선고 99다53292 판결

농업협동조합법에 의하여 설립된 조합이 영위하는 사업의 목적은 조합원을 위하여 차별 없는 최대의 봉사를 함에 있을 뿐 영리를 목적으로 하는 것이 아니므로, 동 조합이 그 사업의 일환으로 조합원이 생산하는 물자의 판매사업을 한다 하여도 동 조합을 상인이라 할 수는 없고, 따라서 그 물자의 판매대금 채권은 3년의 단기소멸시효가 적용되는 민법 제163조 제6호 소정의 '상인이 판매한 상품의 대가'에 해당하지 아니한다.

◈ 대법원 2006.2.10. 선고 2004다70475 판결

구 수산업협동조합법(1994.12.22. 법률 제4820호로 개정되기 전의 것)에 의하여 설립된 조합이 영위하는 사업은 조합원을 위하여 차별없는 최대의 봉사를 함에 그 목적이 있을 뿐이고, 조합은 영리 또는 투기를 목적으로 하는 업무를 행하지 못하는 것이므로(제6조 제1항, 제2항), 김제수협을 상인으로 볼 수는 없다 할 것이다.

나. 민사회사

상법은, 회사는 상행위나 그 밖의 영리를 목적으로 하여 설립한 법인(상 169조)이라고 규정하고 있으므로 상행위와 관련하여 볼 때 회사를 상행위를 목적으로 하는 회사와 상행위 이외의 영리행위를 목적으로 하는 회사로 나누어 볼 수 있다. 회사 중에서 상행위를 목적으로 하는 회사는 상법 제4조에 의하여 당연상인이 되지만, 상행위 이외의 영리를 목적으로 하는 회사는 상법 제4조에 정한 당연상인이 될 수 없다. 그러나 상행위 이외의 영리행위를 목적으로 하는 회사도 상법상의 회사로서, 상행위를 목적으로 하는 회사 설립과 동일한 방법과 조건에 좇아 법인으로 되고 상법의 규정이 적용되게 되므로 상인으로 보아야 할 것이다. 이에 상법은 회사는 상행위를 하지 아니하더라도 상인으로 본다고 규정함으로써 상행위 이외의 영리행위를 목적으로 하는 회사는 별도로 설비상인으로서의 요건을 갖추었는지 여부를 떠나서 일률적으로 상인으로 보고 있다(상 5조 2항).

회사를 상행위를 목적으로 하여 설립된 상법상의 회사란 의미의 상사회사와 상행위 이외의 영리를 목적으로 하는 영리사단법인으로서 민법 제39조에 의하여 상법의 회사에 관한 규정에 따라 설립된 회사란 의미의 민사회사로 구별하고 전자는 상법 제4조에 따라 당연상인이 되지만 후자는 상법 제5조 2항에 따라 상인이 된다고 설명하는 것이 일반적 견해라고 할 수있다. 그러나 상법이 상행위를 목적으로 하거나 상행위 이외의 기

타 영리를 목적으로 하는 법인을 모두 회사로 규정하고 있고, 회사의 설립이나 법률의 적용면에서도 동일하게 상법이 적용되므로 구태여 이러한 상사회사와 민사회사의 구별이 합당한 것인지 의문이 아닐 수 없으므로 단순히 상행위를 목적으로 하는 회사는 당연상인, 그 밖의 영리를 목적으로 하는 회사를 의제상인으로 하는 것이 간명한 해석이라고 할 것이다.[7]

영리를 목적으로 농경행위를 주된 사업으로 하는 농업회사, 축산행위를 주된 사업으로 하는 축산업회사 또는 수산물 양식행위를 주된 사업으로 하는 수산회사 등은 상행위를 목적으로 하는 회사가 아니므로 당연상인이라고 할 수는 없지만 이들 회사도 의제상인으로서 상법의 규정이 적용되게 된다.

4. 소 상 인

가. 소상인의 의의

상인으로서 그 영업규모가 일정한 규모 이하인 경우를 소상인이라고 하고, 그 이상의 규모인 경우를 이에 대비하여 완전상인이라고 한다.

소상인은 자본금액이 1,000만원에 미치지 못하는 상인으로서 회사가 아닌 자(상법시행령 2조)라고 할 것인데, 여기서 자본금이란 영업재산의 현재가격을 의미하고 주식회사에서 말하는 엄밀한 의미의 자본금과는 달리 자기자본뿐만 아니라 널리 타인자본도 포함된다고 한다.[8]

상법은 어떠한 종류의 회사라고 하더라도 최저자본금을 규정하지 않고 있기 때문에 이론상 자본금 1,000만원 미만의 회사도 존재할 수가 있으나, 회사는 공동기업의 형태를 가지고 상호를 반드시 사용하여야 하며(상 19조), 상업등기에 관한 규정(상 172조, 264조)을 반드시 따라야 하므로 상법은 회사를 소상인에서 제외하고 있다.

나. 소상인에 관한 상법의 규정

상법은 소상인[9]에 대하여는 지배인, 상호, 상업장부 및 상업등기에 관한 규정을 적용하지 아니한다고 규정하고 있다(상 9조). 이 규정의 의미는, 소상인은 이 부분에 관한

7) 이철송 78면
8) 이기수·최병규 89면, 이철송 79면, 임홍근 61면, 정동윤 53면, 정찬형 69면, 최기원 64면, 최준선 86면.
9) 소상인과 완전상인의 구분은 당연상인과 의제상인의 구분과는 그 구별의 기준이 전혀 다른 것으로서 소상인의 경우에도 당연상인이 되는 경우가 있는가하면 의제상인이 되는 경우가 있다.

상법의 규정에 따를 의무가 없고 설령 이를 이행하더라도 그에 따른 상법상의 보호가 없다는 취지로 보아야 할 것이다.

소상인도 지배인을 선임할 수 있으나 그 지배인의 권한은 개별적인 수권행위에 의하여 발생하고 상법에 정한 바와 같이 당연히 영업에 관한 포괄적 대리권(상 11조)이 인정되지 않고, 지배인 등기(상 13조)를 할 수도 없고, 표현지배인에 관한 규정(상 14조)도 적용되지 않는다. 또한 소상인도 상호를 자유로이 선정하여 사용할 수는 있으나(상 18조) 소상인의 상호는 상법상의 상호로서 보호 받을 수 없다고 할 것이다(상 22조, 23조, 27조). 다만 상호의 사용에 따른 일반적 의무로서 회사임을 표시하는 상호를 부당 사용할 수 없고(상 20조), 동일한 영업에는 단일한 상호를 사용하여야 하며(상 21조), 주체를 오인시킬 상호를 사용할 수 없으며(상 23조), 명의대여자로서의 책임도 부담한다(상 24조). 한편 소상인의 경우에는 법정대리인이나 무능력자에 관한 사항이외에는 상업등기부에 등기할 방법이 없는데 이러한 사항이 발생하더라도 이를 등기할 필요가 없고 설령 이를 등기하더라도 그에 따른 이익도 없다.

5. 상인능력, 상인자격 그리고 영업능력

가. 상인능력, 상인자격, 영업능력의 의의

상인능력이란 상인자격을 취득할 수 있는 법률상의 지위를 의미하고 민법상의 권리능력에 상응하는 개념이므로 민법상의 권리능력자는 모두 상인능력자라고 할 것이다.

상인자격은 영업상의 권리의무능력의 주체가 될 수 있는 지위로서 상인적격성을 의미하는데, 상인능력이 있는 자가 상법 제4조와 제5조의 요건을 구비함으로써 취득하게 되는 상법상의 특유한 개념이라고 할 것이다.

한편 영업능력은 상인자격을 취득한 자가 스스로 유효한 영업활동을 할 수 있는 능력을 의미하며 민법상의 행위능력에 해당하는 개념이라고 할 것이다.

나. 상인자격

상법은 상인자격이 있는 자의 상행위에 관하여 적용되므로 상법의 적용여부를 가리기 위해서는 언제 상인자격을 취득하게 되고 또 언제 상인자격을 상실하는지를 따져보아야 할 것이다. 일반적으로 상인자격은 별도의 특별한 절차를 갖출 필요 없이 영업을 개시함으로써 취득하고 영업을 종료함으로써 상실하게 된다.

(1) 자연인의 상인자격

자연인은 생존하는 동안에는 권리능력에 아무런 제한이 없으므로 자신의 의사에 따라 상법이 정하는 일정한 종류와 일정한 형식의 영업을 개시함으로써 상법 제4조와 제5조의 요건을 구비하게 되면 상인자격을 취득하게 된다. 일반적으로 영업개시의 시기는 상인이 목적하는 영업행위 그 자체를 시작한 때가 아니라 이를 위한 준비행위가 이루어진 때를 의미한다고 할 것이다. 이러한 영업을 위한 준비행위 이른바 개업준비행위는 보조적 상행위로서 영업의 일부로 보아야 할 것이기 때문이다. 한편 이러한 준비행위의 착수시기를 어떻게 이해할 것인가에 따라, (1) 내부적으로 영업자금을 준비하는 등 영업의 의사가 주관적으로 존재하면 족하다는 견해(개업의사 주관적 실현설), (2) 영업자가 대외적으로 영업의사를 표방하지는 않더라도 점포를 구입하거나 점포를 임차하는 등의 행위와 같이 영업자의 영업의사가 대외적으로 나타나면 족하다는 견해(개업의사 객관적 인식가능설), (3) 영업자가 개업광고를 하거나 상호등기를 하는 등 영업의사를 대외적으로 표방한 때라는 견해(개업의사표백설)의 대립이 있다.

일반적 견해는 영업개시준비행위시설 특히 개업의사 객관적 인식가능성설을 취하고 있는 것으로 보이고[10] 대법원도 같은 입장에 서 있는 것 같다.

◆ 대법원 2012.4.13. 선고 2011다104246 판결[11]

상법은 점포 기타 유사한 설비에 의하여 상인적 방법으로 영업을 하는 자는 상행위를 하지 아니하더라도 상인으로 보면서(제5조 제1항), 제5조 제1항에 의한 의제상인의 행위에 대하여 상사소멸시효 등 상행위에 관한 통칙 규정을 준용하도록 하고 있다(제66조). 한편 영업의 목적인 상행위를 개시하기 전에 영업을 위한 준비행위를 하는 자는

10) 손주찬 83면, 이기수・최병규 95면, 이철송 82면, 임홍근 67면, 정동윤 55면.

11) 이 건은 학원 설립과정에서 영업준비자금으로 돈을 차용한 후 학원을 설립하여 운영한 사안인데, 대법원은 이러한 차용행위는 학원영업을 위한 준비행위에 해당하고 상대방도 이러한 사정을 알고 있었으므로 영업을 위한 행위로서 보조적 상행위가 되어 상법이 적용된다고 판시하였다. 다만 甲이 乙이 함께 시각장애인용 인도블록을 제조하는 공장을 운영하기로 하여 乙이 금전을 차용한 후 시각장애인용 점자블록 제조 등을 목적으로 하는 丁 주식회사를 설립하여 대표이사로 취임한 사안에서, 대법원은 영업을 준비하는 행위가 보조적 상행위로서 상법의 적용을 받기 위해서는 행위를 하는 자 스스로 상인자격을 취득하는 것을 당연한 전제로 하므로, 乙이 영업자금을 차용한 행위는 자기 명의로 상행위를 함으로써 상인자격을 취득하고자 준비행위를 하는 것이 아니라 丁 주식회사 설립을 위하여 한 행위이므로 그것이 설립 중 회사의 행위로 인정되어 장래 설립될 회사에 효력이 미쳐 회사의 보조적 상행위가 될 수 있는지는 별론으로 하고, 당연히 乙 개인의 상행위가 되어 상법 규정이 적용된다고 볼 수는 없다고 판시하고 있다(대법원 2012.7.26. 선고 2011다43594 판결).
이 밖에도 부동산임대업을 개시할 목적으로 그 준비행위의 일환으로 당시 같은 영업을 하고 있던 자로부터 건물을 매수한 경우 그 매수행위는 개업준비행위에 해당하여 그때 상인자격을 취득한다고 판시하고 있다(대법원 1999.1.29. 선고 98다1584 판결).

영업으로 상행위를 할 의사를 실현하는 것이므로 준비행위를 한 때 상인자격을 취득함과 아울러 개업준비행위는 영업을 위한 행위로서 최초의 보조적 상행위가 되는 것이고, 이와 같은 개업준비행위는 반드시 상호등기·개업광고·간판부착 혹은 영업을 위한 행정적 신청 등에 의하여 영업의사를 일반적·대외적으로 표시할 필요는 없으나 점포구입·영업양수·상업사용인의 고용 등 준비행위의 성질로 보아 영업의사를 상대방이 객관적으로 인식할 수 있으면 당해 준비행위는 보조적 상행위로서 여기에 상행위에 관한 상법의 규정이 적용된다. 그리고 영업자금 차입 행위는 행위 자체의 성질로 보아서는 영업의 목적인 상행위를 준비하는 행위라고 할 수 없지만, 행위자의 주관적 의사가 영업을 위한 준비행위이었고 상대방도 행위자의 설명 등에 의하여 그 행위가 영업을 위한 준비행위라는 점을 인식하였던 경우에는 상행위에 관한 상법의 규정이 적용된다고 봄이 타당하다.

한편 상인의 상인자격은 영업의 종료로서 소멸하게 되는데, 영업의 종료는 영업활동의 사실상의 종료를 의미하므로 상인이 영업을 양도하거나 영업을 폐지한 경우와 같이 상인의 자유로운 의사에 의하여 영업활동을 종료하거나, 법률이나 행정청의 명령에 의하여 영업활동을 종료한 때에 상인자격을 상실하게 된다.

자연인은 사망한 경우나 파산한 경우에도 상인자격을 상실한다고 할 것이다.

자연인의 경우 사망하더라도 상인자격은 상속인에게 승계되고 종료되지는 않는다는 견해[12]도 있으나 상인자격은 특정인을 기준으로 판단하여야 하므로 사망한 자의 상인자격이 승계되지는 않고 상속인이 영업을 승계한 경우에는 그 상속인이 새로이 상인자격을 취득하게 된다고 할 것이다.[13] 또한 파산한 경우에는 파산관재인이 파산자를 대리하므로 파산자는 상인자격을 상실하지 않는다는 견해[14]도 있으나 상인이 파산하게 되면 영업활동을 종료하므로 상인자격을 상실한다고 보아야 할 것이다.[15]

(2) 법인의 상인자격

법인은 정관에 정한 설립목적에 따라 권리의무능력에 제한이 있을 수 있으므로 법인의 종류에 따라 그 상인자격의 취득과 상실을 살펴보아야 할 것이다.

12) 정동윤 55면, 정찬형 72면.
13) 이철송 83면, 최준선 109면.
14) 이기수·최병규 91면, 최기원 68면.
15) 이철송 83면, 최준선 109면.

(가) 사법인

(A) 영리법인

영리법인은 회사이고 회사는 상사회사(당연상인)든 민사회사(의제상인)든 간에 모두 상인이므로, 회사로서 성립한 때에 상인자격을 취득하게 되어 결국 회사의 설립등기를 한 때(상 172조)에 상인자격을 취득하게 된다.

다만 설립중의 회사의 행위는 설립된 회사에 승계되므로 설립중의 회사에도 상인자격을 인정하는 견해[16]와 인정치 않는 견해[17]가 있으나 설령 상인자격을 인정하지 않는다고 하더라도 설립중의 회사의 행위는 보조적 상행위로서 보게 되므로 이를 다툴 실익은 없다고 할 것이다.

한편 회사는 법인격이 소멸됨으로써 상인자격을 상실하게 되는데, 회사는 해산하더라도 청산의 목적 범위 내에서는 존속하고 법인격을 유지하므로, 회사가 청산절차를 사실상 종결하여 법인격을 상실한 때 비로소 상인자격을 상실한다.

또한 회사가 파산한 경우에 상인자격을 상실하게 되는 것은 자연인의 경우와 같다.

(B) 비영리법인

(a) 비영리 공익법인

자선, 학술, 문화, 종교 등과 같은 비영리적 목적을 위한 법인은 사단법인이든 재단법인이든 간에 그 목적달성에 필요한 범위 내에서 기본적 상행위를 하거나 설비상인의 요건을 갖춘 때, 예컨대 사립학교법인이 매점을 운영하거나 문화학술 법인이 공연장을 대관하는 등, 영업활동이 가능하므로 그 범위 내에서 상인자격을 취득할 수 있다. 이들 법인도 자연인의 경우와 동일하게 영업을 개시함으로써 상인자격을 취득하고, 영업을 종료함으로써 상인자격을 상실하게 된다고 할 것이다.

(b) 비영리 비공익법인

특별법에 의하여 설치되는 농업협동조합, 수산업협동조합 혹은 새마을금고 등과 같은 특수법인은 법률에 의하여 그 설립 목적이 공익을 위한 것도 아니고(비공익), 영리를 위한 것도 아닌(비영리) 구성원의 지위향상 내지는 공동이익의 증대 등으로 특정되어 있으므로 원칙적으로 영업활동이 인정되지 아니하여 상인능력이 없고 따라서 상인자격도 취득할 수 없다.

다만 일정한 경우에는 특별법에서 이들 법인의 상행위를 개별적으로 허용하는 경우

16) 이철송 84면.
17) 정찬형 73면.

(은행법 5조)에 이들 법인은 그 범위 내에서 상인자격이 있다고 할 것인데, 이런 별도의 규정이 없는 경우 대법원은 행위의 내용에 따라 일정한 경우에는 이들 법인의 행위를 상행위로 보고 있다.

대법원은 (1) 수산업협동조합의 조합원에 대한 신용업무(여신업무)행위(대법원 2006.2.10. 선고 2004다70475 판결)라든가 농업협동조합이 조합원을 돕기 위한 목적에서 조합원이 생산한 물자를 비조합원에게 판매하는 행위(대법원 2000.2.11. 선고 99다53292 판결)에 대하여는 상행위성을 인정하지 않고 있지만, (2) 신용협동조합의 비조합원에 대한 여신공여행위)라든가 축산업협동조합이 양계업을 영위하는 조합원(상인)의 영업목적에 제공되는 물자판매행위(대법원 1993.3.9. 선고 92다44329 판결)는 상행위라고 판시하고 있다.

(나) 공법인

(A) 일반공법인

국가 혹은 지방자치단체와 같은 일반공법인은 그 목적이나 활동 방법에 제한이 없으므로, 만약 국가 또는 지방자치단체가 공권력의 주체가 아니라 경제활동의 주체로서 수행하는 것이고 영리활동을 수반하는 경우에는 상인능력이 인정된다 할 것이다.[18]

따라서 공법인이 영리행위를 하게 되면 상인자격을 취득한다고 할 것이다. 이러한 공법인의 경우에는 개별적인 특별법령에 의하여 규율되겠으나 그러한 특별법령이 없다면 상법이 적용된다(상 2조). 다만 상법이 적용되더라도 상업사용인, 상호, 상업등기에 관한 규정은 성질상 적용될 수 없을 것이다.

이들의 상인자격은 자연인의 경우와 같이 사실상 영업을 개시하였을 때 취득하고 영업을 종료하였을 때 상실하게 된다고 할 것이다.

(B) 특수공법인

특별법에 의하여 개별적으로 설치되고 운영되는 이른바 특수공법인은 그 목적이 근거법률에 의해 특정되어 있기 때문에 영업활동을 할 수가 없으므로 상인능력이 없고 상인자격도 없다고 하는 것이 일반적 견해이고 대법원도 이에 따르는 듯하다.

그러나 특수공법인의 근거법률에서 수익사업을 허용하거나 사업의 성질상 영업성을 가지는 경우에는 그 범위 내에서 상인성이 있다고 할 것이다.[19]

---

18) 대법원 1980.1.15. 선고 79다1966 판결에서는 열차 운행상의 과실로 인한 철도여객의 상해에 대하여 국가로 하여금 철도운송인의 지위에서 손해배상책임을 인정하고 있다.

19) 이철송 84면, 최준선 105면.

◆ 대법원 1994.4.29. 선고 93다54842 판결[20)]

어느 행위가 상법 제46조 소정의 기본적 상행위에 해당하기 위하여는 영업으로 같은 조 각호 소정의 행위를 하는 경우이어야 하고, 여기서 영업으로 한다고 함은 영리를 목적으로 동종의 행위를 계속 반복적으로 하는 것을 의미하는바, 구 대한광업진흥공사법(1986.5.12. 법률 제3834호로 전문 개정되기 전의 것)의 제반 규정에 비추어 볼 때 대한광업진흥공사가 광업자금을 광산업자에게 융자하여 주고 소정의 금리에 따른 이자 및 연체이자를 지급받는다고 하더라도, 이와 같은 대금행위는 같은 법 제1조 소정의 목적인 민영광산의 육성 및 합리적인 개발을 지원하기 위하여 하는 사업이지 이를 '영리를 목적'으로 하는 행위라고 보기는 어렵다.

다. 영업능력

영업능력은 영업주체가 스스로 유효한 영업활동을 할 수 있는 능력을 의미하므로 기관을 통하여 활동을 하는 법인의 경우에는 영업능력의 문제가 발생할 여지가 없지만, 자연인 특히 행위무능력자의 경우에는 영업무능력자로서 영업행위에 일정한 제한이 있을 수 있다.

다만 상법의 특수성으로 인하여 영업능력은 민법상의 행위능력과 반드시 일치하는 것은 아니라고 할 것이다.

미성년자의 영업능력은 민법상의 미성년자의 행위능력과 동일하고 다만 거래의 안전을 위하여 미성년자가 법정대리인의 동의를 얻어 영업활동을 하는 경우(상 6조), 법정대리인이 미성년자를 대리하여 영업하는 경우(상 8조 1항)에는 상업등기부에 등기를 하여야 한다. 또한 미성년자는 법정대리인의 허락을 얻어 인적회사의 무한책임 사원이 될 수도 있다(상 7조).

한정치산자의 영업능력은 미성년자의 영업능력과 동일하고, 금치산자는 언제나 영업능력이 없으므로 법정대리인이 대리할 수밖에 없다. 물론 이 경우에도 등기를 하여야 함은 당연하다(상 8조).

---

20) 이 판결의 취지는 특수공법인의 행위를 그 법인의 근거법률에 비추어 볼 때 영리성이 없다는 이유로 그러한 행위를 상행위로 볼 수 없다는 취지라고 할 것이므로, 오히려 특수공법인의 행위에 대한 상행위성 여부는 그 특수공법인의 설립과 업무의 내용을 규정하고 있는 근거법률과 행위의 내용과 성질을 따져 상인자격의 허용여부를 개별적으로 판단하여야 한다는 뜻으로 해석하여야 하고 이런 맥락에서 보면 한국방송공사의 수익사업행위(방송법 제54조 제1항 제11호), 대한석탄공사의 석탄 및 그 부산물(副産物)과 석탄가공제품의 매입·판매 및 수출입행위(대한석탄공사법 제10조 제3호) 등은 독립적 경제단위로서 사경제적 방법에 따라 영업을 하게 되므로 그러한 사업부분에 관한 한 상인자격을 인정하여도 무방할 것이다.

제2장 상업사용인

1. 총 설

기업의 주체로서 상인은 영업활동과 내용과 규모가 시간적 공간적으로 확대됨에 따라 타인의 도움을 필요로 하게 된다. 상인의 영업활동에 대한 보조는 업무의 내용에 따라 내부적인 생산과 관리 등을 보조하거나 영업과 거래 등 대외적인 기업 활동을 보조하는 형태로 나타나거나, 상인에 대한 관계에 따라 상인에 종속되어 계속적인 지시와 감독을 받는 형태 혹은 상인과 독립된 지위에서 상인을 보조하는 형태를 취하기도 한다.

스스로 독립된 상인으로서 별개의 기업주체성을 가지고 다른 상인의 영업활동을 보조하는 것을 영업내용으로 하는 대리상, 중개상, 위탁매매인 및 운송주선인 등과 상인 그리고 제3자 등에 대한 법률관계에 관하여 상법은 상행위편에서 별도로 규정하고 있다.

또한 상인에 종속되어 상인을 보조하는 자와 상인 사이의 내부적 법률관계는 고용이나 위임 등의 관계로 파악되어 민법이나 근로기준법 등 근로관계법률에 따라 규율하게 되지만, 상인에 종속되어 상인을 보조하는 자가 상인을 위하여 행하는 외부적 영업활동과 관련된 법률관계는 대리관계로 파악하게 되어 민법이 규율하게 된다. 그런데 상법은 상거래의 특수성에 비추어 상인에 종속되어 그로부터 계속적으로 지시감독을 받으며 상인의 외부적 거래행위를 보조하는 자의 행위에 대하여 민법상의 대리와 다른 취급을 하기 위하여 이들을 상업사용인이라 규정하고 그 선임과 권한 그리고 의무에 관하여 규정하고 있다.

이처럼 상법은 상업사용인의 법률관계에 관한 규정을 두고 있지만 이들 규정은 민법상 대리에 관한 규정의 특칙이라고 할 것이므로 상업사용인에 관하여 상법의 규정이 없는 경우에는 민법상의 대리에 관한 규정이 적용될 것이다. 또한 상업사용인은 일정한 경우에 상법의 규정에 따라 영업과 관련하여 인정되므로 상인의 대리인과는 구별을 요하고, 대리가 아니라 대표의 법리에 따르는 법인의 기관 특히 회사의 경영담당자로서 회사의 기관인 이사 혹은 무한책임사원은 상인의 보조자가 아니므로 상업사용인과 구별하여야 할 것이다. 다만, 실무상 우리나라의 회사에 있어서 이사는 단순히 이사회의 구성원에 그치지 않고, 예컨대 경리이사 혹은 영업이사 등과 같이 특정분야의 업무를 직접 담당하여 회사의 대외적인 영업활동을 보조하기도 하는데 그러한 범위 내에서는 상업사용인의 지위도 겸병하고 있다고 할 수도 있을 것이다.

대표기관은 본인(법인)과 서로 대립하지도 않고 별개의 법률적 지위도 없으므로 대표행위는 곧 본인(법인)의 행위이고 법률행위뿐 아니라 사실행위나 불법행위에 관하여도 대표관계는 성립하는데 반하여, 대리인은 본인(법인)과 별개의 법률적 지위에 있으므로 대리행위는 본인(법인)의 행위가 아니라 대리인의 행위이고 다만 그 법률적 효과가 본인에게 미치는 관계이므로 사실행위 혹은 불법행위에 관하여는 대리관계가 성립하지 아니한다.

◆ 대법원 1996.8.23. 선고 95다39472 판결

주식회사의 기관인 상무이사라 하더라도 상법 제15조 소정의 부분적 포괄대리권을 가지는 그 회사의 사용인을 겸임할 수 있다.

또한 상업사용인은 상인을 보조하는 자이므로 반드시 자연인이어야 하지만, 대외적인 업무를 보조하는 자이므로 단순히 내부적으로 업무를 처리하거나 생산하는 데 그칠 뿐 대외적인 대리권이 없는 일반사용인과 구별된다,

상인과 상업사용인의 법률관계는 대리권에 관한 수권행위가 있어야 하므로 비록 그 대리권의 범위가 상법에 획일적으로 정하여져 있다고 하더라도 본질상 임의대리라고 할 것이고 본인의 무능력 등 일정한 사유가 있는 경우에 법률의 규정에 의하여 선임되는 법정대리는 아니라고 할 것이다. 다만 상업사용인의 선임에 반드시 고용이나 위임 등과 같은 계약관계가 있어야 하는 것이 아니고 단순히 친족관계 등에 의하여도 발생할 수가 있다는 것이 일반적 견해이다.[1)]

원래 상업사용인제도는 상인의 보조자와 거래한 제3자를 보호하기 위하여 일정한 경우에 이들의 행위에 관하여 대리제도를 적용하여 상인에게 책임을 귀속시키기 위한 목적에서 마련되었다고 할 것이므로, 상법은 상업사용인의 권한을 정형화하여 거래의 신속을 도모하는 한편 상업사용인이 내부적으로 영업주에 의하여 주어진 권한 외 행위를 한 경우에 그 거래 상대방의 보호를 위하여 선의의 제3자를 보호하는 규정(상 11조 3항, 15조 2항)을 두고, 또한 상업사용인이 아닌 경우이더라도 상인에게 일정한 귀책사유가 있다면 영업주에게 표현책임을 부담시키는 규정을 두고 있다(상 14조).

그러나 이러한 상법의 규정에 따른 요건에 해당하지 않는다고 하더라고, 제3자는 민법의 표현대리에 관한

1) 손주찬 95면, 안강현 81면, 이철송 94면, 정동윤 59면, 최준선 114면.

규정(민 125조, 126조 , 129조) 혹은 불법행위에 있어서 사용자책임에 관한 규정(민 756조) 등에 의하여 보호받을 수도 있을 것이다.

2. 다양한 상업사용인

상법은 지배인(상 10조), 부분적 포괄대리권을 가진 사용인(상 15조) 그리고 물건판매 점포의 사용인(상 16조)의 세 가지 유형의 상업사용인을 두고 각기 그 대리권의 범위 등을 달리 규정하고 있다.

이처럼 상업대리인을 세분화하여 그 권한을 각기 다르게 정형화시킴으로써 거래의 상대방으로 하여금 대리권의 유무와 범위를 확인할 필요 없이 안심하고 거래를 하도록 하여 상거래에 필요한 거래의 신속과 안전을 도모할 수 있다.

가. 지 배 인

(1) 지배인의 의의

지배인이란 영업주에 갈음하여 그 영업에 관한 재판상 또는 재판 외의 모든 행위를 할 수 있는 영업대리권을 가진 상업사용인이다(상 11조 1항).

지배인은 이처럼 영업에 관한 포괄적 대리권을 가지는데 이를 강학상 지배권이라고 한다. 이러한 지배권은 상인의 개별적인 수권행위와 상관없이 상법의 규정에 의하여 당연히 부여된다는 점에서 지배인의 선임은 임의적이지만, 그 대리권의 범위는 법률에 의하여 정하여진다는 특징이 있다.

영업주가 선임한 상업사용인이 지배인인지 여부는 그 명칭에 관계없이 실질적인 권한에 의하여 판단하여야 한다는 것이 일반적 견해이지만, 상업사용인에게 대리권을 부여하는 자는 상인이므로 결국 상인이 부여한 권한이 포괄적인지 여부에 따라 판단되어져야 할 것이다.

한편 지배인은 영업에 관하여 이 같은 포괄적인 권한을 갖는다는 점에서 다른 상업사용인과 구별되고, 오히려 회사의 대표기관과 유사하다고 할 것이지만, 대표기관과의 차이는 그 권한의 법률적 구성방식이 대리관계인지 혹은 대표관계인지, 또는 기업과의 법률관계가 위임 이외의 고용이나 정리관계 등으로 발생하는지 혹은 위임관계로 발생하는지, 나아가 영업에 관한 사항에 한하여 권한이 인정되는지 혹은 영업에 관한 사항 이외에도 조직이나 운영 등 기업 전반에 걸친 사항에 관하여 권한이 인정되는지 등에서 다르다고 할 것이다.

(2) 지배인의 선임과 종임

지배인을 선임할 권한이 있는 자는 영업주인 상인(상 10조) 혹은 영업주로부터 지배인 선임권을 부여받은 대리인이지만, 지배인은 상법 제11조 2항의 반대해석상 자신과 동등한 권한이 있는 다른 지배인을 선임할 수 없다고 할 것이다(상 11조 2항).

소상인도 영업에 관하여 포괄적 대리권을 가진 대리인을 선임할 수는 있으나 상법의 지배인에 관한 규정 예컨대 표현지배인에 관한 규정(상 14조) 등이 적용되지 않는다고 할 것이다(상 9조). 또한 영업행위를 하는 것이 허용되지 않는 청산회사 혹은 파산회사에는 성질상 영업에 관한 포괄적 지배권을 가지는 지배인을 선임할 수는 없다고 할 것이다.

회사의 경우에는 총사원 과반수의 결의(합명회사: 상 203조/ 유한책임회사: 상 287조의 18), 무한책임사원 과반수의 결의(합자회사: 상 274조), 이사회의 결의(주식회사: 상 393조 1항) 혹은 이사 과반수의 결의 또는 사원총회의 결의(유한회사: 상 564조 1항, 2항)와 같은 일정한 내부적인 절차를 거쳐서 지배인을 선임하여야 한다. 이러한 내부적 절차를 위반한 지배인의 선임이라고 하더라도, 일단 회사의 대표기관이 지배인을 선임하였다면, 그 지배인이 제3자와 거래행위를 하였을 경우 그 선임행위의 효력에는 영향이 없다는 견해[2]도 있으나, 그 선임행위는 무효라고 하여야 할 것이다.[3]

하자있는 절차에 의한 지배인 선임행위의 유효성의 문제와 하자있는 절차에 의하여 선임된 지배인이 거래한 행위의 효력문제는 별개의 문제로 다루어야 할 것이다. 지배인 선임절차에 하자가 있다면 그 지배인의 선임은 무효라 할 것이다. 다만 하자있는 절차에 의하여 선임된 지배인이 제3자와 거래한 경우의 제3자의 보호는 표현지배인에 관한 규정(상 14조) 혹은 표현대리에 관한 규정(민 125조)에 의하면 될 것이다.

지배인은 자연인이어야 하지만, 그 대리행위의 법률효과가 자신에게 미치지 아니하므로 행위능력이 있을 것이 요구되지는 않는다. 다만 유효한 법률행위를 하여야 하므로, 지배인에게도 의사능력은 필요하다고 할 것이다.

또한 직무의 성격상 회사의 이사나 사원은 지배인의 지위를 겸병할 수 있으나 회사의 감사는 지배인의 지위를 겸할 수 없다(상 411조, 570조).

---

2) 임홍근 80면, 손주찬 96면, 정동윤 60면, 정찬형 83면, 최기원 80면, 최준선 117면.
3) 이철송 101면.

지배인의 선임행위는 묵시적인 의사표시로서 가능하다는 견해[4]도 있으나, 지배인의 선임행위는 불요식 행위이므로 반드시 서면으로 이루어질 필요는 없다고 하더라도 지배인이 영업에 관한 포괄적 대리권을 가지고 상인의 영업에 중요한 영향을 미친다는 점에 비추어 볼 때 적어도 명시적인 의사표시에 의하여야 할 것이다.[5]

지배인 선임행위의 법적 성질에 관하여 대리권수여계약이라고 주장하는 견해가 있으나[6] 지배인의 선임행위를 계약이라고 할 때 선임행위에는 영업주의 선임의사와 지배인의 수임의사의 합치를 요구하게 되고, 만약 지배인의 의사표시에 하자가 있다면 지배인이 한 거래행위도 하자있는 법률행위로 되므로 거래의 안전을 해할 우려가 있게 되고, 또한 민법상의 대리권수여행위와 달리 상법상 지배인에 대한 대리권 수여행위를 계약이라고 볼 특별한 이유가 없으므로 지배인 선임행위의 법적 성질은 영업주에 의한 단독행위라고 보아도 무방할 것이다.[7]

지배인의 지위는 원칙적으로 선임행위에 따르게 될 것이나, 일반적으로 지배인의 사망, 금치산, 파산(민 127조 2호)이라든가, 지배인 선임의 원인이 된 고용 또는 위임 등의 법률관계의 종료(민 128조)에 의하여 대리권이 소멸하게 된다. 또한 지배인은 영업을 위하여 존재하므로 영업이 폐지되거나 회사의 해산 혹은 파산을 하는 경우에는 대리권이 소멸하여 지배인은 임무를 종료하게 된다.

다만 영업양도의 경우에도 당연히 지배인의 임무가 종료한다는 견해[8]가 있으나, 영업양도는 영업의 주체가 변경될 뿐 영업 그 자체는 계속성을 갖는다고 볼 것이므로 영업양도가 지배인의 당연한 종임사유는 아니라고 할 것이다.[9] 다만 이렇게 해석하더라도 영업양수인이 지배인과의 위임관계 또는 고용관계를 종료하는 것은 별개의 문제라 할 것이다.

한편 지배인의 대리권은 영업주가 그 영업에 관하여 수여한 대리권이므로 영업주가 사망하였다고 하더라도 종료되지는 않는다고 할 것이다(상 50조). 또한 지배인의 지위는 영업주와의 신뢰관계에 기초하게 되므로, 영업주의 의사에 반하여 지배인의 지위를 일방적으로 타인에게 양도할 수도 없다고 할 것이다.

지배인의 선임과 종임은 등기사항(상 13조)이지만 대항요건에 불과하다고 할 것이므로(상 37조), 선임과 종임의 효력은 등기에 의하여 발생하는 것이 아니라고 할 것이다.

---

4) 손주찬 97면, 정찬형 84면.
5) 안강현 82면, 정동윤 111면.
6) 이기수·최병규 158면, 최기원 81면, 최준선 117면.
7) 이철송 101면.
8) 정동윤 61면, 최기원 82면, 최준선 118면.
9) 이철송 103면.

그러나 이러한 지배인에 관한 사항을 등기하지 아니하면 상법에 정한 등기의 효력에 의하여 지배인의 선임 또는 종임을 이유로 선의의 제3자에게 대항하지 못하게 된다(상 37조 1항).

(3) 지배인의 대리권(지배권)

지배권은 지배인이 영업주에 갈음하여 영업에 관한 재판상, 재판 외의 모든 행위를 할 수 있는 포괄적 권한(상 11조 1항)으로서 법률에 의하여 정형화되었으므로 설령 영업주인 상인이 지배인의 지배권을 내부적으로 제한하더라도 이로써 선의의 제3자에게 대항할 수는 없다(상 11조 3항).

이처럼 지배인의 지배권은 법률에 의하여 정형화되어 있다고 하더라도 지배인은 본질적으로 임의대리인이므로 내부적으로 그 대리권을 제한할 수 있으나 이러한 제한은 등기사항도 아니기 때문에 이를 외부적으로 공시할 방법이 없으므로 상법은 거래의 안전을 보호하기 위하여 이를 선의의 제3자에 주장할 수 없도록 하고 있다.

(가) 지배권의 영업상 범위

지배권의 범위는 영업에 관한 재판상 또는 재판 외의 모든 행위에 미친다고 할 것인데 여기서 지배권의 영업에 관한 행위는 영업의 목적뿐만 아니라 영업과 직접 혹은 간접적으로 필요한 행위까지를 의미한다고 할 것이다.

이러한 지배권의 영업관련성은 지배인의 행위 당시의 주관적인 의사와는 관계없이 행위의 객관적 성질에 따라 추상적으로 판단하여야 할 것이므로, 일반적으로 영업상 행하여지는 금전차용행위, 금전수수행위, 보증행위, 어음수표행위도 이에 포함된다고 보아야 할 것이다.

지배권이 미치는 재판상 행위란 소송에 관련된 행위를 의미하고 재판 외의 행위는 영업주의 영업과 관련하여 행하여지는 적법한 행위를 의미하므로 영업과 관련이 있더라도 불법행위에 관하여는 지배권이 미치지 않으며, 일신전속적인 행위에도 지배권은 미치지 않는다고 할 것이다. 다만 대법원은 지배인에게 부여된 영업의 내용과 성질 그리고 지배인의 구체적 행위를 판단하여 영업과 관련이 없다고 판단될 때는 특별수권이 필요하다는 취지로 판시하고 있으나(대법원 1984.7.10. 선고 84다카424, 425 판결) 이는 일응 영업관련성에 관하여는 행위의 객관적 성질에 따라 추상적으로 판단하되 구체적인 경우에 영업의 내용과 성질, 규모 등 제반 사정을 종합적으로 판단하여야 함을 밝힌 것으로 이해하여야 할 것이다.

그러나 지배권은 영업이 존재하는 것을 전제로 하여 그 영업에 관한 행위에 한정되므로 상호를 변경하거나 영업을 폐지하거나 영업을 양도하는 행위 등을 할 수는 없을 것이다.

◆ 대법원 1998.8.21. 선고 97다6704 판결

지배인의 행위가 영업주의 영업에 관한 것인가의 여부는 지배인의 행위 당시의 주관적인 의사와는 관계없이 그 행위의 객관적 성질에 따라 추상적으로 판단하여야 할 것인바, 지배인이 영업주 명의로 한 어음행위는 객관적으로 영업에 관한 행위로서 지배인의 대리권의 범위에 속하는 행위라 할 것이므로 지배인이 개인적 목적을 위하여 어음행위를 한 경우에도 그 행위의 효력은 영업주에게 미친다 할 것이고, 이러한 법리는 표현지배인의 경우에도 동일하다.

(나) 지배권의 행사 한계

지배인의 지배권은 영업소에 따라 일정한 범위 내에서 행사될 수 있으므로(상 10조) 원칙적으로 영업주의 상호 또는 영업소별로 개별화된 특정영업에 한정된다고 할 것이다.

상인(영업주)이 수개의 영업소를 가지고 있거나 수개의 영업을 하더라도, 지배인은 자신에게 권한이 부여된 특정영업 혹은 특정영업소에 대하여만 지배권을 가지게 된다.

(다) 지배권의 제한

상법이 지배인의 지배권이 포괄적인 것으로 규정하고 있더라도(상 11조 1항), 영업주는 이에 대하여 임의로 혹은 지배인과 합의하에 일정한 제한, 예컨대 거래의 종류, 거래의 범위, 거래의 시기, 거래의 장소 및 거래 상대방 등을 할 수는 있으나, 지배인이 이러한 지배권의 제한을 위반하여 지배권을 행사하였더라도 이러한 제한을 이유로 선의의 제3자에 대하여 대항할 수는 없다고 할 것이다(상 11조 3항). 여기서 선의라 함은 지배권에 대한 제한을 알지 못하였거나 알지 못하였던 것에 대하여 중대한 과실이 없음을 의미하고, 제3자는 그 행위의 직접 상대방뿐만 아니라 그로부터 권리를 전득한 자를 포함한다고 할 것이다.

다만 영업주가 지배권의 제한을 위배한 지배인을 내부적로서 해임하거나 지배인에 대하여 손해배상을 구하는 것은 별개의 문제라고 할 것이다.

◆ 대법원 1997.8.26. 선고 96다36753 판결

[1] 지배인은 영업주에 갈음하여 그 영업에 관한 재판상 또는 재판 외의 모든 행위를 할 수 있고, 지배인의 대리권에 대한 제한은 선의의 제3자에게 대항하지 못하며, 여기서

지배인의 어떤 행위가 영업주의 영업에 관한 것인가의 여부는 지배인의 행위 당시의 주관적인 의사와는 관계없이 그 행위의 객관적 성질에 따라 추상적으로 판단되어야 한다.

[2] 지배인의 어떤 행위가 그 객관적 성질에 비추어 영업주의 영업에 관한 행위로 판단되는 경우에 지배인이 영업주가 정한 대리권에 관한 제한 규정에 위반하여 한 행위에 대하여는 제3자가 위 대리권의 제한 사실을 알고 있었던 경우뿐만 아니라 알지 못한 데에 중대한 과실이 있는 경우에도 영업주는 그러한 사유를 들어 상대방에게 대항할 수 있고, 이러한 제3자의 악의 또는 중대한 과실에 대한 주장·입증책임은 영업주가 부담한다.

[3] 지배인이 내부적인 대리권 제한 규정에 위배하여 어음행위를 한 경우, 이러한 대리권의 제한에 대항할 수 있는 제3자의 범위에는 그 지배인으로부터 직접 어음을 취득한 상대방뿐만 아니라 그로부터 어음을 다시 배서양도받은 제3취득자도 포함된다.

(라) 지배권의 남용

지배인이 영업주가 아니라 지배인 자신 혹은 제3자를 위한 행위를 한 경우라고 하더라도 지배인의 주관적 의사와는 관계없이 행위의 객관적 성질에 비추어 볼 때에 영업관련성이 있다면 지배권의 범위 내의 행위로 인정되어 영업주에게도 효력이 미치게 된다. 그런데 지배인이 제3자와 공모하여 지배권을 남용한 경우 또는 제3자와 공모가 없었더라도 만약 제3자가 지배인의 진의를 알거나 혹은 과실이 없었다면 그 진의를 알 수 있었던 경우에 영업주는 제3자에 대하여 그러한 지배권남용행위의 효력을 부인할 수 있다고 할 것이다.[10)]

◈ 대법원 1999.3.9. 선고 97다7721, 7738 판결

지배인의 행위가 영업에 관한 것으로서 대리권한 범위 내의 행위라 하더라도 영업주 본인의 이익이나 의사에 반하여 자기 또는 제3자의 이익을 도모할 목적으로 그 권한을 행사한 경우에 그 상대방이 지배인의 진의를 알았거나 알 수 있었을 때에는 민법 제107조 제1항 단서의 유추해석상 그 지배인의 행위에 대하여 영업주 본인은 아무런 책임을 지지 않는다고 보아야 하고, 그 상대방이 지배인의 표시의사가 진의 아님을 알았거나 알 수 있었는가의 여부는 표의자인 지배인과 상대방 사이에 있었던 의사표시 형성 과정

---

10) 지배인의 지배권남용행위에 대하여 영업주의 책임을 부인하는 법적 근거에 관하여, ① 민법 제107조 단서를 유추해석하려는 심리유보설, ② 제3자가 지배인의 지배권남용사실을 알고 있음에도 불구하고 그 효과를 영업주에게 주장하는 것은 권리남용 내지는 신의칙위반행위라는 권리남용설, ③ 지배인의 지배권남용행위를 지배권에 대한 내부적 제한을 위반한 것으로 보아 상대방이 악의이거나 중과실이 있을 경우에는 대항할 수 있다는 대리권제한설, ④ 지배인이 영업주를 위하여 행사하여야 하는 지배권을 이에 반하여 행사한 것이므로 무효라 할 것이나 선의의 제3자에 대하여는 그 무효를 주장할 수 없다는 이익형량설 등이 주장되고 있으나 대법원은 대리권을 가진 자의 그 대리권남용행위와 같은 배임행위에 대하여 심리유보설의 입장에서 이를 해결하고 있다.

과 그 내용 및 그로 인하여 나타나는 효과 등을 객관적인 사정에 따라 합리적으로 판단하여야 한다.

[같은 취지: 대법원 2008.7.10. 선고 2006다43767 판결(부분적 포괄대리권을 가진 상업사용인), 대법원 2011.12.22. 선고 2011다64669 판결(미성년자의 법정대리인), 대법원 2001.1.19. 선고 2000다20694 판결(증권회사의 직원)]

(4) 공동지배인

(가) 의 의

지배인이 여러 명이 있다고 하더라도 각자대리의 원칙에 의하여 수인의 지배인은 각자 지배권을 행사하는 것이므로 공동으로 지배권을 행사하여야 하는 공동지배인이 되는 것은 아니다. 그러므로 영업주가 수인의 지배인으로 하여금 공동으로 지배권을 행사하도록 한 경우에만 공동지배인으로서 효력이 있다고 할 것이고(상 12조 1항), 이러한 공동지배인의 형태는 수인의 지배인의 입장에서는 각자가 독자적으로 포괄적인 지배권을 행사할 수 없다는 점에서 지배권의 제한에 해당한다고 할 것이다.

영업주가 수인의 지배인을 공동지배인으로 한 경우에는 이를 등기하여야 하고(상 13조 2문), 만약 이를 게을리 한 경우에는 선의의 제3자에게 대항할 수 없다(상 37조 1항).

(나) 적용범위

공동지배인에 대한 지배권의 제한은 재판 외 행위뿐만 아니라 재판상 행위에도 당연히 미친다고 할 것이다.[11)]

공동지배인이 재판상행위를 할 경우에 지배권을 공동으로만 행사하여야 하는지에 관하여, 소송대리인의 개별대리의 원칙에 따라 재판상행위에는 미치지 아니한다는 견해[12)]도 있으나 공동지배인제도가 지배권의 포괄성으로 인하여 불측의 손해를 입을 수 있는 영업주를 보호하기 위한 제도라는 점에서 볼 때, 이를 재판 외 행위에만 한정하여 인정할 이유는 없다고 할 것이므로 공동지배인은 재판 외 행위는 물론이고 재판상 행위도 공동으로 지배권을 행사하여야 할 것이다.

공동지배인은 공동으로 의사표시를 하여야만 영업주를 위하여 효력이 발생하므로, 공동지배인 일부가 다른 공동지배인에게 권한을 포괄적으로 위임하여 다른 공동지배인으로 하여금 이를 행사하도록 할 수는 없다고 할 것이나, 특정한 종류의 행위, 혹은 개

11) 이철송 111면, 정동윤 118면, 최준선 124면.
12) 손주찬 102면.

별적 사항에 관하여 다른 공동지배인에게 그 권한을 위임할 수는 있다고 할 것이다.

공동지배인이 특정한 종류의 행위, 혹은 개별적 사항에 관하여 다른 공동지배인에게 위임할 수 있도록 허용하게 되면 지배권의 남용을 초래할 우려가 있고 공동지배인제도의 취지에 어긋난다는 이유로 이를 부정하는 견해[13]도 있으나 이를 허용하여도 지배권남용의 우려가 적고 이를 엄격히 적용하게 되면 부득이하게 신속히 진행되어야 할 기업 활동을 방해하는 경우도 적지 않다고 할 것이므로 특정한 종류의 개별적 사항에 관하여 이를 허용하여도 무방하리라 생각된다.[14] 대법원은 주식회사에 있어서 공동대표이사의 경우에 개별적 위임을 허용하고 있다(대법원 1989.5.23. 선고 89다카3677 판결). 물론 어떠한 견해를 취하더라도 엄격한 요식행위라고 할 수 있는 어음 수표행위 또는 소송행위에는 반드시 공동지배인이 공동으로 의사표시를 하여야 할 것이다.

상법은 공동지배인 1인에 대한 의사표시는 영업주에게 효력이 있다고 규정하여(상 12조 2항) 공동지배인에 대한 지배권의 제한은 수동대리의 경우에는 미치지 않도록 하고 있는데, 이때 의사표시의 흠결이나 일정한 사항에 관한 선의 혹은 악의는 그 의사표시를 수령한 공동지배인을 기준으로 판단하여야 할 것이다.

(다) 효 과

공동지배인에 관한 사항은 등기하여야 한다(상 13조 2문). 공동지배인 등기를 하게 되면 등기의 효력에 의하여, 공동지배인 중 1인이 단독으로 행위를 한 경우에 영업주는 상대방이 선의라고 하더라도 무권대리를 이유로 무효를 주장할 수 있으나(상 37조 1항의 반대해석), 이때 상대방이 정당한 사유에 의한 선의를 주장한다면 영업주는 무효를 주장할 수 없게 된다(상 37조 2항). 물론 이 경우에 상대방으로서는 후술하는 표현지배인의 주장을 하는 것도 가능하다고 할 것이다.

이와는 달리 공동지배인 등기를 하지 아니한 경우에는 상대방이 공동지배인이라는 사실을 알거나 알 수 있었을 때에 한하여 영업주는 무권대리를 이유로 무효를 주장할 수 있게 된다(상 37조 1항).

(5) 표현지배인

(가) 의 의

본점 또는 지점의 본부장, 지점장 그 밖에 지배인으로 인정될 만한 명칭을 사용하는 자[15]가 재판 외의 행위를 한 경우에는 비록 그 자가 지배인이 아니어서 지배권이 없더라

13) 손주찬 102면.
14) 이기수・최병규 163면, 이철송 112면, 정찬형 89면, 최기원 86면, 최준선 124면.

도 상대방이 선의인 경우에 지배인과 동일한 권한이 있는 것으로 상법상 간주되어 영업주에게 그 효력이 미치도록 하고 있는데 이러한 제도를 표현지배인제도라고 한다(상 14조).

상법의 표현지배인제도는 민법상의 표현대리(민 125조, 127조, 129조), 상법상의 명의대여자의 책임(상 24조), 표현대표이사의 책임(상 395조)에서와 같이 외관을 신뢰하여 거래한 자를 보호하기 위하여 진실에 부합되지 않는 외관을 작출하는 데 책임이 있는 자에게 일정한 책임을 인정하여 거래의 안전을 도모하기 위한 것으로, 외관주의의 내지는 금반언의 법리에 터 잡아 대리권 없는 자의 행위에 대하여 영업주에게 책임을 지우는 제도이다.

이처럼 표현지배인에 관한 규정은 민법의 표현대리의 법리를 상법적으로 수정한 것으로서, 표현지배인의 행위는 대부분 민법상 표현대리행위에 해당하지만 특히 상법에서는 이를 정형화하여 그에 따른 분쟁을 보다 쉽게 해결하고자 하는 취지라 할 것이므로,[16] 설령 상법상의 표현지배인의 요건에 해당하지 않는 경우라고 하더라도 민법상의 표현대리에 해당될 수 있음을 간과하여서는 아니 될 것이다.

(나) 요 건

(A) 외관의 존재

본점 또는 지점의 본부장, 지점장 그 밖에 지배인으로 인정될 만한 명칭을 사용하는 자가 지배인의 권한에 속하는 재판 외의 행위를 하는 외관이 존재하여야 한다.

상법은 표현지배인이 사용하는 명칭으로서 "본점 또는 지점의 본부장, 지점장 그 밖에 지배인으로 인정될 만한 명칭"을 규정하고 있는데 여기서 본점 또는 지점의 의미에 관하여, (1) 거래의 안전을 보호하기 위하여 본점 또는 지점의 외관이 있으면 충분하고 영업소의 실질을 갖출 필요는 없다고 주장하는 견해(외관설)[17] (2) 표현지배인의 표현적 명칭으로 인하여 지배인으로 오인한다는 것은 표현지배인이 속해 있는 본점 또는 지점의 영업에 관하여 지배권이 있는 것으로 오인하는 것이므로, 상법 제14조에서 의미하는 본점 또는 지점이란 적법한 지배인이 행위가 존재할 수 있을 정도의 인적, 물적설비를 갖춘 영업활동의 장소적 중심지로서 시간적 계속성과 영업활동에 관한 독자적 결정권을 보유한 영업소로서의 실질을 갖춘 곳을 의미한다는 견해(실질설)가 대립하고 있는데 후자(실질설)가 일반적인 견해이고,[18] 대법원도 실질설의 입장에서 판시하고 있다.

---

15) 상법은 2010년 개정 전에는 "영업주임 기타 유사한 명칭을 가진 사용인"이라는 용어를 사용하였다.
16) 이철송 113면.
17) 이기수・최병규 164면, 임홍근 87면, 최준선 126면.

◆ 대법원 1998.10.13. 선고 97다43819 판결

[1] 상법 제14조 제1항 소정의 표현지배인이 성립하려면 당해 사용인의 근무 장소가 상법상의 영 업소인 '본점 또는 지점'의 실체를 가지고 어느 정도 독립적으로 영업 활동을 할 수 있는 것 임을 요하고, 본·지점의 기본적인 업무를 독립하여 처리할 수 있는 것이 아니라 단순히 본·지점의 지휘·감독 아래 기계적으로 제한된 보조적 사무만을 처리하는 영업소는 상법상의 영 업소인 본·지점에 준하는 영업 장소라고 볼 수 없다.

[2] 회사의 주주로서 자금조달 업무에 종사함과 아울러 지방 연락사무소장으로서 그 회사로부터 토지를 분양받은 자들과의 연락 업무와 투자중개 업무를 담당해 온 경우, 회사를 위하여 독립적으로 영업 활동을 할 수 있는 지위에 있었다고 단정할 수 없다는 이유로 표현지배인이 아니다.

(같은 취지: 대법원 2000.8.22. 선고 2000다13320 판결, 대법원 1978.12.13. 선고 78다1567 판결, 대법원 1998.8.21. 선고 97다6704 판결)

상법은 표현지배인의 명칭으로서, 본부장, 지점장을 예시하는 한편 "그 밖의 지배인이라고 인정될 만한 명칭"이라고 포괄적으로 규정하고 있는데 이는 통상적으로 본점 또는 지점의 영업책임자로 인정될 수 있는 명칭을 사용하는 자를 의미한다고 할 것으로서, 대법원은 그 명칭 자체로서 상위직의 존재를 추측할 수 있는 명칭은 표현지배인의 명칭이 아니라고 판시하고 있다. 또한 표현지배인제도의 취지에 비추어 볼 때 표현지배인의 명칭을 사용하는 자가 반드시 영업주의 대리인이거나 사용인일 필요는 없다고 할 것이다.

◆ 대법원 1993.12.10. 선고 93다36974 판결

지점 차장이라는 명칭은 그 명칭 자체로서 상위직의 사용인의 존재를 추측할 수 있게 하는 것이므로 상법 제14조 제1항 소정의 영업주임 기타 이에 유사한 명칭을 가진 사용인을 표시하는 것이라고 할 수 없고, 따라서 표현지배인이 아니다.

(같은 취지: 대법원 1994.1.28. 선고 93다49703 판결)

표현지배인으로서 인정되기 위해서는 지배인으로서 오인될 명칭을 사용하여 지배인의 권한 내에 속하는 행위를 하여야 한다.

이처럼 표현지배인은 영업주의 영업에 관한 모든 거래행위에 적용되는데 영업에 대한 관련성은 행위의 객관적 성질에 따라 추상적으로 판단하여야 할 것이다. 그러므로 지배인이 행할 권한이 없는 영업폐지와 같은 행위에 관하여는 표현지배인이 인정되지

18) 이철송 116면, 손주찬 104면, 정찬형 91면.

않는 것이 당연하며, 표현지배인 제도의 취지에 비추어 볼 때 불법행위에도 적용되지 아니한다고 할 것이다. 이 밖에도 상법은 실체적 진실이 요구되는 재판상행위에도 표현지배인에 관한 규정의 적용을 배제하고 있다(상 14조 1항 단서).

◈ 대법원 1998.8.21. 선고 97다6704 판결

지배인의 행위가 영업주의 영업에 관한 것인가의 여부는 지배인의 행위 당시의 주관적인 의사와는 관계없이 그 행위의 객관적 성질에 따라 추상적으로 판단하여야 할 것인바, 지배인이 영업주 명의로 한 어음행위는 객관적으로 영업에 관한 행위로서 지배인의 대리권의 범위에 속하는 행위라 할 것이므로 지배인이 개인적 목적을 위하여 어음행위를 한 경우에도 그 행위의 효력은 영업주에게 미친다 할 것이고, 이러한 법리는 표현지배인의 경우에도 동일하다.

(B) 외관의 부여

영업주에게 표현지배인의 행위를 알면서 그로 하여금 그러한 명칭을 사용하는 것을 허락하거나 묵인하는 등의 귀책사유가 있어야 한다.

◈ 대법원 1995.11.21. 선고 94다50908 판결[19)]

상법 제395조의 표현대표이사 책임에 관한 규정의 취지는 회사의 대표이사가 아닌 이사가 외관상 회사의 대표권이 있는 것으로 인정될 만한 명칭을 사용하여 거래행위를 하고 이러한 외관상 회사의 대표행위에 대하여 회사에게 귀책사유가 있는 경우에 그 외관을 믿은 선의의 제3자를 보호함으로써 상거래의 신뢰와 안전을 도모하려는 데에 있으므로, 위와 같은 표현대표자의 행위에 대하여 회사가 책임을 지는 것은 회사가 표현대표자의 명칭 사용을 명시적으로나 묵시적으로 승인할 경우에 한하는 것이고 회사의 명칭 사용 승인 없이 임의로 명칭을 참칭한 자의 행위에 대하여는 비록 그 명칭 사용을 알지 못하고 제지하지 못한 점에 있어 회사에게 과실이 있다고 할지라도 그 회사의 책임으로 돌려 선의의 제3자에 대하여 책임을 지게 할 수 없다.

(같은 취지: 대법원 1992.8.18. 선고 91다14369 판결, 대법원 2005.9.9. 선고 2004다17702 판결 등)

비록 상법의 규정이 이를 명시하고 있지는 않으나 표현지배인이 민법상 표현대리의 법리를 토대로 한 것이라고 할 것이므로, 영업주의 허락이나 묵인 없이 임의로 표현지배인으로 오인될 명칭을 사용한 경우에는 상법상의 표현지배인에 관한 규정이 적용될 여지가 없어 영업주는 아무런 책임이 없지만, 만약 행위자가 영업주의 사용인이라면 영

19) 이 판결은 주식회사의 표현대표이사에 관한 것이지만, 표현지배인에서도 동일한 해석이 가능할 것이다.

업주는 사용자로서 손해배상책임(민 756조)을 부담하게 될 수도 있을 것이다.

(C) 외관의 신뢰

상대방은 거래행위 당시에 표현지배인으로 오인될 명칭을 사용한 자가 진정한 지배인이라고 믿었어야 한다.

선의란 제3자가 거래할 당시에 자신과 거래하는 상대방이 지배인이 아니라는 점을 몰랐음을 의미하는 것이고 문제된 거래행위를 할 대리권이 없다는 점을 몰랐음을 의미하는 것은 아니라고 할 것이다.

상법은 상대방이 악의인 경우에 영업주는 표현지배인의 책임을 부담하지 않는다고 규정하고 있으나(상 14조 2항), 상대방이 선의이거나 경과실인 경우에 한하여 영업주가 표현지배인의 책임을 부담하고 중과실인 경우에는 악의와 마찬가지로 취급하여야 한다고 해석하는 것이 일반적 견해이다.[20)]

다만, 상법의 제14조 2항의 규정 형식에 비추어 볼 때, 상대방이 선의이고 과실이 없음은 추정된다고 할 것이므로 영업주가 상대방의 악의 또는 중과실을 증명하여야 할 것이다.

(다) 효 과

표현지배인은 지배인과 동일한 권한이 있는 것으로 보게 되므로(상 14조 1항 본문), 표현지배인의 행위는 곧 권한 있는 지배인의 행위가 된다, 따라서 영업주는 표현지배인이 한 특정한 거래행위에 대하여 무권대리를 주장하면서 그 행위의 효력을 부인할 수 없게 되어, 결국 영업주는 제3자에 대하여 표현지배인의 행위에 기한 채무 등을 부담하게 된다.

한편 표현지배인과 거래한 제3자는 영업주에게 그 거래행위의 책임을 추궁하게 되므로 별도로 표현지배인에 대하여 무권대리인의 책임을 추궁하거나 불법행위 책임을 추궁할 수 없게 된다. 물론 영업주가 표현지배인에 대하여 손해배상청구를 하는 것은 가능하다고 할 것이다.

영업주가 지배인을 해임한 후 그에 따른 해임 등기를 하였다 하더라도 상업등기제도와 표현지배인제도는 그 취지와 요건 그리고 효과가 서로 다르므로 영업주는, 등기할 사항을 등기하면 선의의 제3자에게 대항할 수 있다는, 등기의 대항력에 관한 상법 제37조 제1항을 내세워 제3자의 표현지배인의 주장을 배척할 수는 없다고 할 것이다(표현지배인에 대한 직접적인 대법원 판결은 없으나 표현대표이사와 관련하여 대법원 1979.2.13.

---

20) 이철송 119면, 정찬형 92면, 최준선 129면.

선고 77다2436 판결은 이러한 법리로 판시하고 있다).

또한 부실등기에 관한 상법의 규정(상 39조)과 표현지배인에 관한 상법의 규정(상 14조)은 각기 그 입법 취지와 요건 및 효과가 상이하므로, 영업주가 고의 또는 과실로 지배인 아닌 자를 지배인으로 잘못 등기한 경우에 그렇게 잘못 등기된 자와 거래한 상대방은 상법에 정한 부실등기의 효력을 주장하거나 표현지배인의 효력을 중첩적으로 주장할 수 있다고 해석하여야 할 것이고, 이로써 거래의 안전은 보다 두텁게 보호될 것이다.

나. 부분적 포괄대리권을 가진 상업사용인

(1) 의 의

부분적 포괄대리권을 가진 상업사용인이란 영업의 특정한 종류 혹은 특정한 사항에 관하여 재판 외의 모든 행위를 할 권한이 있는 상업사용인을 말한다(상 15조 1항).

이들은 차장, 과장, 대리 등과 같이 명칭 자체로부터 다른 자가 상위의 지위에 있음이 추측되고, 영업의 특정 부분이나 특정한 사항에 관한 위임을 받아 그 범위 내에서 업무행위를 수행하는 자라고 할 것이다.

◆ 대법원 1994.1.28. 선고 93다49703 판결

증권회사의 지점장대리는 그 명칭자체에서 상위직 사용인의 존재를 추측케 하므로 상법 제14조가 아니라 상법 제15조의 상업사용인이다.

이렇게 부분적이나마 영업에 관한 대리권을 영업주로부터 부여받은 자와 거래하는 자는 그 상업사용인이 영업주로부터 위임받은 특정한 부분의 한도 내에서는 포괄적으로 대리권이 있다고 신뢰하는 것이 보통이고 또한 그러한 신뢰를 보호하는 것이 거래의 안전을 위하여 필요하므로 상법은 이러한 상업사용인이 개별적으로 부여받은 대리권의 구체적인 범위를 따지지 않고 위임받은 특정한 업무의 성격과 내용에 비추어 객관적으로 판단되는 일정한 범위 범위 내에서 포괄적인 대리권을 부여받은 것으로 보는 것이다.

지배인의 경우와 마찬가지로 영업주와 부분적 포괄대리권을 가지는 상업사용인의 관계는 위임이거나 고용관계일 수도 있고 단순한 정리관계일 수도 있다. 또한 주식회사의 기관인 상무이사라고 할지라도 부분적 포괄대리권을 가지는 상업사용인이 될 수가 있고, 이러한 경우는 이사가 부분적 포괄대리권을 가진 상업사용인의 지위를 겸병하는 것으로 보아야 할 것이다(대법원 1996.8.23. 선고 95다39472 판결).

부분적 포괄대리권을 가진 상업사용인의 선임과 종임에 관한 사항은 대체로 지배인과 같으나, 영업주뿐만 아니라 지배인도 그 권한 범위 내에서 이들을 선임하거나 해임할

수 있다(상 11조 2항).

또한 이들은 선임되거나 종임되더라도 등기를 요하지 않으므로 부실등기의 효력(상 39조), 등기 전후의 제3자에 대한 대항력 등의 문제(상 37조)는 발생할 여지가 없다고 할 것이다. 또한 상업사용인 중 지배인에 관한 규정만이 소상인에 적용되지 아니하므로(상 9조), 소상인에 의하여 선임된 부분적 포괄대리권을 가진 상업사용인이라고 하더라도 상법의 규정이 적용된다.

(2) 대리권

부분적 포괄대리권을 가진 상업사용인은 그에게 위임된 영업의 특정한 종류 또는 특정한 사항에 관하여 재판 외의 모든 행위를 할 수 있다(상 15조 1항). 부분적 포괄대리권을 가진 상업사용인의 대리권도 내부적으로 대리권의 수여행위로 인하여 발생하게 된다.

부분적 포괄대리권을 가진 상업사용인이 특정한 종류와 사항에 관하여 대리권을 수여받은 경우에는 개개의 행위에 관하여 별도의 수권행위가 없더라도 그 종류와 사항에 관하여 포괄적이고 정형적인 권한을 행사할 수 있다(상 15조 1항).

부분적 포괄대리권을 가진 상업사용인의 권한은 위임받은 영업행위의 규모와 성격, 거래행위의 형태, 직급 및 전체적인 업무분장 등 여러 사정을 고려하여 거래통념에 따라 객관적으로 판단하여야 한다.[21]

대법원은, 건설업을 목적으로 하는 건설회사의 업무는 공사의 수주와 공사의 시공이라는 두 가지인데 건설회사 현장소장은 일반적으로 특정된 건설현장에서 공사의 시공에 관련한 업무만을 담당하는 자이므로 그 업무에 관하여 부분적 포괄대리권을 가지고 있으므로 공사의 시공에 관련한 자재, 노무관리 외에 그에 관련된 하도급계약 계약체결 및 그 공사대금지급, 공사에 투입되는 중기 등의 임대차계약체결 및 그 임대료의 지급 등에 관한 모든 행위에 관한 권한은 있으나 반면에 아무리 소규모라 하더라도 그와 관련 없는 새로운 수주활동을 하는 것과 같은 영업활동은 그의 업무범위에 속하지 아니한다고 하고 있으며(대법원 1994.9.30. 선고 94다20884 판결, 대법원 2013.2.28. 선고 2011다79838 판결), 또한 오피스텔 건물의 분양사업을 영위하는 자의 위임을 받아 관리부장 또는 관리과장의 직책에 기하여 실제로 오피스텔 건물에 관한 분양계약의 체결 및 대금수령 등 일체의 분양관련 업무를 처리하여 온 자들은 상법 제15조 소정의 영업의 특정된 사항에 대한 위임을 받은 사용인으로서 그 업무에 관한 부분적 포괄대리권을 가진 상업사용인이므로 분양계약의 체결은 물론이고, 기존 분양계약자들과의 분양계약을 합의해제하거나 해제권 유보에 관한 약정을 체결하고, 나아가 그에 따른 재분양계약을 체결하는 등 일체의 분양거래행위에 관한 권한도 당연히 가지고 있다고 판시하고(대법원 1994.10.28. 선고 94다22118 판결), 도로공사를 도급받은 회사에서 그 공사의 시공에 관련한 업무를 총괄하는 현장소장의 지휘 아래 노무, 자재, 안전

21) 대법원 2009.5.28. 선고 2007다20440, 20457 판결.

및 경리업무를 담당하는 관리부서장은 그 업무에 관하여 상법 제15조 소정의 부분적 포괄대리권을 가지고 있다고 할 것이지만, 그 통상적인 업무가 공사의 시공에 관련된 노무, 자재, 안전 및 경리업무에 한정되어 있는 이상 일반적으로 회사의 부담으로 될 채무보증 또는 채무인수 등과 같은 행위를 할 권한이 있다고 볼 수는 없다거나(대법원 1999.5.28. 선고 98다34515 판결), 주식회사의 경리부장은 경상자금의 수입과 지출, 은행거래, 경리장부의 작성 및 관리 등 경리사무 일체에 관하여 그 권한을 위임받은 것으로 봄이 타당하고 그 지위나 직책, 회사에 미치는 영향, 특히 회사의 자금차입을 위하여 이사회의 결의를 요하는 등의 사정에 비추어 보면 특별한 사정이 없는 한 독자적인 자금차용은 회사로부터 위임되어 있지 않다고 보아야 할 것이므로 경리부장에게 자금차용에 관한 상법 제15조의 부분적 포괄대리권이 있다고 할 수 없다(대법원 1990.1.23. 선고 88다카3250 판결)고 판시하고 있다.

또한 부분적 포괄대리권을 가진 상업사용인의 경우도 그 대리권에 대한 제한은 선의의 제3자에게 대항하지 못한다(상 15조 2항, 11조 3항)고 할 것인데, 이러한 대리권의 제한과 관련하여 부분적 포괄대리권을 가진 상업사용인에 대하여도 지배인의 경우와 같이 부분적 포괄대리권을 가진 공동 상업사용인을 허용할 것인지에 관하여 견해의 대립이 있다. 지배인의 공동대리에 관한 규정을 유추하여 이를 허용하고 이에 따른 선의의 제3자 보호는 상법 제15조 2항에 의하여 준용되는 상법 제11조 3항의 규정에 의하여 충분하다는 견해도 있으나 지배인과 달리 부분적 포괄대리권을 가진 상업사용인은 등기사항이 아니므로 공동대리의 제한이 있는지 여부를 알 수 없는 제3자에게 손해를 입힐 우려가 있어 거래의 안전을 해할 수 있으므로 이를 허용해서는 안 될 것이다.[22)]

부분적 포괄지배권을 가진 상업사용인이 가지는 대리권의 포괄성은 영업에 관한 모든 행위에 미치는 것이 아니라 영업의 특정한 종류와 사항에만 부분적으로 미치고, 재판상 행위를 할 권한이 없다는 점에서 지배인의 대리권과 비교된다.

부분적 포괄지배권을 가진 상업사용인이 대리권을 수여받은 영업의 특정한 종류와 사항에 포함되지 않는 행위를 한 경우에는 당연히 무권대리가 되므로 상법의 부분적 포괄지배권을 가진 상업사용인에 관한 규정이 적용되지 않고 민법상 표현대리의 법리 또는 무권대리의 법리에 따라 법률관계가 정하여질 것이다.

◆ 대법원 2006.6.15. 선고 2006다13117 판결

[1] 부분적 포괄대리권을 가진 상업사용인이 특정된 영업이나 특정된 사항에 속하지 아니하는 행위를 한 경우, 영업주가 책임을 지기 위하여는 민법상의 표현대리의 법

22) 안강현 98면, 정찬형 95면.

리에 의하여 그 상업사용인과 거래한 상대방이 그 상업사용인에게 그 권한이 있다고 믿을 만한 정당한 이유가 있어야 한다.

[2] 전산개발장비 구매와 관련된 실무를 총괄하는 상업사용인의 지위에 있는 자가 회사에 새로운 채무부담을 발생시키는 지급보증행위를 하는 것은 부분적 포괄대리권을 가진 상업사용인의 권한에 속하지 아니한다.

(같은 취지: 대법원 1999.7.27. 선고 99다12932 판결, 대법원 1989.8.8. 선고 88다카23742 판결)

또한 부분적 포괄지배권을 가진 상업사용인이 영업주가 아니라 자신 혹은 제3자를 위하여 그 대리권을 남용한 경우라고 하더라도 그 상대방이 사용인의 권한남용에 대하여 악의 또는 과실이 있지 않는 한 영업주가 책임을 부담한다고 할 것임은 지배인의 경우와 같다.

◆ 대법원 2008.7.10. 선고 2006다43767 판결

부분적 포괄대리권을 가진 상업사용인이 그 범위 내에서 한 행위는 설사 상업사용인이 영업주 본인의 이익이나 의사에 반하여 자기 또는 제3자의 이익을 도모할 목적으로 그 권한을 남용한 것이라 할지라도 일단 영업주 본인의 행위로서 유효하나, 그 행위의 상대방이 상업사용인의 진의를 알았거나 알 수 있었을 때에는 민법 제107조 제1항 단서의 유추해석상 그 행위에 대하여 영업주 본인에 대하여 무효가 되고, 그 상대방이 상업사용인의 표시된 의사가 진의 아님을 알았거나 알 수 있었는가의 여부는 표의자인 상업사용인과 상대방 사이에 있었던 의사표시 형성 과정과 그 내용 및 그로 인하여 나타나는 효과 등을 객관적인 사정에 따라 합리적으로 판단하여야 한다.

(3) 표현 부분적 포괄대리권을 가진 상업사용인

부분적 포괄대리권을 가진 상업사용인으로 오인할 만한 명칭을 사용하여 영업의 특정한 종류와 사항에 관한 행위를 한 자에게, 표현지배인에 관한 규정(상 14조)을 준용하여 영업주에게 책임을 부담시킬 수 있는지에 관하여, (1) 거래의 안전을 보호하기 위하여 이 경우에도 표현지배인에 관한 상법의 규정을 유추 적용하여야 한다는 견해,[23] (2) 표현지배인에 관한 상법의 규정을 준용하지 아니한 상법의 입법의도와 취지를 존중하여 이를 유추적용해서는 아니 된다는 견해[24]가 대립하고 있으나, 대법원은 부분적 포괄대리권을 가진 상업사용인의 경우에는 표현지배인에 관한 규정의 유추적용을 인정하고 있

---

23) 강위두/임재호 70면, 이기수·최병규 172면, 임홍근 89면, 정찬형 96면.

24) 이철송 126면, 최기원 96면, 최준선 132면.

지 않다.

◈ 대법원 2007.8.23. 선고 2007다23425 판결[25)]

[1] 상법 제15조의 부분적 포괄대리권을 가진 사용인은 영업의 특정한 종류 또는 특정한 사항에 관한 재판 외의 모든 행위를 할 수 있는 대리권을 가진 상업사용인을 말하는 것이므로, 이에 해당하기 위해서는 그 사용인의 업무 내용에 영업주를 대리하여 법률행위를 하는 것이 당연히 포함되어 있어야 한다.

[2] 상법 제14조 제1항은, 실제로는 지배인에 해당하지 않는 사용인이 지배인처럼 보이는 명칭을 사용하는 경우에 그러한 사용인을 지배인으로 신뢰하여 거래한 상대방을 보호하기 위한 취지에서, 본점 또는 지점의 영업주임 기타 유사한 명칭을 가진 사용인은 표현지배인으로서 재판상의 행위에 관한 것을 제외하고는 본점 또는 지점의 지배인과 동일한 권한이 있는 것으로 본다고 규정하고 있으나, 부분적 포괄대리권을 가진 사용인의 경우에는 상법은 그러한 사용인으로 오인될 만한 유사한 명칭에 대한 거래 상대방의 신뢰를 보호하는 취지의 규정을 따로 두지 않고 있는바, 그 대리권에 관하여 지배인과 같은 정도의 획일성, 정형성이 인정되지 않는 부분적 포괄대리권을 가진 사용인들에 대해서까지 그 표현적 명칭의 사용에 대한 거래 상대방의 신뢰를 무조건적으로 보호한다는 것은 오히려 영업주의 책임을 지나치게 확대하는 것이 될 우려가 있으며, 부분적 포괄대리권을 가진 사용인에 해당하지 않는 사용인이 그러한 사용인과 유사한 명칭을 사용하여 법률행위를 한 경우 그 거래 상대방은 민법 제125조의 표현대리나 민법 제756조의 사용자책임 등의 규정에 의하여 보호될 수 있다고 할 것이므로, 부분적 포괄대리권을 가진 사용인의 경우에도 표현지배인에 관한 상법 제14조의 규정이 유추 적용되어야 한다고 할 수는 없다.

다. 물건판매점포의 사용인

(1) 의 의

상법은 물건을 판매하는 점포의 사용인은 그 판매에 관하여 모든 권한이 있는 것으로 본다(상 16조 1항)라고 규정하여, 물건을 판매하는 점포 내에서 물건판매행위와 관련된 행위를 하는 사용인에 대하여는 그 행위에 관한 실질적인 대리권의 유무를 불문하고 대리권이 있는 것으로 간주하고 있는데, 이러한 상업사용인을 의제사용인이라고도 한다.

---

25) 대법원은, 부분적 포괄대리권을 가진 사용인의 경우에도 표현지배인에 관한 상법 제14조의 규정이 유추 적용되어야 한다는 전제하에 피고 강남지사 영업팀장이라는 명칭을 사용한 자에 대하여 상법 제14조에 의하여 부분적 포괄대리권을 가진 사용인과 동일한 권한이 있는 자로 보아야 한다는 원고의 주장을 그 전제가 잘못되었다는 이유로 배척함으로서, 상법 제14조의 규정이 부분적 포괄대리권을 가진 상업사용인에게 유추 적용될 수 없다고 판시하였다.

상법은 거래의 안전을 보호하기 위하여 점포라는 장소적 특성과 물건판매라는 행위적 특성을 가진 외관에 대하여 일정한 법적인 효력을 부여함으로써 구체적인 경우에 영업주로부터 대리권을 수여받았는지 여부를 불문하고, 이들 사용인의 행위를 법률상 유효한 것으로 의제하여 거래의 신속과 안전을 도모하려고 한 것으로서 외관존중의 한 모습이라고 할 것이다.

(2) 적용요건

상법은 물건을 판매하는 점포에서 물건을 판매하는 사용인의 행위를 적용대상으로 하고 있으므로 이 규정이 적용되기 위해서는 점포라는 장소적 요소와 물건의 판매라는 행위적 요소를 갖추어야 한다.

물건판매점포의 사용인에 관한 규정은 점포라는 장소적 요소를 갖춘 사용인에 적용되므로 점포를 갖추지 못한 외판원의 경우에는 적용될 수가 없다고 할 것이고, 또한 일정한 물건을 수량과 가격이라는 기준에 따라 몰개성적으로 매매하는 판매행위에 적용되므로 구체적인 내용에 관한 개별적 의사표시가 필요한 용역의 공급행위(예컨대 의류수선행위 등)에는 적용되지 아니할 것이다. 다만 정형화된 용역을 제공하는 행위(예컨대 물품의 대여행위, 공중접객업소의 서비스 행위 등)에는 적용하여도 무방할 것이다. 이러한 판매행위에는 물건의 매매행위뿐만 아니라 물건의 인도, 반환, 교환 및 대금의 수령, 외상판매 등을 하는 행위까지도 포함된다고 할 것이다.

또한 상법은 상대방이 악의인 경우에는 이 규정의 적용을 배제하고 있는데(상 16조 2항, 14조 2항). 이것은 외관을 신뢰한 자를 보호하려는 이 규정의 취지에 비추어 볼 때에 당연하다고 할 것이다.

대법원은 상사회사(백화점) 지점의 외무사원은 상법 제16조 소정 물건 판매점포의 사용인이 아니므로 위 회사를 대리하여 물품을 판매하거나 또는 물품대금의 선금을 받을 권한이 없다거나(대법원은 1976.7.13. 선고 76다860 판결), 물건판매점포의 사용인은 점포 외에서 대금을 수령할 권한이 없다(대법원 1971.3.30. 선고 71다65 판결)고 판시하고 있다.

(3) 적용효과

영업주가 물건판매점포의 사용인에게 대리권을 수여하였는지를 불문하고, 물건판매점포의 사용인은 물건판매와 관련한 행위를 할 권한이 있는 것으로 의제되므로 선의의 상대방과 물건판매점포의 사용인의 거래행위의 법률적 효과는 영업주에게 귀속하게 된다.

예컨대 점포에서 물건을 구매하고 점원에게 대금을 지급한 고객으로서는 그 점원이 영업주로부터 적법하게 물건을 매도할 권한과 대금을 수령할 권한을 수여받았는지 여부를 불문하고 그 물건의 매매행위와 대금지급의 유효성을 인정받게 된다.

3. 상업사용인의 의무

가. 총 설

상업사용인이 영업주와의 내부적인 법률관계로서 위임계약 혹은 고용계약에 따른 의무(민 655조, 681조, 683조, 684조 등) 및 신의칙상의 충실의무를 부담함은 당연하다 할 것이다.

그런데 상법은 상업사용인이 특정한 영업주를 위한 종속적인 지위의 보조인이라는 특수성에 터 잡아 영업주를 보호하기 위하여 이러한 의무 이외에 별도로 상업사용인으로 하여금 영업주와 경쟁하지 못하도록 하는 한편, 영업주 이외의 자를 위한 업무를 하지 못하도록 하는 부작위의무를 부과하고 있다(상 17조).

상법이 타인의 업무를 수행하는 자에게 그 내부적 법률관계에서 비롯되는 계약상의 의무 이외에 별도로 부작위의무로서 경업금지의무와 겸직금지의무를 부과하는 경우는 대리상(상 89조), 합명회사와 합자회사의 무한책임사원(상 198조, 269조), 유한책임회사의 업무집행자(상 287조의10), 주식회사와 유한회사의 이사(상 397조, 567조)의 경우가 있는데, 특히 이들에게 부과되는 겸직금지의무는 상업사용인의 경우와 달리 "동종의 영업"에 한정시키고 있는 점이 상업사용인의 겸직금지의무와 다르다고 할 것이다.

또한 상법은 타인의 업무를 수행하는 자는 아니더라도 영업양수인에게도 경업금지의무(상 41조)를 부담시키고 있다. 이 밖에도 가맹점계약이나 근로계약에서는 계약의 성질상 경업금지약정(noncompetition agreement)을 체결하는 경우가 많다.

나. 의무의 내용

(1) 경업금지의무

상업사용인은 영업주의 허락 없이 자기 또는 제3자의 계산으로 영업주의 영업부류에 속하는 거래를 하지 못한다(상 17조 1항 전단). 여기서 상업사용인은 지배인뿐만 아니라 모든 상업사용인을 의미하고 상업사용인으로서의 지위를 유지하고 있는 한 근무시간 여부를 묻지 아니한다. 또한 자기 또는 제3자의 계산이란 거래명의자와 관계없이 그 거래의 경제적 효과가 자기 또는 제3자에게 귀속하는 것을 의미한다고 할 것이다.

영업주의 영업부류에 속하는 거래란 영업주가 영업하는 기본적 상행위에 속하는 거래행위로서 영업주와 경쟁관계를 발생시켜 영업주의 이익과 충돌을 야기하는 영리적 거래행위를 의미한다고 할 것이므로, 영업주가 영업을 위하여 하는 보조적 상행위이거나 영리성이 없는 거래행위는 포함되지 않는다고 할 것이다.

다만, 영업주의 허락이 있으면 상업사용인은 영업주의 영업부류에 속하는 거래를 할 수 있는데, 영업주의 허락은 묵시적인 경우라도 좋고, 거래의 내용에 대하여 일정한 제한을 가하여 할 수도 있다고 할 것이다.

(2) 겸직금지의무

상법은 상업사용인의 노력분산을 방지할 목적에서 상업사용인으로 하여금 영업주의 허락없이 회사의 무한책임사원이나 이사 또는 다른 상인의 사용인이 되지 못하도록 하고 있다(상 17조 1항 후단).

그런데 상업사용인의 겸직금지의무에 관한 규정(상 17조 1항 후단)은 대리상(상 89조), 회사의 무한책임사원(상 198조, 269조) 혹은 이사(상 397조, 567조)와 달리 "동종의 영업"에 한정하지 않고 있다. 이에 관하여 경업금지규정에서 영업주의 영업부류에 속하는 경업을 금지하는 경업금지의무와 비교할 때 일관성이 없으므로 겸직금지의무의 경우에도 동종영업에 한정하여야 한다는 견해도 있으나 겸직금지의무가 상업사용인의 노력의 분산을 막으려는 입법취지에 비추어 볼 때 굳이 동종영업에 한정할 필요가 없다고 해석하는 것이 타당할 것이다.[26]

다. 의무위반의 효과

(1) 일반적 효과

상업사용인이 경업금지 혹은 겸직금지와 같은 부작위의무를 위반하여 행하여진 거래행위는 그 거래상대방의 선의, 악의를 불문하고 유효하다. 다만 영업주는 자신과 상업사용인과의 내부적인 고용계약이나 위임계약을 해지할 수 있고(상 17조 3항), 또 상업사용인의 부작위의무 위반행위로 인하여 영업주에게 손해가 발생한 경우에는 상업사용인에

26) 손주찬 113면, 정동윤 125면, 정찬형 101면, 최기원 137면, 최준선 137면.

게 불법행위 혹은 계약위반으로 인한 손해배상을 청구할 수 있다(상 17조 3항).

영업주가 행사할 수 있는 이 같은 계약해지권은 상법상 인정되는 법정해지권으로서 영업주와 상업사용인의 민법상 계약의무 불이행에 따른 법정해지권이나 약정에 기한 임의해지권과 구별된다고 할 것이다.

(2) 특별한 효과

상법은 상업사용인의 부작위의무위반행위에 대하여 앞서 본 일반적인 효과이외에도 경업금지의무를 위반한 경우에 한하여 특별한 효과를 규정하고 있다.

상법은 상업사용인의 거래가 자기의 계산으로 이루어진 경우에는 영업주가 이를 영업주의 계산으로 한 것으로 볼 수 있고, 제3자의 계산으로 한 것일 때에는 영업주는 상업사용인에게 이로 인한 이익의 양도를 구할 수 있도록 하는, 이른바 개입권(탈취권)이라는 특별한 효과를 규정하고 있다(상 17조 2항).

이러한 개입권은 영업주의 의사표시만으로 상업사용인에 대하여 효력이 발생하므로 형성권으로 해석되지만, 개입권을 행사하더라도 그 효과는 상업사용인과 거래한 제3자의 지위에 아무런 영향을 미치지 않고 영업주와 상업사용인 사이에서만 발생하게 되므로 채권적이라고 할 것이다.

위탁매매인(상 107조), 운송주선인(상 116조)에게 인정되는 개입권은 타인의 의무 위반을 전제로 한 것이 아니고 또한 그러한 개입권의 행사로 그 거래의 직접 당사자가 된다는 점에서 영업주의 상업사용인에 대한 개입권과 다르다고 할 것이다.

상업사용인의 계산으로 거래가 이루어진 경우에, 영업주가 개입권을 행사하면 그에 따라 영업주가 곧바로 그 행위의 당사자가 되는 것이 아니라 상업사용인은 그 거래로 인하여 거래상대방으로부터 취득하게 된 권리를 영업주에게 이전할 의무를 부담하게 될 뿐이다.

한편 제3자의 계산으로 거래가 이루어진 경우에, 영업주가 개입권을 행사하면 상업사용인은 제3자로부터 받은 보수 등 그 거래로 인하여 받은 이익을 영업주에게 양도할 의무를 부담하게 되고, 그 거래행위로 발생한 이익이 곧바로 영업주에게 귀속되는 것은 아니라 할 것이다.

다만 상법은 상업사용인의 지위가 장기간 불안해지는 것을 방지할 목적에서 영업주가 상업사용인의 이러한 거래를 안 날로부터 2주간을 경과하거나 거래가 있은 날로부터

1년이 경과하면 개입권이 소멸하도록 하고 있는데(상 17조 4항), 그 법적 성질은 제척기간이라고 할 것이다.

제3장 영 업 소

1. 영업소의 의의

자연인의 경우 생활의 근거되는 곳을 주소(민 18조)라고 하는데 상인의 경우에는 영업활동의 근거가 되는 곳을 영업소라고 한다.

영업소는 일정기간 계속적으로 인적조직과 물적조직을 유기적으로 갖추고 상행위에 따른 영업의 중요부분이 결정되고 수행되는 영업활동의 중심장소로서의 역할을 하는 곳이다. 따라서 영업소인지 여부는 상인의 주관적 의사가 아니라 그 장소의 객관적 기능과 역할에 따라 판단하여야 할 것이다.

영업소의 설치와 변경은 개인상인의 경우에는 상인 개인의 의사결정에 따르지만, 회사상인의 경우에 본점의 소재지는 정관의 기재사항이고(합명회사: 상 179조 / 합자회사: 상 270조 / 유한책임회사: 상 287조의3 / 주식회사: 상 289조 / 유한회사: 상 543조), 이를 변경하기 위해서는 정관의 변경절차를 취하여야 하는 등 회사의 내부적인 의사결정과정이 필요하다.

점포 또는 사무소의 객관적 실체에 따라 영업소인지 여부를 판단한다면, 영업소로 하려는 상인의 의사 혹은 영업소라는 상인이 부여한 명칭에도 불구하고 영업소로 볼 수 없는 경우가 있고, 또 상인이 영업소로서 등기를 하였더라도 영업소라고 볼 수 없는 경우가 있을 수 있다. 다만 영업소의 실체를 갖추지 못한 곳을 영업소로서의 등기하였다면 상인은 부실등기에 따른 책임(상 39조)을 부담하게 될 것이다.

2. 영업소의 종류

상인은 1개의 영업에 관하여 기능적으로 분리된 수개의 영업소를 가질 수 있고, 수개의 영업에 관하여도 각각의 영업소를 가질 수 있으므로 이들 중 주된 영업소로서의 역할을 하는 본점과 본점에 종속된 영업소로서의 역할을 하는 지점이 있게 된다.

지점은 본점의 영업과 더불어 하나의 영업을 구성하므로 본점과 다른 영업을 하는 것은 허용되지 않고 동시에 지점은 본점에 경제적, 경영적으로 예속되므로 상법은 지점의 상호에는 반드시 본점과 종속관계를 표시하도록 하고 있다(상 21조 2항).

본점과 지점은 일반적으로 소재하는 장소가 다르겠으나 그 거리의 원근은 불문하므로 예외적으로 동일건물 내의 다른 장소에 본점과 지점이 있을 수도 있다고 할 것이다.

3. 영업소의 법적 효과

가. 영업소의 일반적인 법률적 효과

영업소는 상인의 영업활동의 근거로서 자연인의 주소가 갖는 법적인 효과를 가지고 있다고 할 것이므로 영업에 따른 채무변제의 장소(민 467조 2항 단서, 516조, 524조), 지배인의 선임이 가능한 단위(상 10조), 관할 상업등기소 결정의 기준(상 34조, 상업등기법 3조 1항), 재판관할 결정의 기준(민소 5조 1항, 12조, 상 186조, 회생법 3조 1항) 및 소송서류의 송달장소를 결정하는 기준(민소 183조 1항) 등이 된다.

나. 지점의 법률적 효과

지점도 영업소로서 독자적인 영업활동의 근거가 되므로 상법은 본점에서 등기할 사항은 지점에서도 등기하도록 하고(상 35조), 지점에서의 영업을 위한 지배인 선임도 허용하며(상 10조, 13조), 표현지배인을 인정하는 기준으로 삼기도 한다(상 14조). 또한 지점만의 영업양도를 허용하고(상 374조 1항), 채권자 지점에서의 거래는 그 지점을 채무이행의 장소로 보는(상 56조) 등 지점에 대하여 일정한 법률효과를 인정하고 있다.

제4장 상 호

1. 상호의 의의

상호란 영업상 자신을 표시하고 자신의 영업을 타인의 영업과 구별하기 위하여 사용하는 명칭을 의미한다.

상호는 상인의 명칭이므로 상인이 상품의 식별을 위하여 사용하는 표장이라고 할 수 있는 상표, 서비스업의 식별을 위하여 사용하는 표장인 서비스표, 또는 비영리단체가 자신의 업무를 표시하기 위하여 사용하는 업무표장(상표법 2조) 등과는 구별을 요한다. 또한 소상인도 자신의 영업을 식별하기 위하여 일정한 명칭을 사용할 수는 있으나 상법에 정한 상호에 관한 규정은 소상인에게 적용되지 않으므로(상 9조) 소상인이 사용하는 명칭은 상법상의 상호라고 할 수 없다.

대법원은 변호사(대법원 2011.4.22. 자 2011마110 결정), 법무사(대법원 2008.6.26. 자 2007마996 결정), 또는 의사 등 전문직역에 종사하는 자는 상인이 아니라고 판시하고 있으므로 법률사무소 또는 병원의 명칭은 상호라고 할 수 없다.

개인상인의 경우 상호를 등기하도록 강제되어 있지 않으나 회사의 경우 상호는 정관의 절대적 기재사항(상 179조 2호, 270조, 289조 1항 2호, 543조 2항 1호)이므로 설립등기에 따라 회사등기부에 등재되어 사실상 상호의 등기가 강제된다. 회사의 상호는 상업등기법상 회사등기부에 등재될 뿐, 상호등기부에 별도로 등기되지 않고(상업등기법 37조 1항), 개인의 상호만 상업등기법에 의하여 편성되는 상호등기부에 등재되게 된다.

상호는 영업상 사용하여야 하므로 영업 이외의 목적으로 사용하는 명칭 예컨대 성명, 아호, 필명, 예명 등은 상호가 아니라 할 것이다. 또한 상호는 일정한 명칭이므로 문자로 표시할 수 있거나 호칭할 수 있어야 하고, 기호, 도형 혹은 입체적 형상이나 색채 등은 상호가 될 수 없다.

등기신청서류에는 한글과 아라비아숫자를 사용하여야 하고 다만 상호의 경우에는 로마자와 한자를 부기할 수 있도록 정하고 있으므로(상업등기규칙 2조), 외국문자로만 표기된 상호는 실무상 상호등기가 거부되지만 외국문자로 표기된 상호라도 상호의 자유로운 선정과 사용을 규정한 상법 제18조에 따라 자유롭게 미등기 상호로서 사용할 수 있다고 할 것이다.[1)]

다만 회사의 경우에는 앞서 본 바와 같이 상호를 회사등기부에 등재하도록 강제되어 있으므로, 등기할 수 없는 외국문자로만 표기된 상호는 상호로서 사용할 수는 없게 된다.

2. 상호의 선정

상법은 상인이 상호를 자유롭게 선정하여 사용하도록 하는 한편 그로 인한 혼란과 폐단을 막기 위하여 일정한 제한을 하고 있다.

상호는 상인의 영업을 타인의 영업과 식별하는 중요한 기능을 하게 되므로 상호를 어느 정도까지 영업의 실체와 일치시킬 것인가의 문제가 대두되는데 이는 상인의 자유로운 상호 선정이라는 측면과 상인에 대한 일반대중의 혼동방지라는 측면을 고려하여 입법정책에 따라 달라질 것이다.

상호와 상인의 영업 실체가 일치할 것을 요구하는 상호진실주의에 입각한 입법례(프랑스법), 상호의 선정에 아무런 제한을 두고 있지 않은 상호자유주의에 입각한 입법례(영미법), 그리고 상호를 새로이 선정할 때는 영업실체와 일치할 것을 요구하지만 영업의 양도 혹은 상속의 경우에는 영업실체에 부합하지 않는 상호의 사용을 허용하는 절충주의에 입각한 입법례(1998년 개정되기 전의 독일법)가 있다.[2)]

가. 상호선정의 자유

상법은 상인으로 하여금 성명 기타 명칭으로 상호를 자유롭게 정할 수 있도록 하고 있으므로(상 18조), 상인은 상호를 선정함에 있어서 자신의 영업 실체에 부합하지 않는 상호라고 하더라도 이를 자유롭게 선정할 수 있고, 또한 타인으로부터 영업을 양수한 경우에 그것이 비록 자신의 영업 실체에 부합하지 않더라도 자유롭게 종래의 상호를 사용할 수 있고 등기하여 이를 공시할 수도 있다.[3)]

한편 상호선정의 자유는 상호변경의 자유도 포함한다고 할 것이고 상호가 변경되더라도 상인의 동일성에 영향을 미치지는 않는다고 할 것이다.

---

1) 이철송 144면, 정찬형 107면.
2) 예컨대 김갑동이라는 자가 국제기능올림픽메달리스트의 이름을 사용하여 "김복남 양복점"이라는 상호를 선정하려고 할 때 상호진실주의 입장에서는 이를 허용하지 않을 것이나 상호자유주의 입장에서는 아무런 문제가 없을 것이고, 또한 김복남이 유명한 요리사인 권정호로부터 "권정호 스테이크 하우스"의 영업을 양수한 경우에 상호자유주의 혹은 절충주의에 의하면 "권정호 스테이크 하우스"라는 상호를 사용할 수 있으나 상호진실주의에 의할 때에는 허용되지 않을 것이다.
3) 예컨대 김복동이 "유가네 칼국수" 혹은 "왕가네 만두"라는 상호를 선정할 수도 있고, "유가네 칼국수" 혹은 "왕가네 만두"의 영업을 양수하여 그 상호를 그대로 사용할 수도 있다.

나. 상호선정의 제한

(1) 일정한 상호의 사용에 대한 제한과 강제

상법과 특별법에서는 영업의 실체에 부합하지 않는 상호를 사용함으로써 일반 공중의 오인을 초래하는 것을 방지하기 위한 목적에서 상호에 특정한 영업의 종류를 나타내는 명칭 또한 일정한 의미를 나타내는 문자를 사용하지 못하도록 하거나 혹은 특정한 문자를 사용하도록 강제하는 등 일정한 제한을 하는 경우가 있다.

상법은 회사가 기업 활동의 중요한 주체임을 감안하여, 회사가 아니면 상호에 회사임을 표시하는 문자를 사용하지 못하도록 하고, 나아가 회사의 영업을 양수한 개인 상인이라고 하더라도 마찬가지로 그 상호에 회사임을 표시하지 못하도록 하고 있다(상 20조). 또한 회사의 종류에 따라 그 구성원의 책임정도, 조직구성 및 운영방식이 각기 다르므로, 회사는 그 종류에 따라 합명회사, 합자회사, 유한책임회사, 주식회사 및 유한회사의 문자를 사용하도록 강제되고 있다(상 19조).

은행법은 한국은행이나 은행이 아닌 자는 상호에 "은행"이라는 문자를 사용하지 못하도록 하고(은행법 14조), 보험업법은 보험회사가 아닌 자는 그 명칭이나 상호에 "보험회사"를 표시하는 글자를 포함시킬 수 없도록 하며(보험업법 8조 2항), 이 밖에도 자본시장 및 금융투자에 관한 법률에 따르면 금융투자업에 종사하는 자는 자신이 영위하는 투자영업의 종류에 따라 각기 "금융투자", "증권", "선물", "파생", "자산운용", "투자신탁", "집합투자", 간접투자 등의 의미를 가지는 문자를 상호에 사용하는 것을 제한하고 있다(자본시장법 38조, 183조 2항).

반면에 대부업 등의 등록 및 금융이용자 보호에 관한 법률은, 대부업자는 그 상호 중에 "대부"라는 문자를, 대부중개업만을 하는 자는 상호 중에 "대부중개"라는 문자를 반드시 사용하도록 하고 있고(대부업법 5조의2), 자본시장과 금융투자업에 관한 법률에서는 집합투자기구의 경우에는 집합투자의 종류(증권, 부동산 등)를 표시하는 문자를 사용하도록 하고 있다(자본시장법 183조 1항).

또한 특별법에 의하여 설립되는 한국은행, 한국산업은행, 신용보증기금 등과 같은 특별법인의 경우에는 그 법인의 명칭 자체 혹은 유사명칭의 사용이 금지되기도 한다(한은법 10조, 산은법 7조, 신보법 9조).

상법상 합명회사의 사원 혹은 합자회사의 무한책임사원은 회사채권자에게 회사의 채무에 관하여 무한책임을 부담(상 212조, 269조)하는데, 자신의 성명이 회사의 상호로서 사용된 경우에는 자칫 퇴사한 후라도 명의대여자로서의 책임(상 24조)을 부담할 우려가 있으므로 그 상호의 사용폐지를 청구할 수 있도록 하고 있다(상 226조, 269조).

(2) 단일한 상호의 사용의무

상법은 혼동의 위험을 회피하기 위하여 동일한 영업에는 단일한 상호를 사용하도록 하고(상 21조 1항), 동일한 영업에 수개의 영업소가 있을 시에는 반드시 본점과의 종속관계를 표시하도록 하고 있다(상 21조 2항).

상법 제21조 2항에 규정된 "지점"의 의미는 반드시 지점이라는 명칭을 사용하지 않았다고 하더라도 지점의 성질을 갖는 영업소라는 의미로 넓게 해석하여야 하고, 따라서 지점의 성질을 갖는 영업소라면 그 명칭에 상관없이 본점과의 종속관계를 표시하여야 한다고 할 것이다.

상법은 상인의 영업을 기준으로 단일 상호의 사용을 강제하므로 동일한 상인이 수개의 영업을 하는 경우라면 여러 상호의 사용이 가능하다고 할 것이다.

상호의 주된 기능이 영업주체의 식별과 혼동을 방지하고자 하는 것이라는 점에 비추어 볼 때, 동일한 영업을 하는 상인이 수개의 상호를 사용하는 것은 타당하지 못하다 할 것이지만, 수개의 영업을 하는 상인이 동일한 상호를 사용하는 것은 무방하고, 특히 회사는 다양한 종류의 영업을 유기적 일체로서 영위하게 되어 대외적으로 하나의 영업으로 파악되고 인식되는 경우가 많은 현실을 감안한다면 회사의 상호는 단일성을 유지하여야 할 것이다.[4)]

(3) 영업주체의 혼동을 초래할 상호의 사용제한

상호의 사용을 아무런 제한없이 허용할 경우에, 영업주체의 오인이나 혼동을 초래할 우려가 있기 때문에 일정한 상호의 사용이 제한되는 경우가 있다.

상법은 부정한 목적으로 타인의 영업으로 오인할 수 있는 상호의 사용을 금지하고 있고(상 23조 1항), 부정경쟁방지 및 영업비밀에 관한 법률에서도 국내에 널리 인식된 타인의 성명, 상호, 표장 기타 타인의 영업임을 표시하는 표지와 동일 또는 유사한 것을 사용하여 타인의 영업상의 시설 또는 활동과 혼동을 일으키게 하는 행위 등을 부정경쟁행위로 보고 이를 금지함(부정경쟁방지법 1조, 2조 1호)으로써 이런 내용의 상호의 사용을 제한하고 있다.

---

4) 이철송 147면, 정찬형 110면, 최준선 146면.

(4) 사회질서에 반하는 상호의 사용제한

상인이 자유롭게 상호를 선정하여 사용할 수 있다고 하더라도 그 내재적 한계로서 사회질서에 반하는 명칭의 사용은 제한되어야 할 것이다.

상표법에는 국가, 인종, 민족, 공공단체, 종교 또는 저명한 고인과의 관계를 허위로 표시하거나 비방 또는 모욕하는 상표(상표법 7조 1항 2호), 또는 일반인의 통상적인 도덕관념인 선량한 풍속에 어긋나거나 공공의 질서를 해할 우려가 있는 상표(상표법 7조 1항 4호)의 경우에는 상표등록을 할 수 없도록 하고 있다.

비록 상법에는 상표법과 달리 이에 관한 아무런 규정이 없으나, 상호의 경우에도 사회질서에 반하는 명칭의 사용은 허용되지 않는다고 할 것이다(민 103조).

3. 상호의 등기와 가등기

가. 상호의 등기

상호는 상인에게 있어서 영업의 독립성과 동일성을 표시하는 역할과 함께 신용의 징표로서 영업재산이기도 하므로, 상법은 상호의 사용을 널리 알리기 위한 방법으로서 상호를 등기하도록 하고 있다.

상법은 개인 상인에게는 상호 등기를 할 의무를 부과하지 않고 있으나 회사의 경우에 상호를 정관의 절대적 기재사항으로 하여 이를 설립등기사항으로 함으로써 상호에 대한 등기가 사실상 강제되고 있다. 또한 등기된 상호에 대하여는 미등기된 상호보다 더 강한 보호를 하고 있고(상 22조, 23조), 그에 따른 일정한 관리를 하고 있다. 상호를 등기한 후 상호를 변경하거나 폐지하는 경우에 2주 내에 이를 등기하지 아니하면 이해관계인이 말소를 청구할 수 있도록 하고(상 27조), 등기한 상호를 정당한 사유 없이 2년간 이를 사용하지 아니할 경우에는 폐지한 것으로 의제하는(상 26조) 등 등기된 상호가 사실상으로 변경되거나 폐지된 경우에는 이를 등기하도록 강제하고 있다.

다만 상호를 등기하는 경우에 동일한 특별시, 광역시, 특별자치시, 시(행정시를 포함한다. 이하 같다) 또는 군(광역시의 군은 제외한다. 이하 같다)에서는 동종의 영업을 위하여 다른 상인이 등기한 상호(商號)와 동일한 상호를 등기할 수 없다(상업등기법 29조).

개인상인의 경우에는 상호의 등기를 할 때에는 상호, 영업소의 소재지, 영업의 종류 및 상호사용자의 성명·주민등록번호 및 주소를 등기하도록 하며(상업등기법 30조), 상호에 관하여 등기한 사항이 변경되거나 상호를 폐지한 경우에는 변경 또는 상호 폐지의 등기를 하도록 정하고 있다(상업등기법 32조).

나. 상호의 가등기

회사에 있어서 상호는 정관의 절대적 기재사항이므로 상호를 선정하거나 변경하는 등에는 정관변경 등 일정한 절차를 밟아야 하고, 이를 위해서 적지 않은 시일이 소요되게 되는데 이 같은 경우에 미리 상호를 등기하도록 함으로써 향후에 필요한 상호의 사용권을 확보할 수 있도록 하기 위하여, 상법은 회사를 설립하려는 경우 또는 회사가 설립된 후 회사의 상호나 목적을 변경하거나 회사의 본점을 이전하려는 경우에 상호를 가등기할 수 있도록 하고(상 22조의2) 그 구체적인 절차는 상업등기법에서 규정하고 있다(상업등기법 38조 내지 45조).

상법상 주식회사와 유한회사의 설립절차는 합명회사, 합자회사 또는 유한책임회사의 설립절차보다 복잡하고 시일을 요하므로, 상법은 회사설립의 경우에는 주식회사와 유한회사에 한하여 상호가등기를 인정하고 있다(상 22조의2 1항). 그러나 상호와 영업목적은 모든 회사의 정관기재사항이므로 만약 상호를 변경하려면 정관의 변경이 필요하고, 또 영업목적의 변경은 상호에 적지 않은 영향을 미치게 되므로, 회사 설립 후에 상호나 영업목적을 변경하는 경우에는 모든 회사에 대하여 상호가등기를 인정하고(상 22조의2 2항), 나아가 상호의 등기는 일정한 행정구역을 단위로 이루어지고 보호받으므로 회사의 본점을 이전한 경우에는 상호권에 적지 않은 영향을 미치게 된다 할 것이므로 이 경우에도 모든 회사에 대하여 상호가등기를 인정하고 있다(상 22조의2 3항).

상호가등기권자는 자신이 가등기한 등기와 동일한 상호가 가등기 후에 동일한 지역 내에 동종영업의 상호로 중복하여 등기된 경우에 이른바 실체법설에 의하면 상법 제22조에 기하여 소송으로서 등기말소를 청구할 수 있을 것이다. 또한 상호등기를 하지 않은 채 사용하고 있는 자에 대하여는 비록 상법 제22조에 의하여 상호말소청구를 할 수는 없더라도 상법 제23조에 의하여 상호사용폐지는 청구할 수 있다고 할 것이다.

4. 상호의 보호

가. 상호권의 의의

상호는 법률상 권리로서 보호되는데, 상호가 한편으로는 상인의 영업상 독립성과 동일성을 표시하는 역할을 하게 되어 그 침해는 상인의 명예와 신용 등 인격을 침해하게 되고, 다른 한편으로는 상호가 상인의 신용을 나타내고 양도의 대상이 되기도 하여 재산적 가치를 가지고 있다고 할 것이므로 상호권은 인격권적인 성질과 재산권적인 성질을 함께 갖는다고 할 것이다.[5)]

상법상 상호권은 적극적 측면에서 타인의 방해없이 자유로이 상호를 사용할 권리(상호사용권)를 의미하고, 소극적 측면에서 타인이 자신의 영업과 혼동을 가져오는 상호를 사용하는 것을 배제할 권리(상호전용권)를 의미한다.

나. 상호권의 내용

(1) 상호사용권

상인은 자신이 선정한 상호를 그 등기여부에 관련 없이 자유롭게 사용할 적극적 권리로서 상호사용권을 가진다(상 18조).

상호사용권은 상호의 등기여부에 관계없이 인정되므로, 등기 없이 상호를 사용하던 자는 후에 타인이 자신과 동일한 상호를 등기하더라도 종전과 같이 사용이 가능하고, 이러한 상호사용권을 방해하는 행위는 불법행위를 구성한다고 할 것이다.

(2) 상호전용권

상인은 자신의 상호를 등기하였는지 여부에 관계없이, 타인이 부정한 목적으로 자기가 사용하는 상호와 동일 또는 유사한 상호를 사용하는 경우에 그 상호의 사용을 배제할 수 있는 소극적 권리로서 상호전용권을 가진다.

상법은 이러한 상호전용권에 기하여 상호권자가 등기여부에 관계없이 일정한 경우에는 타인에 대하여 상호사용의 폐지를 구할 수 있도록 하고(상 23조), 일정한 경우에는 타인이 등기한 상호를 등기하지 못하도록 하고 있다(상 22조).

(가) 상호의 사용폐지 청구

(A) 의 의

상법은 부정한 목적으로 타인의 영업으로 오인할 수 있는 상호를 사용하지 못하도록 규정하여 영업주체에 혼동의 야기할 우려가 있는 상호의 사용을 금지하는 한편 이로 인하여 손해를 입을 염려가 있는 자로 하여금 그 영업주체에 대한 오인의 우려가 있는 상

5) 김정호 97면, 이기수 · 최병규 147면, 이철송 158면, 안강현 117면, 정동윤 149면, 최기원 116면. 이에 대하여 상호의 경제적 가치에 착안하여 재산권이라는 견해도 있다(강위두/임재호 91면).

호의 사용폐지를 청구하거나 그로 인한 손해배상의 청구를 허용하고 있다(상 23조).

상법은 자신의 상호를 등기하지 아니한 자도 이러한 사용폐지 또는 그로 인한 손해배상을 구할 수 있도록 하고 있으나, 상호를 등기한 경우에는 그 등기에 일정한 추정적 효력을 주어 등기하지 아니한 상호보다 강하게 보호하고 있다.

(B) 요 건

상법은 사용폐지의 대상이 된 상호가 타인의 영업으로 오인할 염려가 있을 것과 그 상호를 사용하는 자에게 부정한 목적이 있을 것 그리고 그로 인하여 상호사용자가 손해를 받을 염려가 있을 것을 요건으로 하고 있다.

(a) 부정한 목적이 있을 것

부정한 목적이란 자기 영업을 타인의 영업인 것처럼 오인시켜 상호가 가지는 신용 내지는 경제적 가치를 이용하려는 의도를 의미하는데, 부정경쟁방지 및 영업비밀에 관한 법률에 규정된 부정경쟁의 목적과 유사한 개념이라 할 수 있으나 보다 넓은 개념으로서 반드시 부정한 경쟁을 할 목적이 아니더라도 상법상 부정한 목적은 인정될 수 있을 것이다.[6)]

부정한 목적은 내심의 의사이므로 이를 증명하는 것이 쉽지는 않을 것이다. 물론 상호가 유사하여 혼동의 우려와 오인의 염려가 있다는 것이 부정한 목적을 증명하는 단초가 되지만 그것만으로 곧 부정한 목적이 있다고 할 수 없고, 결국 부정한 목적의 유무는 상인의 명성, 영업의 규모와 특성, 상호의 사용경위, 지역적 특성 등 객관적 정황을 종합적으로 추론하여 개별적, 구체적으로 판단하여야 할 것이다.

◈ 대법원 2004.3.26. 선고 2001다72081 판결[7)]

상법 제23조 제1항은 "누구든지 부정한 목적으로 타인의 영업으로 오인할 수 있는

6) 이철송 163면, 정찬형 113면

7) 대법원은, 원고는 "주식회사 유니텍"이라는 상호를 사용하고 피고는 원고의 상호와 확연히 구별할 수 없는 상호인 "주식회사 유니텍전자"를 사용하고 있으므로 피고의 상호는 부정한 목적으로 사용하는 것으로 추정되지만, 원고는 소프트웨어의 개발·판매업을 하고 있고 피고는 컴퓨터 하드웨어의 제조·판매업에 각 영업의 중점을 두고 있기 때문에 원·피고가 실제 영위하는 영업의 구체적 내용에 다소 차이가 있으나 원고 역시 전체 매출액의 30% 가량이 피고가 영위하는 영업과 같은 컴퓨터 하드웨어의 조립·판매에서 발생하고 있어 원·피고의 주 고객층도 명백히 차별화되어 있다고 단정할 수 없으므로 피고가 위 상호를 사용하는 것이 원고의 영업에 영향을 미치지 않는다고 볼 수 없고, 한편 "유니텍"이라는 단어가 컴퓨터 관련 업계에서 흔히 사용하는 상호라거나 피고의 영업이 신장됨에 따라 현재 자본금 또는 매출액에 있어서 피고가 원고보다 월등히 많고 피고의 주식이 코스닥(KOSDAQ)시장에 등록되었다는 사정만으로는 상법 제23조 제4항의 규정에서 말하는 부정한 목적에 의한 사용에 관한 추정이 번복되었다고 볼 수 없다고 한, 원심의 판결을 정당하다고 판시하고 있다.

상호를 사용하지 못한다."고 규정하고 있고, 같은조 제4항은 "동일한 특별시·광역시·시·군에서 동종 영업으로 타인이 등기한 상호를 사용하는 자는 부정한 목적으로 사용하는 것으로 추정한다."고 규정하고 있는바, 위 조항에 규정된 '부정한 목적'이란 어느 명칭을 자기의 상호로 사용함으로써 일반인으로 하여금 자기의 영업을 그 명칭에 의하여 표시된 타인의 영업으로 오인시키려고 하는 의도를 말한다.

(같은 취지: 대법원 1996.10.15. 선고 96다24637 판결[8])

◆ 대법원 1995.9.29. 선고 94다31365, 31372 판결

상법 제23조 제1항은 "누구든지 부정한 목적으로 타인의 영업으로 오인할 수 있는 상호를 사용하지 못한다"라고 규정하고, 같은 조 제4항은 "동일한 서울특별시, 직할시, 시, 읍, 면에서 동종영업으로 타인이 등기한 상호를 사용하는 자는 부정한 목적으로 사용하는 것으로 추정한다"라고 규정하고 있는바, 원심이 적법히 확정한 사실관계에 의하면 원고는 1978.4.3. 동성종합건설 주식회사라는 상호(그 후 1986.4.7. 주식회사 동성으로 상호변경)를 서울특별시에서 등기하였고, 피고(반소원고, 이하 피고라고만 한다)는 1984.9.26. 경남 창원시에서 주식회사 동성개발로 법인설립등기를 한 후로 1989.8.21. 서울에 지점등기를 하였고, 1990.6.4. 주식회사 동성종합건설로 상호를 변경하고 1991년경부터 본격적으로 서울을 비롯한 수도권지역에서 '동성'이라는 이름을 사용하여 아파트건설 등 건설업 등에 종사하여 왔음을 알 수 있으므로 위 관계 법령에 의하여 피고는 이를 부정한 목적으로 사용한 것으로 추정됨은 소론과 같다.

그러나 위에서 말하는 부정한 목적이란 "어느 명칭을 자기의 상호로 사용함으로써 일반인으로 하여금 자기의 영업을 그 명칭에 의하여 표시된 타인의 영업으로 오인시키려고 하는 의도"를 말하는바, 원심이 적법하게 인정한 바와 같이 피고 회사는 1984년 법인설립이래 경남 지역에서 자신의 등기된 상호의 주요부분인 '동성'이라는 이름으로 아파트공사를 시작하여 그 지역에서 주지성을 확보한 이래 서울에 지점을 설치하고 수도권 지역에 사업을 확장하면서도 일관되게 '동성'이라는 이름을 계속 사용하여 아파트 건설업을 하여 온 반면, 원고 회사는 당초 등기된 상호인 '동성종합건설'과는 전혀 관계없는 '상아'라는 이름으로 1978년경부터 10년이 넘는 장기간을 아파트 건설업을 하여 옴으로써 일반인에게 '상아'아파트를 건설하는 회사로서 널리 알려져 오다가 1990년경

---

8) 대법원은, "'합동공업사'라는 등록상호로 자동차정비업을 하던 갑이 '합동특수레카'라는 상호를 추가로 등록하여 자동차견인업을 함께 하고 있는 상황에서 을이 같은 시에서 자동차견인업을 시작하면서 '충주합동레카'라는 상호로 등록하였음에도 실제는 등록상호를 사용하지 아니하고 '합동레카'라는 상호를 사용한 경우, 자동차정비업과 자동차견인업은 영업의 종류가 서로 다르고 그 영업의 성질과 내용이 서로 달라서 비교적 서비스의 품위에 있어서 관련성이 적은 점, 자동차를 견인할 경우 견인장소를 차량 소유자가 지정할 수 있는 점, 운수관련 업계에서 '합동'이라는 용어가 일반적으로 널리 사용되고 있어 그 식별력이 그다지 크지 아니한 점, 갑과 을측의 신뢰관계, 갑도 자동차정비업과 함께 자동차견인작업을 하면서 별도의 견인업 등록을 한 점, 을이 자동차정비업을 하고 있지 아니한 점과 을의 영업 방법이나 그 기간 등을 고려할 때, 양 상호 중의 요부인 '합동'이 동일하다 하더라도 을이 상법 제23조 제1항의 '부정한 목적'으로 상호를 사용하였다고 할 수 없다"고 판시하고 있다.

부터서야 비로소 아파트 건설에 '동성'이라는 이름을 사용하기 시작한 점, 원고 회사가 피혁제품의 제조 판매를 사업목적으로 하는 주식회사 동성을 흡수 합병한 1986년 이래 1990년경부터 위와 같이 아파트에 '동성'이라는 이름을 사용하기 시작한 때까지는 원고 회사의 주력 업종은 피혁 부분의 사업이었던 점, 원·피고 회사의 건설공사 도급한도액 순위가 피고 회사가 서울 등 수도권지역에서 본격적인 건설사업을 벌이기 시작한 1991년도에는 원고 회사 151위, 피고 회사 152위로 비슷하였으나 그 후부터는 오히려 피고 회사가 앞선 점 등에 비추어 보면 피고에게 원고의 명칭과 동일 유사한 명칭을 사용하여 일반인으로 하여금 자기의 영업을 원고의 영업으로 오인시키려고 하는 의도가 있었다고 보기는 어렵다 할 것이므로 위의 부정한 목적이 있다는 추정은 깨어졌다고 봄이 상당할 것이다.

(같은 취지: 대법원 1993.7.13. 선고 92다49492 판결)

(b) 영업의 오인을 초래할 것

폐지대상이 되는 상호가 상호권자의 영업으로 오인할 수 있는 상호인지 여부를 판단하는 기준은 상호의 관념, 호칭 그리고 외관에 비추어 동일하거나 유사한지 여부가 중요한 판단 기준이 될 것이다. 물론 동종영업에서 동일하거나 유사한 상호를 사용하는 것은 영업의 오인을 초래할 우려가 농후하다고 할 것이지만 이종영업일 경우라도 동일하거나 유사한 상호를 사용함으로써 일반인들의 혼동을 초래할 우려가 있다면 비록 동종영업이 아니더라도 그 대상이 될 것이다. 요컨대 영업의 오인을 초래할 것인지 여부는 영업의 성질과 내용 및 방법 그리고 소비자 인식 등 구체적인 사정을 종합적으로 참작하여 판단하여야 할 것이다.

◆ 대법원 1976.2.24. 선고 73다1238 판결

보령제약주식회사 "갑"이 "을"명의로 서울에 개설한 "보령약국"과 "병"이 수원에 개설한 "수원보령약국"은 영업의 종류, 범위, 시설 및 규모등 그 영업의 양상은 물론 고객도 서로 달리하고 있어서 "갑"의 고객이 수원에 있는 "병"경영의 위 약국을 서울에 있는 "갑"경영의 위 양국의 영업으로 혼동 오인하게 될 염려는 없다 할 것이므로 "보령"이라는 상호가 공통된다 해도 "병"경영의 위 약국의 영업상 이익을 침해하는 것 즉 "보령"이라는 상호가 "갑"이 부정경쟁방지법에 의하여 보호를 구할 수 있는 정당한 영업상의 이익이라고 할 수 없다.

◆ 대법원 1996.10.15. 선고 96다24637 판결

[1] 상법 제23조 제1항에서는 누구든지 부정한 목적으로 타인의 영업으로 오인할 수 있는 상호를 사용하지 못한다고 규정하고 있는바, 이 경우 타인의 영업으로 오인할 수

있는 상호는 그 타인의 영업과 동종 영업에 사용되는 상호만을 한정하는 것은 아니고, 각 영업의 성질이나 내용, 영업 방법, 수요자층 등에서 서로 밀접한 관련을 가지고 있는 경우로서 일반 수요자들이 양 업무의 주체가 서로 관련이 있는 것으로 생각하거나 또는 그 타인의 상호가 현저하게 널리 알려져 있어 일반 수요자들로부터 기업의 명성으로 인하여 절대적인 신뢰를 획득한 경우에는, 영업의 종류와 관계없이 일반 수요자로 하여금 영업주체에 대하여 오인·혼동시킬 염려가 있는 것에 해당한다.

[2] '합동공업사'와 '충주합동레카'는 그 칭호와 외관 및 관념을 일반 수요자의 입장에서 전체적, 객관적으로 관찰할 경우 서로 유사하지 아니하여 영업주체에 대한 오인·혼동의 우려는 없다.

◆ 대법원 2002.2.26. 선고 2001다73879 판결[9)]

상법 제23조 제1항은 누구든지 부정한 목적으로 타인의 영업으로 오인할 수 있는 상호를 사용하지 못한다고 규정하고 있는바, 타인의 영업으로 오인할 수 있는 상호는 그 타인의 영업과 동종 영업에 사용되는 상호만을 한정하는 것은 아니라고 할 것이나, 어떤 상호가 일반 수요자들로 하여금 영업주체를 오인·혼동시킬 염려가 있는 것인지를 판단함에 있어서는, 양 상호 전체를 비교 관찰하여 각 영업의 성질이나 내용, 영업방법, 수요자층 등에서 서로 밀접한 관련을 가지고 있는 경우로서 일반 수요자들이 양 업무의 주체가 서로 관련이 있는 것으로 생각하거나 또는 그 타인의 상호가 현저하게 널리 알려져 있어 일반 수요자들로부터 기업의 명성으로 인하여 절대적인 신뢰를 획득한 경우에 해당하는지 여부를 종합적으로 고려하여야 한다.

(c) 손해를 입을 염려가 있을 것

부정한 목적으로 타인의 영업으로 오인할 수 있는 상호를 사용함으로써 손해가 발생할 객관적인 개연성을 필요로 하는데 타인의 상호에 대하여 사용폐지를 주장하기 위해서는 이를 주장하는 자가 이를 증명하여야 한다.

(d) 등기된 상호에 대한 특례

상호를 등기한 자는 "손해 받을 염려"를 주장하거나 증명할 필요가 없고(상 23조 2항), 만약 동일한 행정구역이라면 "부정한 목적"이 추정되므로 이 부분도 주장하거나 증명할 필요가 없고(상 23조 4항) 오히려 상대방에서 반증을 하도록 함으로써 상법은 등기된 상호를 미등기된 상호보다 더 강하게 보호하고 있다.

9) 이 판결은 동일 유사한 상호를 나중에 사용한 자가 먼저 사용한 자보다 영업규모가 크고 주지성을 획득한 이른바 역혼동의 경우로서 대법원은 오인의 우려를 부정하였다.
이 대법원 판결에 대한 평석으로는 김택주, "타인의 영업으로 오인할 수 있는 상호의 판단기준", 상사판례연구 13집(2002. 12.), (한국상사판례학회 2002년) 401면 내지 403면 참조.

(C) 효 력

타인이 부정한 목적으로 자신의 영업과 오인할 수 있는 상호를 사용하는 경우에 그로 인하여 손해를 입을 염려가 있는 미등기 상호권자 또는 등기된 상호권자는 그 타인에 대하여 그 상호의 사용폐지를 청구할 수 있다(상 23조 2항). 만약 타인이 그 상호를 등기한 경우에는 자신의 상호를 등기하지 아니하였더라도 그 등기의 사용폐지의 방법으로서 그 상호등기의 말소를 청구할 수 있다고 할 것이다.

또한 그로 인하여 손해가 발생한 경우에는 사용폐지와 별도로 손해배상청구도 할 수 있다고 할 것이다(상 23조 3항).

(나) 동일한 상호 등기에 대한 말소청구

(A) 의 의

상법은 타인이 등기한 상호는 동일한 특별시, 광역시, 시, 군에서 동종영업을 위하여 등기할 수 없도록 규정하고(상 22조), 상업등기법은 동일한 특별시, 광역시, 특별자치시, 시또는 군에서는 동종의 영업을 위하여 다른 상인이 등기한 상호(商號)와 동일한 상호를 등기할 수 없다(상업등기법 29조)고 규정하여 동일한 상호의 중복등기를 방지하고 있다.

이 규정은 동일한 지역 내에서 동일한 영업에 관하여 동일한 상호의 중복등기를 방지하기 위하여 상호의 실제적인 사용의 선후 혹은 부정한 목적의 유무를 불문하고 등기의 선후만을 기준으로 이미 등기된 상호와 동일한 상호의 등기를 배척하려는 것에 지나지 않고, 등기에 의하여 상호권을 인정하거나 등기한 상호에 우선권을 인정하려는 것은 아니라고 할 것이다.[10)]

(B) 효력의 내용

그런데 어떤 사유로 인하여 동일한 등기가 실제로 중복되어 등기된 경우에 동일한 상호를 먼저 등기한 자에게 후에 등기된 상호의 말소를 청구할 권리까지 인정되는지에 관하여, ① 선등기자에게 후등기에 대한 등기말소 청구라는 실체법상의 권리가 상법 제22조에 의하여 주어지게 되고 이러한 실체법상의 권리에 의하여 선등기자는 후등기의 말소를 소송상 구할 수 있다고 주장하는 견해(실체법설)[11)]와 ② 상법 제22조는 단순히

---

10) A가 상호등기를 하지 않은 채로 甲이란 상호를 먼저 사용하고 있었더라도 그 상호를 등기하지 않고 있는 상태라면 B는 동일한 지역 내에서 같은 영업을 위하여 甲이라는 동일한 상호를 등기할 수 있고, 이렇게 甲이란 상호가 B에 의하여 등기되면, A는 더 이상 甲이라는 상호를 등기할 수 없는 효과가 발생한다. 다만, B가 甲상호를 등기하였다고 하여 B에게 甲상호에 대한 상호권이 당연히 생기는 것이 아니므로 A로서는 甲상호에 관한 상호권을 주장하며 상법 제23조에 정한 바에 따라 B에게 상호폐지를 청구할 수도 있다고 할 것이다.

11) 손주찬 140면, 안강현 120면, 정동윤 82면, 최준선 163면.

등기법상의 효력을 규정한 것으로서 그것에 의하여 어떤 실체적 권리가 발생한다고 할 수 없으므로 후등기에 대하여 등기말소 청구를 할 수 없고, 기껏해야 후등기에 대하여 등기관에게 이의신청을 하여 이를 직권말소 하도록 할 수밖에 없다는 견해(등기법설)[12]의 다툼이 있다. 생각건대 중복등기가 된 상호가 있을 때 말소되어야 할 등기를 정하는 것은 상호권의 귀속에 따르게 되고, 상호권은 등기에 의하여 발생되는 것이 아님에도 불구하고 단순히 등기의 시간적 선후에 따라 선등기자에게 후등기를 말소할 실체법상의 권리를 인정하는 것은 이론상으로 볼 때에는 타당하지 않지만 이를 인정할 실무상의 필요도 무시할 수 없다고 할 것이다.[13] 대법원은 이른바 실체법설의 입장에 취하고 있다.

◈ 대법원 2004.3.26. 선고 2001다72081 판결[14]

상법 제22조는 "타인이 등기한 상호는 동일한 특별시 · 광역시 · 시 · 군에서 동종 영업의 상호로 등기하지 못한다."고 규정하고 있는바, 위 규정의 취지는 일정한 지역 범위 내에서 먼저 등기된 상호에 관한 일반 공중의 오인 · 혼동을 방지하여 이에 대한 신뢰를 보호함과 아울러, 상호를 먼저 등기한 자가 그 상호를 타인의 상호와 구별하고자 하는 이익을 보호하는 데 있고, 한편 비송사건절차법 제164조에서 "상호의 등기는 동일한 특별시 · 광역시 · 시 또는 군 내에서는 동일한 영업을 위하여 타인이 등기한 것과 확연히 구별 할 수 있는 것이 아니면 이를 할 수 없다."고 규정하여 먼저 등기된 상호가 상호등기에 관한 절차에서 갖는 효력에 관한 규정을 마련하고 있으므로, 상법 제22조의 규정은 동일한 특별시 · 광역시 · 시 또는 군 내에서는 동일한 영업을 위하여 타인이 등기한 상호 또는 확연히 구별할 수 없는 상호의 등기를 금지하는 효력과 함께 그와 같은 상호가 등기된 경우에는 선등기자가 후등기자를 상대로 그와 같은 등기의 말소를 소로써 청구할 수 있는 효력도 인정한 규정이라고 봄이 상당하다.

상호폐지청구는 상호권에 터 잡아 인정되는 것이고, 상호말소 청구는 등기의 효력에 터 잡아 인정되는 것이므로 그 의미 내용이 반드시 동일할 수는 없다고 할 것이다. 여기서 동종영업이란 영업의 내용이 주요부분에서 일치하는 것을 의미하지만[15] 일부분이나

12) 이철송 168면, 정찬형 118면.

13) 다만 이론상 등기법설이 타당하다고 할지라도 현실적으로 상업등기법은 동일한 상호를 중복하여 등기를 신청하는 경우에 그 신청을 각하할 수 있는 절차만을 마련하고 있을 뿐(상업등기법 27조 13호, 30조), 이미 중복하여 등기된 상호를 말소하는 절차는 규정하고 있지 않으므로(상업등기법 116조는 매우 제한적으로만 등기의 말소를 허용하고 있다) 이러한 경우에 소송을 통하여 후등기의 말소를 구할 실익이 있고, 특히 상법 제23조는 "부정한 목적"이 있을 것을 요구하고 있는데 이러한 부정한 목적을 입증할 수 없는 경우에 상법 제22조를 이용하여 등기의 말소를 구할 실익도 있다고 생각되므로 이른바 실체법설에 찬동한다.

14) 대법원이 이 판결을 선고할 당시에는 상업등기법이 제정되지 않았고, 상업등기는 비송사건절차법에 의하여 규율되고 있었다.

15) 이철송 169면, 최기원 117면.

부수된 부분이 일치하더라도 전체적으로 볼 때 동종영업으로 인정되는 경우도 있을 것이다. 또한 동일한 상호란 상법 제23조에 정한 타인의 영업으로 오인할 수 있는 상호라는 의미가 아니라 타인이 등기한 것과 동일한 상호 그 자체를 의미한다고 할 것이다.

상업등기법이 제정되기 전에 상호등기에 관한 사항을 정하고 있던 비송사건절차법에서 "동일한 특별시·광역시·시 또는 군내에서는 동일한 영업을 위하여 타인이 등기한 것과 확연히 구별할 수 있는 것이 아니면 이를 할 수 없다(같은법 164조)고 규정하고 있었고 그 후에 제정된 상업등기법도 동일한 내용의 규정(같은법 30조)을 두었던 점에 비추어, 일반적 견해는 상법 제22조에서 규정하는, 등기가 허용되지 않는 후등기의 의미를 타인이 등기한 상호 또는 확연히 구별할 수 없는 상호라고 다소 넓게 해석하여 왔고, 대법원 판결(대법원 2004. 3.26. 선고 2001다72081 판결)도 같은 취지로 해석하였으나 2009. 5. 28 및 2014. 5. 20. 개정된 상업등기법은 등기할 수 없는 상호를 이미 등기된 상호와 "동일한 등기"라고 규정하고 있으므로(상업등기법 29조) 등기가 배척되는 상호는 이미 등기된 상호와 동일한 등기로 해석하여야 할 것이다.

5. 상호의 양도, 변경, 폐지

가. 상호의 양도

상법은 상호를 인격권적인 성질을 내포하는 재산권으로 파악하여 상호의 양도를 원칙적으로 허용하면서도 영업과 함께 양도하거나 영업을 폐지하는 경우에만 이를 인정하고 있다(상 25조 1항).

◈ 대법원 1988.1.19. 선고 87다카1295 판결

상법 제25조 제1항은 상호는 영업을 폐지하거나 영업과 함께 하는 경우에 한하여 이를 양도할 수 있다고 규정하고 있어 영업과 분리하여 상호만을 양도할 수 있는 것은 영업의 폐지의 경우에 한하여 인정되는데 이는 양도인의 영업과 양수인의 영업과의 사이에 혼동을 일으키지 않고 또 폐업하는 상인이 상호를 재산적 가치물로서 처분할 수 있도록 하기 위한 것인 점에 비추어 위 법조항에 규정된 영업의 폐지라 함은 정식으로 영업폐지에 필요한 행정절차를 밟아 폐업하는 경우에 한하지 아니하고 사실상 폐업한 경우도 이에 해당한다.

상호가 영업과 함께 양도되어 영업양수인이 상호를 속용하는 경우에 영업양수인은 영업양도인의 채무에 대하여 변제책임을 부담하고(상 42조), 영업양도인의 채무자가 영업양수인에게 채무를 변제한 경우에는 그 변제의 효력이 인정된다(상 43조).

상호의 양도는 당사자의 의사표시만으로 효력이 발생하고 특정한 방식을 필요로 하지 아니한다. 다만 상법은 상호의 양도는 등기하지 아니하면 제3자에게 대항하지 못하도록 규정하고 있는데(상 25조 2항) 여기서 제3자는 상호가 이중으로 양도된 경우에 있어서 양수인을 의미한다고 해석하여 등기에서 우선하는 자가 상호의 양수에 있어서 우선권을 갖게 된다고 해석할 것이고, 이때 제3자의 선의 또는 악의는 불문한다고 할 것이다.

만약 상법 제25조 제2항에 의하여 대항하지 못하는 제3자의 범위에 악의의 제3자도 포함한다면 등기하기 전에는 선의의 제3자에게 대항하지 못하도록 규정한 상법 제37조 제1항의 규정과 일견하여 서로 상충되는 듯 보이지만, 상법 제37조 제1항은 상업등기의 일반적 효력으로서 대항력을 규정한 것이고 상법 제25조 제2항은 상호권의 양도에 관한 예외적 규정이므로 서로 충돌의 우려는 없다고 할 것이다.

한편 상호는 등기가 강제되지 않음에도 불구하고 상호의 양도에 있어서 등기를 대항요건으로 하는 것은 타당치 않다는 이유로, 상법 제25조 2항은 등기된 상호에만 적용되고 미등기상호에는 적용되지 않는다는 주장[16]도 있으나, 상호의 양도는 영업주체의 혼동을 초래할 우려가 있어 거래의 안전을 위협하므로 미등기상호일지라도 이를 공시할 필요가 더욱 크다고 할 수 있기에 비록 상호의 등기가 강제되고 있지는 않으나, 상호양도의 경우와 같은 특별한 사유가 있는 경우에는 등기를 하도록 한 것이므로, 상법 제25조 2항은 상호의 등기여부에 관계없이 모든 상호 양도의 경우에 적용된다고 할 것이다.[17] 미등기상호가 이중으로 양도된 경우에 미등기된 상호에 대하여 변경등기를 할 수는 없으므로 이때에는 신규로 상호등기를 한 양수인이 우선하게 될 것이다.

상호의 양도가 가능하므로 상호의 임대차도 가능하다고 해석되고, 이 경우 임대인은 명의대여자의 책임(상 24조)을 부담할 것이다. 그러나 상호임차인은 단지 상호권을 사용할 권리가 있을 뿐이므로 타인의 상호에 대하여 상호등기말소청구 또는 상호폐지청구는 할 수 없다고 해석하여야 할 것이다.

나. 상호의 상속

상호의 재산권적 성질에 비추어 볼 때 상속도 당연히 인정된다고 할 것이다. 상호의 상속에 관하여 상법은 별도의 규정을 두고 있지 않지만, 상업등기법은 상호의 상속을 전

16) 정동윤 83면, 정찬형 121면, 최기원 128면, 최준선 165면.
17) 이철송 176면.

제로 그 절차에 관한 규정을 두고 있다(상업등기법 33조).

또한 상속인이 수인인 때에는 공동상속인이 상속지분에 따라 상호를 준공유하게 될 것이다.

다. 상호의 변경과 폐지

상호의 변경 혹은 폐지는 상호권에 대한 포기를 의미하고, 이러한 상호의 변경과 폐지는 상호권자의 명시적 혹은 묵시적인 의사표시에 의하게 되는데, 회사의 경우에는 상호가 정관의 절대적 기재사항이므로 정관의 변경으로 나타나게 될 것이다.

등기한 사항에 변경이나 소멸이 있을 경우에는 변경등기 혹은 소멸등기를 하여야 하므로(상 40조), 상호를 변경하거나 폐지한 경우에 등기된 상호의 상호권자는 지체 없이 상호의 변경등기 혹은 소멸등기를 하여야 한다. 상법은 상호의 등기권자가 상호를 변경하거나 폐지한 후 2주간 내에 변경등기 혹은 소멸등기를 하지 아니한 경우에 이해관계인은 말소에 대한 이해관계를 소명하여(상업등기법 36조) 등기의 말소를 청구할 수 있도록 규정하고 있다(상 27조).

이 밖에도 상호를 등기한 자가 상호를 2년간 사용하지 아니하는 경우에는 이를 폐지한 것으로 간주하게 되므로(상 26조) 이 경우에도 이해관계인은 등기의 말소를 청구할 수 있다.

6. 명의대여자의 책임

가. 명의대여자 책임의 의의

명의대여는 타인에게 자신의 성명 또는 상호를 사용하여 영업할 것을 허락하는 행위를 말하는데, 상법은 명의대여자를 영업주로 오인하여 명의차용자와 거래한 제3자를 보호하기 위하여 명의대여자로 하여금 명의차용자와 연대하여 변제할 책임을 부담시키고 있다(상 24조).

상법이 이 같은 명의대여자의 책임을 인정하는 것은 외관존중의 이론에 터 잡아 거래의 안전을 도모하기 위한 것으로서, 민법의 표현대리의 책임(민 125조)과 유사한 제도라고 할 것이다.

명의대여자책임에 있어서 오인의 대상은 영업주이고 명의대여자는 제3자에게 명의차용자와 연대책임을 부담할 뿐 스스로 거래의 당사자의 지위에 놓이는 것이 아니라고 할 것이지만, 표현대리책임은 오인의 대상이 대리권의 존부이고 표현대리의 본인은 제3자와 거래 당사자로서의 지위에 있게 되므로 직접적으로 그에 따른 의무를 부담하고 권리를 취득하게 된다는 점에서 차이가 있다.

나. 명의대여자 책임의 요건

(1) 명의의 사용을 허락하였을 것

명의대여자에게 책임을 부담시키기 위해서는 명의대여자가 명의차용자에게 자신의 성명, 상호를 사용하여 영업할 것을 허용하였다는 귀책사유가 있어야 하는데, 그 허락은 명시적이거나 묵시적으로 이루어질 수도 있다. 다만 명의를 임의적으로 사용하거나 무단으로 사용한 경우에는 명의대여로 볼 수 없을 것이나,[18] 법률상 혹은 경험칙상 자신의 명칭을 타인이 사용하는 것을 방지할 의무가 있다고 판단되는 경우에 만약 명의자가 이를 방지하지 아니하였다면 이 경우에도 외관을 부여한 것으로 보는 것이 타당할 것이다. 또한 명의대여자가 어느 특정인에게 명칭의 사용을 허락하게 되면 그 특정인 이외의 다른 자도 그 명칭을 사용하는 것이 예상될 수 있는 경우에는 그 다른 자의 사용에 대하여도 명의대여를 허락한 것으로 보아야 할 것이다.

명의대여자가 허락을 철회하였다고 하더라도 명의대여자책임의 취지에 비추어 볼 때 명의대여자는 향후 차용자의 사용을 저지하거나 거래처에 알리는 등 적극적으로 명의대여의 흔적을 제거하지 않는 한 그 책임에서 자유로울 수 없을 것이다.

명의대여자의 책임은 영업의 주체에 대한 혼동을 초래한 점에 대한 책임이므로 명의 사용의 허락에 특별한 방식을 요하지 않고 사용허락의 적법여부 및 대가의 지급여부도 따지지 않는다고 할 것이고 허락받은 범위를 초과하거나 제한을 위배한 명의사용에 대하여도 책임을 면할 수 없다고 할 것이다.

◆ 대법원 1977.7.26. 선고 77다797 판결

피고회사의 사업과 위 최갑수의 사업이 비록 내용적으로 별개의 업체에 속한다고 하더라도 이사건 변론취지에 의하면, 위 최갑수는 과거에 피고회사에서 상무라는 이름으로 근무한바 있고 근자에는 피고회사의 상무이사라는 명함을 가지고 행세하는 사람으로서 그 가 경영한다는 자동차정비사업은 피고회사가 경영하는 사업과 일치 하고 있음을 알 수 있고, 이와같은 자동차정비사업은 교통부장관의 허가가 있어야 하는데 그는 이러한 허가를 가지고 있지 않았고 피고회사와 다른 어떤 상호나 영업간판도 가지고 있지 않았음이 명백한데 원심이 인정하고 있는바와 같이 피고회사가 위와 같은 최갑수에

18) 최기원 131면, 최준선 152면.

게 피고회사의 영업장소에서 또 같은 사무실내에서 같은 사업을 경영할 수 있도록 허용하여 왔다는 것이라면 피고회사는 위 최갑수의 사업에 관하여 피고회사의 자동차정비사업에 관한 허가와 피고회사의 상호 밑에서 그 영업을 할것을 허락했다고 볼 여지가 없지않아 원고가 위 최갑수의 영업이 피고회사의 영업과는 별개의 업체에 속함을 알면서도 그와 거래를 한 것이라고 인정될 자료가 없는 한 피고회사는 상법 제24조 소정의 명의대여자로서의 책임을 면하기가 어렵다 할 것이다.

◈ 대법원 1982.12.28. 선고 82다카887 판결

묵시적 명의대여자의 책임을 인정하기 위하여는 영업주가 자기의 성명 또는 상호를 타인이 사용하는 것을 알고 이를 저지하지 아니하거나 자기의 성명 또는 상호를 타인이 사용함을 묵인한 사실 및 제3자가 타인의 성명 또는 상호를 사용하는 자를 영업주로 오인하여 거래를 한 사실이 인정되어야 할 것이므로, 영업주가 자기의 상점, 전화, 창고등을 타인에게 사용하게 한 사실은 있으나 그 타인과 원고(제3자)와의 거래를 위하여 영업주의 상호를 사용한 사실이 없는 경우에는 영업주가 자기의 상호를 타인에게 묵시적으로 대여하여 원고(제3자)가 그 타인을 영업주로 오인하여 거래하였다고 단정하기에 미흡하다고 할 것이다.

◈ 대법원 2001.4.13. 선고 2000다10512 판결

갑, 을, 병 3인이 나이트클럽의 공동사업자로 사업자등록이 되어 있고, 그에 따른 부가가치세 세적관리카드에도 갑, 을, 병이 40%, 30% 및 30%의 지분을 가지고 있는 것으로 등록되어 있을 뿐 아니라, 나이트클럽의 신용카드 가맹점에 대한 예금주 명의도 그 중 1인으로 되어 있는 경우, 갑, 을, 병이 나이트클럽을 실제로 경영한 사실을 인정할 수 없다고 하더라도 그들의 명의를 사용하게 하여 영업상의 외관을 나타낸 것은 틀림없다.

(같은 취지: 대법원 2008.1.24. 선고 2006다21330 판결)

◈ 대법원 2008.10.23. 선고 2008다46555 판결

상법 제24조는 명의를 대여한 자를 영업의 주체로 오인하고 거래한 상대방의 이익을 보호하기 위한 규정으로서 이에 따르면 명의대여자는 명의차용자가 영업거래를 수행하는 과정에서 부담하는 채무를 연대하여 변제할 책임이 있다. 그리고 건설업 면허를 대여한 자는 자기의 성명 또는 상호를 사용하여 건설업을 할 것을 허락하였다고 할 것인데, 건설업에서는 공정에 따라 하도급거래를 수반하는 것이 일반적이어서 특별한 사정이 없는 한 건설업 면허를 대여받은 자가 그 면허를 사용하여 면허를 대여한 자의 명의로 하도급거래를 하는 것도 허락하였다고 봄이 상당하므로, 면허를 대여한 자를 영업의 주체로 오인한 하수급인에 대하여도 명의대여자로서의 책임을 지고, 면허를 대여받은 자를 대리 또는 대행한 자가 면허를 대여한 자의 명의로 하도급거래를 한 경우에도 마

찬가지이다.

(2) 명의를 영업상 사용하였을 것

명의대여자에게 책임을 부담시키기 위해서는 명의차용자가 명의대여자의 성명이나 상호를 영업상 사용하여야 하는데 이를 사용하는 범위는 거래상 명의대여자를 영업주로 오인하도록 할 정도이어야 할 것이다.

명의를 영업상 사용하였다고 하기 위해서는 첫째로 명의의 대여자와 차용자가 상인이어야 하는지, 둘째로 명의차용자가 사용한 명의가 명의대여자의 명의와 어느 정도까지 동일하여야 하는지, 셋째로 명의대여자와 명의차용자의 영업이 어느 정도까지 동일하여야 하는지 등이 문제가 된다고 할 것이다. 상법이 상호뿐만 아니라 성명을 대여한 경우에도 명의대여자책임을 인정하고 있으므로 명의대여자가 상인일 필요는 없고 영업주체로서 오인받을 외관만 갖추면 국가, 지방자치단체, 기타 공공기관도 상법 제24조의 책임이 인정되는 명의대여자가 될 수 있다. 그러나 상법은 차용한 명의를 사용하여 영업을 한 경우에 명의대여자책임을 인정하고 있으므로 명의차용자는 상인에 한정된다고 할 것이지만 대법원의 입장은 이를 넓게 인정하고 있다.

◆ 대법원 1987.3.24. 선고 85다카2219 판결

상법 제24조는 금반언의 법리 및 외관주의의 법리에 따라 타인에게 명의를 대여하여 영업을 하게 한 경우 그 명의대여자가 영업주인 줄로 알고 거래한 선의의 제3자를 보호하기 위하여 그 거래로 인하여 발생한 명의차용자의 채무에 대하여는 그 외관을 만드는 데에 원인을 제공한 명의대여자에게도 명의차용자와 같이 변제책임을 지우자는 것으로서 그 명의대여자가 상인이 아니거나, 명의차용자의 영업이 상행위가 아니라 하더라도 위 법리를 적용하는데에 아무런 영향이 없다.

명의의 동일성은 중요한 부분에서의 동일성이 있으면 충분하다고 할 것이나 다소 다른 명칭이 부가되어 있더라도 전체적, 객관적으로 일반인이 동일한 명칭으로 인식한다면 동일성이 있다고 하여야 할 것이다.

◆ 대법원 1976.9.28. 선고 76다955 판결

대한통운주식회사가 소외인과 동 회사 신탄진출장소 운영에 관한 계약을 체결하고 출장소장으로 임명하여 현장에서 자기의 상호를 사용하여 그의 목적사업인 운송업을 하도록 하여왔다면 위 회사는 특별한 사정이 없는 한 그 사업에 관하여 자기가 책임을

부담할 지위에 있음을 표시한 것이라 볼 수 있으므로 상법 제24조 소정의 명의대여자의 책임에 따라 위 회사를 영업주로 오인하고 거래한 제3자에 대하여 소외인이 부담한 대여금채무를 지급할 의무가 있다.

◈ 대법원 1989.10.10. 선고 88다카8354 판결

일반거래에 있어서 실질적인 법률관계는 대리상, 특약점 또는 위탁매매업 등이면서도 두루 대리점이란 명칭으로 통용되고 있는데다가 타인의 상호아래 대리점이란 명칭을 붙인 경우는 그 아래 지점, 영업소, 출장소 등을 붙인 경우와는 달리 타인의 영업을 종속적으로 표시하는 부가부분이라고 보기도 어렵기 때문에 제3자가 자기의 상호아래 대리점이란 명칭을 붙여 사용하는 것을 허락하거나 묵인하였더라도 상법상 명의대여자로서의 책임을 물을 수는 없다.

명의대여자가 영업을 하고 있다면 명의차용자의 영업은 명의대여자의 영업과 동일한 종류와 내용이어야 하지는 않더라도 외관상 동일성이 있는 영업으로 오인할 정도의 유사성은 인정되어야 할 것이다.

◈ 대법원 1978.6.13. 선고 78다236 판결

임대인이 그 명의로 영업허가가 난 나이트크럽을 임대함에 있어 임차인에게 영업허가 명의를 사용하여 다른 사람에게 영업을 하도록 허락한 이상 위 임차인들이 위 영업과 관련하여 부담한 채무에 관하여 상법 제24조의 규정에 따라 그 임차인들과 연대하여 제3자에 대하여 변제할 책임이 있다.

◈ 대법원 1983.3.22. 선고 82다카1852 판결

상법 제24조에 규정된 명의대여자의 책임은 제3자가 명의대여자를 영업주로 오인하고 그 영업의 범위내에서 명의사용자와 거래한 제3자에 대한 책임이므로, 정미소의 임차인이 임대인의 상호를 계속 사용하는 경우에 있어서 임대인이 대여한 상호에 의하여 표상되는 영업은 정미소 영업이 분명하니, 임차인이 정미소 부지내에 있는 창고 및 살림집을 제3자에게 임대한 행위는 설령 명의사용자가 임대행위의 목적이 정미소 창고 건축비용을 조달키 위함이라고 말하였다고 하더라도 위 정미소 영업범위외의 거래이므로 그에 관하여 명의대여자에게 책임을 물을 수 없다.

(3) 상대방이 오인하였을 것

거래상대방이 명의차용자의 영업을 명의대여자의 영업으로 혼동하였어야 하므로 명의대여자의 책임은 상대방이 명의대여사실을 알지 못하였던 경우에만 적용된다. 다만

상대방이 명의대여사실을 알지 못한 것에 대하여 중대한 과실이 있는 경우에 명의대여자는 면책된다고 하는 것이 일반적인 견해이고,[19] 대법원도 같은 입장을 취하고 있다.

명의차용자와 거래한 상대방이 명의대여자에게 책임을 부담시키려 할 때, 명의대여자는 상대방에게 악의 또는 중과실 있음을 증명하여야 그 책임을 면할 수 있다고 할 것이므로 명의대여자에게 상대방의 악의와 중과실에 대한 증명책임이 있다고 할 것이다.

◈ 대법원 2001.4.13. 선고 2000다10512 판결

상법 제24조의 규정에 의한 명의대여자의 책임은 명의자를 영업주로 오인하여 거래한 제3자를 보호하기 위한 것이므로 거래 상대방이 명의대여사실을 알았거나 모른 데 대하여 중대한 과실이 있는 때에는 책임을 지지 않는바, 이때 거래의 상대방이 명의대여사실을 알았거나 모른 데 대한 중대한 과실이 있었는지 여부에 대하여는 면책을 주장하는 명의대여자들이 입증책임을 부담한다.

(같은 취지: 대법원 2001.4.13. 선고 2000다10512 판결)

다. 명의대여자 책임의 인정범위

명의차용자가 차용한 명의를 영업상 사용하여야 하므로 거래상 사용하거나 영업과 관련된 어음행위를 하는 것[20]은 영업상 사용이라고 볼 것이지만 불법행위의 경우는 해당되지 않는다고 할 것이다.

◈ 대법원 1969.3.31. 선고 68다2270 판결

갑이 약속어음을 발행할 때 주소를 대한교육보험주식회사 부산지사라고 표시하고 지사장이라고 기재하지 않았다 해도 그 성명 아래에는 개인도장 외에 동 회사 부산지사장이라는 직인을 찍은 것이므로 특별한 사정이 없는 한 이는 동인이 위 회사 부산지사장이라는 대표자격을 표시한 것이라 할 것이고 또 동 회사는 갑에게 부산지사라는 상호를 사용하여 보험가입자와 회사간의 보험계약체결을 알선할 것을 허락하였고 갑은 동 지사 사무실비품대금 조달을 위하여 을에게 약속어음을 발행하여 병이 그 소지인이 된 것이며 을이 갑의 위 어음발행행위의 주체를 위 회사로 오인한데에 중대한 과실이 있다고 보여지지 않으므로 동 회사는 명의대여자로서 그 외관을 신뢰한 갑과의 거래에 대하여 본조에 의한 책임을 져야 한다.

---

19) 이철송 191면, 손주찬 128면, 정찬형 127면, 최준선 154면.

20) 영업과 관련하여 어음행위를 하는 것이 아니라 어음행위를 위하여 명의대여를 허용한 경우에도 상법 제24조를 유추 적용할 수 있다는 견해(손주찬 130면, 정찬형 130면)가 있으나 상법 24조는 명문으로 "영업을 할 것을 허락"한 경우에 적용되도록 규정하고 있으므로 이 경우에는 상법 제24조의 책임을 부담시킬 수 없다고 할 것이다(이철송 196면, 정동윤 87면).

◆ 대법원 1998.3.24. 선고 97다55621 판결

상법 제24조 소정의 명의대여자 책임은 명의차용인과 그 상대방의 거래행위에 의하여 생긴 채무에 관하여 명의대여자를 진실한 상대방으로 오인하고 그 신용·명의 등을 신뢰한 제3자를 보호하기 위한 것으로, 불법행위의 경우에는 설령 피해자가 명의대여자를 영업주로 오인하고 있었더라도 그와 같은 오인과 피해의 발생 사이에 아무런 인과관계가 없으므로, 이 경우 신뢰관계를 이유로 명의대여자에게 책임을 지워야 할 이유가 없다.

라. 명의대여자 책임의 내용

명의대여자는 명의차용자와 거래한 제3자에 대하여 연대하여 변제할 책임을 부담하게 되므로 명의차용자의 영업상 거래와 관련하여 발생한 채무에 대하여 명의대여자는 책임을 부담하게 되고, 그 책임의 성질은 부진정연대책임이라고 할 것이다. 이때 영업상 거래와 관련하여 발생한 채무는 거래 그 자체로 인한 이행채무뿐만 아니라, 그 불이행으로 인한 손해배상채무까지도 포함한다고 할 것이다. 물론, 책임을 부담한 명의 대여자는 명의차용자에 대하여 구상권을 행사하는 것이 가능하다 할 것이다.

◆ 대법원 2011.4.14. 선고 2010다91886 판결[21)]

상법 제24조에 의한 명의대여자와 명의차용자의 책임은 동일한 경제적 목적을 가진 채무로서 서로 중첩되는 부분에 관하여 일방의 채무가 변제 등으로 소멸하면 타방의 채무도 소멸하는 이른바 부진정연대의 관계에 있다. 이와 같은 부진정연대채무에 서는 채무자 1인에 대한 이행청구 또는 채무자 1인이 행한 채무의 승인 등 소멸시효의 중단사유나 시효이익의 포기가 다른 채무자에게 효력을 미치지 아니한다.

그러나 명의차용자의 제3자에 대한 불법행위에 대하여 명의대여자가 책임을 부담하지 않는 것은 당연하다. 다만 명의대여자와 명의차용자가 사용자와 피용자의 관계에 있을 때에는 민법상 사용자책임의 법리(민 756조)에 따라 명의대여자가 명의차용자의 불법행위에 대한 책임을 부담하게 될 수도 있다.

◆ 대법원 2007.6.28. 선고 2007다26929 판결[22)]

타인에게 어떤 사업에 관하여 자기의 명의를 사용할 것을 허용한 경우에 그 사업이

21) 이 판결은 명의대여자를 영업주로 오인하여 명의차용자와 거래한 채권자가 물품대금채권에 관하여 상법 제24조에 의한 명의대여자 책임을 묻자 명의대여자가 그 채권이 3년의 단기소멸시효기간 경과로 소멸하였다고 항변한 사안이다.

22) 대법원은 이 판결을 통하여, 민법상 사용자책임의 인정요건으로서 사용자와 피용자관계는 실제적으로 지

내부관계에 있어서는 타인의 사업이고 명의자의 고용인이 아니라 하더라도 외부에 대한 관계에 있어서는 그 사업이 명의자의 사업이고 또 그 타인은 명의자의 종업원임을 표명한 것과 다름이 없으므로, 명의사용을 허용받은 사람이 업무수행을 함에 있어 고의 또는 과실로 다른 사람에게 손해를 끼쳤다면 명의사용을 허용한 사람은 민법 제756조에 의하여 그 손해를 배상할 책임이 있고, 명의대여관계의 경우 민법 제756조가 규정하고 있는 사용자책임의 요건으로서의 사용관계가 있느냐 여부는 실제적으로 지휘・감독을 하였느냐의 여부에 관계없이 객관적・규범적으로 보아 사용자가 그 불법행위자를 지휘・감독해야 할 지위에 있었느냐의 여부를 기준으로 결정하여야 할 것이다.

(같은 취지: 대법원 2005.2.25. 선고 2003다36133 판결, 대법원 2001.8.21. 선고 2001다3658 판결).

상법의 명의대여책임과 민법의 표현대리의 책임은 외관이론에 터잡아 거래의 안전을 보호하기 위하여 인정된다는 점에서는 일치하지만, 첫째 명의대여는 영업주에 대한 오인을 보호하는데 반하여 표현대리는 대리권에 대한 오인을 보호하려는 것이고, 둘째 명의대여의 경우에는 명의대여자와 명의차용자가 연대책임을 부담하고 있는데 반하여 표현대리의 경우에는 본인에게 책임을 인정하고 표현대리인에 대하여는 책임을 부담시키지 않고 있으며, 셋째 명의대여의 경우 명의대여자는 거래상 아무런 권리를 취득하지 못하는데 반하여 표현대리의 경우에는 본인이 거래상의 권리를 취득한다는 점에서 다르다고 할 것이다.

휘・감독을 하였느냐에 따라서 판단하고 있으나 이들 사이에 명의대여관계가 있는 경우에는 실제적인 지휘・감독의 여부에 관계없이 객관적・규범적으로 명의대여자(사용자)가 그 명의차용자(불법행위자)를 지휘・감독해야 할 지위에 있었는지 여부를 기준으로 하여야 함을 판시하고 있다.

제5장 상업장부

1. 상업장부의 의의

상인의 영업활동은 영업을 통하여 영리적 이익을 추구하는 것을 목적으로 하므로, 상인이 영업활동에 따른 계산을 명확히 하는 것은 과거의 영업실적을 분석하여 현재의 영업상태를 파악하고 미래의 영업계획을 세우는 데 중요한 의미를 갖게 되고, 이에 상인은 영업활동에 따른 계산을 명확히 하기 위하여 적지 않은 자료를 작성하게 된다.

이러한 자료는 내부적으로는 상인의 경영판단을 위한 자료가 되고, 외부적으로는 채권자와 투자자를 위한 판단자료가 되며, 국가적으로는 조세부과를 위한 자료가 되므로, 상법은 소상인을 제외한 모든 상인에게 그 영업상의 재산 및 손익의 상황을 명백히 하기 위하여 일정한 장부를 작성하도록 강제하고 있다.

상법은 주식회사와 유한회사에 대하여는 이러한 상업장부의 작성의무 이외에 회계에 관한 장부(재무제표)의 작성의무를 부과하고 있고(상 447조, 579조), 이에 더하여 일정한 주식회사에 대하여는 연결재무제표의 작성의무를 부담시키고 있다(상 447조 2항, 외감법 1조의2 2호).

2. 상업장부의 작성, 보존, 제출

상업장부의 작성의무자는 모든 상인이지만, 소상인에게는 상업장부에 관한 규정이 적용되지 아니하므로(상 9조) 이를 작성할 의무가 없고, 설령 소상인이 상업장부를 작성하더라도 그것은 상법상의 상업장부는 아니다.

상인의 상업장부 작성의무는 상인의 지위에 따른 의무이므로, 상인자격의 취득과 동시에 작성의무가 발생하고 상인자격 상실과 동시에 작성의무가 소멸한다. 또한 상인이 상업장부를 작성하는 경우, 회사가 아닌 개인상인의 경우에는 작성과 동시에 확정되지만, 회사인 경우에는 주주총회 또는 사원총회의 승인 등의 일정한 절차를 거쳐 확정된다.

상법은 상법의 규정 이외에도 일반적으로 공정하고 타당한 회계관행에 따라 상업장부를 작성할 것을 요구하고 있는데(상 29조 2항), 이는 회계의 원칙과 관행이 변천하므로 이를 상법에 규정하는 것이 어렵고 또 바람직하지도 않으므로 상법에서는 대강의 원칙만을 규정한 것이다.

상법은 모든 상인에 대하여 상업장부의 작성에 관한 자산평가기준을 정하는 규정을 두었으나(상 31조), 2010년 5월 14일 상법 개정으로 이를 삭제하였다. 주식회사의 경우에도 자산평가 등 회계처리기준에 관한 상세한 규정을 두고 있었으나(상 452조 내지 457조의2), 2011년 4월 14일 상법개정으로 이를 삭제하는 대신에 회사의 회계는 일반적으로 공정하고 타당한 회계관행에 따르도록 하는 회계의 원칙에 관한 규정(상 446조의2)을 신설하고 있는 것도 회계의 원칙과 관행의 변천에 신속히 대응하고자 하는 취지로 이해된다.

일반적으로 인정되는 공정하고 타당한 회계관행으로서는 금융위원회가 기업의 회계관행을 모아서 작성한 기업회계기준이 있는데, 주식회사의 외부감사에 관한 법률에 따라 일정한 회사는 이 기업회계기준에 따라 재무제표 등을 작성하여야 한다(외감법 13조 3항). 다만 이처럼 강제적으로 기업회계기준에 따라야 하는 회사는 그 규모 등에서 일반 상인들과는 비교할 수 없으므로 모든 상인이 이 기업회계기준에 따를 수는 없겠지만, 적어도 기업회계기준이 공정하고 타당한 회계관행의 하나로는 볼 수 있다고 할 것이다.

상업장부는 상인의 재산상태 및 회계처리에 관한 중요한 증거자료가 되므로 상법은 상인으로 하여금 상업장부와 영업에 관한 중요서류를 10년간 보존하도록 하고 전표 또는 이와 유사한 서류는 5년간 보존하도록 규정하고 있다(상 33조 1항). 상업장부에 대한 보존기간의 기산은 장부를 폐쇄한 날로부터 기산하지만, 영업에 관한 중요서류이거나 전표 또는 이와 유사한 서류는 폐쇄한 날을 정할 수 없으므로 그 서류의 작성일 또는 수령일로부터 보존기간을 기산하는 것이 타당할 것이다.[1)]

상업장부 등의 보존방법은 보존대상물의 성질에 따라 적절한 방법을 선택하면 충분할 것이다. 상법은 상업장부와 영업에 관한 중요서류에 관하여는 마이크로 필름 기타의 전산정보처리조직에 의하여 보존할 수 있음을 정하고 있다(상 33조 3항).

이 밖에도 상법은 당사자의 신청이나 직권으로 소송당사자에게 상업장부 또는 그 일부의 제출을 명할 수 있도록 규정하고 있는데(상 32조), 민사소송법 제344조에 정한 요건의 충족여부에 관계없이 상업장부의 제출의무를 부과시키고 있고 또한 법원이 직권으로 제출을 명령할 수 있다는 점에서 민사소송법에 정한 문서제출의무(민소 347조 1항)에 대한 특별규정이라고 할 것이다.

1) 이철송 207면, 최준선 173면.

상업장부제출의무의 대상이 되는 서류는 상업장부에 한하고, 제출의무자는 상업장부를 소지하고 있는 자로서 소송당사자에 한하므로 소송당사자 이외의 자는 이에 응할 의무가 없다.

3. 상업장부의 종류

상법은 상인으로 하여금 회계장부 및 대차대조표를 상업장부로서 작성하도록 강제하고 있다(상 29조 1항).

가. 회계장부

회계장부는 상인이 일상의 거래와 기타 영업상의 재산에 영향이 있는 사항에 관하여 기재한 장부를 의미하는데(상 30조 1항), 회계관행상 회계장부라는 특정한 명칭의 장부가 존재하는 것은 아니므로 회계장부인지 여부는 서류의 명칭이나 형식에 관계없이 실질에 의해 판단하여야 할 것이고, 일반적으로 분개장, 원장, 입·출금 전표 등을 일컫는다. 회계장부는 영업상 재산에 영향이 있는 사항을 기재하여야 한다. 구체적으로 어떤 사항을 어떤 시기에 기재하여야 하는지에 관하여 견해의 차이가 있으나, 회계장부는 대차대조표를 작성하는 기초자료가 되므로(상 30조 2항) 적어도 일반적으로 공정 타당한 회계관행에 따라(상 29조 2항) 누구나 해득할 수 있도록 명료하게 작성하여야 할 것이다.

나. 대차대조표

대차대조표는 일정한 시기에 있어서 상인의 영업용 총재산을 자산과 부채 그리고 자본의 항목으로 분류하여 표시함으로써, 상인의 재무상태를 개괄적으로 파악하기 위하여 작성하는 장부를 의미한다(상 30조 2항).

상인이 개업할 때 작성하게 되는 개업대차대조표, 매년 정기적으로 결산기에 작성하게 되는 결산대차대조표 등과 같은 통상대차대조표가 있는가 하면, 합병대차대조표, 청산대차대조표, 분할대차대조표, 파산대차대조표 등과 같이 회사의 합병, 청산, 분할, 파산 같은 특별한 경우에 작성하게 되는 비상대차대조표가 있다. 어떤 대차대조표라도 일반적으로 공정, 타당한 회계관행에 의하여 회계장부에 의하여 작성하여야 하고 특히 대차대조표에는 그 작성자가 기명날인 혹은 서명하여야 한다(상 30조 2항).

제6장 상업등기

1. 총 설

국가는 법률관계의 주체들로 하여금 일정한 사실관계 혹은 권리의무관계에 관한 사항을 널리 알도록 하여 이들이 향후 법률관계를 형성함에 있어서 예측가능성을 높여 법적 안정성을 도모할 목적에서, 공적기관이 공적장부를 마련한 뒤 이들로 하여금 일정한 사항을 이 공적장부에 기재하여 공시하도록 하고, 일반인들로 하여금 이를 열람하도록 함과 동시에 공시된 사항에 관한 부지의 주장에 대하여 대항할 수 있도록 하는 법률효과를 부여하는 등기제도를 마련하고 있다.

이러한 공시목적을 위하여 부동산등기부(부동산등기법), 선박등기(선박법/선박등기법), 상업등기부(상업등기법), 상표원부(상표법), 특허원부(특허법), 자동차등록원부(자동차관리법), 항공기등록원부(항공법) 등과 같은 각각의 등기부가 마련되었다.

등기제도에 의한 공시는, 일반인을 대상으로 공고 등의 방식으로 일정한 사항을 주지시키는 일반적이고 능동적인 방식과는 달리, 이해관계인으로 하여금 개별적으로 등기부 또는 그 부속서류를 열람하도록 하는 이른바 수동적인 방식을 취하고 있다.

특히 불특정 다수인과 수많은 거래관계를 수반하게 되는 상인의 기업활동에 있어서는 거래의 안전을 위하여 이러한 공시의 필요성은 더욱 절실하다고 할 것이고, 이에 상법은 상업등기제도를 마련하고 있다.

이처럼 상업등기는 상법 및 기타 법령에 따라 상인에 관한 일정한 사항을 일반에게 공시할 목적으로 공적장부인 상업등기부에 기재하는 것을 의미한다(상 34조, 상등법 2조 1호)고 할 것인데, 상업등기부는 상호, 무능력자, 법정대리인, 지배인, 합자조합, 합명회사, 합자회사, 유한책임회사, 주식회사, 유한회사, 외국회사의 11종이 있다(상업등기법 11조 1항).

상업등기는 상업등기처리규칙(대법원규칙)에 의하여 규율되어 오다가 상업등기법이 제정되어 2008. 1. 1.부터 상업등기법이 이를 규율하게 되었다. 또한 상업등기법에는 앞서 본 11가지의 등기부로 편재되어 있지만 회사의 상호와 지배인은 회사의 등기부에 하고 상호등기부 또는 지배인 등기부에 따로 등기하지 않는다(상업등기법 37조 1항, 54조 1항). 한편 상법의 개정으로 2012. 4. 15.부터 합자조합과 회사의 종류에 유한책임회사가 신설되었으나 미처 상업등기법에 그에 관한 규정은 마련되지 못하여 대법원예규에 의하여 처리되어 오던 중, 2014. 5. 20. 개정되어 2014. 11. 21.부터 시행된 상업등기법에서 비로소 합자조합 등기부와 유한책임회사 등기부를 신설하였다.

상업등기는 상인의 영업소 소재지를 관할하는 법원의 상업등기소에 하게 된다. 원칙적으로 당사자의 서면에 의한 신청이나 관공서의 촉탁에 의하여 등기하도록 하고 있는데(신청주의: 상업등기법 22조), 당사자는 등기할 사항에 관하여 법률이 정하고 있는 자로서 상인을 의미한다. 이 밖에도 예외적으로 1) 등기관의 잘못으로 인하여 등기에 착오나 빠진 부분이 있는 경우의 등기경정(상업등기법 76조 2항), 2) 등기의 신청이 각하되는 일정한 사유가 있는 경우(상업등기법 26조 1호 내지 3호)의 등기말소(상업등기법 77조, 78조)와 같은 때에는 당사자의 신청에 의하지 않고 등기관이 직권으로 등기를 하게 된다.

또한 상업등기는 등기신청인의 영업소 소재지의 지방법원, 지원 또는 등기소에서 담당하게 되는데(상업등기법 4조), 그 사무는 지방법원장 또는 지원장이 지정하는 등기관에 의하여 처리되게 된다(상업등기법 8조).

등기가 이루어진 후 그 등기에 착오 또는 빠진 부분이 있어 당사자가 신청한 내용과 다를 경우에는 일정한 절차에 따른 당사자의 신청이나 직권에 의해 등기를 경정하게 되고(상업등기법 75조, 76조), 등기가 당사자의 신청내용과 같게 이루어졌으나 그 내용이 법률상 허용되지 아니하는 경우에는 일정한 절차에 따른 당사자의 신청이나 직권에 의해 등기의 말소(상업등기법 77조, 78조)가 이루어진다.

다만 회사의 해산판결(상 176조), 회사설립무효, 합병무효의 경우에는 수소법원의 촉탁에 의하여 등기할 수 있도록 하고 있고(비송법 93조), 휴면회사의 경우와 같이 해산이 의제된 경우에는 등기관이 직권으로 등기하도록 하고 있다(상업등기법 100조).

◆ 대법원 2009.4.23. 자 2009마120 결정

회사의 등기사항에 변경이 있는 때에는 본점소재지에서는 2주간 내, 지점소재지에서는 3주간 내에 변경등기를 하여야 하는바(상법 제183조), 본점소재지와 지점소재지의 관할 등기소가 동일하지 아니한 때에는 그 등기도 각각 신청하여야 하는 것이므로,

그 등기 해태에 따른 과태료도 본점소재지와 지점소재지의 등기 해태에 따라 각각 부과되는 것이다.

회사의 등기는 법령에 다른 규정이 있는 경우를 제외하고는 그 대표자가 신청 의무를 부담하므로(상업등기법 제17조), 회사의 등기를 해태한 때에는 등기 해태 당시 회사의 대표자가 과태료 부과 대상자가 되고, 등기 해태 기간이 지속되는 중에 대표자의 지위를 상실한 경우에는 대표자의 지위에 있으면서 등기를 해태한 기간에 대하여만 과태료 책임을 부담한다.

등기관은 상업등기법이 정한 일정한 사유가 있는 경우에는 이유를 기재한 결정으로써 등기 신청을 각하하고 있다(상업등기법 27조). 이러한 등기관이 가지는 심사권한의 범위를 둘러싸고 견해의 대립이 있는데, (1) 등기관은 등기신청의 형식적 적법성을 심사할 수는 있으나 실질적 진실성과 타당성을 심사할 수는 없다고 주장하는 견해(형식적 심사주의),[1] (2) 등기관은 등기신청사항의 형식적 적법성뿐만 아니라 실질적 진실성까지도 심사할 권한과 의무가 있다는 견해(실질적 심사주의),[2] (3) 원칙적으로 형식적 심사주의에 의하여 형식적 적법성을 심사하여야 하지만 등기신청의 진실성이 의심될 때는 실질적 심사까지도 할 수 있다거나(수정형식적 심사주의)[3] 진실성에 의심할 사유가 없는 한 실질적 진실성과 타당성을 심사할 수는 없다(수정실질적 심사주의)[4]는 절충적 견해[5] 등이 주장된다. 생각건대 등기관이 등기신청서류에 의해서 등기신청 사항에 대한 진실성을 판단하는 것은 사실상 불가능하고, 또한 이로 인한 절차의 지연과 혼동을 초래할 우려도 있을 뿐만 아니라 법관 아닌 자에게 신청사항의 진실성을 판단하도록 하는 것도 타당치 아니하므로, 등기관은 등기신청사항에 관한 형식적 적법성만을 심사할 수 있도록 하는 것이 타당할 것이다. 이에 관하여 대법원은 형식적 심사설의 입장을 취하고 있다.

◆ 대법원 2008.12.15. 자 2007마1154 결정[6]

원칙적으로 등기공무원은 등기신청에 대하여 실체법상의 권리관계와 일치하는지 여

1) 임홍근 151면, 이철송 219면. 이 주장은 (1) 등기관은 법관이 아니므로 등기사항의 진위를 판단하는 것은 타당치 않고 또 불가능하고, (2) 등기는 신청자가 신청한 사실을 기재하여 공시하는 기능을 할 뿐이며, (3) 등기된 사실에 대하여 공신력이 인정되지 않고 있다는 등의 논거를 제시하고 있다.

2) 서돈각·정완용 120면. 이 주장은 (1) 등기 제도의 본래의 목적은 객관적 사실의 공시에 있으므로 그 내용이 진실에 부합하여야 하고, (2) 비송사건 절차법 11조의 규정은 상업등기심사에도 적용되어야 한다는 등의 논거를 제시하고 있다.

3) 김정호 126면, 강위두/임재호 128면, 최기원 161면.

4) 이기수·최병규 221면, 정찬형 149면.

5) 이러한 절충적 견해는, 등기관은 기록관이므로 등기사항의 실체적 진실까지 판단할 수 없다는 점에서 형식적 심사가 타당하지만 등기관은 등기사항에 착오나 탈루가 있을 때에는 경정할 수 있다는 점에서 실질적 심사가 가능한 면도 있다고 주장한다.

부를 심사할 실질적 심사권한은 없고 오직 신청서 및 그 첨부서류와 등기부에 의하여 등기요건에 합당하는지 여부를 심사할 형식적 심사권한밖에는 없다. 따라서 등기관이 구 비송사건절차법(2007.7.27. 법률 제8569호로 개정되기 전의 것) 제159조 제10호에 의하여 등기할 사항에 관하여 무효 또는 취소의 원인이 있는지 여부를 심사할 권한이 있다고 하여도 그 심사방법에 있어서는 등기부 및 신청서와 법령에서 그 등기의 신청에 관하여 요구하는 각종 첨부서류만에 의하여 그 가운데 나타난 사실관계를 기초로 판단하여야 하고, 그 밖에 다른 서면의 제출을 받거나 그 외의 방법에 의해 사실관계의 진부를 조사할 수는 없다.

2. 등기사항

등기사항이란, 상법 기타 법률에 의하여 상업등기부에 등기하여야 하거나 등기할 수 있는 것으로 정한 사항을 의미하는데, 여러 가지 기준에 따라 분류할 수가 있다. 이러한 등기사항을 등기하게 되면 그 등기에 따른 효과가 발생하지만, 등기사항이 아닌 경우에는 설령 등기하더라도 등기에 따른 효과가 발생하지 않는다.

가. 등기의 주체에 따른 분류

상업등기는 등기사항이 누구에 관한 것이냐에 따라 분류해 볼 수 있다. 상법에 나타난 등기사항으로는 모든 상인에 관한 등기사항으로서 상호와 지배인을, 회사 아닌 개인상인에 관한 등기사항으로서 무능력자와 법정대리인을, 그리고 회사에 관한 등기사항으로서 회사의 설립, 주식, 사채, 자본 등의 변경, 합병, 분할, 해산, 청산, 조직변경 등을 규정하고 있다.

나. 등기의무의 유무에 따른 분류

상법이 반드시 등기할 사항으로 정하고 있는 절대적(필요적) 등기사항과 당사자가 등기여부를 선택할 수 있는 상대적(임의적) 등기사항으로 나누어 볼 수 있다.

등기사항은 지배인에 관한 사항(상 13조)과 같이 대부분이 절대적 등기사항이지만, 회사 아닌 개인상인의 상호와 같이 상대적 등기사항인 경우도 있다.

상대적 등기사항이라도 일단 등기한 후에는 그 내용의 변경이나 소멸은 절대적 등기

---

6) 이 사건은 상업등기에 관한 사건이다. 대법원은 부동산등기의 경우에도 상업등기에서와 마찬가지로 등기관에게 형식적 심사권만을 인정하고 있다(대법원 2011.6.2. 자 2011마224 결정).

사항의 경우와 같이 지체 없이 변경 또는 소멸등기를 하여야 한다(상 40조). 또한 절대적 등기사항이라고 하더라도 이를 등기하지 않은 경우에는 상법 제37조에 따른 불이익이 있을 뿐 다른 제재는 없다.

다. 등기의 효력에 따른 분류

등기를 하면 일정한 법률관계가 창설되는 창설적 등기사항과 등기를 함으로써 일정한 법률관계가 해소되어 그로 인한 책임을 면하는 면책적 등기사항으로 나누어 볼 수 있다.

회사의 설립등기를 하면 회사의 성립이라는 법률효과가 발생하게 되므로(상 172조) 회사설립등기는 창설적 등기사항이라 할 것이고, 지배인 해임등기를 하면 영업주는 지배인과의 대리관계 소멸을 주장하여 자신의 책임을 면할 수 있게 되므로 지배인 해임등기는 면책적 등기사항이라고 할 것이다.

상법은 본점의 소재지에서 등기할 사항은 다른 규정이 없으면 지점의 소재지에서도 등기하여야 하도록 규정(상 35조)하고 있으나 1993. 1. 1부터 시행된 "법인의 등기사항에 관한 특례법"에서는, 법인의 지점에서 공시할 필요가 있는 중요한 사항만 지점에서 등기하도록 하고 있다(같은법 3조).

3. 등기의 효력

상법은 각종의 상업등기와 관련하여 공통적으로 인정되는 일반적 효력으로서 대항력(상 37조)을 규정하는 한편 각각의 등기사항에 따라 개별적으로 특수한 효력을 규정하고 있다(상 22, 상 172조, 225조 등).

가. 일반적 효력

(1) 일반적 효력의 의의

상업등기의 일반적 효력은, 등기사항을 등기한 경우에 선의의 제3자에게도 그 등기사항을 주장할 수 있는 효력으로서 상업등기의 기본적인 효력이라고 할 수 있다.

상법은 등기할 사항은 이를 등기하지 아니하면 선의의 제3자에게 대항하지 못한다(상 37조 1항)라고 규정하여 등기사항을 등기하기 전에는 선의의 제3자에 대항하지 못하지만, 이를 등기한 후에는 선의의 제3자에게 대항할 수 있도록 하고 있다. 이처럼 등기할 사항을 등기하지 아니하면 그 사항에 관하여 제3자가 알고 있지 않다고 추정하고, 등기하면 제3자가 알고 있는 것으로 추정함으로써 상법은 등기 전후의 대항력에 차등을 두고 있다.

다만 상업등기에는 공신력이 인정되지 아니하므로 등기사항에 부합하는 사실이 존재하지 않는 경우에는 설령 등기를 하였더라도 일반적 효력이 발생하지는 않는다 할 것이다. 또한 회사의 설립과 같이 창설적 효력이 있는 등기의 경우에는 등기함으로써 비로소 회사 성립이라는 효력이 발생하므로 등기하기 전에는 등기할 사항이라고 할 수 있는 회사성립의 효력 자체가 발생하지 않게 되고, 이에 대하여 선의의 제3자를 보호할 이유는 없다고 할 것이므로 이처럼 창설적 효력이 인정되는 상업등기사항에 관하여는 일반적 효력이 발생하지 않는다 할 것이다.

(2) 등기 전의 효력

상법은 등기할 사항은 그 실체가 성립하거나 존재하고 있더라도 등기하기 전에는, 이를 알고 있는 이른바 악의의 제3자에게만 대항이 가능할 뿐이고, 선의의 제3자에게는 대항할 수 없도록 하여 외관을 믿고 거래한 제3자를 보호하고 있는데 이를 등기의 소극적 공시력이라고 한다(상 37조 1항). 여기서 등기할 사항이란 절대적 등기사항뿐 아니라 상대적 등기사항도 포함되고, 새로이 발생한 신청사항은 물론이고 종전의 등기사항에 대한 변경등기사항이나 말소등기사항도 해당된다. 제3자는 등기할 사항과 관련된 거래의 직접 당사자 이외에도 등기할 사항에 관하여 정당한 이해관계 있는 자를 포함한다고 할 것이다.[7] 이 밖에도 제3자에게 대항할 수 없는 자는 등기를 하여야 할 자뿐만 아니라 등기할 사항의 존재를 제3자에게 주장하려는 자까지도 포함한다고 해석하여야 할 것이다.

또한 등기할 사항의 존재에 관한 선의는 거래할 당시를 기준으로 하여 제3자가 등기할 사항의 존재를 알지 못하였거나 알지 못하였음에 대하여 중대한 과실이 없는 경우를 의미하고,[8] 제3자가 등기할 사항을 알았거나 알지 못하였음에 중대한 과실이 있었던 점에 대한 증명책임은 등기할 사항의 존재를 주장하려는 자가 부담한다고 할 것이다.

◆ 대법원 1996.10.29. 선고 96다19321 판결[9]

합자회사의 무한책임사원으로 갑이 등재되어 있는 상태에서 총사원의 동의로 을을

---

7) 예컨대 영업주 A가 지배인을 해임하였음에도 등기를 하지 않고 있는 사이에 해임된 지배인이 B에게 어음을 발행하였고 B는 이를 G에게 배서 양도한 경우라면 G는 제3자에 포함된다고 할 것이다.

8) 이철송 223면, 정찬형 151면.

9) 이 판결에서 등기가 이루어지지 않은 경우에 등기할 사항을 선의의 제3자에게 대항할 수 없는 자는 등기

무한책임사원으로 가입시키기로 합의하였으나 그에 관한 변경등기가 이루어지기 전에 갑이 등기부상의 총사원의 동의를 얻어 제3자에게 자신의 지분 및 회사를 양도하고 사원 및 지분 변경등기까지 마친 경우, 구 상법(1995.11.30. 법률 제5053호로 개정되기 전의 것) 제37조 제1항에 의하면 등기할 사항은 등기와 공고 후가 아니면 선의의 제3자에게 대항하지 못하므로, 총사원의 동의로 을이 무한책임사원으로서의 지위를 취득하였다고 하더라도 그에 관한 등기가 마쳐지기 전에는 등기 당사자인 회사나 을로서는 선의의 제3자에게 을이 무한책임사원이라는 사실을 주장할 수 없으므로, 만약 제3자가 갑만이 유일한 무한책임사원이라고 믿은 데 대하여 선의라면, 회사나 을로서는 제3자가 을의 동의를 받지 아니하였음을 주장하여 그 지분양도계약이 효력이 없다고 주장할 수 없다.

또한 선의의 제3자에게 대항할 수 없다는 뜻은 등기의무자가 등기할 사항을 등기하지 아니하면 그 사실을 모르는 선의의 제3자에 대하여 등기할 사항의 존재를 주장할 수 없다는 의미이고, 선의의 제3자가 등기할 사항의 존재를 주장하는 것은 무방하다고 할 것이다.

(3) 등기 후의 효력

등기할 사항을 등기한 후에는 이를 알고 있는지 여부를 불문하고, 이른바 악의이든 선의이든 모든 제3자에게 대항이 가능하게 되는데 이를 등기의 적극적 공시력이라고 한다.

이처럼 등기할 사항을 등기하게 되면 제3자는 악의인 것으로 의제되지만, 이 경우에도 등기에는 공신력이 인정되지 않으므로 등기한 내용이 진실에 부합할 경우에만 제3자에게 대항력이 생기고 진실에 부합하지 아니하면 아무런 효력이 없다고 할 것이다.

예컨대 회사가 이사 A에 대한 해임등기를 한 후 A가 B와 거래행위를 하였더라도 회사가 A를 해임한 사실이 없다면, A에 대한 해임등기에는 공신력이 인정되지 않으므로 회사로서는 A에 대한 해임등기를 내세워 B에 대항할 수 없다고 할 것이다.

다만 등기할 사항을 등기하였더라도 제3자가 정당한 사유로 이를 알지 못한 경우에는 그 제3자에 대항할 수 없다(상 37조 2항).

의무자인 회사뿐만 아니라 등기할 사항의 존재에 대하여 주장할 이익이 있는 자도 포함되는 것을 전제로 판시하고 있다.

여기에서 정당한 사유란 천재지변 등이 발생한 경우와 같이 등기가 되었음을 알 수 없었던 객관적 사유를 의미하고, 질병이나 여행 등과 같은 주관적 사유는 해당되지 않는다고 할 것이다.

또한 정당한 사유로 인하여 등기할 사항의 존재를 알지 못하였던 점에 대하여는 이를 주장하는 자가 증명책임을 부담한다고 할 것이므로 등기할 사항이 등기되었다면, 제3자는 자신의 선의와 그 선의가 정당한 사유에 기인한 것임을 증명하여야 할 것이다.

(4) 일반적 효력의 적용범위

상업등기의 일반적 효력은 거래관계뿐만 아니라 거래관계와 관련하여 발생하는 불법행위 등의 비법률행위적 법률관계의 경우에도 적용된다는 견해[10]도 있지만, 상업등기의 이러한 효력은 본질적으로 거래관계에서 상대방의 신뢰를 보호하여 거래의 안전을 도모하기 위하여 인정되므로 거래관계에 기초한 적법한 법률관계에 적용되고, 이러한 거래관계에 따른 신뢰와 관련이 없는 불법행위, 부당이득, 사무관리와 같은 경우에는 적용되지 않는다고 해석하여야 할 것이다.[11]

또한 상업등기의 이러한 효력은 거래관계와 관련이 없는 조세부과 등 공법관계에는 적용되지 않는다고 할 것이다.

◈ 대법원 1990.9.28. 선고 90누4235 판결

"등기할 사항은 등기와 공고후가 아니면 선의의 제3자에게 대항할 수 없다"는 상법 제37조 소정의 제3자라 함은 대등한 지위에서 하는 보통의 거래관계의 상대방을 말한다 할 것이고, 조세권에 기하여 조세의 부과처분을 하는 경우의 국가는 여기에 규정된 제3자라 할 수 없다.

상업등기의 일반적 효력이 소송상의 법률관계에도 적용되는지 여부에 관하여 견해의 다툼이 있다. 그러나 법적 안정성을 위하여 획일성을 중시하는 소송상의 법률관계에 있어서는, 거래의 안전을 위하여 외관을 중시하는 거래상의 법률관계에 적용되는 상업등기의 일반적 효력을 인정하기는 어렵다고 할 것이다. 다만 등기하여야 할 자의 행위로 인하여 제3자가 손해를 입을 경우에는 개별적으로 그 적용을 허용하는 것은 법적 안정

10) 강위두/임재호 135면, 이기수·최병규 209면, 임홍근 155면, 최준선 189면. 이 견해에 따르면 해임된 지배인 A가 스스로 지배인이라고 속이고 거래처로부터 상품을 편취하는 등과 같이 제3자에 대하여 불법행위를 한 경우에도 적용되어야 한다고 주장한다.

11) 이철송 227면, 정찬형 153면.

성과 구체적 타당성을 조화시킨다는 측면에서 허용하여도 무방할 것이다.[12)]

또한 본점이나 지점소재지에서의 등기의 효력은 당해 본점이나 지점에서 한 거래에 한하여 인정된다고 할 것이다(상 38조).

나. 특수한 효력

상법은 특정한 상업등기에 대하여 일반적 효력과는 다른 특수한 효력을 부여하고 있다.

(1) 창설적 효력

상법은 법률관계의 발생시기를 획일적 기준으로 규율하기 위하여, 일정한 경우에는 등기를 함으로써 새로운 법률관계가 창설되거나 형성되는 효력을 인정하고 있는데 이를 등기의 창설적 효력이라고 한다.

회사는 본점소재지에서 설립등기를 함으로써 성립하고(상 172조), 회사의 합병으로 인한 효력은 회사가 본점소재지에서 존속회사의 변경등기, 소멸회사의 해산등기 또는 신설회사의 설립등기를 함으로써 발생하게 된다(상 234조, 269조, 530조 2항, 603조). 이 경우의 등기에는 상업등기에 관한 일반적 효력이 인정될 여지가 없음은 당연하다고 할 것이다.

(2) 보완적 효력

상법은 법률관계의 불안을 신속히 확정하려는 목적에서 일정한 경우에는 등기를 함으로써 법률사실에 존재하는 하자를 치유하는 효력을 인정하고 있는데 이를 등기의 보완적 효력이라고 한다.

주식회사가 설립등기를 한 후 혹은 신주발행으로 인한 변경등기를 한 날로부터 1년이 경과한 후에는 주식인수의 무효나 취소를 주장할 수 없도록 상법이 규정하고 있는 것(상 320조 1항, 427조) 등이 그 예라고 할 것이다.

(3) 부수적 효력

상법은 일정한 등기를 하면 어떤 사항에 관하여 면책이 되거나 일정한 제한이 해제

---

12) 이시윤 111면.

되는 효력을 인정하고 있는데, 이를 부수적 효력 또는 해제적 효력이라고 한다. 예컨대 합명회사나 합자회사에 있어서 퇴사등기 혹은 해산등기를 하면 무한책임사원의 책임이 면책되고(상 225조, 267조, 269조), 주식회사의 설립등기를 하면 주권을 발행할 수 있고(상 355조) 권리주 양도의 제한이 해제되거나(상 319조) 합명회사에서 합자회사로 조직변경을 하면서 유한책임사원이 된 자는 조직변경의 등기를 한 후 2년이 경과하면 무한책임사원으로서의 책임을 면하게 되는 경우(상 244조)와 같다.

다. 부실등기의 효력

(1) 의 의

등기에 어떤 효력을 줄 것인가는 다분히 입법 정책적 문제라고 할 것이다. 상법은 기본적으로 일정한 등기사항을 공시하면 제3자에 대하여 그 등기된 사항의 존재를 주장할 수 있는 효력을 인정하고 있을 뿐이고(상 37조), 등기된 사항의 진위여부를 불문하고 이를 믿은 자에게 등기된 대로의 효력을 인정하는 이른바 공신력은 인정하지 않고 있다.

◆ 대법원 1996.10.29. 선고 96다19321 판결

회사등기에는 공신력이 인정되지 아니하므로, 합자회사의 사원 지분등기가 불실등기인 경우 그 부실등기를 믿고 합자회사 사원의 지분을 양수하였다 하여 그 지분을 양수한 것으로는 될 수 없다.

그러나 등기된 사항의 진위여부에 다툼이 있을 경우에는 등기된 사항이 진실하다고 추정된다는 것이 일반적 견해라고 할 것이다.

다만 이러한 등기의 추정력은 사실상의 추정력에 그치고, 상업등기의 절차가 등기의 진실성을 담보할 수 없다는 점에 비추어, 소송상 증명책임의 전환을 의미하는, 법률상의 추정력은 인정할 수 없을 것이다.

◆ 대법원 1991.12.27. 선고 91다4409, 4416 판결

법인등기부에 이사 또는 감사로 등재되어 있는 경우에는 특단의 사정이 없는 한 정당한 절차에 의하여 선임된 적법한 이사 또는 감사로 추정된다고 할 것이다.

이처럼 상업등기에는 공신력이 인정되지 아니하므로 진실에 부합하지 아니한 사항은 등기되더라도 그에 따른 효력이 인정되지 않고 또한 이를 믿은 제3자는 보호받지 못하

게 되므로 거래의 안전을 위협하게 된다.

따라서 상법은 부실등기를 방지하여 거래의 안전을 도모하기 위하여, 고의 또는 과실로 인하여 사실과 다른 사항을 등기한 자는 이를 선의의 제3자에게 대항하지 못하도록 규정하고 있다(상 39조).

등기와 사실이 일치하지 않는 경우는 두 가지가 있는데, (1) 사실은 존재하는데 등기가 없는 이른바 무등기의 경우에는 존재하는 사실에 대하여 선의의 제3자에게는 대항 못하지만 악의의 제3자에 대하여는 대항이 가능하고(상 37조), (2) 사실은 존재하지 않지만 등기가 존재하는 경우이거나, 사실의 내용과 다른 내용의 등기가 존재하는 이른바 부실등기의 경우에는 등기의 공신력이 인정되지 않으므로 선의의 제3자에게 등기된 내용에 대하여 주장할 수 없으나, 선의의 제3자가 등기된 내용을 주장할 경우 부실등기를 한 자는 이에 대하여 사실과 다른 등기라는 주장을 할 수 없다고 할 것이다(상 39조).

(2) 상법 제39조의 적용요건

상법 제39조가 적용되기 위해서는, 등기신청자의 고의 또는 과실로 인하여 등기할 당시의 사실과 어긋나는 내용의 등기가 되어야 하고 상대방은 이에 대하여 선의이어야 한다.

상법 제39조의 적용대상은 상업등기부에 등기할 사항으로서 새로이 발생한 사항은 물론이고 변경하거나 말소하여야 할 사항을 모두 포함한다고 할 것이다.

그러므로 등기사항에 관한 일정한 사실을 등기조차 하지 아니한 경우라든가 등기할 당시에는 사실이었으나 등기한 후의 사정으로 사실에 부합하지 않게 된 경우에는 해당하지 아니한다고 할 것이다.

주식회사의 주주총회 결의에 따라 대표이사를 선임하고 등기한 후에 그 주주총회의 결의를 무효 또는 취소하는 법원의 판결이 확정된 경우에는 그 판결의 효력은 선임당시로 소급하게 되므로 무효 또는 취소된 주주총회 결의에 의하여 선임된 대표이사의 등기는 처음부터 사실에 부합하지 않는 등기가 된다. 따라서 그러한 대표이사의 선임 후 선임을 무효 또는 취소하는 판결이 확정되기까지의 기간 동안에 이를 모르고 그 대표이사와 거래한 제3자로서는 상법 제39조에 의하여 거래의 유효를 주장할 수 있을 것이다.[13)]

◆ 대법원 1981.1.27. 선고 79다1618, 1619 판결

합명회사에 있어서 상법 제39조 소정의 부실등기에 대한 고의 과실의 유무는 그 대표사원을 기준으로 판정하여야 하고 대표사원의 유고로 회사정관에 따라 업무를 집행

13) 대법원 2004.2.27. 선고 2002다19797 판결.

하는 사원이 있다고 하더라도 그 사원을 기준으로 판정하여서는 아니 된다.

또한 고의는 사실이 아님을 알면서도 사실과 다른 등기를 하는 경우를 의미하고, 과실은 사실이 아님을 알 수 있었으나 부주의로 인하여 사실이 아님을 모르는 채로 사실과 다른 등기를 한 경우를 의미하는데 이 경우의 과실은 중과실뿐 아니라 경과실의 경우도 포함한다고 할 것이다.[14] 그런데 이미 부실등기가 되어 있음을 알면서도 이를 이용할 목적으로 등기신청인이 이를 고의적으로 방치한 경우에는 상법 제39조를 유추하여 적용할 수 있겠으나, 만약 등기신청인이 부실등기가 되어 있음을 알 수 있었음에도 부주의로 이를 모르고 방치한 경우에 대하여 (1) 과실에 의한 부실등기에 책임을 추궁하는 것처럼 과실에 의한 부실등기 방치에도 책임을 추궁하는 것이 타당하므로 이때에도 상법 제39조를 유추적용하여야 한다는 견해,[15] (2) 과실로 인하여 부실등기를 방치한 경우까지 확대적용하는 것은 등기신청인에게 지나치게 가혹하다는 이유로 상법 제39조의 적용을 부정하는 견해,[16] (3) 부실등기의 신청 또는 방치에 관하여 등기신청인의 중대한 과실이 있는 경우에만 거래의 안전을 위하여 상법 제39조를 유추적용하자는 견해[17]의 대립이 있으나 대법원은 과실이 있는 경우까지 상법 제39조를 적용할 수는 없다는 취지로 판시하고 있다.

◈ 대법원 2008.7.24. 선고 2006다24100 판결

[1] 등기신청권자에 대하여 상법 제39조에 의한 부실등기 책임을 묻기 위하여는 원칙적으로 그 등기가 등기신청권자에 의하여 마쳐진 것임을 요하지만, 등기신청권자가 스스로 등기를 하지 아니하였다 하더라도 그 등기가 이루어지는 데 관여하거나 그 부실등기의 존재를 알고 있음에도 이를 시정하지 않고 방치하는 등 등기신청권자의 고의 또는 과실로 부실등기를 한 것과 동일시할 수 있는 특별한 사정이 있는 경우에는 그 등기신청권자에 대하여 상법 제39조에 의한 부실등기 책임을 물을 수 있다.

[2] 등기신청권자 아닌 사람이 주주총회의사록 및 이사회의사록 등을 허위로 작성하여 주주총회결의 및 이사회결의 등의 외관을 만들고 이에 터잡아 대표이사 선임등기를 마친 경우에는, 주주총회의 개최와 결의가 존재는 하지만 무효 또는 취소사유가 있는 경우와는 달리, 그 대표이사 선임에 관한 주식회사 내부의 의사결정은 존재하지 아니하여 등기신청권자인 회사가 그 등기가 이루어지는 데 관여할 수 없었을 것이므로, 달리 회사의 적법한 대표이사가 그 부실등기가 이루어지는 것에 협조·묵인하는 등의 방법

14) 손주찬 189면, 정찬형 157면.
15) 이철송 234면.
16) 안강현 151면, 정동윤 204면, 최준선 195면.
17) 정찬형 158면.

으로 관여하였다거나 회사가 그 부실등기의 존재를 알고 있음에도 시정하지 않고 방치하는 등 이를 회사의 고의 또는 과실로 부실등기를 한 것과 동일시할 수 있는 특별한 사정이 없는 한, 회사에 대하여 상법 제39조에 의한 부실등기 책임을 물을 수 없고, 이 경우 위와 같이 허위의 주주총회결의 등의 외관을 만들어 부실등기를 마친 사람이 회사의 상당한 지분을 가진 주주라고 하더라도 그러한 사정만으로는 회사의 고의 또는 과실로 부실등기를 한 것과 동일시할 수는 없다.

(같은 취지: 대법원 2013.9.26. 선고 2001다870 판결, 대법원 2011.7.28. 선고 2010다70018 판결)

한편 제3자는 등기신청인과 거래한 직접 당사자 이외에도 등기된 사항에 관하여 정당한 이해관계 있는 자를 포함한다고 할 것이다. 제3자는 선의 즉 등기된 사항이 사실과 다름을 알지 못하여야 하는데, 이때 알지 못함에 대하여 중대한 과실이 있는 자는 포함되지 아니한다고 해석할 것이고,[18] 등기신청인이 제3자의 악의와 중대한 과실에 대한 증명책임을 부담하게 될 것이다.

(3) 상법 제39조의 적용효과

상법 제39조가 적용되면 부실등기를 한 자는 선의의 제3자에게 그 등기가 사실과 상위함을 주장할 수 없으므로 등기된 사실과 다른 주장을 할 수 없다. 그러나 선의의 제3자가 등기된 내용과 다른, 사실에 부합하는 주장을 하는 것까지 제한받는 것은 아니다.

상법 제39조는 거래행위와 관련하여 선의의 제3자를 보호하기 위한 규정이므로 소송행위와 관련하여 이를 주장할 수는 없다고 할 것이다.

18) 안강현 153면, 이철송 236면, 정찬형 159면, 최준선 195면.

제7장 영업양도

1. 총 설

상인은 끊임없이 성장하고 생존하기 위하여 시시때때로 변화하는 영업환경에 따라 기업의 형태와 모습을 스스로 변경하게 되는데, 이러한 기업 변경의 모습은 때로는 기업과 기업이 결합하는 형태로, 때로는 하나의 기업이 수개의 기업으로 분할되는 형태로 혹은 분할과 결합이 혼합된 형태 등으로 매우 다양하게 나타나게 되고, 이 과정에서 기업활동을 영위하는 주체의 변경도 수반하게 된다.

영업양도의 법적 성질은 양도의 대상이 되는 영업의 의미를 어떻게 파악하느냐에 따라 다르게 볼 수 있다. 영업의 의미에 관하여는 상인이 수행하는 영리활동(주관적 의미의 영업)으로 파악할 수도 있고, 혹은 상인이 영리목적을 위하여 결합시킨 총체적 재산(객관적 의미의 영업)으로 파악할 수 있는데,[1] 이에 따라 영업양도를 (1) 영업재산이라는 물적요소에 중점을 두고, 영업에 제공되는 물건 등의 권리와 같은 법률상 가치있는 재산 및 영업비밀 등의 사실상 가치있는 재산을 망라하는 조직적 일체로서의 영업재산의 양도라는 견해(영업재산양도설) 또는 영업비밀이나 경영조직 등 재산적 가치있는 사실관계로서의 영업조직의 양도라는 견해(영업조직양도설), (2) 영업의 인적요소에 중점을 두고, 영업양도를 상인이라는 영업주체로서의 지위를 양도하는 것이라는 견해(지위교체설), (3) 영업의 인적요소와 물적요소를 함께 파악하여, 영업양도는 영업자의 지위를 교체하고 동시에 영업재산을 양도하는 행위로 보는 견해(절충설)가 있다.

생각건대 상인의 지위 내지는 영업활동은 영업재산에 의하여 형성되고 특정된다고 할 것이므로, 상인의 지위 혹은 영업활동 자체를 양도의 대상이라고 하기보다는 영업재산이 양도의 대상이라고 할 것이다. 다만 영업재산은 물건에 대한 소유권 등과 같이 법률상으로 가치 있는 재산뿐만 아니라 영업비밀, 영업조직 고객관계 등과 같은 일정한 사

---

1) 이철송 238면, 정찬형 163면.

실관계도 그 자체가 영업적 가치를 가지는 재산이라고 할 것이므로, 이들 모든 재산이 유기적으로 결합되어 총체적으로 하나의 영업재산을 구성한다고 할 것이고, 결국 영업양도의 대상은 이러한 유기적으로 결합된 영업재산의 총체라고 할 것이다. 이른바 영업재산양도설이 우리나라에서의 일반적 견해[2]이고 대법원도 같은 입장을 취하고 있다.

◆ 대법원 2010.9.30. 선고 2010다35138 판결

영업양도가 있다고 볼 수 있는지의 여부는 양수인이 유기적으로 조직화된 수익의 원천으로서의 기능적 재산을 이전받아 양도인이 하던 것과 같은 영업적 활동을 계속하고 있다고 볼 수 있는지의 여부에 따라 판단되어야 한다.

(같은 취지: 대법원 2012.1.12. 선고 2011도6561 판결, 대법원 2008.4.11. 선고 2007다89722 판결, 대법원 1997.11.25. 선고 97다35085 판결)

영업양도란 이처럼 상인이 자신의 기업활동을 변경하기 위한 법률적 방법으로서 타인에게 자신의 기업활동을 전체로서 이전하는 행위를 의미한다고 할 것이다.

이러한 영업양도는 영업주체와 영업활동의 급격한 변경을 초래하여 많은 이해관계자의 이익을 반하고 거래의 안전을 해칠 우려가 적지 않다. 상법은 영업양도에 관하여 총칙 편에서는 영업양수인을 보호하는 규정(상 41조)과 영업양도인의 채권자와 채무자를 보호하기 위한 규정(상 42조 내지 45조)을 두고 있고, 이와는 별도로 회사 편에서는 영업양도를 위한 내부적 의사결정과정에서 소외되기 쉬운 회사구성원 특히 소수자의 권익을 보호하기 위한 규정(합명회사: 상 257조 / 주식회사: 상 374조, 374조의2 / 유한회사: 상 576조)을 두고 있다.

상법과 달리 특별법에서는 영업양도를 엄격히 제한하고 있는데, 예컨대 독점규제 및 공정거래에 관한 법률에서는 일정한 경우 회사가 다른 회사의 영업을 양수하는 것을 제한하고(독점규제법 7조 1항 4호), 은행법에서는 은행이 영업을 양도하거나 양수하는 경우에는 금융위원회의 인가를 받도록 하고 있다(은행법 55조 1항 3호).

한편 상인이 영업의 전부 또는 독립된 일부를 일괄하여 타인에게 임대하는 계약을 의미하는 영업의 임대차는, 영업의 주체에 변경이 생기고 영업으로 인한 권리관계의 귀속에 변경이 생긴다는 점에서 영업양도와 유사하지만, 영업의 소유관계에 변동이 없다는 점에서 영업양도와 다르다고 할 것이다.

영업의 임대차에 관하여는 상법총칙 편에서 아무런 규정을 두고 있지 않으므로 당

2) 이철송 239면, 손주찬 193면, 정동윤 117면, 정찬형 164면, 최준선 201면.

사자간의 계약에 따라 규율되겠지만 민법의 임대차에 관한 규정에 따라, 임차인은 영업재산의 이용권이 생기고 임대인에 대하여 차임지급의무가 있다고 할 것이고, 임대인은 임차인에게 신의성실의 원칙에 기한 경업금지의무 등이 생긴다고 볼 경우도 있을 것이다.

영업의 임대차의 경우에는 영업양도의 경우와 달리 영업임대 전에 이미 발생한 임대인의 영업상 채권 채무가 당연히 임차인에게 이전한다고 할 수는 없지만, 임차인이 임대인의 영업상 채무를 인수한다는 광고를 하거나 이런 취지를 임대인의 영업상 채권자에게 통지한 경우에는 상법 제44조를 유추 적용하여도 무방할 것이다. 이 밖에도 임차인이 임대인의 상호를 계속하여 사용할 경우에는 상법 제43조 혹은 상법 제24조를 유추 적용해야 할 경우도 있을 수 있다고 할 것이다.

영업의 임대차에 관하여 상법이 정한 특별한 절차는 없으므로 당사자 사이의 계약에 따르겠지만, 주식회사(상 374조 1항) 혹은 유한회사(상 576조 1항)의 경우에는 각기 주주총회와 사원총회의 특별결의를 얻도록 하고 있고, 특히 주식회사의 경우에는 영업의 임대차에 반대하는 주주에게도 주식매수청구권이 인정된다(상 374조의 2).

2. 영업양도의 의의

상인이 운영하던 영업을 그 동일성을 유지하면서 일괄하여 채권적 계약에 의하여 타인에게 양도함으로써 타인으로 하여금 그 영업활동을 승계하도록 하는 것을 영업양도라고 한다. 영업양도의 대상이 되는 영업을 상인이 영업목적을 위하여 조직화된 유기적 일체로서 기능하는 영업재산과 재산적 가치가 있는 사실관계의 일체로 파악한다면, 결국 영업양도가 있었는지 여부는 양도인과 양수인이 유기적으로 조직화된 수익의 원천으로서의 기능적 재산을 일체적으로 이전하기로 하는 의사의 합치에 따라 이를 양도받은 양수인이 양도인과 동일한 영업활동을 계속하고 있다고 볼 수 있는지 여부에 따라 판단될 것이다.

영업양도의 경우에는 개별적 재산의 양도에 그치지 않고 영업이라는 총제적 재산이 양도되는 특수성이 있어서 독특한 법률관계를 형성하게 되고 상법도 이에 관하여 별도의 규정을 두고 있으므로, 영업양도에 관한 논의의 핵심은 상인이 영업재산을 타인에게 양도한 경우에 그것을 영업양도로 볼 수 있는가를 따져 상법의 영업양도에 관한 규정을 적용할 것인가를 판단하려는 것이다.

그러므로 영업활동을 위한 인적 조직을 제외한 단순한 점포 혹은 설비 등과 같은 물적 재산만을 이전한다거나, 물적 재산의 승계 없이 인적 조직만을 인수하는 등으로 양수인의 영업활동이 양도인의 종전 영업활동과 동일성을 갖는다고 볼 수 없을 경우에는 영업양도라고 할 수 없다고 할 것이다.

또한 영업양도는 영업재산에 대한 소유관계의 이전을 의미하므로 소유관계의 이전이 수반되지 않는 영업의 위탁이나 영업재산의 임대와는 구별하여야 하고, 영업양도는 영업 그 자체의 양도이므로 주식이나 지분의 양도와 같이 영업주체로서의 지위가 이전되는 경우와도 다르다.

한편 영업양도는 양도인과 양수인 간의 의사의 합치에 의한 채권적 계약에 의하여 발생하고 그에 따라 영업재산은 개별적으로 특정승계가 되므로 재산이 포괄적으로 승계되는 상속이나 합병과도 다르다.

일반적으로 회사의 합병과 영업양도는 당사자가 회사에 한정되는지, 요식성이 필요한지 여부, 등기의무의 유무, 제3자보호절차의 유무, 절차상 하자의 처리방식, 경업금지의무의 유무, 재산승계의 방식, 양도된 회사의 소멸여부 등의 측면에서 서로 다르다고 할 것이다.

◆ 대법원 2008.4.11. 선고 2007다89722 판결[3]

상법 제42조 제1항의 영업이란 일정한 영업 목적에 의하여 조직화된 유기적 일체로서의 기능적 재산을 말하고, 여기서 말하는 유기적 일체로서의 기능적 재산이란 영업을 구성하는 유형·무형의 재산과 경제적 가치를 갖는 사실관계가 서로 유기적으로 결합하여 수익의 원천으로 기능한다는 것과, 이와 같이 유기적으로 결합한 수익의 원천으로서의 기능적 재산이 마치 하나의 재화와 같이 거래의 객체가 된다는 것을 뜻하는 것이므로, 영업양도를 하였다고 볼 수 있는지의 여부는 양수인이 유기적으로 조직화된 수익의 원천으로서의 기능적 재산을 이전받아 양도인이 하던 것과 같은 영업적 활동을 계속하고 있다고 볼 수 있는지 여부에 따라 판단하여야 한다.

(같은 취지: 대법원 2012.1.12. 선고 2011도6561 판결, 대법원 1997.11.25. 선고 97다35085 판결)

◆ 대법원 1995.7.25. 선고 95다7987 판결[4]

가. 영업의 양도라 함은 일정한 영업목적에 의하여 조직화된 총체 즉 물적, 인적 조직을 그 동일성을 유지하면서 일체로서 이전하는 것을 말한다.

---

3) 이 판결은 양수인이 양도인으로부터 영업재산을 양수하여 동일한 영업을 계속하고 있는지 여부를 영업양도가 있었는지를 판단하는 기준으로 삼고 있다.

4) 대법원은 영업의 물적 설비일체를 양도하더라도 인적요소를 함께 양도하지 아니한 경우에는 영업양도라고 볼 수 없다고 판시하고 있다(같은 취지: 대법원 1997.6.24. 선고 96다2644 판결).

나. 운수업자가 운수업을 폐지하는 자로부터 그 소속 종업원들에 대한 임금 및 퇴직금 등 채무를 청산하기로 하고 그 운수사업의 면허 및 운수업에 제공된 물적 시설을 양수한 후, 폐지 전 종업원 중 일부만을 신규채용의 형식으로 새로이 고용한 경우, 그러한 사정만으로는 영업양도라고 볼 수 없다.

◆ 대법원 2001.7.27. 선고 99두2680 판결[5)]

영업의 양도라 함은 일정한 영업목적에 의하여 조직화된 업체, 즉 인적·물적 조직을 그 동일성은 유지하면서 일체로서 이전하는 것으로서 영업의 일부만의 양도도 가능하고, 이러한 영업양도가 이루어진 경우에는 원칙적으로 해당 근로자들의 근로관계가 양수하는 기업에 포괄적으로 승계되는바, 여기서 영업의 동일성 여부는 일반 사회관념에 의하여 결정되어져야 할 사실인정의 문제이기는 하지만, 문제의 행위(양도계약관계)가 영업의 양도로 인정되느냐 안되느냐는 단지 어떠한 영업재산이 어느 정도로 이전되어 있는가에 의하여 결정되어져야 하는 것이 아니고 거기에 종래의 영업조직이 유지되어 그 조직이 전부 또는 중요한 일부로서 기능할 수 있는가에 의하여 결정되어져야 하는 것이므로, 예컨대 영업재산의 전부를 양도했어도 그 조직을 해체하여 양도했다면 영업의 양도는 되지 않는 반면에 그 일부를 유보한 채 영업시설을 양도했어도 그 양도한 부분만으로도 종래의 조직이 유지되어 있다고 사회관념상 인정되면 그것을 영업의 양도라 볼 것이다.

(같은 취지: 대법원 2001.7.27. 선고 99두2680 판결, 대법원 1989.12.26. 선고 88다카10128 판결)

◆ 대법원 1995.8.25. 선고 95다20904 판결[6)]

통상 회사를 양수한다는 것에는, 첫째 영업 주체인 회사로부터 영업 일체를 양수하여 회사와는 별도의 주체인 양수인이 양수한 영업을 영위하는 경우와, 둘째 회사의 주식이나 지분권을 그 소유자로부터 양수받아 양수인이 회사의 새로운 지배자로서 회사를 경영하는 경우가 있는바, 첫째의 경우는 영업의 주체인 회사가 양도인이 되어 양수인과 계약을 체결하고 양도·양수 후에도 양수인은 그 회사와는 별도의 주체로서 양수한 영업을 영위하는 것이나, 둘째의 경우는 영업 자체를 양도·양수하는 것이 아니라 영업의 주체인 회사의 주식이나 지분권을 양도·양수하는 것이므로, 이 경우는 회사의 주식 또는 지분권을 소유하고 있는 주주 또는 지분권자 개인이 양도인이 되는 것이고 회사가 양도인이 될 수는 없다.

---

5) 이 판결은 영업양도가 있다고 하기 위해서는 영업을 위한 인적, 물적 조직이 동일성을 가지고 일체로서 이전되어야 하고, 그 동일성의 유지 여부는 사회 관념에 따라 판단하여야 할 것이라고 하면서 영업조직을 해체하여 양도한 경우에는 영업양도를 인정하지 않고 있다.

6) 이 판결에서 대법원은, 영업 자체의 양도와 영업의 주체인 회사의 주식이나 지분권 등 영업주체의 지위의 이전을 구별하고 있다.

◆ 대법원 2005.7.22. 선고 2005다602 판결[7]

상법상의 영업양도는 일정한 영업목적에 의하여 조직화된 유기적 일체로서의 기능적 재산인 영업재산을 그 동일성을 유지시키면서 일체로서 이전하는 채권계약이므로 영업양도가 인정되기 위해서는 영업양도계약이 있었음이 전제가 되어야 하는데, 영업재산의 이전 경위에 있어서 사실상, 경제적으로 볼 때 결과적으로 영업양도가 있는 것과 같은 상태가 된 것으로 볼 수는 있다고 하더라도 묵시적 영업양도계약이 있고 그 계약에 따라 유기적으로 조직화된 수익의 원천으로서의 기능적 재산을 그 동일성을 유지시키면서 일체로서 양도받았다고 볼 수 없어 상법상 영업양도를 인정할 수 없다.

◆ 대법원 2009.9.14. 자 2009마1136 결정[8]

소규모 미용실의 상호와 시설 일체를 양도한 자가 그 미용실에서 70m 가량 떨어진 곳에 새로운 미용실을 개업하여 운영하자 양수인이 경업금지가처분을 신청한 사안에서, 양수인이 미용실을 인수하면서 임차인의 지위를 승계하고 추가로 금원을 지급하여 양도인이 사용하던 상호, 간판, 전화번호, 비품 등 일체를 인수받은 다음 이를 변경하지 아니한 채 그대로 사용하면서 미용실을 운영하고 있는 점에 비추어, 비록 그 미용실이 특별히 인계·인수할 종업원이나 노하우, 거래처 등이 존재하지 아니하여 이를 인수받지 못하였다 할지라도, 양수인은 양도인으로부터 유기적으로 조직화된 수익의 원천으로서의 기능적 재산을 이전받아 양도인이 하던 것과 같은 영업적 활동을 계속하고 있으므로 위 미용실의 영업을 양수하였다.

상법의 상행위 편에는 영업의 일부 양도에 관한 규정이 없으나, 회사 편에서는 영업의 일부양도를 인정하는 규정이 있고(상 374조 1항 1호), 또 영업의 일부가 나머지 부분과 구별되어 그 자체가 독자적인 영업을 수행할 수 있는 조직과 재산을 갖추고 있다면 영업의 일부 양도를 인정하여도 무방할 것이다.[9]

---

7) 이 판결에서 대법원은, 회사가 부도난 후 대표이사 등의 임원진을 제외한 직원들이 동일한 영업목적을 가진 별도의 회사를 설립하여 부도난 회사의 직원을 인수함으로써 영업비밀을 사실상 승계하였고, 그 후 공장건물과 설비 등을 낙찰 받음으로써 중요한 영업재산을 사실상 승계하였으며 부도난 회사의 거래처를 그대로 인수하는 한편 부도난 회사로부터 병역특례업체 등 인·허가사항을 이전받으면서 유사한 상호를 사용하였다고 하더라도 기능적 재산으로서의 영업을 일체로 동일성을 유지하면서 이전받지 아니하고 각기 별개의 원인에 의하여 이루어짐으로써 이른바 영업양도 행위의 일체성 혹은 단일성이 없었음을 이유로 영업양도는 아니라고 판시하고 있다.

8) 대법원은, 영업양수인이 영업시설만을 인수하고 종업원, 노하우, 거래처 등 이른바 영업적 가치있는 재산의 양도가 있지 않았더라도 양도대상이 수익의 원천으로서의 역할을 하는 재산을 이전받아 영업적 활동을 계속할 목적이었다면 영업양도로 파악하고 있다

9) 이철송 248면. 한편 상법총칙에서의 영업양도는 양도인에게 경업피지의무를 부과하고 있고, 양도인의 채권자와 채무자를 보호하는 규정이 있는 점 등에 비추어 볼 때 영업이 전부 양도된 것을 전제로 하는 것이므로 상법총칙에서는 영업의 일부 양도는 인정하지 아니한 취지로 해석하여야 한다는 주장도 있으나(정찬형 171면) 경업피지의무는 당사자의 합의로서 인정치 않을 수도 있으므로 이를 이유로 상법총칙에서 영업의 일부 양도를 허용하지 않는 취지라고 해석할 것은 아니라고 생각된다.

영업의 일부 양도의 경우에도 그 영업 일부의 인적, 물적 조직이 동일성을 유지한 채로 일체로서 이전되어야 하고, 이 경우에도 영업양도에 관한 상법의 규정이 적용되는 것은 당연하다고 할 것이다. 다만 양도인의 경업피지의무에 관한 규정(상 41조 1항)은 그 내용상 그대로 적용될 수는 없으나, 이때에는 영업양도인과 양수인 사이에서 체결된 경업피지의무에 관한 약정에 따를 것이고 만약 그러한 약정이 없다면 당사자 사이에서 그 적용을 배제하기로 하는 묵시적 합의가 있었다고 볼 것이다.[10]

◈ 대법원 1997.4.25. 선고 96누19314 판결[11]

[1] 영업양도라 함은 일정한 영업목적에 의하여 조직화된 총체 즉 인적, 물적 조직을 그 동일성을 유지하면서 일체로서 이전하는 것을 말하고, 영업의 일부만의 양도도 가능하지만 이 경우에도 해당 영업부문의 인적, 물적 조직이 그 동일성을 유지한 채 일체로서 이전되어야 한다.

[2] 시내버스 회사가 그 소유 버스들을 다른 시내버스 회사에 양도하고 폐업하기로 결정하고 일부 버스에 승무하던 전속기사에 대하여 양수회사로의 전적명령을 내림과 동시에 그 일부 버스를 양도한 후, 나머지 대부분의 버스 및 당해 회사의 물적 시설과 좌석버스 노선의 면허권, 그리고 그 종업원 등 운영조직 일체를 다른 시내버스 회사에게 양도하면서 앞의 일부 버스 양도시의 전적명령에 불응한 기사들은 근로관계의 승계대상에서 제외하기로 약정한 사안에서, 먼저 이루어진 양도는 버스만을 양도한 것에 불과하여 영업을 일부 양도하였다고 할 수 없는데 반해 후에 이루어진 양도는 영업양도에 해당한다고 보아, 먼저 양도된 일부 버스에 승무하던 전속기사들은 여전히 종전 회사와 근로관계를 유지하다가 후에 이루어진 영업양도에 의하여 근로관계의 승계대상에 포함되고 정당한 이유 없이 그들을 승계대상에서 제외한 것은 부당해고에 해당한다.

3. 영업양도의 절차

가. 영업양도의 당사자

영업양도인은 영업을 소유하는 상인이어야 함은 당연한바, 회사 아닌 개인상인의 경우에 영업을 양도하면 상인자격을 상실하게 되지만, 회사의 경우에는 영업의 양도가 해산사유가 아니므로 상인자격을 상실하지는 않는다. 청산중인 회사도 청산방법의 하나로 영업을 양도할 수 있다고 할 것이다.

영업의 양수인은 상인뿐만 아니라 상인이 아닌 자도 가능하고, 상인이 아닌 자는 영

10) 이철송 249면.

11) 이 판결에서 대법원은 영업의 일부 양도가 가능하다는 전제에서 판시하고 있다.

업을 양수함으로써 당연히 상인자격을 취득한다.

나. 영업양도에 관한 내부적 의사결정

영업양도는 양도인과 양수인의 합의에 의한 채권적 계약에 의하여 발생하게 되는데, 회사 아닌 개인상인의 경우에는 영업을 양도하거나 양수하는 때에 개인적인 의사결정이면 충분하지만, 회사의 경우에는 일정한 내부적인 의사결정절차가 필요하다.

합명회사 또는 합자회사와 같은 이른바 인적회사의 경우, 상법은 회사가 해산한 후에 영업양도를 하는 때에는 총사원의 과반수의 결의가 있어야 한다고 규정하고 있으나(상 257조, 269조), 회사가 존속 중에 양도하거나 양수하는 경우에 관하여는 아무런 규정이 없다. 그러나 이 경우에도 영업양도가 사원의 이해에 지대한 영향을 미친다는 점에 비추어 총사원의 동의(상 204조, 269조)가 필요하다고 해석하여야 할 것이다.

이와는 달리 주식회사 또는 유한회사와 같은 이른바 물적회사의 경우, 영업의 전부 또는 일부를 양도하거나 회사의 영업에 중대한 영향을 미치는 다른 회사의 영업의 전부 또는 일부를 양수하는 때[12]에는 주주총회 혹은 사원총회의 특별결의가 필요하고(상 374조 1항, 576조 1항), 특히 주식회사에 있어서는 이와 같은 영업의 양도나 양수에 반대한 주주를 보호하기 위하여 주식매수청구권을 인정하고 있다(상 374조의2).

대법원은 주주총회의 특별결의를 요하는 상법 제374조 제1항 제1호의 '영업의 전부 또는 중요한 일부의 양도'의 의미에 관하여, 단순한 영업용 재산의 양도는 이에 해당하지 않으나, 다만 영업용 재산의 처분으로 말미암아 회사 영업의 전부 또는 일부를 양도하거나 폐지하는 것과 같은 결과를 가져오는 경우에는 주주총회의 특별결의가 필요하므로 특허권을 이용한 공사의 수주를 회사의 주된 사업으로 하고, 특허권이 회사의 자산에서 대부분의 비중을 차지하는 경우에 특허권의 양도는 회사 영업의 전부 또는 일부를 양도하거나 폐지하는 것과 같은 결과를 가져오는 것이므로 특허권의 양도에는 주주총회의 특별결의가 필요하다고 판시하고 있고(대법원 2004.7.8. 선고 2004다13717 판결, 대법원 1997.4.8. 선고 96다54249 판결), 이와 반대로 주식회사가 회사 존속의 기초가 되는 중요한 재산을 처분할 당시에 이미 사실상 영업을 중단하고 있었던 상태라면 그 처분으로 인하여 비로소 영업의 전부 또는 일부가 폐지 또는 중단됨에 이른 것이라고는 할 수 없으므로 이러한 경우에는 주주총회의 특별결의가 필요없다고 판시하고 있다(대법원 1988.4.12. 선고 87다카1662 판결).

---

12) 2011.4.14 개정이전의 상법 제374조 제1항 제3호에서 "다른 회사의 영업전부의 양수", 같은 항 4호에서 "회사의 영업에 중대한 영향을 미치는 다른 회사의 영업 일부의 양수"라고 규정하여 다른 회사 영업의 일부 양수의 경우에는 회사의 영업에 중대한 영향을 미칠 때에 한하여 주주총회의 특별결의를 얻도록 하였으나, 개정된 상법은 다른 회사 영업을 양수하는 경우에는 그것이 전부양수인지 일부양수인지를 구별하지 않고 동일하게 회사의 영업에 중대한 영향을 미칠 때에만 주주총회의 특별결의를 얻도록 하고 있다(상 374조 1항 3호).

다. 영업양도계약의 체결

영업양도계약은 채권적 계약으로서 그 내용과 형식 등에 관해서는 모두 당사자의 의사에 따르게 되는데, 일반적으로는 양도되는 물적 재산과 상호 그리고 승계되는 사용인 등에 관한 사항, 양도의 대가에 관한 사항 등이 포함되는 불요식 쌍무계약이다.

상법은 주식회사 또는 유한회사의 합병의 경우에는 서면으로 합병계약을 체결할 것을 요구하고 있으나(상 522조, 603조), 영업양도에 관해서는 이를 요구하지 않으므로 당사자의 의사에 따라 구두계약도 가능하다. 심지어 당사자 사이에 명시적인 영업양도계약이 없더라도 실질적으로 영업양도의 결과를 가져오는 경우에는 묵시적 계약으로도 체결되었다고 볼 수 있을 것이다. 다만 실무상 분쟁의 가능성과 이해관계의 복잡성으로 인하여 서면계약에 의하게 되며, 특히 회사의 경우에는 사원의 동의 또는 주주총회의 결의 등을 조건으로 하여 체결되는 경우가 대부분이다.

◈ 대법원 2009.1.15. 선고 2007다17123, 17130 판결

상법상의 영업양도는 일정한 영업목적에 의하여 조직화된 업체, 즉 인적・물적 조직을 그 동일성은 유지하면서 일체로서 이전하는 것을 의미하고, 영업양도가 이루어졌는가의 여부는 단지 어떠한 영업재산이 어느 정도로 이전되어 있는가에 의하여 결정되어야 하는 것이 아니고 거기에 종래의 영업조직이 유지되어 그 조직이 전부 또는 중요한 일부로서 기능할 수 있는가에 의하여 결정되어야 하므로, 영업재산의 일부를 유보한 채 영업시설을 양도했어도 그 양도한 부분만으로도 종래의 조직이 유지되어 있다고 사회관념상 인정되면 그것을 영업의 양도라 볼 수 있고, 이러한 영업양도는 반드시 영업양도 당사자 사이의 명시적 계약에 의하여야 하는 것은 아니며 묵시적 계약에 의하여도 가능하다.

라. 영업양도계약의 이행

영업양도계약은 채권적 계약이므로 회사의 합병이나 상속과 달리 그에 따른 이행은 특정승계의 방식을 취하여야 한다. 영업양도의 대상인 재산이 법률적 권리를 구성하는 경우에는 법률에 정한 권리의 이전방법과 대항요건을 갖추어야 할 것이지만, 영업조직이라든가 고객관계 또는 경영 노하우와 같은 영업적 재산가치를 지닌 사실관계인 경우에는 당사자가 합의한 그리고 경험칙에 합당한 방법으로 이전하여야 할 것이다.

또한 양수인이 영업을 지속하기 위한 영업의 신고 또는 허가 명의자변경 등과 같이 공법상의 관계를 수반하는 경우에는 양도인과 양수인의 합의에 따라 처리되겠지만 이에 관한 합의가 없더라도 양도가 가능하고 영업의 지속을 위하여 양도가 필요하다면 양도

인은 양수인에 대하여 협력의무를 부담한다고 할 것이다.

대법원은 반대의 특약이 없는 한 양도인과 근로자 간의 근로관계는 원칙적으로 양수인에게 포괄적으로 승계된다고 판시하고 있으므로[13] 특단의 사정이 없는 한 영업양수인이 영업양도를 이유로 근로자를 해고한 경우에는 부당해고가 될 것이다.

양도의 대상이 부동산인 경우에는 부동산등기부에 소유권 이전등기를 마쳐야 하고(민 186조), 동산인 경우에는 인도를 하여야 하며(민 188조), 지명채권의 경우에는 양도의 의사표시와 대항요건으로서 양도인의 채무자에 대한 통지 혹은 채무자의 승낙이 필요하고(민 450조), 지시채권의 경우에는 배서하여 교부를 하여야 하며(민 508조, 어 11조, 수 14조), 주식의 경우에는 주권을 교부하여야 하며(상 336조 1항), 상호의 경우에는 일정한 경우에 그 양도성이 제한되고 상업등기부에 등기하여야만 제3자에게 대항할 수 있으며(상 25조 2항) 또한 상표나 특허 등의 경우에는 각기 상표법이나 특허법이 정하는 바에 따라 상표원부 혹은 특허원부에 등록하여야 한다(상표법 56조, 특허법 101조 1항 1호).

◈ 대법원 1991.10.8. 선고 91다22018, 22025 판결

영업양도는 채권계약이므로 양도인이 재산이전의무를 이행함에 있어서는 상속이나 회사의 합병의 경우와 같이 포괄적 승계가 인정되지 않고 특정 승계의 방법에 의하여 재산의 종류에 따라 개별적으로 이전행위를 하여야 할 것인바, 그 이전에 있어 양도인의 제3자에 대한 매매계약 해제에 따른 원상회복청구권은 지명채권이므로 그 양도에는 양도인의 채무자에 대한 통지나 채무자의 승낙이 있어야 채무자에게 대항할 수 있다.

자동차운송사업의 양도양수와 그 인가로 인한 효과는 자동차운수상업법 제28조 제4항에 규정한 바와 같이 양수인이 면허 또는 등록에 기인한 권리의무를 승계하는 것일 뿐이어서, 자동차운송사업의 양도양수로 동 사업의 면허 또는 등록에 기인한 권리의무의 이전이 있다고 하여 동 사업에 공용되던 차량과 관련한 제3자에 대한 권리의무까지 당연히 승계된다고는 할 수 없다.

◈ 대법원 1994.6.28. 선고 93다33173 판결

영업의 양도라 함은 일정한 영업목적에 의하여 조직화된 업체 즉 인적 물적 조직을 그 동일성은 유지하면서 일체로서 이전하는 것을 말하고 영업이 포괄적으로 양도되면 반대의 특약이 없는 한 양도인과 근로자 간의 근로관계도 원칙적으로 양수인에게 포괄적으로 승계된다.

---

13) 대법원은 양도기업의 근로자가 양수기업에 고용관계가 승계되었음을 부인하고 양도기업에 대하여 퇴직금을 청구한 사안에서, 영업양도가 이루어진 경우에는 원칙적으로 해당 근로자들의 근로관계가 양수하는 기업에 포괄적으로 승계되지만 근로자가 반대 의사를 표시함으로써 양수기업에 승계되는 대신 양도기업에 잔류하거나 양도기업과 양수기업 모두에서 퇴직할 수도 있고, 이때 근로관계 승계에 반대하는 의사는 근로자가 영업양도가 이루어진 사실을 안 날부터 상당한 기간 내에 양도기업 또는 양수기업에 표시하여야 한다고 판시하고 있다(대법원 2012.5.10. 선고 2011다45217 판결).

영업양도 당사자 사이에 근로관계의 일부를 승계의 대상에서 제외하기로 하는 특약이 있는 경우에는 그에 따라 근로관계의 승계가 이루어지지 않을 수 있으나, 그러한 특약은 실질적으로 해고나 다름이 없으므로, 근로기준법 제27조 제1항 소정의 정당한 이유가 있어야 유효하며, 영업양도 그 자체만을 사유로 삼아 근로자를 해고하는 것은 정당한 이유가 있는 경우에 해당하다고 할수 없다.

(같은 취지: 대법원 2002.3.29. 선고 2000두8455 판결, 대법원 2003.5.30. 선고 2002다23826 판결)

4. 영업양도의 효과

영업양도계약에 따라 양도인은 영업의 유기적 일체로 파악되는 기능재산인 영업재산을 양수인에게 이전하여야 할 의무를 부담하게 되고 이를 이행하게 된다.

그런데 상법은 영업양도인에게는 영업양수인의 보호를 위하여, 영업양수인에게는 영업양도인의 영업상 채권자 및 채무자를 보호하기 위하여, 각기 별도의 의무를 부담하도록 하고 있다.

가. 양도인의 경업금지의무

(1) 의 의

상법은 영업양도인에게 동일한 특별시, 광역시, 시, 군과 인접 특별시, 광역시, 시, 군에서 일정기간 동안 양도한 영업과 동종의 영업을 하지 못하도록 규정함으로써(상 41조), 일종의 부작위의무를 부담시키고 있다.

영업양도에 따라 양수인은 영업의 유기적 일체로 파악되는 기능재산인 영업재산을 이전받아 동일한 영업을 승계할 수 있어야 하므로 양도인이 이를 방해하지 않도록 할 의무를 영업양도의 본질상 부담한다고 할 것이다. 상법은 이러한 영업양도의 본질에 근거하여 당사자간에 특별한 약정이 없더라도 영업양도계약이 이행된 후에 영업양도의 실효성을 확보하기 위하여 법률정책적으로 양도인에게 일정한 범위에서 경업행위를 하지 못하도록 하는 보충적 규정을 두고 있다.

양도인이 이러한 경업금지의무를 부담하게 되더라도, 그 상속인의 경우에는 승계되지 않는다고 할 것이지만, 회사합병의 경우 신설회사나 존속회사는 소멸회사가 부담하는 이러한 경업금지의무를 승계한다고 할 것이고, 한편 양도인은 자신의 양수인으로부터 다시 영업을 재차 양도받은 양수인에게도 이러한 경업금지의무를 부담한다고 할 것

이다.[14)]

헌법재판소는 상법 제41조에 정한 경업금지의무에 대하여 위헌이 아니라고 판시하고 있으나(헌법재판소 1996.10.4. 선고 94헌가5 결정), 현대와 같이 교통수단이 극도로 발달되어 있고 상거래의 권역이 세분화되어 있는 현실에서 경업금지지역을 특별시, 광역시 등으로 폭넓게 인정하는 것이 타당한지, 또한 오늘날과 같이 사회가 빠르게 변화하고 그에 발맞추어 영업의 종류와 내용이 빠르게 바뀌는 시대에 경업금지기간을 10년으로 하는 것이 과연 타당한지도 검토할 필요가 있을 것이다.

특히 대법원은 상가분양과 관련하여 건축회사와 수분양자 사이에 체결한 업종제한약정에 따른 업종제한의무는 추후 그 수분양자의 지위를 승계하거나 그 상가를 임차한 자들이 이를 수인하기로 묵시적으로 동의하였다고 보아 특별한 사정이 없는한 상기 입점자들에 대한 관계에서 이를 준수할 의무가 있다고 판시하고 있다(대법원 2010.5.27. 선고 2007다8044 판결)

상법은 당사자 사이에서 경업금지약정이 체결되지 않은 경우에는 양도인에게 10년간 경업을 금지하고(상 41조 1항), 경업금지약정이 체결된 경우라도 그 경업금지기간은 20년의 한도 내에서 유효하도록 규정하고 있다(상 41조 2항).

경업이 금지되는 동종영업은 양도한 영업과 정확히 일치하지는 않는다고 하더라도 사회관념상 같은 유형으로서 경쟁관계에 있다고 볼 수 있는 영업을 의미하고, 경업금지의무 기간은 영업양도가 이행 완료된 때로부터 기산하여야 할 것이다.[15)]

만약 경업금지의무를 부담하는 개인상인이 영업양도 후에 새로이 회사를 설립하여 이 회사로 하여금 경업행위를 하도록 하거나 혹은 회사가 영업을 양도한 후 그 회사를 사실상 지배하는 자 또는 대표자가 개인적으로 경업행위를 한 경우에 양수인으로서는 회사법상의 법인격부인의 법리를 활용할 수 있을 것이다.

(2) 효 과

경업피지의무는 영업양도계약의 효과라기보다는 그 계약의 이행에 대하여 부과되는 효과라고 할 것이므로 영업양도인이 경업금지의무를 위반하더라도 영업양수인은 이를 이유로 영업양도계약을 해제할 수는 없으나 그에 따른 손해의 배상을 구할 수 있고, 양수인은 양도인을 상대로 경업금지를 구하는 소를 통하여 경쟁영업을 폐지시킬 수 있으며, 보전처분으로서 경업금지가처분을 신청할 수 있다고 할 것이나, 양도인이 경업금지의무를 위반하여 행하였던 제3자와의 거래행위의 효력에는 영향을 미치지 않는다고 할

14) 이철송 258면.
15) 정동윤 122면, 최준선 209면.

것이다.

◆ 대법원 1996.12.23. 선고 96다37985 판결

[1] 영업양도계약의 약정 또는 상법 제41조에 따라 영업양도인이 부담하는 경업금지 의무는 스스로 동종 영업을 하거나 제3자를 내세워 동종 영업을 하는 것을 금하는 것을 내용으로 하는 의무이므로, 영업양도인이 그 부작위의무에 위반하여 영업을 창출한 경우 그 의무위반 상태를 해소하기 위하여는 영업을 폐지할 것이 요구되고 그 영업을 타에 임대한다거나 양도한다고 하더라도 그 영업의 실체가 남아있는 이상 의무위반 상태가 해소되는 것은 아니므로, 그 이행강제의 방법으로 영업양도인 본인의 영업 금지 외에 제3자에 대한 영업의 임대, 양도 기타 처분을 금지하는 것도 가능하다.

[2] 위 [1]항의 가처분명령에 의하여 영업양도인의 제3자에 대한 임대, 양도 등 처분행위의 사법상 효력이 부인되는 것은 아니고, 영업양도인이 그 의무위반에 대한 제재를 받는 것에 불과하다.

나. 영업양도인의 채권자에 대한 보호

(1) 의 의

상법은 영업양수인이 영업양도인의 상호를 계속 사용하는 경우(상 42조 1항), 또는 상호를 계속 사용하지 않더라도 영업양도인의 채무를 인수할 것을 광고한 경우(상 44조)에는 영업양수인에게 영업양도인의 영업으로 인한 제3자에 대한 채무를 변제할 책임을 부담시키고, 다만 영업양수인이 영업양도 후 지체 없이 양도인의 채무에 대한 책임이 없음을 등기하거나 양도인과 양수인이 채권자에게 책임 없음을 통지한 경우에 한하여 양수인의 변제책임을 면제하고 있다(상 42조 2항).

영업의 양도가 있더라도 영업양수인이 영업양도인의 상호를 계속 사용함으로써 영업양도인이 영업을 하는 것과 같은 외관을 지속하는 경우에, 영업양도인의 채권자로서는 영업주체의 교체나 채무승계 여부 등을 용이하게 알 수 없으므로 영업양도인의 책임재산에 급격한 변동이 있더라도 영업양도인에 대하여 자신의 채권을 행사하는 것이 쉽지 않다. 또한 채무의 인수와 같은 특별한 약정이 없다면 영업양수인과는 어떠한 직접적인 법률관계도 없으므로 영업양수인에 대하여 영업양도인에 대한 채권을 행사하는 것도 불가능하게 되어 영업양도인의 채권자의 지위는 매우 불안한 상태에 놓이게 된다. 따라서 상법은 이러한 불안한 지위에 있는 영업양도인의 채권자를 보호하기 위하여, 영업양도인이 영업을 지속하는 것과 같은 외관을 만든 영업양수인에게 영업양도인의 채권자에 대한 변제책임을 부담시킨 것이다.

(2) 요 건

(가) 영업양도행위의 존재

영업양수인에게 영업양도인의 채권자에 대한 변제책임을 부담시키기 위해서는 영업양도인의 영업이 영업양수인에게 양도되었어야 하지만 대법원은 영업양도 이외에도 별도의 회사를 설립한 후, 자신의 영업을 출자하는 형식으로 신설회사에 이전하고 상호를 속용시키는 경우에도 이를 유추적용하고 있다.

영업양수인의 영업양도인의 채권자에 대한 이러한 변제책임은 영업양도가 있기 전에 발생한 영업양도인의 영업으로 인한 채무를 영업양도 후에도 영업양도인이 영업을 지속되는 듯한 외관을 만든 영업양수인에게 부담시키는 것이므로 설령 영업양도가 무효로 되거나 해제되었음에도 영업양수인이 사실상 영업을 계속하는 한 이러한 변제책임에서 벗어날 수는 없을 것이다.[16]

◈ 대법원 1989.3.28. 선고 88다카12100 판결[17]

영업을 출자하여 주식회사를 설립하고 그 상호를 계속 사용하는 경우 영업의 양도는 아니지만 출자의 목적이 된 영업의 개념이 동일하고 법률행위에 의한 영업의 이전이란 점에서 영업의 양도와 유사하며 채권자의 입장에서 볼 때는 외형상 양도와 출자를 구분하기 어려우므로 새로 설립된 법인은 출자자의 채무를 변제할 책임이 있다.

나. 상호의 속용은 형식상 양도인과 양수인의 상호가 전혀 동일한 것임을 요하지 않고, 양도인의 상호 중 그 기업주체를 상징하는 부분을 양수한 영업의 기업주체를 상징하는 것으로 상호중에 사용하는 경우를 포함한다고 할 것이고, 그 동일 여부는 명칭, 영업목적, 영업장소, 이사의 구성 등을 참작하여 결정하여야 한다.

다. 영업으로 인하여 발생한 채무란 영업상의 활동에 관하여 발생한 모든 채무를 말하는 것이므로 불법행위로 인한 손해배상채무도 이에 포함된다.

(같은 취지: 대법원 1995.8.22. 선고 95다12231 판결, 대법원 1996.7.9. 선고 96다13767 판결)

◈ 대법원 1996.7.9. 선고 96다13767 판결[18]

상법 제42조 제1항은 영업양수인이 양도인의 상호를 계속 사용하는 경우에는 양도

---

16) 이철송 266면, 정동윤 123면, 최준선 210면.

17) 이 판결에 대한 평석으로는 강위두, "영업의 현물출자와 상법 제42조의 유추적용" 판례월보 229호, 판례월보사(1989년) 43면 내지 48면 참조.

18) 대법원은 영업양수인이 상호를 속용한 경우의 상법 제42조 1항의 책임이 외관주의에 터 잡아 제3자를 보호하려는 것이라는 점에서 비록 영업이 양도되지 아니하였다 하더라도 영업을 동일성을 유지한 채로 일체로서 출자하는 경우에도 유추 적용하여 거래의 안전을 보호하려고 하고 있고 더 나아가 이 같은 경우에 그 책임의 존속기간에 관한 상법 제45조의 규정도 적용된다고 판시하고 있다(대법원 2009.9.10. 선고

인의 영업으로 인한 제3자의 채권에 대하여 양수인도 변제할 책임이 있다고 규정하고 있는바, 영업을 출자하여 주식회사를 설립하고 그 상호를 계속 사용하는 경우에는 영업의 양도는 아니지만 출자의 목적이 된 영업의 개념이 동일하고 법률행위에 의한 영업의 이전이라는 점에서 영업의 양도와 유사하며 채권자의 입장에서 볼 때는 외형상의 양도와 출자를 구분하기 어려우므로 새로 설립된 법인은 상법 제42조 제1항의 규정의 유추적용에 의하여 출자자의 채무를 변제할 책임이 있고, 여기서 말하는 영업의 출자라 함은 일정한 영업목적에 의하여 조직화된 업체 즉 인적・물적 조직을 그 동일성을 유지하면서 일체로서 출자하는 것을 말한다.

(같은 취지: 대법원 1995.8.22. 선고 95다12231 판결, 대법원 1989.3.28. 선고 88다카12100 판결)

(나) 영업으로 인한 채무의 존재

영업으로 인한 채무란 영업상 채권보다는 넓은 개념이므로, 영업양도 당시에 영업양도인에 대하여 존재하고 있던 거래상의 채권뿐만 아니라 영업으로 인한 것으로서 정당한 채권이면 그것이 불법행위로 인한 것이든 부당이득으로 인한 것이든 아니면 자금 융통을 위한 어음 수표상의 채권이든 불문한다고 할 것이다. 그러므로 양도인의 영업으로 인한 채무로서 영업양도 전에 발생한 것이면 족하고, 반드시 영업양도인이 영업양도 당시의 상호를 사용하는 동안에 발생한 채무에 한하는 것은 아니라고 할 것이다.

◆ 대법원 2002.6.28. 선고 2000다5862 판결[19]

상법 제42조 제1항은 영업양수인이 양도인의 상호를 계속 사용하는 경우에는 양도인의 영업으로 인한 제3자의 채권에 대하여 양수인도 변제할 책임이 있다고 규정하고 있고, 이 때 양도인의 영업으로 인한 채무란, 영업상의 활동에 관하여 발생한 채무를 말하는 것이다.

영업양도인이 주식회사인 경우에는 회사에게 사적인 생활이 존재하지 아니한 관계로 주식회사의 명의로 한 행위는 반증이 없는 한 일단 회사의 영업을 위하여 하는 행위로 추정되며, 따라서 그로 인하여 회사가 부담하는 채무도 영업으로 인한 채무로 추정된다고 할 것이지만, 반증에 의하여 그 채무가 영업으로 인한 채무가 아니라는 점이 밝혀지는 경우 그러한 추정은 복멸될 수 있다.

◆ 대법원 1989.3.28. 선고 88다카12100 판결

영업으로 인하여 발생한 채무란 영업상의 활동에 관하여 발생한 모든 채무를 말하는

2009다38827 판결).

19) 이 판결에 관한 평석으로는 김택주, "상호를 속용하는 영업양수인의 책임", 상사판례연구 13집, 한국상사판례학회(2002년) 407면 내지 409면 참조.

것이므로 불법행위로 인한 손해배상채무도 이에 포함된다.

◆ 대법원 1989.12.22. 선고 89다카11005 판결

갑이 유흥업소를 경영하면서 원고의 연대보증 아래 을로부터 영업자금을 차용하였는데 피고가 갑으로부터 그 유흥업소를 양수하고 상호를 계속 사용하여 영업을 계속하였고 그 후 원고가 갑의 연대보증인으로서 위 영업자금대출금 중 일부를 변제한 경우, 원고는 피고에 대한 채무를 보증한 사실이 없으므로 보증인으로서의 구상권이 발생할 수는 없으며, 영업양도 당시에는 원고의 영업양도인에 대한 구상금채권이 아직 발생된 바 없으므로 영업양도인으로서 양도인이 부담한 구상금채권을 변상할 책임이 있다고 하기도 어렵고, 원고의 영업양수가 양도인의 영업자금과 관련된 피보증인의 지위까지 승계하는 것이라고 보기도 어려우므로 피고는 원고에게 구상금을 지급할 근거가 없다.

◆ 대법원 2010.9.30. 선고 2010다35138 판결

상법 제42조 제1항에 의하여 상호를 속용하는 영업양수인이 변제책임을 지는 양도인의 제3자에 대한 채무는 양도인의 영업으로 인한 채무로서 영업양도 전에 발생한 것이면 족하고, 반드시 영업양도 당시의 상호를 사용하는 동안 발생한 채무에 한하는 것은 아니다.

(다) 상호의 계속 사용 또는 채무인수의 광고

상법 제42조는 영업양수인이 영업양도인의 상호를 계속 사용함으로써 영업양도가 있었던 사실을 외부에서 판명하기 어렵게 되어 영업양도인의 채권자가 자신의 채권을 추급할 기회를 상실할 우려가 있는 경우에, 영업양수인에게도 변제의 책임을 지우기 위한 것이므로 영업양수인은 영업양도인과 외관상 동일 유사한 상호를 사용하였어야 한다.

이 규정의 취지에 비추어 볼 때 영업양수인이 영업양도인의 상호를 계속 사용하는 원인에 상관없이, 영업양수인이 영업양도인의 상호를 계속 사용하고 있다면 그 책임을 부담하여야 할 것이다.

◆ 대법원 1998.4.14. 선고 96다8826 판결[20)]

상법 제42조 제1항이 상호를 계속 사용하는 영업양수인에게 양도인의 영업으로 인

---

20) 이 판결에서 대법원은 주식회사 파주 레미콘과 파주레미콘 주식회사의 상호가 동일하다고 하면서 상호의 주요부분에 공통성이 있으면 상호가 동일하다고 판시하고 있다.
이 밖에도 대법원은 대법원 1989.12.26. 선고 88다카10128 판결에서 삼정장여관과 삼정호텔의 동일성에 관하여, 공중위생법령상의 규정에 비추어 여관과 호텔의 시설기준도 다르고 삼정장과 삼정도 다르기 때문에 위 상호들은 동일상호가 아니라는 주장에 대하여 삼정장여관이나 삼정호텔이라는 상호는 사회통념상 동일성이 있다고 인정된다고 판시하고 있다.

한 채무에 대하여도 변제할 책임이 있다고 규정하고 있는 것은, 일반적으로 채무자의 영업상 신용은 채무자의 영업재산에 의하여 실질적으로 담보되는 것이 대부분인데 채무가 승계되지 아니함에도 상호를 계속 사용함으로써 영업양도의 사실 또는 영업양도에도 불구하고 채무의 승계가 이루어지지 않은 사실이 대외적으로 판명되기 어렵게 되어 채권자에게 채권 추구의 기회를 상실시키는 경우 양수인에게도 변제의 책임을 지우기 위한 것이므로, 영업양도인이 사용하던 상호와 양수인이 사용하는 상호가 동일할 것까지는 없고 다만 전후의 상호가 주요 부분에 있어서 공통되기만 하면 상호를 계속 사용한다고 보아야 한다.

(같은 취지: 대법원 1989.12.26. 선고 88다카10128 판결)

대법원 2009.1.15. 선고 2007다17123, 17130 판결

상호를 속용하는 영업양수인의 책임을 정하고 있는 상법 제42조 제1항의 취지에 비추어 보면, 상호를 속용하는 영업양수인에게 책임을 묻기 위해서는 상호속용의 원인관계가 무엇인지에 관하여 제한을 둘 필요는 없고 상호속용이라는 사실관계가 있으면 충분하다. 따라서 상호의 양도 또는 사용허락이 있는 경우는 물론 그에 관한 합의가 무효 또는 취소된 경우라거나 상호를 무단 사용하는 경우도 상법 제42조 제1항의 상호속용에 포함된다. 나아가 영업양도인이 자기의 상호를 동시에 영업 자체의 명칭 내지 영업 표지로서도 사용하여 왔는데, 영업양수인이 자신의 상호를 그대로 보유·사용하면서 영업양도인의 상호를 자신의 영업 명칭 내지 영업 표지로서 속용하고 있는 경우에는 영업상의 채권자가 영업주체의 교체나 채무승계 여부 등을 용이하게 알 수 없다는 점에서 일반적인 상호속용의 경우와 다를 바 없으므로, 이러한 경우도 상법 제42조 제1항의 상호속용에 포함된다.

상호를 속용하는 영업양수인의 책임은 위와 같이 채무승계가 없는 영업양도에 의하여 자기의 채권추구의 기회를 빼앗긴 채권자의 외관신뢰를 보호하기 위한 것이므로, 영업양도에도 불구하고 채무승계의 사실 등이 없다는 것을 알고 있는 악의의 채권자가 아닌 한, 당해 채권자가 비록 영업의 양도가 이루어진 것을 알고 있었다고 하더라도 그러한 사정만으로 보호의 적격이 없다고는 할 수 없고, 이 경우 당해 채권자가 악의라는 점에 대한 주장·증명책임은 상법 제42조 제1항에 의한 책임을 면하려는 영업양수인에게 있다.

대법원 2010.9.30. 선고 2010다35138 판결[21)22)]

상호를 속용하는 영업양수인의 책임을 정하고 있는 상법 제42조 제1항은, 일반적으

21) 이 판결에서 대법원은, 교육시설인 '서울종합예술원'의 영업을 양도받아 그 명칭을 사용하여 같은 영업을 계속한 양수인에 대하여 상법 제42조 1항의 유추적용에 의한 책임을 인정하고 있다.

22) 이 판결에 대한 평석으로는, 김인택, "영업양수인이 상호 자체가 아닌 옥호 또는 영업표지를 속용하는 경우에도 상법 제42조 제1항이 유추적용되는지 여부", 대법원판례해설 85호, 법원도서관(2010년), 297면 내지 316면.

로 영업상의 채권자의 채무자에 대한 신용은 채무자의 영업재산에 의하여 실질적으로 담보되어 있는 것이 대부분인데도 실제 영업의 양도가 이루어지면서 채무의 승계가 제외된 경우에는 영업상의 채권자의 채권이 영업재산과 분리되게 되어 채권자를 해치게 되는 일이 일어나므로 영업상의 채권자에게 채권추구의 기회를 상실시키는 것과 같은 영업양도의 방법, 즉 채무를 승계하지 않았음에도 불구하고 상호를 속용함으로써 영업양도의 사실이 대외적으로 판명되기 어려운 방법 또는 영업양도에도 불구하고 채무의 승계가 이루어지지 않은 사실이 대외적으로 판명되기 어려운 방법 등이 채용된 경우에 양수인에게도 변제의 책임을 지우기 위하여 마련된 규정이라고 해석된다. 따라서 양수인에 의하여 속용되는 명칭이 상호 자체가 아닌 옥호 또는 영업표지인 때에도 그것이 영업주체를 나타내는 것으로 사용되는 경우에는 영업상의 채권자가 영업주체의 교체나 채무승계 여부 등을 용이하게 알 수 없다는 점에서 일반적인 상호속용의 경우와 다를 바 없으므로, 양수인은 특별한 사정이 없는 한 상법 제42조 제1항의 유추적용에 의하여 그 채무를 부담한다.

한편, 영업양수인이 영업양도인의 채무를 인수하였다면 그에 따라 영업양도인의 채권자에게 채무를 부담하게 될 것은 당연하다. 그러나 채무를 인수하지 않았음에도 불구하고 채무인수를 광고한 경우에도 상법은 그 외관에 따라 양수인으로 하여금 양도인의 채권자에게 변제하도록 규정하고 있으므로(상 44조), 이 규정은 양수인이 실제로 양도인의 채무를 인수하였는지 여부 혹은 상호를 계속 사용하는지 여부를 불문하고 적용될 것이다.

(라) 채권자의 선의

상법 제42조는 명시적으로 영업양도인의 채권자에게 선의를 요구하고 있지는 않으나 본조의 취지상 채권자는 선의일 것이 요구된다고 할 것이므로,[23] 변제책임을 면하려는 영업양수인이 채권자의 악의에 대한 증명책임을 부담한다고 할 것이다.

여기서 채권자의 선의는 영업양도가 있었다는 사실에 대한 것이 아니라 채무가 인수되지 아니하였다는 사실 즉 채무인수의 부존재에 대한 선의를 의미한다고 할 것이다. 왜냐하면 영업양수인에 대한 면책합의가 있었고 이를 채권자가 알고 있었다면 상법 제43조 제2항에서 규정하고 있는 면책등기나 면책통지와 같이 취급함이 타당하기 때문이다.

---

23) 이철송 270면. 이에 대하여 채권자의 선의, 악의를 불문하고 적용되어야 한다는 견해(정동윤 123면, 최준선 212면)도 있으나 대법원은 채권자가 선의일 것이 요구된다고 판시하고 있다.

◆ 대법원 2009.1.15. 선고 2007다17123, 17130 판결

상호를 속용하는 영업양수인의 책임은 위와 같이 채무승계가 없는 영업양도에 의하여 자기의 채권추구의 기회를 빼앗긴 채권자의 외관신뢰를 보호하기 위한 것이므로, 영업양도에도 불구하고 채무승계의 사실 등이 없다는 것을 알고 있는 악의의 채권자가 아닌 한, 당해 채권자가 비록 영업의 양도가 이루어진 것을 알고 있었다고 하더라도 그러한 사정만으로 보호의 적격이 없다고는 할 수 없고, 이 경우 당해 채권자가 악의라는 점에 대한 주장·증명책임은 상법 제42조 제1항에 의한 책임을 면하려는 영업양수인에게 있다.

(마) 채무인수 사실의 부존재

영업양도를 함에 있어서 양도인과 양수인 및 채권자 혹은 양수인과 채권자 사이에서 채무인수가 이루어진 경우에는 상법 제42조가 적용될 여지가 없다고 할 것이다.

채무의 인수에는 구채무자가 채무관계에서 탈퇴하게 되고 신채무자만이 종래의 채무와 동일한 채무를 부담하는 면책적 채무인수와 구채무자가 채무관계에서 탈퇴함이 없이 신채무자와 연대하여 채무를 부담하는 중첩적 채무인수가 있는데 민법에서는 면책적 채무인수에 관한 규정을 두고 있다(민 453조 내지 459조). 채무인수가 있을 때 면책적인지 중첩적인지는 당사자의 의사에 따라 판단되지만 의사가 불분명한 경우에 대법원은 중첩적 채무인수로 보고 있다(대법원 2009.9.24. 선고 2002다36228 판결).

(3) 효 과

영업양수인은 영업양도인이 채권자에게 부담하는 영업으로 인한 채무를 변제할 책임이 있다.

영업의 양도 당시에 채권이 변제기에 도달하였는지 여부는 따지지 않는다 할 것이고, 영업양수인이 영업을 양수할 당시에 그 채권의 존재를 알고 있었을 필요도 없다고 할 것이다.

영업양수인이 변제책임을 부담하는 채권자에 대한 채무는 영업양도인의 채무와 부진정 연대채무관계에 있다고 할 것이므로 영업양수인의 변제책임은 영업양도인으로부터 양수한 재산에 한정되는 것이 아니라 영업양수인의 모든 재산으로 변제할 책임을 부담한다고 할 것이다. 물론 이때 영업양수인으로서는 영업양도인이 채권자에 가지는 항변권을 행사할 수 있을 것이다.

◆ 대법원 2009.7.9. 선고 2009다23696 판결

영업양수인이 양도인의 상호를 계속사용하지 아니하는 경우에 양도인의 영업으로 인한 채무를 인수할 것을 광고한 때에는 양수인도 변제할 책임이 있는바(상법 제44조), 이 경우 영업양도인의 영업으로 인한 채무와 영업양수인의 상법 제44조에 따른 채무는 같은 경제적 목적을 가진 채무로서 서로 중첩되는 부분에 관하여는 일방의 채무가 변제 등으로 소멸하면 다른 일방의 채무도 소멸하는 이른바 부진정연대의 관계에 있지만, 채권자의 영업양도인에 대한 채권과 영업양수인에 대한 채권은 어디까지나 법률적으로 발생원인을 달리하는 별개의 채권으로서 그 성질상 영업양수인에 대한 채권이 영업양도인에 대한 채권의 처분에 당연히 종속된다고 볼 수 없다. 따라서 채권자가 영업양도인에 대한 채권을 타인에게 양도하였다는 사정만으로 영업양수인에 대한 채권까지 당연히 함께 양도된 것이라고 단정할 수 없고, 함께 양도된 경우라도 채권양도의 대항요건은 채무자별로 갖추어야 한다.

다만, 상법은 영업양수인이 영업양도를 받은 후 지체 없이 영업양도인의 채무에 대하여 책임이 없음을 등기한 경우에는 모든 채권자에 대하여, 그리고 영업양도인과 영업양수인이 지체 없이 채권자에게 영업양도인의 채무에 대하여 책임이 없다는 뜻을 통지한 경우에는 통지를 받은 채권자에 대하여, 영업양수인은 변제책임을 부담하지 않도록 규정하고 있다(상 42조 2항). 이런 경우에는 채권자를 보호할 이유가 없기 때문이다.

◆ 대법원 2008.4.11. 선고 2007다89722 판결

양도인의 상호를 계속 사용하지 아니하는 영업양수인에 대해서도 양도인의 영업으로 인한 채무를 인수할 것을 광고한 때에는 그 변제책임을 인정하는 상법 제44조의 법리는, 영업양수인이 양도인의 채무를 받아들이는 취지를 광고에 의하여 표시한 경우에 한하지 않고, 양도인의 채권자에 대하여 개별적으로 통지를 하는 방식으로 그 취지를 표시한 경우에도 적용되어, 그 채권자와의 관계에서는 위 채무변제의 책임이 발생한다.

이 밖에도 상법은 영업양도에 따른 영업채권의 변제관계 및 영업양도인과 영업양수인의 구상관계를 신속히 확정시킬 의도에서 영업양수인이 채권자에게 변제책임을 부담하는 경우에는 영업양도인의 채권자에 대한 채무는 영업양도 후 또는 양수인의 채무인수의 광고 후 2년이 경과하면 소멸하도록 하고 있는데 이 기간은 제척기간으로 보아야 할 것이다.

◆ 대법원 2009.9.10. 선고 2009다38827 판결

상법 제42조 제1항은 영업양수인이 양도인의 상호를 계속 사용하는 경우에는 양도

인의 영업으로 인한 제3자의 채권에 대하여 양수인도 변제할 책임이 있다고 규정하고, 상법 제45조는 영업양수인이 상법 제42조 제1항의 규정에 의하여 변제의 책임이 있는 경우에는 양도인의 제3자에 대한 채무는 영업양도 후 2년이 경과하면 소멸한다고 규정하고 있는바, 영업을 출자하여 주식회사를 설립하고 그 상호를 계속 사용함으로써 상법 제42조 제1항의 규정이 유추적용되는 경우에는 상법 제45조의 규정도 당연히 유추적용된다.

다. 영업양도인의 영업상 채무자 보호

영업양도의 경우에 영업양도인의 영업상 채권자뿐만 아니라 영업상 채무자도 보호할 필요성도 있다고 할 것이다. 상법은 영업양수인이 영업양도인의 상표를 계속하여 사용하는 경우, 영업양도인의 채권자의 경우와 같이 외관을 신뢰한 채무자를 보호하기 위하여 영업양도인의 채무자가 선의 또는 중대한 과실 없이 영업양수인에게 채무를 변제한 때에 그 변제는 영업양도인에 대하여도 유효한 것으로 규정하고 있다(상 43조).

다만 이 규정은 영업양도인과 양수인 사이에서 채권양도에 관한 합의와 대항요건을 갖춘 경우에는 적용이 없다고 할 것이고, 또한 이 규정은 양도인의 채무자를 보호하기 위한 규정일 뿐이고, 영업양수인에게 채무자의 변제를 수령할 권리를 인정하는 것은 아니므로 채무자로부터 변제를 받은 영업양수인은 이를 영업양도인에게 반환하여야 할 것이다.

또한 상법이 명시하고 있지는 않으나, 실제로는 채권양도가 없었음에도 불구하고 영업양도인이 채무자에게 채권양도를 통지하거나 광고한 경우에도 상법 제44조를 유추적용하여 채무자로 하여금 영업양수인에 대한 변제로서 영업양도인에게 대항할 수 있도록 하여야 할 것이다.[24)]

영업양도의 양수인이 양도인의 상표를 계속하여 사용하지 않고 있음에도 양도인의 채무자가 양수인에게 채무를 변제한 경우에는 그것이 민법에 정한 준점유자에 대한 변제(민 470조)로서 인정되지 아니하는 한 영업양도인의 채무자는 이중변제의 책임을 면할 길이 없다고 할 것이다.

---

24) 강위두/임재호 159면, 이철송 275면, 정찬형 185면, 최준선 216면.

제 3 편 상 행 위

제1장 상행위법 총론

1. 서 설

가. 상행위법의 의의

상행위법이란 형식적으로는 상법전의 제2편 상행위에서 규정된 상법 제46조부터 168조의12까지의 규정을 의미하고, 실질적으로는 상인의 거래활동에 따른 이해관계를 조율하기 위한 법규의 총체라고 할 것인데 이런 의미에서의 상행위법은 비단 상법전 제2편에 국한하지 아니하고 많은 상사특별법 기타 상사관습법에도 존재한다고 할 것이다.

상법 제2편 상행위편은 15장으로 구성되어 있는데 제1장 통칙에서는 상행위의 개념과 상행위에 적용되는 주요한 일반원칙을, 제2장 매매에서는 상인의 영업거래 중 가장 중요한 의미를 갖는 매매에 적용되는 민법의 매매에 관한 규정의 특칙을, 제3장 상호계산에서는 민법의 상계에 관한 규정의 상법적 변형으로서 상거래의 간편한 결제를 위한 기술적 절차에 관한 규정을, 제4장 익명조합에서는 민법의 조합계약에 관한 상법적 변형으로서 회사 이외의 공동기업에 관한 규정을, 제4장의2 합자조합에서는 새로이 신설된 공동기업의 형태로서 민법상의 조합과 유사하지만 구성원간의 책임의 내용이 서로 다른 독특한 기업에 관한 규정을, 제5장 내지 14장에서는 개별적인 거래유형에 따른 상행위법의 각론적 규정으로서 대리상, 중개업, 위탁매매업, 운송주선업, 운송업, 공중접객업, 창고업과 같은 전통적인 상거래 유형에 관하여 그리고 금융리스업, 가맹업, 채권매입업과 같은 비교적 새롭게 발전하여 가는 상거래 유형에 관하여 각기 규정하고 있다.

이 밖에도 사회의 변화에 따라 증권거래, 전자상거래, 컨설팅, 택배서비스 등과 같이 새로운 거래유형이 지속적으로 등장하여 발전하고 있으나 상법은 아직 이들 새로운 상거래의 법률관계를 규율할 규정을 갖지 못하고 특별법(전자상거래법 등) 혹은 보통거래약관에 의해 규율되고 있으나, 획일적이고 대규모적인 이들 거래에 있어서 분쟁의 신속한 해결을 위한 필요성을 충족시키지 못하고 있는 실정이다.

상법은 상행위를 기본적 상행위와 보조적 상행위로 나누어 규정하고 있으나, 개괄적으로 설명하면 상인이 영리목적의 실현을 위하여 하는 활동과 직접, 간접으로 관련된 모든 행위라고 할 수 있고, 상행위법은 이러한 상행위를 규율하기 위한 법이라고 일응 말할 수 있다.

나. 상행위법의 특성

상행위법은 상인의 상거래 활동을 규율대상으로 하는데 상거래는 계속 반복적으로 이루어지는 활동이고, 상인은 영리를 목적으로 상거래활동에 종사하는 자이므로 민법에서 규율대상으로 하는 일반인의 사회활동과는 다르다고 할 것이다.

이처럼 규율대상이 다름에 따라 상행위법은 민법과 비교하여 볼 때, (1) 사적자치의 범위가 보다 광범위하게 인정되므로 상행위법은 임의법규적 성질이 농후하고, (2) 민법에서는 무상성을 원칙으로 하지만, 상행위법에서는 유상성을 원칙으로 하며, (3) 상인의 거래관계는 다수의 당사자 사이에서 대량적으로 반복적으로 신속하게 이루어지게 되므로 상행위법에서는 거래의 안전성과 신속성 그리고 정형성이 보다 강조되고, (4) 상거래의 대량화·정형화 그리고 신속화의 추세 속에서 거래당사자 사이의 경제적 힘의 차이에서 초래되는 거래당사자간의 실제적 불균형을 보완하기 위하여 상행위법은 임의법규적 성질에도 불구하고 적지 않은 강행법규를 포함하고 있는 등의 특성이 있다고 할 것이다.

다. 상행위법의 적용

거래당사자 쌍방에 대하여 상행위가 되는, 이른바 쌍방적 상행위뿐만 아니라 일방당사자에 대하여만 상행위가 되는, 이른바 일방적 상행위라고 할지라도 상행위법은 거래당사자 쌍방에 대하여 적용되고(상 3조), 심지어 공법인의 상행위에 대하여도 법령에 다른 규정이 없는 한 상행위법이 적용된다(상 2조).

다만 상사유치권에 관한 규정(상 58조) 혹은 상사매매에 관한 규정(상 67조 내지 71조)은 상인간의 거래인 쌍방적 상행위에만 적용된다.

또한 상행위법은 상인이 영업으로 상법 제46조의 각호에 규정된 행위를 하는 기본적 상행위(상 46조)뿐만 아니라 상인이 영업을 위하여 하는 보조적 상행위(상 47조)에도 적용되고, 상법상 의제상인의 경우(상 5조)에는 비록 상법 46조에 정한 상행위를 하지 않더라도 영업으로 하는 행위에는 상행위법 중 통칙에 관한 규정이 적용된다(상 66조).

◈ 대법원 2006.4.27. 선고 2006다1381 판결

당사자 쌍방에 대하여 모두 상행위가 되는 행위로 인한 채권뿐만 아니라 당사자 일방에 대하여만 상행위에 해당하는 행위로 인한 채권도 상법 제64조 소정의 5년의 소멸시효기간이 적용되는 상사채권에 해당하는 것이고, 그 상행위에는 상법 제46조 각 호에 해당하는 기본적 상행위뿐만 아니라, 상인이 영업을 위하여 하는 보조적 상행위도 포함된다.

(같은 취지: 대법원 1997.8.26. 선고 97다9260 판결, 대법원 2008.4.10. 선고 2007다91251 판결, 대법원 2010.3.11. 선고 2009다100098 판결)

2. 상행위법 통칙

가. 상행위의 의의

상행위는 상인이 영업을 위하여 하는 행위를 의미한다고 할 것인데, 상법은 당연상인(상법 4조)이 영업으로 상법 제46조에 정한 행위를 하는 기본적 상행위(상 46조), 의제상인(상 5조)이 영업으로 상법 제46조에 정한 행위 이외의 행위를 하는 준상행위(상 66조) 그리고 당연상인(상 4조) 및 의제상인(상 5조)이 영업을 위하여 하는 보조적 상행위(상 47조)로 나누어 규정하고 있다.

강학상으로는, 담보부사채신탁법과 같은 특별법에서 사채총액의 인수행위는 비록 상인이 아닌 자가 하더라도 상행위로 규정하고 있음(담신법 23조 2항)에 착안하여 이를 절대적 상행위라고 칭하고, 영업으로서 상법 제46조에 정한 행위를 하는 것(상 46조)을 영업적 상행위로 칭하면서 기본적 상행위를 두 가지로 나누기도 하고, 또한 기본적 상행위와 보조적 상행위를 합쳐 고유의 상행위라고 칭하면서 준상행위와 구별하기도 한다.

기본적 상행위는 상법 제46조에 정한 22가지의 행위를 영업으로 하는 것을 의미하는데 오로지 임금을 받을 목적으로 하는 행위는 제외된다(상 46조 단서).

보조적 상행위는 상인이 영업을 위하여 하는 행위를 의미하는데, 여기에서 상인은 당연상인은 물론이고 의제상인도 포함한다고 할 것이고, 영업을 위하여 하는 행위는 상인이 직접적으로 영업을 위한 행위 즉 영업목적 그 자체를 위한 행위가 아니더라도, 간접적으로 영업목적을 달성하기 위하여 행하는 모든 행위를 포함한다고 할 것이다. 영업을 위하여 하는 행위인지 여부는 행위의 객관적 성질에 따라 판단하여야 하므로 영업과 관련된 재산법상의 행위라고 하면, 그것이 유상행위인지 무상행위인지를 가리지 않고, 법률행위인지 준법률행위인지를 따지지 않으며 또한 채권행위인지 물권행위인지를 가리

지 않는다 할 것이다. 또한 그것이 계약인지 부당이득행위인지 사무관리행위인지를 묻지 않는다 할 것이나 불법행위는 이에 포함되지 않는다고 할 것이다.[1] 보조적 상행위도 상행위로 보게 되므로(상 47조) 당연히 상법의 규정을 적용하여야 한다.

상법은, 상인이 영업과 관련하여 하는 모든 행위는 엄밀한 의미에서 상행위가 아니더라도 보조적 상행위로서 상행위로 의제하고(상 47조 1항), 나아가 상인이 하는 모든 행위는 영업을 위하여 하는 것으로 추정함으로써(상 47조 2항), 상인의 행위에 대하여 폭넓게 상법을 적용하여 거래의 안전을 도모하려고 하고 있으므로 상인의 채권적 법률행위로서 계약 등의 행위이외에도 채권의 최고, 이행의 통지 등과 같은 준법률행위, 채권의 양도와 같은 준물권행위, 매매의 취소와 같은 단독행위 등도 보조적 상행위가 된다고 할 것이고 심지어는 상인자격을 취득한 이후가 아니라 상인자격을 취득하기 위한 행위 예컨대 개업준비행위도 포함한다고 할 것이다.

◆ 대법원 1999.1.29. 선고 98다1584 판결

영업의 목적인 기본적 상행위를 개시하기 전에 영업을 위한 준비행위를 하는 자는 영업으로 상행위를 할 의사를 실현하는 것이므로 그 준비행위를 한 때 상인자격을 취득함과 아울러 이 개업준비행위는 영업을 위한 행위로서 그의 최초의 보조적 상행위가 되는 것이고, 이와 같은 개업준비행위는 반드시 상호등기·개업광고·간판부착 등에 의하여 영업의사를 일반적·대외적으로 표시할 필요는 없으나 점포구입·영업양수·상업사용인의 고용 등 그 준비행위의 성질로 보아 영업의사를 상대방이 객관적으로 인식할 수 있으면 당해 준비행위는 보조적 상행위로서 여기에 상행위에 관한 상법의 규정이 적용된다.

◆ 대법원 2008.12.11. 선고 2006다54378 판결[2]

영업을 위하여 하는 것인지 여부가 분명치 아니한 상인의 행위는 상법 제47조의 규정에 의하여 영업을 위하여 하는 것으로 추정되고 그와 같은 추정을 번복하기 위해서는 그와 다른 반대사실을 주장하는 자가 이를 증명할 책임이 있다. 그런데 금전의 대여를 영업으로 하지 아니하는 상인이라 하더라도 그 영업상의 이익 또는 편익(편익)을 위하여 금전을 대여하거나 영업자금의 여유가 있어 이자 취득을 목적으로 이를 대여하는 경우가 있을 수 있으므로, 이러한 상인의 금전대여행위는 반증이 없는 한 영업을 위하여 하는 것으로 추정된다.

음식점업을 영위하는 상인이 부동산중개업을 영위하는 상인에게 금원을 대여한 행위는 상법 제47조 제2항에 의하여 영업을 위하여 하는 것으로 추정되고, 그 금전대여행위가 상호 고율의 이자소득을 얻기 위한 목적으로 행하여졌다는 사정만으로는 위 추정

---

1) 이철송 294면, 정동윤 275면. 이에 반하여 정찬형 198면은 불법행위도 포함하여야 한다고 주장하고 있다.
2) 이 판결에 대한 평석으로는 오영준, "금전대여업에 종사하지 않은 상인의 금전대여행위와 상행위의 추정", 사법(사법연구지원재단 2009년), 211면 내지 241면 참조.

이 번복된다고 볼 수 없다.
(같은 취지: 대법원 2012.4.13. 선고 2011다104246 판결)

◆ 대법원 2012.7.26. 선고 2011다43594 판결

[1] 영업자금 차입 행위는 행위 자체의 성질로 보아서는 영업의 목적인 상행위를 준비하는 행위라고 할 수 없지만, 행위자의 주관적 의사가 영업을 위한 준비행위이고 상대방도 행위자의 설명 등에 의하여 그 행위가 영업을 위한 준비행위라는 점을 인식한 경우에는 상행위에 관한 상법의 규정이 적용된다.

[2] 영업을 준비하는 행위가 보조적 상행위로서 상법의 적용을 받기 위해서는 행위를 하는 자 스스로 상인자격을 취득하는 것을 당연한 전제로 하므로, 어떠한 자가 자기 명의로 상행위를 함으로써 상인자격을 취득하고자 준비행위를 하는 것이 아니라 다른 상인의 영업을 위한 준비행위를 하는 것에 불과하다면, 그 행위는 행위를 한 자의 보조적 상행위가 될 수 없다. 여기에 회사가 상법에 의해 상인으로 의제된다고 하더라도 회사의 기관인 대표이사 개인은 상인이 아니어서 비록 대표이사 개인이 회사 자금으로 사용하기 위해서 차용한다고 하더라도 상행위에 해당하지 아니하여 차용금채무를 상사채무로 볼 수 없는 법리를 더하여 보면, 회사 설립을 위하여 개인이 한 행위는 그것이 설립중 회사의 행위로 인정되어 장래 설립될 회사에 효력이 미쳐 회사의 보조적 상행위가 될 수 있는지는 별론으로 하고, 장래 설립될 회사가 상인이라는 이유만으로 당연히 개인의 상행위가 되어 상법 규정이 적용된다고 볼 수는 없다.

대법원은 주택건설업자의 아파트 입주 지연에 따른 지체상금은 상행위인 분양계약의 불이행으로 인한 손해배상채권으로서 그 지연손해금도 보조적 상행위로 인한 채권으로 판시하고(대법원 2000.10.27. 선고 99다10189 판결), 건축 및 실내장식업 등을 목적으로 설립된 A회사가 B회사의 M회사에 대한 차용금채무에 관한 연대보증인으로서 M회사의 금융기관에 대한 대출금을 변제함으로써 위 차용금채무를 변제한 것으로 하기로 M회사와 약정한 경우에 그 약정행위가 건축 및 실내장식업 등을 영업목적으로 하는 A회사의 영업으로 인한 행위라거나 영업을 위한 행위로 볼 수 없다고 단정한 것은 보조적 상행위에 관한 법리를 오해한 것이라고 판시하고(대법원 2005.5.27. 선고 2005다7863 판결), 또한 사업자금을 조달하기 위하여 계에 가입하여 발생한 계불입금채권은 보조적 상행위에 해당하는 행위라고 판시하며(대법원 2008.4.10. 선고 2007다91251 판결) 심지어 근로계약이나 단체협약이 보조적 상행위에 해당함을 이유로, 단체협약에 기한 근로자의 유족들의 회사에 대한 위로금채권에 5년의 상사소멸시효기간이 적용된다고 판시하고 있다(대법원 2006.4.27. 선고 2006다1381 판결).

준상행위는 의제상인의 행위를 말하는데 의제상인의 경우에도 영업으로 일정한 행위를 하여야 하므로, 비록 상법 제46조에 정한 기본적 상행위는 아니라도 영업으로 행하여 져야 한다. 준상행위의 경우에도 상행위의 통칙에 관한 규정이 적용된다(상 66조).

나. 상행위의 대리와 위임

상행위는 상인이 스스로 하는 경우도 있지만 그 규모에 따라 많은 보조자에 의하여 이루어지므로 어떤 법률행위보다도 대리에 친하고 대리행위를 많이 이용하게 되는데, 상거래는 몰개성적으로 대규모이고 반복적으로 행하여지는 점에 착안하여, 상행위법은 상거래행위의 신속성과 간편함을 도모하고 거래안정을 보호하기 위하여 민법상의 대리와 다른 몇 가지 규정을 두고 있다.

(1) 대리방식에 있어서의 특칙

(가) 비현명주의

민법은 대리인이 대리행위를 함에 있어서 상대방에 대하여 그 의사표시가 본인을 위한 것임을 표시하여야 그 의사표시의 효과가 본인에게 생기고(민 114조 1항), 본인을 위한 것임을 표시하지 아니한 때에는 그 의사표시는 자기를 위한 것으로 본다(민 115)는 이른바 현명주의를 취하고 있다.

이에 대하여 상법은 상행위의 대리인이 본인을 위한 것임을 표시하지 아니 하여도 그 행위는 본인에 대하여 효력이 있고(상 48조 본문), 상대방이 본인을 위한 것임을 알지 못한 때에는 대리인에 대하여도 이행의 청구를 할 수 있다(상 48조 단서)고 규정하여 이른바 비현명주의(익명주의)를 취하고 있다.

상행위의 대리방식에 있어서 비현명주의는 상인의 대리인이 상인에게 상행위가 되는 행위를 할 수 있는 적법한 대리권이 있으나 그 대리권을 표시하지 않고 행위를 한 경우에 적용된다. 만약 대리인의 행위가 상인에게 상행위가 되지 않거나 적법한 대리권이 없다면 적용되지 않는다고 할 것이고, 또한 본인에 대하여 상행위가 되는 행위를 대리한 경우에 적용되는 것으로서 상대방에 대하여 상행위가 되지만 본인에 대하여 상행위가 되지 않는 경우에는 해당되지 않는다고 할 것이다.

또한 행위의 특성상 문언성이 강조되는 어음수표행위의 대리에는 이러한 비현명주의가 적용되지 아니한다고 할 것이다

◈ 대법원 1996.10.25. 선고 94다41932, 41935 판결

상가건물 분양업체에게 그 소유자를 대리할 권한이 있고 그 점포의 분양행위가 그 규모 횟수 분양기간에 비추어 볼 때 본인인 상가 건물소유자의 상행위가 된다면 분양업체가 수분양자와 분양계약을 체결하면서 건물 소유자의 대리인임을 표시하지 아니하였

다 하더라도 상법 제48조에 의하여 유효한 대리행위로서 그 효과는 본인인 건물 소유자에게 귀속된다.

◆ 대법원 1987.7.21. 선고 87누224 판결

상법 제48조 및 제395조의 각 규정은 거래행위에 관하여 적용되는 규정들로서 조세의 부과 및 징수에 관하여는 적용될 것이 아니다.

◆ 대법원 1968.5.28. 선고 68다480 판결

어음행위의 대리에 있어서는 형식적 요건으로서 본인을 위한다는 대리의 문구를 기재하고 대리인이 기명날인을 하여야 하고 실질적 요건으로서는 대리인이 된 자가 본인을 위하여 어음행위를 할 수 있는 권한이 있어야 하는 것이나 위의 형식적 요건의 하나인 대리문구는 반드시 본인을 위하여서라는 문구의 기재가 없더라도 그 어음상으로 보아 일반적으로 기명날인을 한 자가 자기 자신을 위한 것이 아니고 다른 사람을 위하여 어음행위를 한 것이라고 보여지는 기재가 있으면 족하다 할 것이며 실질적 요건인 대리권한 유무는 일반적인 증거에 의하여 인정할 것이다.

◆ 대법원 2006.8.25. 선고 2004다26119 판결[3)]

[1] 신용제공을 수반한 국제거래계약에서 계약 당사자인 자회사가 신용도가 높은 모회사의 지분 비율 및 모회사의 계약 체결 승인 사실을 진술하는 조항을 두거나 그러한 내용의 확인서를 작성하여 상대방에게 교부하였더라도 그 자체만으로는 모회사에게 어떠한 의무를 발생시킨다고 볼 수 없고, 별도의 수권서류가 작성·교부되지 아니한 이상 이러한 진술 조항만으로 자회사의 의사가 모회사를 대리하여 계약을 체결하려는 것이었다고 해석할 수 없다.

[2] 자회사가 금전을 대출받거나 그 밖에 금전지급의무를 부담하는 국제금융거래에 있어, 모회사가 대주(대주)에게 보증의 의사를 추단할 문구가 전혀 없이 단지 모회사가 자회사의 지분을 보유하고 있다는 사실의 확인과 자회사의 계약 체결을 인식 또는 승인하였다는 등의 내용을 담은 서면을 작성·교부한 데 그친 경우, 자회사가 모회사를 대리하여 계약을 체결하였다거나 자회사가 체결한 계약상 채무를 모회사가 보증하였다고 해석할 수 없다.

◆ 대법원 2009.1.30. 선고 2008다79340 판결[4)]

조합대리에 있어서도 그 법률행위가 조합에게 상행위가 되는 경우에는 조합을 위한

---

3) 대법원은 이 판결을 통하여, 상행위의 대리에 비현명주의가 적용되더라도 최소한 대리권은 있어야 하고 대리권이 없는 경우 그 대리권을 추단시키는 정황적 사유만으로는 적법한 대리행위로서 인정할 수 없다고 판시하여, 상행위의 대리에 있어서 비현명주의의 지나친 확대를 허용하지 않으려는 듯하다.

4) 이 판결은, 갑이 금전을 출자하고 을이 골재를 생산하여 그 이익금을 분배하기로 하는 동업계약에서 을이 골재 현장의 터파기 작업에 투입될 중장비 등에 사용할 유류를 공급받는 행위는 상인인 갑과 을을 조합원

것임을 표시하지 않았다고 하더라도 그 법률행위의 효력은 본인인 조합원 전원에게 미친다.

(나) 대리행위의 비현명과 상대방의 부지

이처럼 상거래행위의 대리에 있어서는 비현명주의를 취하게 되므로, 대리인이 상인을 위한 것임을 표시하지 않은 채 거래를 한 경우라고 하더라도 그 법률관계는 상인과 상대방 사이에서 성립하게 되어 상인에게 그 법률효과가 발생하지만, 대리인이 상인을 위한 것임을 표시하지 않음으로써 상대방이 그 행위가 대리행위임을 모르고 마치 대리인 자신의 행위라고 믿은 외관을 보호하기 위하여 상법은 대리인에 대하여도 이행의 청구를 할 수 있도록 하고 있다(상 48조).

그러므로 이 규정의 취지에 비추어 볼 때, 상대방이 대리인의 의사표시가 본인을 위한 것임을 알지 못한 것에 대한 과실이 있다고 하더라도 적용되어야 할 것이고,[5] 대리인은 그 거래행위로 인한 법률관계의 당사자는 아니지만 상대방에 대한 이행책임만을 부담하는 것으로서 이때 상인과 대리인의 관계는 부진정연대채무의 관계에 있다고 해석하는 것이 타당할 것이다.[6] 이때 본인이 상대방에 대하여 이행을 청구할 수 있는 것은 당연하다고 할 것이다.

(2) 상사대리의 소멸

민법은 대리권이 본인의 사망으로 소멸되도록 규정하고 있으나(민 127조 1호), 상법은 이에 대한 특칙을 두어, 상인이 영업에 관하여 수여한 대리권은 본인의 사망으로 인하여 소멸하지 않는다고 규정하고 있다(상 50조).[7]

으로 한 조합이 그 영업을 위하여 하는 행위로서 보조적 상행위에 해당하므로 을이 유류를 공급받으면서 그 상대방에게 조합을 위한 것임을 표시하지 아니하였다 하더라도 상법 제48조에 따라 그 유류공급계약의 효력은 본인인 조합원 전원에게 미친다고 판시한 사례이다.

5) 이기수·최병규 259면, 이철송 300면, 정찬형 203면.
이에 대하여 민법 115조 단서에는 상대방이 선의 무과실일 것을 규정하고 있고 상법의 경우에도 상대방을 이보다 더 보호할 이유가 없다는 이유로 상대방이 무과실이어야 한다고 주장하는 견해(손주찬 221면, 안강현 184면, 최준선 227면)가 있으나 상행위의 특성에 비추어 민법상의 대리행위와는 다르게 해석할 필요가 있다고 할 것이다.

6) 손주찬 222면, 안강현 184면, 이철송 300면.
이에 반하여 대리인과 상대방 사이에도 법률관계가 성립하고 이때 상대방은 선택할 수 있다는 견해(최준선 227면)도 있으나 상법의 규정에 어긋나는 해석이라고 볼 것이다.

7) 2010년에 개정되기 전의 상법은 "상행위의 위임에 의한 대리권은 본인의 사망으로 인하여 소멸하지 아니한다"라고 규정하여 그 해석에 다툼이 있었는데, 일반적으로 위임된 행위가 상행위라는 뜻이 아니라 대리권을 수여하는 행위 자체가 상행위이어야 한다고 해석하여, 상인인 본인이 보조적 상행위로서 지배인(대리인)을 선임한 경우에는 그 본인이 사망하더라도 그 대리권이 소멸하지 않는다는 의미로 해석하였으나 이

이 규정은 본인이 상인인 경우에 한하여 적용되고, 대리행위의 상대방이 상인인지 여부는 불문한다고 할 것이며, 또한 대리인이 위임받아 하는 행위는 영업에 관한 대리행위이므로 본인인 상인에 대하여 기본적 상행위인지 보조적 상행인지를 가리지 않는다고 해석할 것이다.

상사거래의 경우는 특정한 상인보다는 그 상인의 영업활동이 중요하므로 상인의 사망으로 인하여 대리권이 당연히 소멸한다면 기업유지의 측면이나 또는 거래 안전의 보호라는 측면에서 바람직하지 않으므로 민법과 다르게 규정하고 있는 것이다. 그러므로 이 규정은 일정한 시점에 사망하는 자연인과 달리 해산과 청산절차를 가지고 있는 법인에는 적용되지 않는 것으로 해석하여야 할 것이나.

(3) 위임사무의 처리

민법은 위임의 경우 "수임인은 위임의 본지에 따라 선량한 관리자의 주의를 가지고 위임사무를 처리하여야 한다"고 규정하고 있으나(민 681조), 상법은 "상행위의 위임을 받은 자는 위임의 본지에 반하지 아니한 범위 내에서 위임을 받지 아니한 행위를 할 수 있다"고 규정하여(상 49조) 민법과는 다르게 규정하고 있다.

이러한 상법 규정의 의미를 민법의 규정과는 달리 수임인의 대리권 범위를 확장하는 규정이라는 견해도 있지만 일반적인 견해는 수임인은 위임의 취지를 합리적이고 실질적으로 해석하여 위임의 본지에 반하지 않는 범위 내에서 위임받지 아니한 행위일지라도 할 수 있는 것이 당연하므로 이 규정을 민법의 규정에 대한 예외규정은 아니고 그 취지를 명확히 하는 주의적 규정이라고 해석한다.

다. 계약의 성립과 청약수령자의 의무

(1) 청약의 구속력

민법은 계약의 성립시기에 관한 청약의 구속력에 대하여 대화자와 격지자를 구분하지 않은 채, 청약의 의사표시에 대하여 승낙기간을 정한 경우에는 그 승낙기간까지(민 528조), 승낙기간을 정하지 않은 경우에는 상당한 기간까지(민 529조) 승낙의 의사표시가 도달하지 아니하면 청약의 효력이 상실한다고 규정하여 승낙기간을 정한 경우와 승낙기간을 정하지 아니한 경우로 나누고 있으나, 이는 격지자의 경우에만 해당하고 대화자의

규정의 개정으로 인하여 그 의미가 명확해졌다.

경우에는 의사표시의 도달주의의 원칙(민 111조)에 따라 대화가 계속되는 동안에만 청약의 구속력이 존재한다고 해석하고 있다. 이에 반하여 상법은 청약의 구속력에 관하여 격지자와 대화자로 나누어 대화자간에 있어서 계약의 청약은 상대방이 즉시 승낙하지 아니한 때에는 그 효력을 잃는다(상 51조)라고 규정하는 한편, 격지자간의 계약의 청약은 승낙기간이 없으면 상대방이 상당한 기간 내에 승낙의 통지를 발송하지 아니한 때에는 그 효력을 잃는다(상 52조)라고 규정하였으나 2010. 5. 14. 개정으로 격지자간의 청약의 효력에 관한 상법 제52조를 삭제함으로써 격지자간의 청약의 효력은 민법의 규정에 의하게 되었다.

(가) 대화자 사이의 청약

상법은 대화자간의 계약의 청약은 상대방이 즉시 승낙하지 아니한 때에는 그 효력을 잃는다고 규정(상 51조)하고 있으므로, 청약의 효력은 상대방에게 즉시 발생하고 그에 대한 상대방의 승낙의 의사표시도 특단의 사정이 없는 한 즉시 이루어져야 할 것이다.

다만, 대화자간의 계약의 청약에 있어서도 승낙기간을 정할 수 있고 이러한 경우에는 그 기간까지 청약의 효력이 지속되는 것으로 해석하여도 무방할 것이다.

(나) 격지자 사이의 청약

상법 제52조의 규정은 2010. 5. 14. 개정으로 삭제됨으로써 결국 격지자 사이의 청약의 효력에 관하여는 민법의 규정에 따르게 되어, (1) 승낙기간을 정한 계약의 청약은 그 기간 내에 승낙의 통지를 받지 못한 때에 그 효력을 잃게 되고(민 528조 1항), (2) 승낙기간을 정하지 아니한 계약의 청약은 상당한 기간 내에 승낙의 통지를 받지 못한 때에 그 효력을 잃게 된다(민 529조).

(다) 계약의 성립

상법은 계약의 성립시기에 관한 규정을 두고 있지 않으므로 민법의 규정에 따라 해결해야 할 것이다.

민법의 규정에 의하면, 청약자가 승낙기간을 정한 경우에, 계약은 승낙자가 승낙의 통지를 발송한 때 성립하지만(민 531조), 청약의 효력은 청약자가 승낙기간 내에 승낙의 통지를 받지 못하면 소멸하게 되어(민 528조 1항) 계약은 성립하지 못하게 된다. 이처럼 민법은 계약의 성립과 청약의 효력에 관하여 발신주의를 원칙으로 하고 일정한 경우에는 도달주의에 의하도록 하고 있는데 이에 관한 일반적 견해는 "청약기간 내에 승낙의 의사표시가 도달하지 아니하였음을 해제조건으로 하여 승낙의 의사표시를 발신한 때 계약이 성립한다"고 해석하고 있다(해제조건설). 따라서 승낙기간을 정한 경우에는 승낙자가 승낙기간 내에 승낙의사를 발신하더라도 그 기간 내에 승낙의 의사표시가 청약자에게 도달하지 아니하면 계약은 성립되지 않는다.

또한 청약자가 승낙기간을 정하지 아니한 때에도 승낙자가 승낙의 통지를 발송한 때 계약은 성립하므로 설령 청약자가 승낙의 의사표시를 수령하지 못하였더라도 계약의 성립에는 영향이 없다고 해석하여야 하는 것은 발신주의의 원칙상 당연하고 그로 인한 불이익은 청약자가 부담하게 될 것이다.[8] 이 경우에 청약자가 계약의 성립을 부인하면 승낙자가 상당한 기간 내에 승낙의 의사표시를 발송하였음을 주장하고 증명하여야 할 것이다.

◆ 대법원 1994.8.12. 선고 92다23537 판결

유효기간을 1990.8.8. 18:00까지로 하는 청약의 취지가 담긴 상품거래제의문을 교부받은 일방 당사자가 같은 날 18:00를 58분 경과한 18:58에 그 거래제의문에 의한 청약을 아무런 수정 없이 승낙한다는 취지에서 거래제의문의 중요 부분을 그대로 기재한 상품매매기본계약서를 타방 당사자에게 교부한 경우, 그 유효기간으로 기재된 18:00는 청약의효력이 유지되는 최종시점이며 그 시각이 경과하면 거래제의문에 의한 청약은 그 효력이 상실된다고 봄이 신의칙에 합당하다.

(2) 청약에 대한 인낙통지의무

민법의 일반원칙상 청약을 받은 자는 승낙 여부를 청약자에게 통지할 의무가 있다고 할 수 없으므로 승낙의 의사표시가 없으면 승낙기간을 정하였는지 여부를 불문하고 청약은 효력을 잃어 계약은 성립되지 않은 것으로 보게 된다.

그런데 상법은 상인이 상시 거래관계에 있는 자로부터 그 영업부류에 속한 계약의 청약을 받은 때에는 지체 없이 승낙여부를 통지하여야 하고 이를 게을리 하면 승낙한 것으로 본다(상 53조)고 규정하여 민법에 대한 특칙을 규정하고 있다.

이 규정의 취지에 비추어 볼 때, 상시거래관계는 종래에 빈번한 거래관계가 있어 왔고 앞으로도 그러한 거래관계가 반복될 것으로 보이는 관계로서 특별한 사정이 없는 한 청약이 있으면 그에 대한 승낙이 당연히 예상되는 경우를 의미한다. 그러므로 청약자는 반드시 상인일 필요는 없으나 청약의 수령자는 상인이어야 한다. 또한 "지체없이"라는 개념은 과실의 존재를 전제로 하므로 청약의 상대방인 상인이 정당한 사유로 지체할 수

8) 이기수 · 최병규 286면, 이철송 319면.

밖에 없었던 경우에는 해당되지 않는다고 해석할 것이다.

이러한 상인의 청약에 대한 인락통지의무는 이를 배제하기로 하는 특약이 있거나, 청약의 내용이 종전의 거래관계에 비추어 이례적이었던 경우에는 적용될 수 없을 것이다.

이 같은 경우에 청약의 의사표시를 수령한 상인은 이 규정에 의한 계약의 성립을 방지하기 위해서 지체 없이 거절의 통보를 발송하여야 할 것이고, 거절의 의사표시를 일단 발송하였다면 설령 청약자가 거절의 의사표시를 수령하지 못하였더라도 계약은 성립하지 않는다고 해석하여야 하는 것은 발신주의의 원칙상 당연하고 그로 인한 불이익은 청약자가 부담하게 될 것이다. 다만 상인이 이러한 청약에 대한 인락통지의무를 게을리 한 경우에는 계약이 성립될 뿐이고 그에 따른 손해배상채무를 부담하는 것은 아니다.

대법원 1999.1.29. 선고 98다48903 판결

상시거래관계에 있는 자 사이에 그 영업부류에 속한 계약에 관하여 이루어진 것이어서 상법 제53조가 적용될 수 있는 경우가 아니라면, 청약의 상대방에게 청약을 받아들일 것인지 여부에 관하여 회답할 의무가 있는 것은 아니므로, 청약자가 미리 정한 기간 내에 이의를 하지 아니하면 승낙한 것으로 간주한다는 뜻을 청약시 표시하였다고 하더라도 이는 상대방을 구속하지 아니하고 그 기간은 경우에 따라 단지 승낙기간을 정하는 의미를 가질 수 있을 뿐이다.

대법원 2007.5.10. 선고 2007다4691, 4707 판결

통상의 금융거래에 있어서 연대보증인에서 제외시켜 달라는 채무자측의 요청은, 채권자인 금융기관의 입장에서 볼 때 이미 다른 확실한 물적·인적 담보가 확보되어 있다거나 또는 그 연대보증에 대신할 만한 충분한 담보가 새로이 제공된다는 등의 특별한 사정이 없는 한 그에 대한 승낙이 당연히 예상된다고 할 수는 없기 때문에, 위와 같은 특별한 사정이 없는 연대보증인 제외 요청에 대하여 금융기관이 승낙 여부의 통지를 하지 않았다고 하여 상법 제53조에 따라 금융기관이 그 요청을 승낙한 것으로 볼 수는 없다.

(3) 청약수령자의 물건 보관의무

민법은 청약과 함께 견본품 등의 물건을 받은 청약수령자가 청약을 거절한 경우에도 그 물건을 반환하거나 보관할 의무를 부담시키고 있지는 않으나, 상법은 상인이 그 영업부류에 속한 계약의 청약을 받은 경우에는 일정한 보관의무를 부담시키고 있다(상 60

조). 청약자는 상인임을 요하지 아니하나, 청약수령자는 상인이어야 하고 청약자와 상시적 거래관계에 있을 것이 요구되지는 않으나 적어도 자신의 영업부류에 속하는 계약의 청약을 수령한 자이어야 한다.

이러한 보관의무는 상거래의 안전을 도모하기 위하여 청약을 수령한 상인이 청약을 거절하는 때에 청약수령자의 점유에 속하게 된 청약자의 물건을 보전하기 위하여 특별히 부과되는 상법상의 의무이므로 청약수령인이 물건의 수령 자체를 거절하여 회피할 수는 없다고 해석되고, 또한 그 청약이 격지자 사이에서 있었든 대화자 사이에서 있었든 상관없이 인정되는 의무라고 할 것이다.[9]

이러한 보관의무는 상법이 정한 특별한 의무이므로 청약수령자가 보관의무를 이행하였다고 하여 별도의 보수를 청구할 수 없고, 물건의 보관은 선량한 관리자의 주의로써 하여야 하므로 이를 게을리하여 청약자에게 손해가 발생한 경우에는 이를 배상하여야 한다. 다만 물건의 가액이 보관비용을 상환하기에 부족하거나 보관으로 인하여 청약수령자가 손해를 입을 우려가 있을 때에는 보관의무가 면제된다(상 60조 단서).

◆ 대법원 1996.7.12. 선고 95다41161, 41178 판결

상법 제60조는 상거래에 있어 청약을 받은 상인에게 일정한 범위 내에서 청약과 동시에 송부받은 견품 등 물건에 관하여 그 청약을 거절하는 경우라도 이를 반송할 때까지 보관의무를 지움과 아울러 그 보관에 따르는 비용의 상환을 구할 수 있음을 정한 규정으로서 그 송부 받은 물건의 현상이나 가치를 반송할 때까지 계속 유지, 보존하는 데 드는 보관비용의 상환에 관한 규정일 뿐 그 물건이 보관된 장소의 사용이익 상당의 손해의 배상에 관한 규정은 아니다.

라. 상행위의 영리성에 따른 특칙

(1) 금전소비대차계약의 이자 청구권

민법상의 소비대차계약은 무이자가 원칙이고(민 598조), 이자지급에 관한 특약이 있을 때에만 이를 청구할 수 있으나, 상법은 상인이 그 영업에 관하여 금전을 대여한 경우에는 법정이자를 청구할 수 있다(상 55조 1항)[10]고 규정하여 상법상의 금전소비대차계약

9) 이철송 323면, 정동윤 162면, 최준선 243면.

10) 이 부분은 2010년 개정 전에는, 「"상인간에서" 금전의 소비대차를 한 때에는 대주(貸主)는 법정이자를 청구할 수 있다」로 규정되어 반드시 상인간의 금전대차에만 법정이자를 청구할 수 있다고 해석할 수밖에 없어, 「상인이 그 영업범위 내에서 "타인을 위하여" 금전을 체당한 때에는 체당한 날 이후의 법정이자를 청구할 수 있다」고 규정한, 같은 조 2항과 균형이 맞지 않았는데 개정상법에 의하면 상인이 비상인에게 그 영업에 관하여 대여하는 금전에도 법정이자를 청구할 수 있도록 하였다.

은 이자지급에 관한 특약이 없더라도 당연히 이자를 청구할 수 있도록 하고 있다.

◈ 대법원 2007.3.15. 선고 2006다73072 판결

[1] 상인 간에서 금전소비대차가 있었음을 주장하면서 약정이자의 지급을 구하는 청구에는 약정 이자율이 인정되지 않더라도 상법 소정의 법정이자의 지급을 구하는 취지가 포함되어 있다고 보아야 한다.

[2] 대여금에 대한 약정이자의 지급 청구에는 상법 소정의 법정이자의 지급을 구하는 취지도 포함되어 있다고 보아야 하므로, 법원으로서는 이자 지급약정이 인정되지 않는다 하더라도 곧바로 위 청구를 배척할 것이 아니라 법정이자 청구에 대하여도 판단하여야 한다.

이 규정에 따를 때 금전대여행위가 상인에게 기본적 상행위일 필요는 없으나 "영업에 관한 금전대여"이어야 하므로 적어도 보조적 상행위이어야 한다고 할 것이다.

민법상의 소비대차계약은 무상임을 원칙으로 하므로 반드시 이자를 지급하여야 하는 것은 아니고, 또한 민법은 채권의 이행을 구함에 있어서 이자의 약정이 있으나 이율의 약정이 없는 경우에 한하여 법정이율을 적용하도록 정하고 있으므로(민 379조), 민법상의 금전소비대차에 있어서는 이자의 약정 자체가 없으면 법정이율에 의한 이자청구가 불가능하게 된다. 그러나 상법상의 금전소비대차에서는 이자의 약정이 없더라도 법정이율에 의한 이자의 청구를 할 수 있다는 점에서 민법에 대한 특칙이라고 할 것이다.

(2) 체당금에 대한 이자청구

상법은 상인이 그 영업범위 내에서 타인을 위하여 금전을 체당(替當)한 때에는 체당한 날 이후의 법정이자를 청구할 수 있다(상 55조 2항)고 규정하고 있다. 체당이란 금전의 소비대차계약에 의함이 없이 타인을 위하여 금전을 출연, 예컨대 등록비, 창고료, 운임 등을 대납하는 것을 의미하는데, 이러한 금전의 체당은 위임이나 도급 혹은 위탁매매나 운송 등과 같은 계약관계에서 발생할 수도 있고 사무관리 등으로 발생할 수도 있다. 위임이나 임치계약과 같은 경우에는 민법에서도 지출한 날 이후의 이자를 청구할 수 있으므로(민 688조 1항, 701조) 이 규정이 큰 의미가 있지 않을 수 있다. 그러나 사무관리의 경우에 민법에서는 비용상환청구권이 인정될 뿐이고(민 739조 1항) 그에 따른 이자를 청구할 수 없으나, 상법은 이러한 경우에도 법정이자를 청구할 수 있도록 규정함으로써 상인이 사무관리행위로 인하여 비용을 지출한 경우에 특약이 없더라도 법정이자를 청구할 수 있다는 점에서 상법의 이 규정은 실익이 있다고 할 것이다.

상법의 규정을 엄격히 해석하여, 상인이 금전을 체당하기 위하여 제3자로부터 금전을 차용한 경우에는 이 규정이 적용될 수 없다고 보는 견해도 있으나, 상인이 타인을 위하여 체당하는 금전의 원천이 어디인지에 따라 이 규정의 적용여부를 달리한다는 것은 합당치 못한 해석이라 할 것이므로 상인이 제3자로부터 차용한 돈으로 타인을 위하여 체당한 경우에도 법정이자를 청구할 수 있다고 할 것이다. 다만 상인이 제3자로부터 금전을 차용함에 있어서 그 이율이 법정이율을 초과하는 경우에도 법정이율만을 청구할 수 있을 뿐이고, 다만 그 초과이율에 대하여 타인으로부터 명시적이거나 묵시적인 위임을 받은 경우에는 그 초과하는 부분에 관하여는 필요비로서 청구하거나 타인이 이를 변제하도록 할 수 있다고(민 688조 1항, 2항) 할 것이다.

(3) 상사법정이율

민법은 이자있는 채권의 이율은 다른 법률의 규정이나 당사자의 약정이 없으면 연 5푼으로 한다(민 379조)고 규정하여 민법상의 법정이율을 연 5푼으로 정하고 있으나, 상법은 상행위의 경우에 투자수익률이 민사상의 거래행위보다는 더 높은 점을 고려하여 상행위로 인한 채무의 법정이율을 연 6푼으로 정하고 있다(상 54조).

이러한 상사법정이율은 쌍방적 상행위인지 일방적 상행위인지를 가리지 않고, 기본적상행위인지 보조적 상행위인지를 불문하고 적용된다. 또한 상행위로 인한 채무이거나 그 변형으로 인정되는 채무 예컨대 채무불이행으로 인한 손해배상채무라든가 계약해지로 인한 원상회복채무에도 적용되지만 불법행위로 인한 손해배상채무는 제외된다고 할 것이다.

법정이율은 채권의 이행을 구함에 있어서 이자의 약정은 있으나 이율의 약정이 없는 경우(민 379조) 혹은 이자가 법률에 의하여 발생하는 경우(민 587조 2문, 748조 2항)에 적용하게 되므로, 상행위로 인한 채권의 경우에도 이자의 약정이 있으나 이율의 약정이 없는 경우 또는 이자가 법률에 의하여 발생하는 경우에만 법정이율이 적용되어야 하지만, 상법은 상인의 금전소비대차의 경우에는 법정이율이 적용되도록 정하고 있으므로(상 55조 1항), 상인이 금전소비대차를 한 경우에는 이자의 약정이 없더라도 법정이율에 의한 이자를 청구할 수 있으나, 금전소비대차 이외의 상거래로 인한 금전채무의 이행을 청구하는 경우에는 이자의 약정이 없었다면 법정이율에 의한 이자를 청구할 수 없게 된다. 다만 금전채무의 불이행에 따른 지연손해금에는 이자 약정의 유무를 불문하고 법정이율에 의한 이자를 구할 수 있으므로(민 397조), 이 경우에는 상사법정이율인 연 6%의 이자를 구할 수 있으나 만약 소송상 구하는 경우에는 소송촉진등에관한 특례법에 따른 이율의 적용이 있게 된다.

◆ 대법원 1992.7.28. 선고 92다10173 판결

건설회사가 이자 약정하에 금원을 차용하였다가 아파트로 일부변제에 충당하고 채무액을 새로 정하여 정산합의를 한 경우에 있어 …(중략)… 약정이율이 적용되지 않는다 하더라도 잔존채무에 대한 정산약정은 상인인 건설회사가 그 영업을 위하여 한 상행

위로 추정되므로 상사법정이율에 의하여야 할 것이다.

◆ 대법원 2000.10.27. 선고 99다10189 판결

주택건설사업 등을 목적으로 하는 영리법인인 주택건설업자의 아파트분양계약은 그의 영업을 위하여 하는 상행위라 할 것이고, 당사자 쌍방에 대하여 모두 상행위가 되는 행위로 인한 채권뿐만 아니라 당사자 일방에 대하여만 상행위가 되는 행위로 인한 채권도 상사법정이율이 적용되는 상사채권에 해당한다고 할 것인바, 그 주택건설업자의 아파트 입주 지연에 따른 지체상금은 상행위인 분양계약의 불이행으로 인한 손해배상채권으로서 그 지연손해금에 대하여도 상법 제54조 소정의 연 6푼의 상사법정이율을 적용하여야 한다.

◆ 대법원 2004.3.26. 선고 2003다34045 판결

상법 제54조의 상사법정이율은 상행위로 인한 채무나 이와 동일성을 가진 채무에 관하여 적용되는 것이고, 상행위가 아닌 불법행위로 인한 손해배상채무에는 적용되지 아니한다.

(같은 취지: 대법원 1985.5.28. 선고 84다카966 판결)

(4) 보수청구권

민법에 의할 때, 타인을 위한 행위에 대하여는 보수를 청구하지 못하는 것이 원칙이라고 할 것이지만(민 686조 1항, 701조), 상법은 상인이 그 영업범위 내에서 타인을 위하여 행위를 한 때에는 상당한 보수를 청구할 수 있도록 규정하여(상 61조) 상인에게 보수청구권을 당연히 인정하고 있다.

상인의 보수청구권은 상대방이 상인이 아니어도 인정되고, 또한 영업의 범위 내에서 한 행위란 영업으로 한 행위(기본적 상행위)와 영업을 위하여 한 행위(보조적 상행위)를 모두 포함하며 그 법률적 혹은 사실상의 효과가 타인에게 귀속하는 행위로서 널리 타인의 이익을 위하여 행위한다는 의미로 해석하여야 할 것이다. 이때 상인에게 인정되는 상당한 보수는 제반사정을 종합하여 사회통념과 거래관행에 의하여 결정될 것이다. 다만, 당사자 사이에서 보수지급을 배제하는 특약이 있거나, 보수를 지급하지 않는 것이 관행이거나 사회통념인 경우 또는 상인의 보수가 이미 운임이나 매매대금 등이 포함되어 있는 경우에는 별도의 보수를 청구할 수 없다고 할 것이다.

이 밖에도 상법은 상인에게 일정한 경우에 보수의 청구를 할 수 없도록 규정하고 있는가 하면(상 134조), 보수청구시기를 정하고 있는 경우도 있다(상 100조 1항, 상 119조, 162조 1항).

◆ 대법원 1977.11.22. 선고 77다1889 판결

상법 제61조에 의하면 상인이 그 영업범위내에서 타인을 위하여 행위를 한 때에는 이에 대하여 상당한 보수를 청구할 수 있다고 규정되어 있고, 여기에 타인을 위하여 행위한다 함은 타인의 이익을 위하여 행위한다는 뜻이라 할 것인바 … (중략) … 가사 원고가 부동산소개업자인 사실을 알았다고 하더라도 원고가 이건 부동산매매중개에 있어서 피고의 이익을 위하여 행위한 사실이 인정되지 않는 이상 원고에게는 위 상법상의 보수청구권이 없음은 위 상법 61조의 해석상 명백한 법리라 할 것이다.

◆ 대법원 2007.9.20. 선고 2006다15816 판결

상법 제61조는 상인이 그 영업범위 내에서 타인을 위하여 행위를 한 때에는 이에 대하여 상당한 보수를 청구할 수 있다고 규정하고 있는바, 이는 타인을 위하여 어떠한 행위를 하여도 특약이 없으면 보수를 청구할 수 없다는 민법 제686조, 제701조의 규정과 달리, 상인의 행위는 영리를 목적으로 하고, 영업범위 내에서 타인을 위하여 노력을 제공한 때에는 그 보수를 기대하고, 이로 인하여 이익을 얻은 자는 응분의 보수를 지급하는 것이 상거래의 통념에 부합한다고 보아서 인정되는 규정이므로, 당사자 사이에 이를 배제하는 특약이 있는 경우에는 그 적용이 없다고 할 것이다.

그런데 앞서 본 바와 같이 이 사건 용역계약의 보수지급약정을 일정한 조건 성취를 전제로 한 성공보수금으로 약정하였다면 그 조건이 성취되지 아니하여 원고가 성공보수금의 청구를 할 수 없는 이상 별도의 보수도 청구할 수 없다고 해석함이 위 보수지급약정의 반대해석에 비추어 당연하고, 따라서 당사자 사이의 이와 같은 성공보수약정은 상법 제61조에 의한 상인의 보수청구권을 배제하는 특약으로 봄이 상당하다.

마. 채무의 이행

(1) 이행장소

민법은 채무가 그 채무의 성질에 따라 특정한 장소에서 이행되어야 하거나 혹은 당사자가 특정한 장소를 정한 경우에는 그 특정한 장소에서 이행하는 것을 원칙으로 하고, 그 이외의 경우에 있어서는 일정한 기준에 따라 채무의 이행장소를 정하고 있다(민 467조, 516조). 채무의 성질에 따라 이행장소를 정할 수 있는 경우가 아니거나, 또한 당사자 사이에서 이행장소를 정하지도 아니한 경우에 민법은 채무이행이 특정물의 인도라면 채권성립 당시 그 물건이 있던 장소를 이행장소로 정하고(민 467조 1항), 또한 채무이행이 특정물의 인도가 아니라면 채권자의 현 주소에서 행하여지거나 혹은 영업에 관한 채무의 경우에는 채권자의 현영업소를 채무이행의 장소로 정하고 있다(민 467조 2항). 다만 지시채권이나 무기명채권일 경우에는 채무자의 현주소를 채무이행의 장소로 정하고 있다

(민 516조).

상법은 채무이행장소에 관하여 채권자의 지점에서의 거래로 인한 채무이행의 장소가 그 행위의 성질 또는 당사자의 의사표시에 의하여 특정되지 아니한 경우에는 특정물의 인도 이외의 채무의 이행은 그 지점을 이행장소로 본다고 규정(상 56조)[11]함으로써 민법 제467조 2항 단서에 대한 특칙을 두고 있다. 그러나 그 밖의 채무이행장소에 관하여는 위에서 본 민법상의 채무이행의 장소에 관한 규정이 적용될 것이다.

이처럼 지명채권의 경우에는 원칙적으로 채권자의 현주소가 채무이행의 장소(이른바 지참채무)인데 반하여 지시채권의 경우에는 채무자의 현주소를 채무이행의 장소(이른바 추심채무)로 하고 있는 이유는 지시채권의 경우에는 그 채권이 전전유통하게 되어 채무자로서는 채권자를 알 수 없기 때문이다.

(2) 이행시기

거래시간과 이행 또는 그 청구의 시간에 관하여 민법은 아무런 규정을 두고 있지 않으나 상법은 법령 또는 관습에 의하여 영업시간이 정하여져 있는 때에는 채무의 이행 또는 이행의 청구는 그 시간 내에 하여야 한다(상 63조)고 규정하고 있다. 아무런 규정을 두고 있지 않은 민법의 경우에도 영업에 따른 거래의 관행 내지는 사회통념에 따라 정해진다고 해석되므로, 상법의 위 규정은 임의규정으로 해석된다고 할 것이고 당사자 사이에서 이와 다른 약정을 할 수 있음은 당연하다고 할 것이다.

이 규정은 당사자의 일방만이 상인인 경우에도 적용된다고 할 것이므로 영업시간을 가지고 있는 상인과 고객인 비상인 사이에도 적용된다고 할 것이다.

그러므로 채무자가 영업시간 외에 이행을 한다면 채권자는 이를 수령할 의무가 없고 따라서 수령지체가 되지도 않는다고 해석할 것이다. 마찬가지로 이행의 청구도 영업시간 내에 하여야 하므로 채권자가 영업시간 이외의 시간에 이행을 구하더라도 채무자는 이행할 의무가 없고 따라서 이행지체가 되지 않고 시효중단의 효력도 없다고 할 것이다.

---

11) 이 부분은 종래에는 "지점에서의 거래 …"라고 규정하고 있던 것을 2010년 개정으로 "채권자의 지점에서의 거래 …"로 한정하여 규정하고 있다.
그런데 종래의 규정은 해석상 지점거래로 인한 지참채무의 경우에도 상법이 적용되게 되므로 결국 그 지점이 채무자의 지점일 경우에는 민법과 달리 추심채무(그 지점이 채권자의 지점일 경우에는 민법과 같이 지참채무로 된다)가 된다고 해석할 여지도 있었으나 이제는 명확해졌다고 할 것이다.

바. 다수채무자의 관계

(1) 다수채무자의 연대책임

민법은 채무자가 수인인 경우 특별한 약정이 없는 한 균등비율로 의무를 부담하는 분할채무를 원칙으로 하고 있으나(민 408조), 상법은 수인의 채무자가 그 1인 또는 전원에게 상행위가 되는 행위로 인하여 채무를 부담한 때에는 특별한 약정이 없어도 연대하여 변제책임을 부담하는 연대채무를 원칙으로 하고 있다(상 57조 1항).

상법상 수인의 채무자가 있는 경우에 이와 같은 연대채무를 부담하기 위해서는 채무 발생의 원인이 되는 행위가 채무자 1인 또는 전원에 대하여 상행위이어야 하므로, 채권자가 상인인지 여부는 불문하나 채무자들 중에서 반드시 1인 이상은 상인이어야 하고, 여기서 의미하는 상행위란 기본적 상행위뿐만 아니라 보조적 상행위도 포함된다. 또한 채무는 상행위로 인하여 직접적으로 발생한 채무는 물론이고 상행위로 인한 채무와 동일성이 인정되는 경우, 예컨대 상행위로 인한 채무의 불이행으로 발생한 손해배상채무 또는 상행위로 인한 계약의 해제로 발생한 원상회복의무 등도 포함한다고 할 것이지만,[12] 적어도 그 채무는 수인의 채무자가 공동의 목적을 위하여 한 행위에 의한 것이어야 할 것이다.

◆ 대법원 1976.1.27. 선고 75다1606 판결

"갑"과 "을"은 시멘트가공보도부록 등을 제조판매하는 "병"회사로부터 물품을 구입하여 동업으로 "정"에 공사자재납품을 하는 사업 및 도로포장 공사를 하되 "갑"은 주로 "정"에 대한 교섭과 사업자금을 제공하고 "을"은 물품의 구입과 납품 및 금전출납 등 업무를 분담 종사한 경우에는 "갑"과 "을"은 동업자로서 "병"에 대하여 상법 제57조에 따른 상행위로 인하여 위 물품대금채무를 부담한 것이므로 연대하여 이를 변제할 책임이 있다

◆ 대법원 1998.3.13. 선고 97다6919 판결[13]

조합의 채무는 조합원의 채무로서 특별한 사정이 없는 한 조합채권자는 각 조합원에 대하여 지분의 비율에 따라 또는 균일적으로 변제의 청구를 할 수 있을 뿐이나, 조합채무가 특히 조합원 전원을 위하여 상행위가 되는 행위로 인하여 부담하게 된 것이라면

12) 손주찬 242면, 이철송 336면, 정찬형 214면, 최준선 245면.

13) 대법원은, 조합의 형태로 주택분양사업을 동업하는 과정에서 체결한 부동산매매계약에 따른 소유권이전등기의무가 이행불능이 됨으로써 부담하게 되는 손해배상채무는 그 조합원 전원을 위하여 상행위가 되는 행위로 인하여 부담하게 된 경우에 해당하므로 연대하여 이를 이행할 의무가 있다고 판시하고 있다.

상법 제57조 제1항을 적용하여 조합원들의 연대책임을 인정함이 상당하다.

◆ 대법원 1991.11.22. 선고 91다30705 판결[14]

조합의 채권자가 조합원에 대하여 조합재산에 의한 공동책임을 묻는 것이 아니라 각 조합원의 개인적 책임에 기하여 당해 채권을 행사하는 경우에는 조합원 각자를 상대로 하여 그 이행의 소를 제기할 수 있고, 한편 그 조합채무가 특히 조합원 전원을 위하여 상행위가 되는 행위로 인하여 부담하게 된 것이라면 그 채무에 관하여 조합원들에 대하여 상법 제57조 제1항을 적용하여 연대책임을 인정함이 마땅하다고 볼 것이다.

(같은 취지: 대법원 1996.3.13. 선고 97다6919 판결)

상법 제57조 1항의 규정은 이른바 동업관계에 있는 조합계약의 채무에 관하여 조합원들에게 책임을 물을 경우에 적용하는 사례가 많은바, 원칙적으로 조합의 재산관계는 조합원들에게 합유적으로 귀속되므로 대외적으로 조합의 채무는 조합재산으로 책임을 부담하고 그것이 미치지 못할 경우 조합원에게 각 손실분담의 비율에 의하여 책임을 물을 수 있으나(민 711조), 이 상법의 규정에 해당한다면 각 조합원들에 대하여 연대책임을 물을 수 있어 채권자에게 유리하게 된다.

특히 대법원은 수인이 반드시 조합계약에 의하여 상거래를 한 것이 아니더라도 일부 행위를 공동으로 하였고 그에 의하여 채무가 발생한 경우에까지 이를 확대하고 있으나(대법원 2001.11.13. 선고 2001다55574 판결), 대규모 기업집단에 있어서 그 기업집단에 속한 계열회사가 공동적으로 대외적 거래행위를 하여 채무가 발생한 경우에는 계열회사들의 연대책임을 부인하고 있다(대법원 1987.6.23. 선고 86다카633 판결).

채무자 중 1인이 상인이고 다른 채무자는 상인이 아닌 경우 상인이 아닌 자의 채무는 상사채무가 되지 않지만, 상법 제3조는 당사자 중 1인의 행위가 상행위인 경우에는 전원에 대하여 상법이 적용되므로 결국 채무자는 연대하여 채무를 부담하게 되고 아울러 상사시효(상 64조)와 상사법정이율(상 54조) 등과 같은 상법의 규정이 적용된다.[15] 다만, 상법 제57조 1항의 규정은 성질상 임의규정이라고 할 것이므로 당사자 사이에서 이와 다른 약정을 하는 것은 무방하다고 할 것이다.

(2) 보증인의 연대책임

민법상 보증인에게는 최고, 검색의 항변권이 인정되고 연대의 특약이 있는 경우에 한하여 보증인은 주채무자와 연대하여 책임을 지게 된다(민 437조).

---

14) 대법원은, 상가건물의 건축 및 그 점포 분양 등 사업을 공동으로 경영하기로 하면서 분양한 상가건물 내의 점포에 관한 분양계약을 합의해제하면서 지급하기로 한 금전 및 그에 대한 지연손해금을 지급할 의무는 조합원 전원에 대한 연대채무라고 판시하고 있다.

15) 대법원 2014.4.10. 선고 2013다68207 판결.

이와 달리 상법은 보증행위 자체가 상행위이거나 상행위로 인하여 발생한 주채무를 보증하는 경우에는 이러한 최고 및 검색의 항변권이 인정되지 않고 연대의 특약이 없더라도 주채무자와 당연히 연대하여 책임을 부담하도록 규정하고 있다(상 57조 2항).

보증행위 자체가 상행위인 경우로는 금융기관의 보증행위와 같이 기본적 상행위가 되거나, 본사의 대리점을 위한 보증행위처럼 본사의 영업을 위한 행위로서 보조적 상행위가 되는 예를 들 수가 있고, 또한 상행위로 인하여 발생한 주채무를 보증하는 경우로는 상인의 금전소비대차에 대하여 지급 보증하는 예를 들 수가 있다.

그런데 채무자가 상인이어서 주채무가 상행위로 인하여 발생하였다고 할 수 있는 경우에는 채권자가 상인인지 여부는 불문하지만, 채무자가 상인이 아니더라도 채권자가 상인이어서 주채무가 상행위로 인하여 발생하였다고 할 수 있는 경우에까지 상법의 이 규정을 적용할 것인가에 관하여, 이를 긍정하는 견해[16]도 있고, 같은 취지의 오래된 대법원의 판결도 있지만,[17] 채무자의 상행위에 관하여만 적용하는 상법 제57조 1항과의 균형상 옳지 않다고 할 것이고 또한 이를 인정하게 되면 상인에게는 유리하지만 상인이 아닌 자에게는 부당하게 불리하므로 인정하여서는 아니 될 것이다.[18]

주식회사(상인)가 은행(상인)으로부터 영업자금을 대출받는 경우(보조적 상행위)에 대표이사가 개인적으로 연대의 특약이 없이 보증인이 되었더라도 대표이사는 연대보증의 책임이 있다고 할 것이나, 박사과정에 있는 자(비상인)가 은행(상인)으로부터 학자금을 대출받음에 있어서 농업에 종사하는 부친(비상인)이 연대의 특약이 없이 보증인이 된 경우에 과연 연대보증책임을 부담할 것인가에 관하여 견해의 대립에 따라 차이가 있다.

한편 수인의 보증인이 동일한 주채무를 각자의 행위로 보증한 경우에, 민법의 경우(민 439조)와 같이 이른바 분별의 이익을 인정하여 보증인 상호간의 연대책임을 부인하는 견해[19]와 이를 인정하는 견해[20]가 대립되고 있다. 상법에 별도의 규정이 없으므로 민법을 적용하여야 할 것이다. 그러므로 보증인들 상호간에는 분별의 이익이 인정되어 연대책임은 부인된다고 할 것이고, 대법원도 이와 같은 입장에서 판결하고 있다.

---

16) 손주찬 243면, 최기원 243면.
17) 대법원 1959.8.27. 선고 4291민상407 판결.
18) 이철송 340면, 정동윤 169면, 정찬형 216면, 최준선 249면.
19) 강위두/임재호 194면, 정동윤 170면.
20) 이기수・최병규 280면, 정찬형 217면, 최준선 249면.

주식회사(상인)가 자신의 판매대리상(상인)이 은행(상인)으로부터 영업자금을 대출받는데 연대의 특약 없이 보증을 서고 이와는 별도로 보증보험회사(상인)에서 연대의 특약이 없이 판매대리상의 대출금채무에 대한 지급보증을 한 경우 주식회사와 보증보험회사 사이에 분별의 이익이 인정되는지의 문제이다.

사. 상사유치권

(1) 상사유치권의 의의

민법상 유치권이란 타인의 물건 또는 유가증권을 점유하고 있는 자가 그 물건 등에 관하여 발생한 채권의 변제를 받을 때까지 그 물건을 유치할 수 있는 권리(민 320조)를 말하는데, 상거래는 반복성과 신속성이란 특성이 있으므로 보다 신속하고 간편한 방법으로 상거래상의 채권에 대한 담보를 확보할 필요성에서, 상법은 유치목적물과 유치권의 피담보채권 사이의 견련성을 요구하지는 않지만 유치목적물이 채무자의 소유에 속할 것을 요구하는 등 민법과 다른 규정을 두고 있다.

유치권은 채권을 변제받을 때까지 점유하는 목적물을 유치하고 인도를 거부함으로써 채무자에게 심리적 압박을 가하여 변제를 간접적으로 강제한다는 점과 일정한 요건이 갖추어지면 법률상 당연히 성립한다는 점에서 다른 담보물권과 구별된다.

상법상의 유치권에는 상인간의 상거래에서 일반적으로 인정되는 유치권(상 58조)뿐만 아니라 대리상(상 91), 위탁매매인(상 111조, 91조), 준위탁매매인(상 113조, 91조), 운송주선인(상 120조) 및 육상운송인(상 147조, 120조)의 유치권과 선장의 유치권(상 807조 2항) 등이 있는데 전자를 일반상사유치권이라고 하고 후자를 특별상사유치권이라고 한다. 이러한 민법상의 유치권과 일반상사유치권 그리고 특별상사유치권은 서로 그 요건을 달리하므로 각 요건이 충족되면 선택적 혹은 중첩적으로 행사할 수 있다.

이곳에서는 일반상사유치권인 상인간의 상거래에서 인정되는 유치권만을 보고 특별상사유치권은 각기 해당분야에서 별도로 살펴보기로 한다.

(2) 상인간의 일반상사유치권

상법은 상인간의 상행위로 인한 채권이 변제기에 있는 때에 채권자는 변제를 받을 때까지 그 채무자에 대한 상행위로 인하여 자기가 점유하고 있는 채무자소유의 물건 또는 유가증권을 유치할 수 있다(상 58조)고 규정하여, 상인간의 상거래로 인한 채권에 터

잡은 일반상사유치권을 인정하고 있다.

일반상사유치권의 당사자는 상인이어야 하는데 피담보채권의 변제기 또는 유치권을 행사할 때에는 상인자격을 가지고 있을 필요는 없지만 적어도 피담보채권의 성립시 그리고 유치목적물의 점유가 개시된 시점에서는 채권자와 채무자가 모두 상인자격을 가지고 있어야 한다.[21)]

피담보채권은 상인들 사이의 쌍방적 상행위로 인하여 발생한 것으로서 변제기가 도래한 채권이어야 하므로 그것이 기본적 상행위로 인한 것이든 보조적 상행위로 인한 것이든 불문한다. 또한 금전의 지급을 구하는 채권이어야 하지만 물건의 지급이나 반환을 구하는 채권이더라도 그 불이행으로 인하여 금전의 손해배상을 구하는 채권이라면 상사유치권이 성립한다. 그러나 적어도 상사유치권의 성질상 채무자가 상사유치권의 성립을 예견할 수 있어야 할 것이므로 제3자로부터 양수한 채권은 비록 그 양도인이 상인이라도 유치권이 성립하지 않는다고 할 것이다. 다만 양도성이 있는 증권채권의 경우에는 채권자의 변경을 예상할 수 있으므로 새로운 채권의 새로운 취득자가 이를 이용하여 자신이 이미 점유하고 있던 채무자의 물건에 대하여 상사유치권을 행사할 수 있다고 할 것이다. 물론 상속이나 회사의 합병과 같이 채권이 포괄적으로 승계되거나 혹은 영업양도와 같이 채권이 다른 재산과 일괄하여 양도된 경우에는 유치권의 성립을 인정하여도 무방할 것이다.

◆ 대법원 2000.10.10. 자 2000그41 결정

채무자에게 자신의 외국 현지법인을 통하여 채무자에 대한 사전통지 또는 동의 없이 주간사에 대한 등록절차만으로 금융기관간의 채권양도를 예정하고 있는 양도성 대출계약에 따른 대출을 실행하였다가 그 현지법인이 폐지되면서 그 대출금채권의 관리를 채권양도 형식으로 이관받은 금융기관이 채무자로부터 별개의 대출금채무의 상환유예에 대한 담보로 질권설정받은 유가증권을 그 대출금채무가 변제된 이후에도 채무자의 요청에 따른 별도의 채권발행보증에 대한 담보로 계속하여 점유하고 있은 경우, 그 금융기관은 그 유가증권에 관하여 그 양도성 대출계약에 따른 대출금채권을 피담보채권으로 하는 상사유치권을 가진다.

유치의 목적물은 채권자가 채무자에 대한 상행위로 인하여 점유하고 있는 채무자 소유의 물건 또는 유가증권이므로 점유취득행위 자체가 상행위일 필요는 없으나 점유를 취득하게 된 원인이 상행위일 것을 의미하고, 또한 점유취득의 원인이 되는 상행위는

---

21) 이철송 309면, 정찬형 208면, 최기원 229면, 최준선 233면.

반드시 쌍방적 상행위일 필요는 없고 채권자에게만 상행위가 되는 일방적 상행위라고 하더라도 가능하며 그것이 기본적 상행위이든 보조적 상행위이든 불문하고 상사유치권이 성립한다고 할 것이다.[22)]

채무자가 소유하는 물건이나 유가증권이어야 하므로 단순한 권리에는 유치권을 행사할 수 없다. 이때 물건의 범위에 부동산을 포함시킬 수 없다는 견해도 있으나 민법과 달리 상사유치권의 경우에만 부동산을 배제할 이유가 없으므로 부동산도 포함시켜야 할 것이다.[23)]

특히 민법상의 유치권이 성립하기 위해서는 피담보채권이 채권자가 점유하는 목적물에 관하여 발생하여야 하는 이른바 견련관계가 있어야 하는데(민 320조) 반하여, 상사유치권의 경우에는 이러한 견련관계가 필요하지는 않지만 제3자와의 다툼을 막기 위하여 적어도 그 목적물이 채무자의 소유임을 요구하고 있다(상 58조 본문). 다만 유치권이 성립한 후에는 그 목적물의 소유권이 채무자 이외의 제3자에게 이전하더라도 점유를 상실하지 않는 한 이미 발생한 유치권이 소멸하지는 않는다고 할 것이다.

특히 상법은 당사자 사이의 약정으로 일반상사유치권의 성립을 배제할 수 있도록 정하고 있으나(상 58조 단서),[24)] 이렇게 당사자간의 약정으로 유치권의 성립을 배제할 수 있는 규정이 없는 민법의 유치권에서도 당사자의 약정에 의한 유치권의 배제는 해석상 허용된다고 할 것이다.[25)]

상법은 상사유치권을 행사하여 채무자소유의 물건이나 유가증권을 유치할 수 있다고만 규정하고 있을 뿐, 상사유치권의 효력에 관하여는 정하고 있지 않으므로(상 58조 본문), 결국 민법의 유치권의 효력(민 322조 내지 323조)이나 소멸(민 324조 3항, 327조, 328조) 등에 관한 규정이 적용될 것이다.

민법상의 유치권은 당사자가 상인에 한정되지 않는 점, 피담보채권과 목적물 사이의 견련성이 요구되지만 채무자가 목적물의 소유자일 필요는 없는 점, 목적물에 대한 점유취득원인도 따지지 않는 점에서 상법상의 일반상사유치권과 다르다.

한편 채무자가 상인이 아니거나 목적물의 소유자가 아닌 경우에도 성립이 가능하고, 목적물의 점유취득원인에 대한 제한이 없으나 피담보채권은 운임 체당금 등 일정한 제한이 있고 그 피담보채권과 목적물의 견련관계를 요구한다는 점에서 운송주선인(상 120조)과 육상운송인의 유치권(상 147조)은 일반상사유치권과 다르고, 또

22) 이철송 311면, 손주찬 228면, 최준선 234면.

23) 손주찬 228면, 이철송 311면, 정동윤 157면, 정찬형 210면, 최준선 234면.

24) 대법원은 이러한 상사유치권 배제의 특약은 묵시적 약정에 의해서도 가능하다고 판시하고 있다(대법원 2012.9.27. 선고 2012다37176 판결).

25) 곽윤직 463면.

한 당사자 쌍방이 상인이어야 하고 채권자는 대리행위와 중개행위 등의 상행위로 인하여 발생한 피담보채권과 견련관계가 없더라도 자신이 점유하는 목적물의 취득원인이나 소유권의 유무에 상관없이 유치권을 행사할 수 있다는 점에서 대리상의 유치권(상 91조)은 운송주선인의 유치권과 다르다.

아. 상사질권

민법은 질권설정자가 채무변제기 전의 계약으로 질권자에게 변제에 갈음하여 질물의 소유권을 취득하게 하거나 법률에 정한 방법에 의하지 아니하고 질물을 처분하지 못하도록 규정하여(민 393조), 이른바 유질계약을 금지하고 있으나 상법은 상행위로 인하여 생긴 채권을 담보하기 위하여 설정한 질권에는 유질계약을 허용하고 있다(상 59조).

이처럼 상사질권에 유질계약을 허용하는 것은 상인의 경우에는 냉정히 자신의 이해관계를 판단할 수 있으므로 채권자가 채무자의 궁박을 이용하여 부당한 이익을 취할 우려가 상대적으로 적다고 할 수 있고, 한편으로는 간편한 질권 실행방법을 허용함으로써 상거래의 편의를 도모할 필요성이 있기 때문이다. 이러한 취지에서 볼 때 유질계약이 허용되는 상행위로 인하여 생긴 채권에는 쌍방적 상행위뿐만 아니라 일방적 상행위로 인하여 생긴 채권도 포함되지만, 일방적 상행위인 경우라도 질권설정자인 채무자에게 상행위가 되는 경우 즉 질권 설정자가 상인인 경우에 한하여 적용되어야 한다고 해석하여야 할 것이다.[26][27]

자. 무상수치인의 책임

민법은 물건의 임치를 받은 자는 선량한 관리자의 주의로써 타인의 물건을 보관하여야 하지만, 보수 없이 임치를 받은 자에 대하여는 임치물을 자기 재산과 동일한 주의로 보관하도록 규정하여(민 695조) 상대적으로 보수를 받고 타인을 물건을 임치 받은 자보다 주의의무를 경감하고 있으나, 상법은 상인이 그 영업범위 내에서 물건의 임치를 받은 경우에는 보수를 받지 아니하는 때에도 선량한 관리자의 주의를 하여야 한다(상 61조)고 규정하여 상인의 경우에는 무상임치의 경우에도 주의의무를 가중하고 있다.

선량한 관리자의 주의의무는 개개인의 차이를 무시하고 추상적이고 평균적인 사회인이 가져야 하는 주의

26) 이기수 · 최병규 269면, 이철송 307면, 정찬형 212면, 최준선 236면.
27) 이에 대하여 질권자(채권자)만이 상인인 경우에도 적용된다는 주장(정동윤 158면, 최기원 228면)도 있으나 상행위로 인한 채권을 위한 상사질권에 유질계약을 허용하는 취지에 비추어 볼 때 타당치 않다고 할 것이다.

의무로서 이를 위반한 경우에는 추상적 과실이 있다고 하고, 자기의 재산과 동일한 주의의무는 개인간의 차이를 고려하여 구체적이고 개별적인 사람이 가져야 하는 주의의무로서 이를 위반한 경우에는 구체적 과실이 있다고 하는데 민법상의 주의의무는 선량한 관리자의 주의의무를 원칙으로 하고 있다.

이처럼 주의의무가 가중되는 것은 상인이 그 영업범위 내에서 타인으로부터 물건의 임치를 받은 경우에 한정되는데, 상인의 영업범위는 보관행위가 창고업자의 경우와 같이 기본적 상행위이든 운송인의 경우와 같이 보조적 상행위이든 따지지 않는다 할 것이다.

창고업자의 경우에는 임치의 인수행위가 기본적 상행위이므로 당연히 유상임치이고, 이 밖에도 운송주선인, 운송인 및 공중접객업자의 경우에도 타인의 물건을 보관하는 것이 보조적 상행위로서, 보관에 따른 대가를 직접적으로 받지는 않더라도 그것은 기본적 상행위의 대가에 포함되어 있는 것이라고 본다면 상인이 그 영업범위 내에서 무상으로 타인의 물건을 보관하는 경우는 거의 없을 것이다.

◆ 대법원 1983.11.8. 선고 83다카1476 판결[28)]

상인이 그 영업범위내에서 물건의 임치를 받은 경우에는 보수를 받지 아니하는 때에도 선량한 관리자의 주의로 보관할 의무가 있으므로 이를 게을리 하여 임치물이 멸실 또는 훼손된 경우에는 채무불이행으로 인한 손해배상책임을 면할 수 없으나, 다만 수치인이 적법하게 임치계약을 해지하고 임치인에게 임치물의 회수를 최고하였음에도 불구하고 임치인의 수령지체로 반환하지 못하고 있는 사이에 임치물이 멸실 또는 훼손된 경우에는 수치인에게 고의 또는 중대한 과실이 없는 한 채무불이행으로 인한 손해배상책임이 없다고 할 것이다.

차. 상사소멸시효

민법은 일반적으로 채권의 경우 권리를 행사할 수 있는 날로부터 10년간 이를 행사하지 아니하면 소멸시효가 완성되는 것으로 하고 있으나(민 162조), 상법은 상사거래관계의 신속한 종결을 도모하기 위하여 상행위로 인한 채권의 소멸시효기간을 원칙적으로 5년으로 정하고 있다(상 64조).

상법상의 소멸시효의 적용대상이 되는 상사채권은 기본적 상행위뿐만 아니라 보조적

28) 이 판결은 고추판매상인이 매수자가 적기에 고추를 재매각할 수 있도록 무상으로 자신이 판매한 고추를 보관하여 주던 중 수차에 걸쳐 재매각을 권유하였으나 매수자가 이를 거절하고 있는 사이에 건고추의 상품가치가 상실된 사안으로서, 대법원은 건고추 보관약정은 기간의 약정이 없는 임치로서 수치인의 지위에 있는 고추판매상은 언제든지 그 계약을 해지할 수 있고, 고추판매상이 매수자에게 보관물의 처분과 인수를 요구한 것은 임치계약을 해지하고 임치물의 회수를 최고한 의사표시라고 볼 수 있다고 판시하고 있다.

상행위에 의하여 발생한 채권의 경우에도 해당하고 또한 쌍방적 상행위는 물론이고 일방적 상행위로 인한 경우도 포함되며, 일방적 상행위인 경우에도 채권자가 상인이든 채무자가 상인이든 불문한다.

또한 상사채권은 직접적으로 상행위로 인한 채권 이외에도 그러한 채권이 변하여 발생한 채권으로서 실질적으로 상사채권과 동일시할 수 있는 채권, 예컨대 상사채무의 불이행에 기한 손해배상채권 혹은 상사계약의 해지로 인한 원상회복채권 및 손해배상채권 등도 포함한다고 할 것이다.

그러나 상행위의 과정에서 발생한 채권, 예컨대 부당이득반환채권 혹은 불법행위로 인한 손해배상채권은 일정한 요건에 따라 법률로 인정되는 이른바 법정채권으로서 상거래의 신속한 종결과는 관련이 없고 상사채권과 동일시 할 수 있는 성질의 채권이 아니므로 원칙적으로 상사시효가 적용되는 상사채권의 범위에 포함되지 않는다고 할 것이다. 그러나 대법원은 부당이득반환청구권이라고 하더라도 그것이 기본적 상행위의 이행과정에서 발생하였고 그 법률관계를 상거래 관계와 같은 정도로 신속하게 해결할 필요성이 있을 경우에는 상사시효의 대상이 되는 채권이라고 판시하고 있다.

다만 상행위로 인하여 발생한 채권이더라도 상법의 다른 규정이나 다른 법령에 상사시효보다 단기의 시효규정이 있으면 그 규정에 의하여야 한다(상 64조 단서).

민법에 규정된 3년의 단기소멸시효기간이 적용되거나(민 163조) 1년의 단기소멸시효기간이 적용되는(민 164조) 상행위로 인한 채권의 경우 또한 상법에 별도의 단기 소멸시효기간을 정하고 있는 경우(상 121조, 122조, 146조, 147조, 167조, 662조, 811조, 830조 2항)에는 상법에 의한 상사시효기간이 적용되지 않고 그러한 단기소멸시효기간이 우선적으로 적용된다.

◆ 대법원 2002.9.24. 선고 2002다6760, 6777 판결[29]

당사자 쌍방에 대하여 모두 상행위가 되는 행위로 인한 채권뿐만 아니라 당사자 일방에 대하여만 상행위에 해당하는 행위로 인한 채권도 상법 제64조 소정의 5년의 소멸시효기간이 적용되는 상사채권에 해당하는 것이고, 그 상행위에는 상법 제46조 각 호에 해당하는 기본적 상행위뿐만 아니라 상인이 영업을 위하여 하는 보조적 상행위도 포함되며, 상인이 영업을 위하여 하는 행위는 상행위로 보되 상인의 행위는 영업을 위하여 하는 것으로 추정되는 것이다.

(같은 취지: 대법원 1997.8.26. 선고 97다9260 판결, 대법원 1994.4.29. 선고 93다

29) 대법원은 이 판결에서 상인이 제3자를 위한 계약의 수익자로서 수익의 의사표시를 하여 발생한 특허권의 전용실시권 설정등록절차 이행청구권은 상법 제64조 소정의 상사채권으로 5년의 소멸시효기간이 적용된다고 판시하고 있다.

54842 판결)

◆ 대법원 2012.4.13. 선고 2011다104246 판결

甲이 학원 설립과정에서 영업준비자금으로 乙에게서 돈을 차용한 후 학원을 설립하여 운영한 사안에서, 학원영업을 위한 준비행위인 차용행위를 한 때 甲은 상인자격을 취득하고 아울러 위 차용행위는 영업을 위한 행위로서 보조적 상행위가 되어 상법 제64조에서 정한 상사소멸시효가 적용된다.

◆ 대법원 1993.9.14. 선고 93다21569 판결

상행위인 계약의 해제로 인한 원상회복청구권도 상법 제64조의 상사시효의 대상이 된다.

◆ 대법원 1985.5.28. 선고 84다카966 판결

상법 제64조의 일반상사시효 역시 상행위로 인한 채권에만 준용되고 상행위 아닌 불법행위로 인한 손해배상채권에는 적용되지 아니한다.

(같은 취지: 대법원 2004.3.26. 선고 2003다34045 판결)

◆ 대법원 2003.4.8. 선고 2002다64957, 64964 판결

주식회사인 부동산 매수인이 의료법인인 매도인과의 부동산매매계약의 이행으로서 그 매매대금을 매도인에게 지급하였으나, 매도인 법인을 대표하여 위 매매계약을 체결한 대표자의 선임에 관한 이사회결의가 부존재하는 것으로 확정됨에 따라 위 매매계약이 무효로 되었음을 이유로 민법의 규정에 따라 매도인에게 이미 지급하였던 매매대금 상당액의 반환을 구하는 부당이득반환청구의 경우, 거기에 상거래 관계와 같은 정도로 신속하게 해결할 필요성이 있다고 볼 만한 합리적인 근거도 없으므로 위 부당이득반환청구권에는 상법 제64조가 적용되지 아니하고, 그 소멸시효기간은 민법 제162조 제1항에 따라 10년이다.

◆ 대법원 2008.3.14. 선고 2006다2940 판결

은행이 영업행위로서 한 대출금에 대한 변제기 이후의 지연손해금은 그 원본채권과 마찬가지로 상행위로 인한 채권으로서 5년의 소멸시효를 규정한 상법 제64조가 적용된다.

(같은 취지: 대법원 2010.9.9. 선고 2010다28031 판결)

◆ 대법원 2007.5.31. 선고 2006다63150 판결[30]

상행위에 해당하는 보증보험계약에 기초한 급부가 이루어짐에 따라 발생한 부당이

---

30) 대법원 2007.5.31. 선고 2006다63150 판결은 제3자가 보험계약자의 명의를 도용하여 체결한 무효인 보증

득반환청구권에 대하여 5년의 상사소멸시효가 적용된다.
(같은 취지: 대법원 2008.12.11. 선고 2008다47886 판결[31])

카. 유가증권에 관한 특칙

유가증권은 일반적으로 재산적 가치가 있는 권리를 표창하는 증권이라고 할 것인데, 증권의 종류에 따라 증권에 표창된 권리를 발생시키거나 타인에게 이전하거나 혹은 행사하는 데 증권을 소지하도록 한 증권을 말한다.[32]

유가증권은 그 증권이 표상하는 권리의 내용에 따라 어음이나 수표와 같이 일정금액의 금전 지급을 구하는 청구권이나 창고증권, 선하증권, 화물상환증과 같이 일정한 물건의 인도를 구하는 청구권을 표창하는 채권적 유가증권, 저당권과 같은 물권을 표창하는 물권적 유가증권 그리고 주권과 같이 회사 사원의 지위를 표창하는 사원권적 유가증권으로 나눌 수 있고, 유가증권에 표창된 권리를 가지는 권리자를 나타내는 방법에 따라 기명식 유가증권, 무기명식 유가증권, 선택무기명식 유가증권으로 분류하거나 혹은 유가증권에 나타난 권리의 발생, 행사 또는 이전에 증권의 점유가 필요한지에 따라 완전유가증권과 불완전증권으로 나누기도 한다.

한편 유가증권은 증권이 표창하는 권리가 증권에 나타난 문언에 따라 정하여지는 문언적 성질, 증권을 작성함으로써 증권상의 권리가 발생하는 설권적 성질, 증권상의 권리행사에 증권의 제시를 요구하는 제시적 성질, 증권상의 권리가 배서방식으로 양도되는 지시적 성질 그리고 증권상의 권리의 이행과 동시에 증권의 상환이 요구되는 상환적 성질 등을 가지고 있는데 유가증권의 종류에 따라 각각 다른 성질을 가지고 있다.

우리나라는 민법에 지시채권과 무기명채권에 관한 규정(민 508조 내지 525조)이 있고 상법에 개별적인 유가증권에 관한 규정(화물상환증: 상 128조 내지 133조 / 창고증권: 상 157조 내지 159조 / 선하증권: 상 852조 내지 862조 / 주권: 상 355조 내지 360조 / 사채권: 상 478조 내지 480조 등)에 관한 규정 그리고 어음과 수표에 관하여 각기 어음법과 수표법이 있을 뿐 유가증권 전반을 포괄하는 법률이나 규정은 없다.

보험계약에 따라 지급한 보험금의 반환을 구하는 부당이득반환청구권은 근본적으로 상행위에 해당하는 이 사건 각 보증보험계약에 기초한 급부가 이루어짐에 따라 발생한 것일 뿐만 아니라, 그 채권 발생의 경위나 원인, 원고와 피고의 지위와 관계 등에 비추어 그 법률관계를 상거래 관계와 같은 정도로 신속하게 해결할 필요성이 있다고 보이므로 이에 대하여는 5년의 소멸시효를 정한 상법 제64조가 적용되는 것으로 보아야 한다고 판시하고 있다. 또한 같은 취지로 대법원 2014.7.24. 선고 2013다214871 판결은 갑 은행으로부터 대출받으면서 근저당권설정비용 등을 부담한 채무자 을 등이 그 비용 등 부담의 근거가 된 약관 조항이 구 약관의 규제에 관한 법률 제6조에 따라 무효라고 주장하면서 비용 등 상당액의 부당이득 반환을 구한 사안에서, 위 부당이득반환채권은 상법 제64조가 적용되어 소멸시효가 5년이라고 판시하고 있다.

31) 이 판결에 대한 평석으로는 박연욱, "보험자가 보험금을 수령한 질권자에 대하여 가지는 부당이득반환청구권의 소멸시효기간", 대법원 판례해설 77호(법원도서관 2009년) 87면 내지 98면 참조.

32) 유가증권과 유가증권이 표창하는 권리의 관계에 관하여 그 권리의 발생, 이전 그리고 행사에 증권의 점유가 필요하다거나 또는 이전이나 행사에는 증권의 점유가 필요하다는 등의 견해의 대립이 있으나 이는 증권의 종류에 따라 다르다고 할 것으로서 예컨대 일정한 금전의 지급청구권을 나타내는 유가증권으로서 어음이나 수표는 그 권리의 발생, 이전 및 행사 등 모든 경우에 증권의 점유가 필요하지만, 주식회사의 주주로서의 지위와 권리를 표창하는 주권의 경우에는 주주권의 발생과 행사에 주권의 소지가 필요하다고 할 수 없다.

상법은 금전, 물건 또는 유가증권의 지급을 목적으로 하는 유가증권에 민법의 지시채권과 무기명채권에 관한 규정(민 508조 내지 525조)과 어음 배서의 무조건성과 일부배서의 무효에 관한 규정(어 12조 1항, 2항)을 준용하고 있는데(상 65조 1항), 이 규정은 채권적 유가증권에 한하여 적용되고, 주권과 같이 사원권을 표창하는 유가증권에는 적용되지 않는다고 할 것이다. 특히 우리나라에서는 물권을 표창하는 유가증권을 인정하지 않고 있으므로 이러한 상법규정이 물권적 유가증권에 적용되지 않는 것은 당연하다고 할 것이다.

또한 상법은 주권의 전자등록제도를 도입(상 356조의2 1항)하고 있음에 발맞추어 주권 이외의 상법상의 유가증권도 전자등록의 형식으로 발행하고 양도할 수 있는 규정을 신설하고 있다(상 65조 2항).

3. 매매에 관한 규정

가. 상사매매의 의의

상법은 매매에 관한 특별규정을 두고 있는데, 상법이 적용되는 매매라는 의미에서 이를 강학상 상사매매라고 칭하고 있다.

이처럼 상사매매는 상법이 적용되는 매매행위로서 상행위를 의미하므로 그것이 기본적 상행위는 물론이고 보조적 상행위인 경우도 포함하지만 거래 당사자 쌍방이 상인이어야 하므로 일방적 상행위에는 적용되지 않는다고 할 것이다.

또한 상인간의 상거래 행위로서 매매라고 하더라도 상법에 특칙이 없는 경우에는 민법의 매매계약에 관한 규정(민 563 내지 595조)이 적용되고, 상법상의 특칙이라도 그것은 임의규정이라 할 것이므로 당사자 사이에서 이와 다른 약정을 하는 것이 가능하다는 것이 일반적 견해이다.

◆ 대법원 1995.7.14. 선고 94다38342 판결

상사매매에 관한 상법 제69조는, 민법의 매매에 관한 규정이 민법 제567조에 의하여 매매 이외의 유상계약에 준용되는 것과 달리, 상법에 아무런 규정이 없는 이상 상인간의 수량을 지정한 건물의 임대차계약에 준용될 수 없다.

상법은 매수인이 목적물의 수령을 지체한 경우에 관한 규정(민 487조 내지 490조, 상 67조), 정기행위에 있어서 이행기를 경과한 경우에 관한 규정(민 545조, 상 68조), 목적물을 수령한 매수인이 취할 조치에 관한 규

정(상 69조), 하자있는 목적물을 수령한 매수인이 취할 조치에 관한 규정(상 70조, 71조)을 두고 있다.

나. 매도인의 목적물에 대한 공탁권과 경매권

민법은, 채권자가 목적물의 수령을 지체하는 경우에, 채무자로 하여금 목적물을 공탁하거나 매각함으로써 채권자에 대한 목적물의 인도의무를 면할 수 있도록 하고 있는데(민 487조 내지 490조), 상법은 이 같은 목적물의 공탁과 매각에 관한 민법의 규정에 대한 특별규정을 정하고 있다.

다만 민법이나 상법상의 공탁권이나 경매권은 수령지체 등 매수인의 불이행에 대하여 매노인을 위하여 인정된 권리이므로, 매도인은 그 선택에 따라 계약을 해지하고 매수인에게 손해배상을 청구하거나(민 544조, 551조) 이 같은 공탁권이나 경매권을 행사하여 그 채무이행의 의무에서 벗어날 수 있다고 할 것이다.

매도인이 매수인으로부터 이미 매매대금을 지급받은 경우에는 매도인에게 공탁권은 인정되지만 상법의 규정에 따른 경매권은 인정되지 않는다는 견해가 있으나,[33] 상사매매에 있어서 매도인으로 하여금 신속히 그 채무에서 벗어날 수 있도록 하기 위하여 공탁권과 경매권을 선택적으로 인정하고 있다는 점에 비추어 볼 때 명시적 규정이 없는 한 매도인은 대금을 지급받았더라도 공탁권뿐만 아니라 경매권도 행사할 수 있다고 할 것이다.

또한 매매목적물이 부동산일 경우에도 공탁을 허용할 것인가에 관하여, 명시적으로 부동산을 공탁의 목적물에서 제외한다는 규정이 없고, 부동산거래에 있어서도 신속한 자금회수의 필요성이 있다는 근거로 이를 인정하는 견해[34]와 물권변동에 관하여 형식주의를 취하는 민법의 해석상 부동산을 공탁하더라도 등기가 경료되지 않는 한 채무가 소멸하였다고 볼 수 없으므로 부동산은 공탁에 적합하지 않다는 견해[35]가 대립하고 있다. 대법원은 부동산의 소유권이전의무는 공탁의 방식이 아니라 등기권리자를 상대로 등기를 인수 받아 갈 것을 구하는 소로서 가능하다고 판시하여 부동산은 공탁에 적합하지 않다는 입장에 서 있는 듯하다.[36]

(1) 매도인의 공탁권

상법은 매수인이 목적물의 수령을 거부하거나 수령할 수 없는 경우에 매도인은 그 물건을 공탁할 수 있도록 규정하고(상 67조 1항 본문), 이처럼 공탁을 한 경우에는 지체없이 매수인에게 통지를 발송하도록 하고 있다(상 67조 1항 단서).

이러한 매수인에 대한 통지는 민법의 경우에는 도달주의의 원칙에 따라 그 통지가 매

33) 이철송 346면.
34) 이기수·최병규 331면, 이철송 346면, 손주찬 151면, 최준선 252면.
35) 최기원 248면, 지원림 991면.
36) 대법원 2001.2.9. 선고 2000다60708 판결.

수인에게 도달하여야 하지만 상법은 발신주의을 채택하고 있으므로 통지를 발송하기만 하면 통지가 매수인에게 도달하지 아니함으로 인한 불이익은 매수인이 부담하게 된다.

이때 매도인이 공탁의 통지를 발송하지 않더라도 공탁의 효력에는 영향을 미치지 아니하지만 그로 인한 손해배상책임을 매수인에게 부담하게 된다는 견해가 있으나, 공탁규칙에 따르면 공탁통지는 공탁관이 피공탁자에게 하도록 되어 있고(공탁규칙 29조), 공탁자가 피공탁자에게 할 필요는 없으므로 설령 공탁자가 공탁통지를 하지 않았다고 하여 그에 따른 손해를 배상할 이유는 없을 것이다.

매도인이 목적물을 공탁한 경우에는 이로써 매도인의 매매계약에 따른 목적물 인도의무를 면하게 된다(민 487조). 다만, 매도인이 공탁을 철회하고 공탁물을 회수하면 채무가 다시 부활하게 됨은 당연하다(민 489조 1항).

(2) 매도인의 경매권

상법은 매수인이 목적물의 수령을 거부하거나 수령할 수 없는 경우에는 매도인은 그 물건을 공탁할 수도 있고, 상당한 기간을 정하여 최고한 후에 경매할 수 있도록 정하여 매도인이 공탁과 경매를 선택적으로 할 수 있도록 허용하고 있다(상 67조 1항 1문).

민법은 매수인의 수령지체에 관하여 원칙적으로 목적물을 공탁하도록 하고(민 487조), 예외적으로 목적물이 공탁에 적당하지 않거나 멸실 또는 훼손의 염려가 있거나 공탁에 과도한 비용을 요하는 경우에 한하여 법원의 허가를 얻어서 그 물건을 경매하거나 시가로 방매하여 대금을 공탁하도록 규정함으로써(민 490조), 이른바 자조매각의 방식이 경매와 시가에 의한 방매이고 그것도 법원의 허가를 필요로 하는데 반하여, 상법은 자조매각의 방식으로서 경매방식만을 인정하지만 법원의 허가가 필요 없고 매도인의 선택에 따라 공탁과 경매를 하도록 하고 있다. 다만, 매도인은 경매하기에 앞서서 매수인에게 상당기간을 정하여 목적물을 수령하지 아니하면 경매하겠다는 사실을 최고하여야 하지만, 최고를 할 수 없거나 목적물이 멸실 또는 훼손될 염려가 있는 경우에는 최고 없이도 경매할 수 있도록 하고 있다(상 67조 2항).

매도인은 경매를 한 후에는 지체 없이 매수인에게 통지를 발송하여야 하는데(상 67조 1항 단서), 이 통지를 해태하더라도 경매의 효력에는 영향을 미치지 못한다 할 것이나, 이로 인하여 매수인에게 손해가 발생한 경우에는 이를 배상하여야 할 것이다.

한편 민법은 자조매각금을 공탁하도록 되어 있으나(민 490조) 상법은 경매대금에서 경매비용을 공제한 잔액만 공탁하도록 하고 있고, 나아가 매도인이 경매대금의 전부나 일부를 매매대금에 충당할 수 있도록 하고 있으므로(상 67조 2항), 경매가 적법하게 이루어진 경우에 매도인의 목적물 인도의무는 소멸하게 되고 매도인은 경매한 대금을 상법의 규정에 따라 공탁하거나 매매대금에 충당하게 되는데, 부족액이 있으면 그 부족액을 별도로 청구할 수 있고 잔여액이 있으면 이를 매수인에게 교부하여야 한다. 만약 경매가 부적법하게 이루어졌다면, 매도인은 경매의 효과를 매수인에게 주장할 수 없으므로 매도인의 목적물 인도의무가 소멸하지는 않는다고 할 것이다.

다. 확정기매매의 해제

상법은 민법에 정한 확정기매매에 관한 규정(민 545조)에 대한 특별규정을 두고 있는데, 확정기매매는 매매의 성질(절대적 확정기매매) 혹은 당사자의 의사표시(상대적 확정기매매)에 의하여 일정한 시일 혹은 일정한 기간 내에 이행되지 아니하면 계약의 목적을 달성할 수 없는 성질의 매매로서 일종의 정기행위이다.

예를 들어 특정년도의 졸업기념품이나 올림픽기념품 등은 성질상 그 기념품을 행사 기간 내에 판매할 것이 예상되므로 그 기간이 경과되면 계약의 목적을 달성할 수 없게 되고, 결혼식을 위한 웨딩드레스 등은 결혼식에 사용될 것이 예상되어 당사자가 표시한 기간에 이행되지 아니하면 계약의 목적을 달성하지 못하게 되므로 이들 물품의 제작공급계약은 정기행위라고 할 것이다.

민법에 따르면, 채권자는 채무자가 이행을 하지 않으면 채무자에게 이행을 최고한 뒤 별도로 해제의 의사표시를 하여야 하고(민 544조), 다만 정기행위의 경우는 이행의 최고 없이 해제의 의사표시를 함으로써 계약을 해제하게 된다(민 545조).

상법은, 상인간의 확정기매매의 경우에 당사자 일방이 이행을 하지 아니한 채로 이행시기를 경과하게 되고, 상대방이 이행청구를 하지 아니하였다면 별도의 해제의사표시를 하지 않았더라도 계약은 해제된 것으로 간주되므로 당연히 계약의 해제에 따른 효과로서 원상회복과 그에 따른 손해배상 등을 구할 수 있게 된다.

매매계약의 채무불이행이 있는 경우에 민법상의 확정기매매의 경우에는 채무의 이행을 최고할 필요는 없지만 계약해제의 의사표시를 하여야 비로소 계약을 해제할 수 있으나, 상법상의 확정기매매의 경우에는 채무자의 불이행사실이 있고 그에 대하여 채권자가 별도의 이행청구를 하지 아니하였다면 그 계약은 해제의 의사표시 없이도 해제된 것으로 간주된다.

◆ 대법원 1995.5.26. 선고 93다61543 판결

씨아이에프 매매계약에 있어서 선적기간의 표기는 불가결하고 중요한 계약요건이 되며, 더욱이 매매의 목적물이 매매 당시 가격변동이 심한 원자재이고, 매수인은 수출입을 주된 업무로 하는 종합상사로서 전매를 목적으로 하여 매매계약을 체결한 경우에는 보통 수입상은 수입원자재의 재고량, 수요·공급상황, 국제 및 국내의 가격동향, 선적지로부터 양륙지까지의 물품의 항해일수 등을 감안하여 가장 유리한 시점에 물품이 수입항에 도착되도록 수출상과 교섭하여 선적기일을 정하는 것이므로 선적기일에 관한 약정은 계약상 특히 중요한 의미를 가지는 등의 사정을 종합하여, 원자재매매계약이 그 성질 또는 당사자의 의사표시에 의하여 약정된 선적기간 내에 선적되지 아니하면 계약의 목적을 달성할 수 없는 상법 제68조 소정의 이른바 확정기 매매에 해당한다.

◆ 대법원 2003.4.8. 선고 2001다38593 판결

상인 사이에 이루어진 선물환계약은 그 약정 결제일에 즈음하여 생길 수 있는 환율변동의 위험(이른바, 환리스크)을 회피하기 위하여 체결되는 것으로서 그 성질상 그 약정 결제일에 이행되지 않으면 계약의 목적을 달성할 수 없는 상법 제68조 소정의 확정기매매라 할 것이고, 그 계약 불이행으로 인한 손해배상액의 산정에 관한 미화 1$당 원화의 환율은, 그 계약이 약정결제일 전에 이미 해제되었다는 등의 특수한 사정이 없는 이상, 원래 약정되었던 결제일 당시의 환율을 기준으로 하여야 한다.

◆ 대법원 2009.7.9. 선고 2009다15565 판결[37]

[1] 상법 제68조에 정한 상인간의 확정기매매의 경우 당사자의 일방이 이행시기를 경과하면 상대방은 이행의 최고나 해제의 의사표시 없이 바로 해제의 효력을 주장할 수 있는바, 상인간의 확정기매매인지 여부는 매매목적물의 가격 변동성, 매매계약을 체결한 목적 및 그러한 사정을 상대방이 알고 있었는지 여부, 매매대금의 결제 방법 등과 더불어 이른바 시.아이.에프(C. I. F.) 약관과 같이 선적기간의 표기가 불가결하고 중요한 약관이 있는지 여부, 계약 당사자 사이에 종전에 계약이 체결되어 이행된 방식, 당해 매매계약에서의 구체적인 이행 상황 등을 종합하여 판단하여야 한다.

[2] 계약 당사자 사이에 종전에 계약이 체결되어 이행된 방식, 당해 매매계약에서의 구체적인 이행 상황 등에 비추어 볼 때, 가격변동이 심한 원자재를 계약 목적물로 한 국제 중개무역이라는 사유만으로는 상법 제68조에 정한 상인간의 확정기매매에 해당한다고 볼 수 없다.

---

37) 대법원은 원고와 피고 사이에 이 사건 이외에도 수차례의 거래가 있었는데, 그동안의 거래과정에서 이행기가 지난 후에도 이행되었고 그에 대하여 대금이 지급된 점 그리고 이 사건의 경우에도 이행기 후에 일부가 이행되었고 일부 이행 후에도 나머지 부분의 이행에 관하여 협의가 있었던 점 등을 이유로 가격변동이 심한 페로몰리브덴이라는 원자재의 국제간의 매매일지라도 확정기매매가 아니라고 판시하고 있다.

라. 매수인의 목적물의 검사와 하자통지의무

민법은 매매목적물에 권리상의 하자, 목적물의 하자 혹은 수량의 부족 등이 있음을 발견하였을 경우 매수인은 매도인에게 하자담보책임을 부담시켜 대금의 감액을 청구할 수 있고, 매수인이 선의이면 계약해제와 손해배상청구가 가능하도록 하는 한편 이러한 매도인의 하자담보책임을 추궁할 수 있는 기간을 매수인이 선의와 악의인 경우로 나누어 일정한 기간으로 제한하고 있으나(민 570조 내지 575조, 580조 내지 582조), 매수인에게 이러한 하자를 적극적으로 확인하거나 검사할 의무를 부과하고 있지는 않다.

이와 달리 상법은 상거래의 신속한 종결과 매도인의 보호를 위하여 매수인이 목적물을 수령한 때에는 지체없이 이를 검사하여야 하고, 목적물의 하자 또는 수량의 부족을 발견한 때에는 즉시 매도인에게 통지하지 아니하면 매도인에게 담보책임을 추궁하지 못하도록 함으로써(상 69조 1항), 상사매매에 있어서는 매수인에게 적극적으로 목적물의 하자를 발견하고 그 하자에 대한 통지의무를 부과하고 있다.

그러나 매수인이 이러한 의무를 게을리 하더라도 상법의 규정에 따라 매도인에게 담보책임을 추궁할 권리가 사라질 뿐, 별도의 의무를 부담하는 것이 아니라는 점에서 이른바 간접의무라고 할 것이고, 또한 이 규정은 임의적 규정이라고 할 것이므로 당사자가 특약으로서 이 규정의 적용을 배제할 수 있다고 할 것이다.

◈ 대법원 2008.5.15. 선고 2008다3671 판결

상인간의 매매에 있어서 매수인이 목적물을 수령한 때에는 지체없이 이를 검사하여야 하며 하자 또는 수량의 부족을 발견한 경우에는 즉시, 즉시 발견할 수 없는 하자가 있는 경우에는 6월 내에 매수인이 매도인에게 그 통지를 발송하지 아니하면 이로 인한 계약해제, 대금감액 또는 손해배상을 청구하지 못하도록 규정하고 있는 상법 제69조 제1항은 민법상의 매도인의 담보책임에 대한 특칙으로 전문적 지식을 가진 매수인에게 신속한 검사와 통지의 의무를 부과함으로써 상거래를 신속하게 결말짓도록 하기 위한 규정으로서 그 성질상 임의규정으로 보아야 할 것이고 따라서 당사자간의 약정에 의하여 이와 달리 정할 수 있다고 할 것이다.

매수인의 검사의무가 발생하는 목적물을 수령한 때란 목적물을 현실적으로 인도받아 검사할 수 있는 상태에 놓은 때를 의미하고, 화물상환증이나 선하증권을 양수받은 경우는 해당하지 않는다고 할 것이다. 검사의무의 내용으로서 하자 혹은 수량부족은 물품의 외부적 형상으로부터 알 수 있는 것이어야 하므로 권리의 부족이나 하자는 해당하지 않는다고 할 것이다. 이 같은 매수인의 검사의무는 목적물을 수령한 때부터 지체 없이 발

생하게 되는데 그 구체적인 시점은 거래의 통념에 따라 객관적으로 판단하여야 할 것이고, 매수인의 주관적 사정에 따라 정할 수는 없다고 할 것이다. 상법은 매수인이 목적물에 대한 검사를 하여 목적물에 하자 혹은 수량의 부족을 발견한 경우에는 즉시 매도인에게 통지하여야 하지만 목적물에 즉시 발견할 수 없는 하자가 있는 경우에는 6월 내에 발견하여 통지할 수 있도록 정하고 있다(상 69조 1항 단서). 여기서 즉시 발견할 수 없는 하자는 목적물의 성질과 형상에 비추어 거래의 통념상 일반적으로 요구되는 객관적인 주의를 기울였더라도 발견할 수 없었던 하자를 의미한다[38]고 할 것이고, 이러한 경우에는 목적물을 수령한 때로부터 6월 내에 발견하여 즉시 하자통지를 하여야만 매도인에 대하여 담보책임을 추궁할 수 있게 된다.

한편 이 규정은 민법에 따른 매도인의 담보책임을 상사매매에 그대로 적용할 경우의 불공평을 제거하려는 취지이므로, 물건의 성질과 형상으로 보아 6월 내에 하자가 나타나지 않는 경우에는 해당하지 않고 민법에 따라 매도인에게 담보책임을 추궁할 수 있다는 견해도 있으나,[39] 이 규정의 취지는 상사매매에 있어서 법률관계를 신속히 종결하여 매도인을 보호하려는 것이므로, 다소 매수인에게는 불리하더라도 6월 이후에 나타난 하자에 대하여도 매도인은 담보책임을 면한다고 할 것이다.[40] 대법원도 같은 입장에 서 있는 것으로 보인다.

◈ 대법원 1999.1.29. 선고 98다1584 판결

상법 제69조는 상거래의 신속한 처리와 매도인의 보호를 위한 규정인 점에 비추어 볼 때, 상인간의 매매에 있어서 매수인은 목적물을 수령한 때부터 지체 없이 이를 검사하여 하자 또는 수량의 부족을 발견한 경우에는 즉시 매도인에게 그 통지를 발송하여야만 그 하자로 인한 계약해제, 대금감액 또는 손해배상을 청구할 수 있고, 설령 매매의 목적물에 상인에게 통상 요구되는 객관적인 주의의무를 다하여도 즉시 발견할 수 없는 하자가 있는 경우에도 매수인은 6월 내에 그 하자를 발견하여 지체 없이 이를 통지하지 아니하면 매수인은 과실의 유무를 불문하고 매도인에게 하자담보책임을 물을 수 없다고 해석함이 상당하다.

◈ 대법원 1990.12.21. 선고 90다카28498, 28504 판결

상법 제69조는 상인 간의 매매에 있어서는 매수인의 매매목적물에 대한 검사와 하자

38) 대법원은 사과의 과심이 썩은 하자는 상법 제69조 제1항 소정의 "즉시 발견할 수 없는 하자"에 해당한다고 판시하고 있다(대법원 1993.6.11. 선고 93다7174.7181 판결).
39) 이철송 355면.
40) 이기수·최병규 338면, 손주찬 253면, 정동윤 199면, 최기원 255면, 최준선 259면.

통지의무를 매수인이 매도인에 대하여 매매목적물에 관한 하자담보책임을 묻기 위한 전제요건으로 삼고 있음이 분명하므로 그와 같은 하자담보책임의 전제요건, 즉 매수인이 목적물을 수령한 때에 지체 없이 그 목적물을 검사하여 즉시 매도인에게 그 하자를 통지한 사실, 만약 매매의 목적물에 즉시 발견할 수 없는 하자가 있는 경우에는 6월 내에 이를 발견하여 즉시 통지한 사실 등에 관한 입증책임은 매수인에게 있다.

상법은 매도인이 악의인 경우에는 매수인에게 이러한 목적물의 검사와 하자통지의무에 관한 규정을 적용하지 않고 있으므로(상 69조 2항) 이 경우에는 민법의 하자담보책임에 관한 규정에 의하여 해결해야 할 것이다.

이 규정은 득정물이나 불특성물 혹은 대체물이나 불대체물을 따지지 않고 적용될 것이지만, 특히 불대체물의 제작물공급계약은 도급계약으로서의 성질이 강하여 매매에 관한 규정이 적용되지 않는다 할 것이므로 상법 제69조의 규정은 불대체물 제작공급계약에는 적용되지 않을 것이다. 또한 이 규정은 매매에 관한 특칙이므로 임대의 경우에는 적용되지 아니한다고 할 것이다.[41]

◆ 대법원 1987.7.21. 선고 86다카2446 판결

가. 당사자의 일방이 상대방의 주문에 따라 자기소유의 재료를 사용하여 만든 물건을 공급할 것을 약정하고 이에 대하여 상대방이 대가를 지급하기로 약정하는 이른바 제작물공급계약은 그 제작의 측면에서는 도급의 성질이 있고 공급의 측면에서는 매매의 성질이 있어 이러한 계약은 대체로 매매와 도급의 성질을 함께 가지고 있는 것으로서 그 적용법률은 계약에 의하여 제작공급하여야 할 물건이 대체물인 경우에는 매매로 보아서 매매에 관한 규정이 적용된다고 할 것이나 물건이 특정의 주문자의 수요를 만족시키기 위한 불대체물인 경우에는 당해 물건의 공급과 함께 그 제작이 계약의 주목적이 되어 도급의 성질을 강하게 띠고 있다 할 것이므로 이 경우에는 매매에 관한 규정이 당연히 적용된다고 할 수 없다.

나. 상법 제69조 제1항의 매수인의 목적물의 검사와 하자통지의무에 관한 규정의 취지는 상인간의 매매에 있어 그 계약의 효력을 민법 규정과 같이 오랫동안 불안정한 상태로 방치하는 것은 매도인에 대하여는 인도 당시의 목적물에 대한 하자의 조사를 어렵게 하고 전매의 기회를 잃게 될 뿐만 아니라, 매수인에 대하여는 그 기간중 유리한 시기를 선택하여 매도인의 위험으로 투기를 할 수 있는 기회를 주게 되는 폐단 등이 있어 이를 막기 위하여 하자를 용이하게 발견할 수 있는 전문적 지식을 가진 매수인에게 신

41) 대법원 1995.7.14. 선고 94다38342 판결은, "상사매매에 관한 상법 제69조는, 민법의 매매에 관한 규정이 민법 제567조에 의하여 매매 이외의 유상계약에 준용되는 것과 달리, 상법에 아무런 규정이 없는 이상 상인간의 수량을 지정한 건물의 임대차계약에 준용될 수 없다"고 판시하고 있다.

속한 검사와 통지의 의무를 부과함으로써 상거래를 신속하게 결말짓도록 한 것이다.

마. 매수인의 목적물보관 및 공탁의무

민법상 매매계약이 해제되면 각 당사자는 원상회복의무를 지게 되므로(민 548조), 매매 목적물의 하자 또는 수량부족을 이유로 매수인이 매매계약을 해제한 경우 매수인은 자신이 수령한 목적물을 매도인에게 반환하면 충분하고 다른 의무를 부담하지 않는다.

상사매매에 있어서도 마찬가지라고 할 것이나 목적물의 인도장소와 매도인의 영업소 또는 주소가 원격지에 있는 상인들 간의 매매에 이를 그대로 적용한다면 매도인은 과도한 운송비와 운송과정에서의 위험에 노출되고 적절한 시기에 매도할 기회를 상실하게 될 우려가 있게 되므로, 상법은 원격지매매의 경우에 특별한 규정을 두어 매수인이 목적물의 하자 혹은 수량부족을 이유로 계약을 해제한 때에는, 매수인으로 하여금 목적물을 보관, 공탁하도록 하거나 혹은 경매하도록 하고 있고(상 70조), 또한 매수인이 매매목적물과 상위한 목적물이나 수량을 초과한 목적물을 수령한 경우에도 그 상위한 목적물이나 초과하여 수령한 목적물을 동일하게 처리하도록 하고 있다(상 71조).

이렇게 매수인이 부담하게 되는 보관 등의 의무는, 수령한 목적물에 하자가 있거나 수량이 부족한 경우에는 그것을 이유로 매수인이 계약을 해제하여야 발생하게 되지만, 단순히 매매목적물과 상위하거나 수량을 초과한 경우에는 매수인이 계약을 해제하였는지 여부와 상관없이 발생하게 된다.

매매목적물과 상위하거나 수량을 초과한 경우에는 주문하지 아니한 물건이 도달한 것이므로 이를 이유로 매도인에게 담보책임을 부담시킬 수 없고, 단지 그 물건을 어떻게 처리할 것인가의 문제일 뿐이므로 매매계약의 해제여부와 상관없이 매수인은 이러한 의무를 부담한다.

상법이 원격지 매매에 있어서 매수인에게 이러한 목적물의 보관 등의 특별한 의무를 부과하는 것은 매도인의 이익을 위한 것이므로, 매도인은 선의이어야 하고, 목적물의 인도장소가 매도인의 영업소 또는 주소와 동일한 특별시, 광역시, 시, 군에 있을 때에는 적용되지 아니한다(상 70조 3항).

이 경우 매수인은 선량한 관리자의 주의의무로써 목적물을 성질에 따라 객관적인 거래통념에 따른 방법과 기간 동안 목적물을 보관하여야 하고, 그에 따른 보관비용은 매도인이 부담하게 된다. 매수인은 목적물을 보관함에 있어서 상인의 유상성에 기한 보수를 청구할 수 있다는 견해도 있으나,[42] 매수인의 이러한 보관의무는 상법에 의하여 매수

인에게 특별히 부과된 의무이므로 별도의 보수를 청구할 수 없다고 할 것이다.[43]

한편 목적물이 멸실 또는 훼손될 염려가 있는 긴급한 상황에서는 법원의 허가를 얻어 경매하여 그 대가를 보관 또는 공탁하여야 하고 지체 없이 그 통지를 매도인에게 발송하여야 한다(상 70조 1항 단서, 70조 2항).

만약 매수인이 이러한 보관 등의 의무를 위반하여 매도인에게 손해가 발생한 경우에는 그로 인한 손해배상 책임을 부담하게 될 것이고 이 점은 의무위반의 경우에 일정한 권리를 상실할 뿐 별도의 손해배상책임을 부담하지 않는 매수인의 검사 및 통지의무와 구별된다.

4. 상호계산

가. 상호계산의 의의

상호계산이란 상인 사이 혹은 상인과 비상인 사이에 상시 거래관계가 있는 경우에 일정한 기간 동안의 거래로 인한 채권채무의 총액에 관하여 상계하고 남는 잔액에 관하여 지급할 것을 내용으로 하는 계약이다.

상인에 있어서 상호계산은 영업 그 자체는 아니지만 영업을 위한 것이므로 보조적 상행위라고 할 것이고 이런 연유로 상법은 상호계산을 상행위편에 규정하고 있다.

상호계산을 통하여 상거래에서 빈번하게 발생하는 채권의 추심을 상호간에 일정기간 동안 유예하여 일괄적으로 상계처리 함으로써 결제를 간편히 할 수 있으며, 일정기간 동안 채무의 지급을 유예 받음으로써 신용을 제공받는 효과를 누릴 수 있고, 또한 일정기간 상대방에 대한 채권의 추심을 유예함으로써 자신의 채권에 대한 담보를 확보하는 효과도 있게 된다.

상호계산은 동일한 당사자 사이의 거래관계에서 발생한 다수의 채권과 채무를 일괄하여 결제 처리하는 제도이므로 일반적으로 거래관계에서 발생한 동종의 채권 특히 금전채권에 한정하게 되고 거래와 관계없이 발생한 사무관리, 불법행위 또는 부당이득에 따른 채권이나 제3자로부터 양수한 채권 등은 포함되지 않는다고 할 것이다. 담보부채권을 상호계산의 대상으로 하는 경우에는 담보권상실을 강요하는 결과가 되므로 상호계산의 대상으로 할 수 없다고 해석된다.[44] 또한 어음금이나 수표금 지급채권의 경우에도

42) 강위두/임재호 210면, 최기원 261면, 최준선 262면.
43) 이철송 360면, 정찬형 234면.
44) 이철송 370면. 이에 대하여 상호계산의 대상이 될 수 있다는 견해(최준선 269면)도 있다.

그 권리행사에 지급제시라는 일정한 방법이 요구되고, 권리를 행사하여야 하는 시기, 즉 지급제시기간이 정해져 있으므로 상호계산의 대상이 되지 않는다고 해석되지만, 어음이나 수표의 수수에 따른 대가의 지급, 예컨대 어음 할인을 하고 받는 대금채무 혹은 어음을 양도하고 일정한 액을 받기로 한 경우(상 73조)에는 상호계산의 범위에 포함하여도 무방할 것이다. 이 밖에도 상호계산은 당사자 사이의 계약이므로 당사자가 약정으로서 특정한 채권을 상호계산에 포함시키거나 제외시키는 것은 가능하다고 할 것이다.

나. 상호계산의 법적 성질

상호계산은 당사자 쌍방이 대등액에서 채권과 채무를 소멸시킨다는 점에서 민법상의 상계(민 492)와 유사하다 할 것이다. 그러나 민법상의 상계는, 상계계약이 불가능하지는 않으나, 원칙적인 모습은 단독행위인데 반하여 상호계산은 계약인 점, 상계는 특정한 채권과 채무를 대등액에서 소멸시키는데 반하여 상호계산은 일정한 기간 내에 발생한 채권과 채무를 일괄하여 소멸시키고 남은 잔액을 지급하도록 하는 점 그리고 상계는 상계가 금지되는 채권이 법정되어 있으나(민 496조 내지 498조, 민집법 246조, 근기법 89조) 상호계산에서는 당사자의 약정으로 특정한 채권을 상호계산에 포함시키거나 제외시킬 수 있는 점에서 다르다고 할 것이다.

상호계산은 일정한 기간 동안의 채권을 일괄적으로 상계하여 잔액을 확정하여 변제하게 되는 계약이므로 다양한 형태의 상호결제약정이 가능하다. 당좌대월계약과 같이 고객이 발행한 수표를 결제할 때마다 일정한 한도까지 대출로 인정하되 그 잔고에 대하여 이자와 원금을 계산하여 잔액을 확정하거나 당좌예금거래계약과 같이 고객이 발행한 수표를 결제할 때마다 그 고객의 당좌예금에서 차감하여 잔고를 확정하는 이른바 단계적 상호계산계약도 가능하고, 어음교환계약과 같이 수인의 당사자가 각자의 상대방에 대한 채권을 집합적으로 차감하여 결제하는 방식의 이른바 집합적 차감계산 그리고 신용카드사용자와 신용카드업자의 법률관계처럼 일방적인 채권만을 일정기간 경과 후에 일괄결제하기로 하는 약정인 일방적 계산약정도 가능하지만 이들은 상법에 규정된 상호계산은 아니므로 상호계산에 관한 상법의 규정이 적용되지는 않는다.

상호계산이 계약으로서 어떠한 성질과 특성을 가지는지에 관하여 상호신용계약설, 상호소비대차계약, 상계계약, 상계예약 혹은 혼합계약이라는 등의 견해가 대립하였지만, 오늘날에는 상법상의 특수한 낙성계약이라고 보는 것이 일반적인 견해이다.

다. 상호계산의 효력

상호계산의 효력은 상호계산 결산기를 기준으로 그 이전인 상호계산기간 중의 효력과 그 이후인 상호계산기간경과 후의 효력이 서로 다르므로 이를 나누어 살펴 보기로 한다.

(1) 상호계산기간 중의 효력

당사자 사이의 거래관계에서 발생한 채권채무는 상호계산기간 중에는 각각의 독립성을 상실하게 되고 상호계산 결산기에 이르기까지 정지 상태에 놓여 결산기에 일괄 상쇄처리되는데 이를 상호계산불가분의 원칙 혹은 상호계산의 소극적 효력이라고 한다.

당사자는 상호계산기간 중일 때에는 계산에 포함된 채권을 개별적으로 청구하거나 제3자에게 양도하거나 입질할 수 없고, 채무자는 채무를 이행하지 않아도 이행지체에 빠지지 않고, 시효기간이 진행하지도 않으며, 개별적으로 다른 채권과 상계할 수도 없다. 또한 개별적인 채권에 대한 이행을 구하는 소송을 제기할 수 없으나, 다만 개별적인 채권이 소멸하는 것은 아니므로 개별적인 채권의 존부확인을 구하거나, 개별적인 채권의 원인행위에 대한 취소 혹은 해제를 주장하는 소송은 가능하다고 할 것이다.

만약 당사자가 상호계산에 포함된 채권을 제3자에게 양도하거나, 입질하였다면, 혹은 제3자가 상호계산에 포함된 채권을 압류하거나 전부명령을 받았다면 상대방에 대하여 그 효력이 인정되는지에 관하여, 상호계산은 강행적 성질이 있으므로 상호계산불가분의 원칙은 제3자에게도 효력이 미치게 되어 상호계산에 포함된 채권은 성질상 양도할 수 없는 채권이거나 질권의 대상이 되지 않는다고 해석하여 제3자의 선의 혹의 악의를 불문하고 채권의 양도, 입질 또는 압류는 무효라는 견해(절대적 효력설),[45] 상호계산은 당사자의 약정에 의하여 인정되는 것이고 이에 관한 상법의 규정은 강행규정이 아니어서 일방이 이를 위반하여 채권을 제3자에게 양도하더라도 이에 대하여 손해배상책임을 부담시키면 충분하므로 선의의 제3자에게는 그 효력을 부인할 수 없다는 견해(상대적 무효설),[46] 당사자 일방이 제3자에게 채권을 양도하거나 입질한 경우에까지 제3자에 대하여 상호계산에 포함된 채권임을 주장할 수 있지만 압류의 경우에까지 이를 대항할 수 있도록 한다면 채무자가 자신의 의사에 의하여 압류금지채권을 만드는 효과가 있고 나아가 채무면탈을 위해 악용될 우려가 있으므로 제3자의 압류에 대하여 상호계산에 포함된 채

---

45) 손주찬 275면, 최기원 269면.

46) 정동윤 181면, 정찬형 248면.

권이라는 이유로 대항할 수 없다고 주장하는 견해(절충설)[47]가 대립하고 있다. 생각건대 상호계산에 관한 상법의 규정이 강행규정이라고 할 수는 없으므로 당사자 사이의 채권 상호계산불가분의 효력이 당연히 제3자에게도 미친다고 할 수 없다. 그러므로 당사자 일방이 상호계산약정에 어긋나게 제3자에게 채권을 양도하거나 입질하였더라도 제3자가 선의라면 대항할 수 없다고 할 것이다. 나아가 압류금지채권은 법정되어 있고 당사자의 약정으로 압류금지채권을 만드는 것이 인정되지 아니하므로 제3자의 선의 혹은 악의를 불문하고 제3자가 법원으로부터 받은 압류결정에 대하여 당사자가 상호계산계약에 계입된 채권임을 이유로 대항하는 것도 타당하다고 할 수 없다고 할 것이다. 대법원은 양도금지의 특약이 있는 채권이라도 압류할 수 있다고 판시하여 절충설의 입장에 가까운 듯이 보인다.

◈ 대법원 2002.8.27. 선고 2001다71699 판결

당사자 사이에 양도금지의 특약이 있는 채권이라도 압류 및 전부명령에 따라 이전될 수 있고, 양도금지의 특약이 있는 사실에 관하여 압류채권자가 선의인가 악의인가는 전부명령의 효력에 영향이 없다.

(같은 취지: 대법원 1976.10.29. 선고 76다1623 판결)

한편 상법은 어음 할인 등과 관련한 불공정을 해소하기 위하여 상호계산불가분의 원칙에 대한 예외로서, 어음 기타의 상업증권으로 인한 채권 채무를 상호계산에 포함시킨 경우에 그 증권채무자가 변제하지 아니한 때에는 당사자는 그 채무의 항목을 상호계산에서 제거할 수 있다(상 73조)고 규정하고 있다.[48]

(2) 상호계산기간 경과 후의 효력

상호계산이 결산기에 도래하면 당사자가 채권채무의 각 항목을 기재한 계산서를 상호 제출하여 이를 승인함으로써 상호계산에 포함되었던 채권과 채무가 총액에서 일괄 상계되어 소멸하고 잔액에 대한 채권이 성립되고 당사자가 계산서를 승인하게 되면 잔액채권이 확정되어 더 이상 그 채권채무의 항목에 대하여 이의를 신청할 수 없도록 되

---

47) 이철송 373면.

48) A와 B가 상호계산약정을 하였는데 A가 소지하고 있던 C 발행의 약속어음을 B로부터 어음할인을 받으면서 그 대가로 A가 B로부터 받아야 할 일정액의 채권을 상호계산에 계입하였으나 후일 C가 자신이 발행한 약속어음금 지급을 거절한 경우에는 위 어음할인금 채권을 상호계산에 포함되는 채권의 항목에서 제거할 수 있게 된다.

는데, 이를 상호계산기간경과 후의 효력 혹은 상호계산의 적극적 효력이라고 한다.

(가) 잔액채권

이처럼 상호계산기간이 종료된 이후에 당사자는 채권채무의 각 항목을 기재한 계산서를 상호 제출하여 승인함으로써 잔액채권이 확정되게 되고 당사자는 그 이후에는 각 항목에 관하여 착오나 탈루가 있지 않는 한 이의를 하지 못하게 된다(상 75조).

잔액채권은 상호계산에 포함되었던 채권과는 다른 채권으로서 상호계산기간이 종료한 때에 성립하게 되므로 그 변제기는 계산폐쇄일이라고 할 것이고 상법은 잔액채권에 대하여는 계산폐쇄일 이후의 법정이자를 청구할 수 있도록 하고 있다. 다만 이때에도 당사자는 잔액채권에 대한 위 법정이자와 별도로 각 항목의 채권에 대하여 이자를 청구할 수 있도록 특약으로 정할 수 있도록 규정하고 있다(상 76조 2항). 잔액채권은 상호계산계약에 기한 채권이고 상호계산계약은 보조적 상행위라고 할 것이므로 5년의 소멸시효가 적용된다고 할 것이고 계산이 폐쇄되어 잔액채권이 성립한 때로부터 시효기간이 진행된다고 할 것이다.[49]

한편 계산서 승인의 효과로서 잔액채권이 확정되면 종전의 채권은 소멸하고 이에 갈음하여 새로운 채권이 발생하게 되므로 계산서 승인행위는 경개계약이라는 견해(경개설),[50] 상호계산기간의 경과로 자동적으로 유인적 잔액채권이 성립하게 되지만 이와는 별도로 계산서 승인행위로 인하여 무인적으로 새로운 채권이 성립하게 된다는 견해(무인적 채무승인설)[51]가 대립하고 있다. 생각건대 경개계약은 유인계약으로서 종전채권의 하자는 잔액채권의 유효한 성립에 영향을 미치게 되므로 타당한 설명이라 할 수 없고, 한편 무인적 채무승인설도 당사자의 의사와는 너무 유리된 기교적인 해석으로서 타당하다고 할 수 없으므로 차라리 상법의 규정에 따른 효력으로서 이해하는 것이 간명하지 않을까 생각된다.[52]

또한 종전의 채권에 존재하던 담보권의 소멸여부와 관련하여, 경개계약설에 의하면 종전의 채권은 소멸하므로 이를 위한 담보도 당연히 소멸하게 되는데 반하여, 무인적 채무승인설에 따르면 종전의 채권과는 관계없이 새로운 무인적 잔액채권이 발생하게 되고 종전의 채권이 소멸하는 것은 아니므로 종전의 채권을 위한 담보는 잔액채권의 범위 내에서 담보로서 존속하게 된다고 해석하게 된다. 생각건대 상호계산에 포함된 채권에 관

49) 정동윤 183면.
50) 임홍근 283면, 손주찬 276면, 정찬형 248면, 최기원 271면.
51) 정동윤 372면, 최준선 274면.
52) 이철송 376면.

한 담보를 설정하는 것은 이례적이고, 담보 설정자가 당사자이든 제3자이든 특정 채권을 대상으로 한 것으로서 특정의 종전 채권에 설정되었던 담보가 그 종전채권이 일괄적으로 상계되어 소멸한 후에도 종전채권과는 무인적으로 성립한 잔액채권을 위한 담보로 전환된다고 하는 것도 당사자의 의사에 합치되는 해석이라고 할 수 없고 또한 이러한 해석은 담보권의 부종성에 비추어 보더라도 타당하다고 할 수 없으므로 종전의 채권에 존재하던 담보권도 당연히 소멸하게 된다고 해석하여야 할 것이다.

(나) 계산서의 승인

당사자가 계산서를 승인한 경우에는 그 각 항목에 이의를 하지 못한다(상 75조 본문)는 의미는 상호계산제도의 취지에 비추어 볼 때 각 항목을 이루는 채권채무액의 구체적 액수에 관하여 다투지 못할 뿐만 아니라 채권채무의 발생원인이 되는 법률행위가 무효 또는 취소 등으로 그 채권 자체가 존재하지 아니하는 경우에도 이를 주장하지 못한다는 취지로 해석하여야 할 것이다.

또한, 착오나 탈루가 있을 때는 그러하지 아니하다(상 75조 단서)는 규정의 의미에 관하여, 착오나 탈루가 있어도 상호계산은 유효하고 다만 부당이득의 문제로서 다루어져야 할 것이라는 견해(부당이득반환청구설)[53]가 있으나 계산서의 승인행위는 당사자의 의사표시라고 할 것이고 각 항목의 착오나 탈루는 승인의 의사표시에 하자가 있었던 경우로 보아야 하므로 의사표시의 일반원칙으로 돌아가 승인의 의사표시에 착오나 탈루 등이 있음을 이유로 승인행위가 무효이거나 취소될 수 있는 경우를 제외하고는 단순히 착오나 탈루를 이유로 승인행위에 대하여 무효나 취소를 주장할 수는 없다고 보아야 할 것이다.[54]

라. 상호계산의 종료

상호계산은 당사자 사이의 계약이므로 존속기간의 만료, 계약의 해제 등 계약의 일반적 종료원인에 따라 종료하게 되는데 상법은 이와는 별도로 특별한 종료원인을 정하고 있다.

상법은 상호계산의 당사자가 존속기간에 관한 약정을 하지 아니한 때에는 그 기간을 6월로 정하는(상 74조) 한편, 당사자가 언제든지 상호계산을 해지할 수 있도록 하여 당사자 일방은 특별한 해지사유가 없더라도 상대방의 신용이 악화되었다거나 상대방을 신

---

53) 강위두/임재호 225면, 이기수·최병규 304면, 손주찬 277면, 최기원 272면, 최준선 275면.
54) 이철송 377면.

뢰할 수 없다거나 거래관계가 종료되었다는 등의 이유만으로도 상호계산을 해지할 수 있고, 상호계산이 해지되면 즉시 계산을 폐쇄하고 잔액의 지급을 청구할 수 있다고 할 것이다(상 77조).

이 밖에도 상호계산의 기초는 상대방의 재산 상태에 대한 신뢰이므로 상호계산은 당사자 일방의 파산이나 회생절차개시에 의해서도 종료된다고 할 것이다.

5. 익명조합

가. 익명조합의 의의

익명조합이란 당사자 일방이 상대방의 영업을 위하여 출자를 하고, 상대방은 영업으로 인한 이익을 분배할 것을 내용으로 하는 약정이다(상 78조).

익명조합의 당사자는 자금을 출자하는 익명조합원과 익명조합원으로부터 출자를 받아 영업을 하는 영업자로 구성되는데, 익명조합원은 반드시 상인이어야 할 필요가 없고 1인이든 수인이든 혹은 개인이든 법인이든 그 자격에 아무런 제한이 없으나, 영업자는 개인이든 법인이든 상관이 없으나 영업을 하는 자이어야 하므로 반드시 상인이어야 하고 따라서 영업자에 대하여 익명조합계약은 보조적 상행위가 된다고 할 것이다.

익명조합은 경제적으로는 익명조합원과 영업자의 공동기업이지만 법률적으로는 영업자의 단독기업의 형태로서 익명조합원은 영업자의 특정한 영업을 위하여 투자하는 것이고, 영업자는 익명조합원에게 영업으로 인한 이익의 분배를 하는 것이므로 만약 특정되지 아니한 사업이나 혹은 일시적 거래를 위하여 출자하거나, 출자 후 영업의 성과에 관계없이 일정액이나 일정비율의 분배를 받기로 하는 것은 익명조합이라고 할 수 없다.

◈ 대판 1962.12.27. 선고 62다660 판결

당사자의 일방이 상대방의 영업을 위하여 출자를 하는 경우라 할지라도 그 영업에서 이익이 난 여부를 따지지 않고 상대방이 정기적으로 일정한 금액을 지급하기로 약정한 경우는 가령 이익이라는 명칭을 사용하였다 하더라도 익명조합약정이라 할 수 없다.

◈ 대법원 1983.5.10. 선고 81다650 판결[55]

피고와 소외 수배죽 사이의 위 동업관계는 중국음식점 양명호의 경영을 공동사업으

55) 대법원은, A와 B가 중국음식점을 동업하기로 하면서 A는 영업장 등 시설을 출자하고 B는 재료비 등과 음식점 운영을 맡기로 하되 이익여부와 상관없이 매일 매상액의 50%를 A에게 배당하기로 약정을 하고 B

로 하고, 또 이익이 난 여부를 묻지 아니하고 매일 매상액 중 일정한 금액의 지급을 약정한 점 등에서 상법상의 익명조합이라고는 할 수 없고, 한편 합유인 조합재산이 없고 소외 수배죽이 영업을 위한 재료의 구입등 위 조합의 대외적인 법률행위를 함에 있어서는 조합원인 피고를 대리할 필요없이 자기 명의로 단독으로 하고 이를 위한 권리의무가 위 소외인에게 귀속되는 점에서 조합원들의 합유인 조합재산이 있고, 외부관계에서 법률행위를 함에 있어서 업무집행자가 조합원을 대리하여 그 법률효과가 조합원 전체에 귀속되는 민법상의 통상의 조합과 구별되는 일종의 특수한 조합이라고 할 것이고, 이러한 특수한 조합에 있어서는 대외적으로는 오로지 영업을 경영하는 위 소외인만이 권리를 취득하고 채무를 부담하는 것이어서 민법 제713조가 적용될 여지가 없다 할 것이다.
(같은 취지: 대법원 1988.10.25. 선고 86다카175 판결, 대법원 1997.9.26. 선고 96다14838, 14845 판결)

또한 익명조합은 익명조합원과 영업자의 신뢰를 전제로 하는 계약이라 할 것이므로 영업자 또는 익명조합원의 지위는 당사자 사이의 약정이 없는 한 양도의 대상으로 할 수 없고 상속도 허용되지 않는다고 해석하여야 할 것이다.

자금을 출자하는 자와 그 자금으로 영업을 하는 자 사이의 관계에서 익명조합인지 여부를 따지는 것은 영업재산이 누구에게 귀속하는지 특히 영업으로 인한 채무를 누가 부담할 것인가의 문제라고도 할 것이다.

나. 익명조합의 법적 성질

익명조합의 법률적 성질에 관하여 조합계약이라거나 소비대차계약이라는 견해도 있었지만 오늘날은 상법상의 특수한 계약으로서 유상, 쌍무적인 낙성계약이라는 데 견해의 일치를 보고 있다.

또한 익명조합은 영업자의 단독기업이고 익명조합원은 업무를 담당하지 않고 대외적인 책임도 부담하지 않으며 장래에 불확실한 영업이익의 분배를 목적으로 하는 계약이라는 점에서 민법상의 조합이나 소비대차계약 또는 상법상의 회사인 합자회사 나아가 대법원이 인정하고 있는 특수한 조합관계로서 이른바 내적인 조합과도 다르다고 할 것이다.

익명조합은 영업자와 익명조합원의 계약에 기초한 영업자의 단독기업으로서, 익명조합원의 출자는 영업자

가 대표자로서 사업자등록을 하고 단독으로 음식점을 운영하였다면 A와 B의 관계는 익명조합도 아니고 민법상의 조합도 아닌 특수한 조합관계라고 판시하고 있다.

에게 귀속함으로써 영업자의 단독소유가 되고(상 79조) 영업자가 제3자에 대하여 단독적으로 책임을 부담하며(상 80조), 익명조합원은 신용 또는 노무를 출자 목적물로 하지 못하고(상 86조, 272조) 나아가 익명조합원은 영업자에 대하여 계약상의 채권자가 될 뿐 외부적으로 노출되지 않은 채 영업자가 수행하는 영업의 성과에 따라 이익의 분배를 받을뿐 손해는 분담하지 않는다는 특징이 있다.

이와는 달리 조합은 출자자인 조합원의 공동기업으로서(민 703조) 조합원 전원이 합유적으로 조합재산을 공동으로 소유하고(민 704조) 조합원 전원이 업무를 집행하게 되며 조합의 채무에 관하여 조합원이 전원이 합유적으로 무한책임을 부담하지만(민 712조) 조합원은 금전 기타 재산이나 노무로 출자를 할 수가 있는 점(민 703조 2항)에서, 또한 합자회사는 무한책임사원과 유한책임사원에 의한 법인의 설립에 따른 공동기업으로서 출자자와는 별개의 법인격을 가지고(상 268조 169조) 사원의 출자는 회사에 귀속하여 회사의 단독소유가 되고 사원은 회사에 대하여 지분을 갖게 되며 회사가 법인으로서 활동하고 회사 및 회사의 업무를 집행하는 무한책임사원도 제3자에 대하여 직접적으로 무한책임을 부담한다(상 269조, 212조)는 점에서, 소비대차계약의 경우 자금을 제공한 대주는 자금을 제공받은 차주의 영업 성과와는 아무런 관계없이 일정한 비율에 따라 계산된 이자를 받고 일정한 기간이 경과하면 대주는 차주로부터 자신이 제공한 재산의 원금을 반환 받는다는 점에서, 신탁은 위탁자의 신탁재산이 수탁자에게 이전되는 모습을 갖지만 내부적으로는 여전히 위탁자의 재산으로 남는다는 점에서, 나아가 대법원이 인정하는 특수한 조합(내적인 조합관계)은 내부적으로는 조합원들의 조합이지만 대외적으로는 일부 조합원의 단독기업으로 운영된다는 점에서 각기 익명조합과 구별된다고 할 것이다.

◈ 대법원 1988.10.25. 선고 86다카175 판결

갑과 을이 공장을 동업하기로 하고서 갑은 출자금을 지급하고 을은 공장의 임대보증금과 시설 등을 책임지며 그 사업은 을 명의로 하여 그의 책임하에 공장을 경영하고 이익금은 공장내에 유보하며 을은 갑과 합의한 급여를 매월 받기로 하는 내용의 동업계약을 체결하여 을이 그 명의로 사업자등록을 하고 그의 책임하에 그의 명의로 위 공장을 경영하여 왔다면, 이는 내부관계에 있어서는 민법상의 일종의 조합이라고 할 수 있을 것이나, 대외적으로는 조합원들의 합유인 조합재산이 없고 을이 대외적인 법률행위를 함에 있어서는 조합원인 갑을 대리할 필요없이 자기명의로 단독으로 하고 이를 위한 권리의무가 을에게 귀속되는 점에서 민법상의 통상의 조합과 구별되는 일종의 특수한 조합이라 할 것이고, 이러한 특수한 조합에 있어서는 대외적으로는 오로지 영업을 경영하는 을만이 권리를 취득하고 채무를 부담하는 것이어서 민법 제711조 내지 제713조가 적용될 여지가 없다.

(같은 취지: 대법원 1997.9.26. 선고 96다14838, 14845 판결, 대법원 2000.7.7. 선고 98다44666 판결)

다. 익명조합의 법률관계

(1) 익명조합의 내부관계

(가) 익명조합원의 출자의무

익명조합원은 출자의무를 부담하는데(상 78조), 이러한 출자의무는 익명조합원에게만 있고 영업자에게는 이러한 의무가 없으므로 영업자는 당사자 사이의 약정에 따라 출자할 수도 있고 출자를 하지 않는 경우도 있다.

출자 시기는 약정에 따르지만 약정에서 정하여지지 않았으면 영업자로부터 최고 받은 때에 출자하면 되고(민 387조 2항), 출자를 하는 경우 그 재산은 영업자의 재산으로 귀속하게 되므로(상 79조), 그 재산권에 관하여 법률에 정하여진 이전방법에 따른 절차(등기, 점유이전 등)를 마쳐야 하고 익명조합계약도 유상계약이므로 출자한 재산에 하자가 있다면 이에 대하여 담보책임을 부담하게 된다(민 567조, 580조).

상법은 익명조합원이 신용이나 노무를 출자목적물로 하지 못하도록 규정하고 있으나(상 86조, 272조), 재산적 가치가 있는 한 반드시 물건의 소유권이 아니더라도, 물건이나 권리의 사용권, 기타 채권도 출자의 목적물로 할 수 있다.[56]

◈ 대법원 2011.11.24. 선고 2010도5014 판결[57]

[1] 조합재산은 조합원의 합유에 속하므로 조합원 중 한 사람이 조합재산 처분으로 얻은 대금을 임의로 소비하였다면 횡령죄의 죄책을 면할 수 없고, 이러한 법리는 내부적으로는 조합관계에 있지만 대외적으로는 조합관계가 드러나지 않는 이른바 내적 조합의 경우에도 마찬가지이다.

[2] 조합 또는 내적 조합과 달리 익명조합의 경우에는 익명조합원이 영업을 위하여 출자한 금전 기타의 재산은 상대편인 영업자의 재산이 되므로 영업자는 타인의 재물을 보관하는 자의 지위에 있지 않고, 따라서 영업자가 영업이익금 등을 임의로 소비하였더라도 횡령죄가 성립할 수는 없다.

[3] 어떠한 법률관계가 내적 조합에 해당하는지 아니면 익명조합에 해당하는지는, 당사자들의 내부관계에 공동사업이 있는지, 조합원이 업무검사권 등을 가지고 조합의

56) 이철송 384면, 정찬형 255면, 최준선 279면.

57) 대법원은, A와 B가 특정 토지를 매수하여 전매하고 그 전매이익금을 정산하기로 약정한 다음, 공동으로 조달한 돈으로 토지를 매수하고 소유권이전등기는 B의 명의로 마쳐 두었는데, B가 위 토지를 제3자에게 임의로 매도한 후 A에게 전매이익금 반환을 거부함으로써 이를 횡령하였다는 내용으로 기소된 사안에서, A가 토지의 매수 및 전매를 B에게 전적으로 일임하고 그 과정에 전혀 관여하지 아니하였고 토지의 전매차익을 얻을 목적으로 일정 금원을 출자하였더라도 이후 업무감시권 등에 근거하여 업무집행에 관여한 적이 전혀 없었기에 B는 아무런 제한 없이 토지를 처분할 수 있으므로 A와 B의 관계는 조합 또는 내적 조합이 아니라 '익명조합과 유사한 무명계약'에 해당한다고 판시하고 있다.

업무에 관여하였는지, 재산의 처분 또는 변경에 전원의 동의가 필요한지 등을 모두 종합하여 판단하여야 한다.

(참고판결: 대법원 2011.6.10. 선고 2010도17684 판결, 대법원 2000.7.7. 선고 98다44666 판결, 대법원 1971.12.28. 선고 71도2032 판결)

(나) 영업자의 영업수행의무

익명조합원으로부터 출자를 받은 영업자는 단독으로 영업을 수행하게 되고 익명조합원은 영업을 담당하지 못한다고 할 것이다(상 86조, 278조). 익명조합원이 영업관여행위를 한 경우에는 설령 익명조합원이 영업자로부터 위임 등의 수권을 내부적으로 받았다고 하더라도 그로써 제3자에게 익명조합관계를 주장하여 의무를 면할 수는 없다고 할 것이다. 특히 대법원은 조합원의 업무관여행위를 익명조합과 조합의 특수형태인 내적인 조합을 구별하는 중요한 징표로서 보고 있는 듯하다.

영업자는 익명조합계약에 따라 선량한 관리자의 주의로써 영업을 수행할 의무를 익명조합원에게 부담한다고 할 것이므로, 영업자가 정당한 사유없이 영업을 수행하지 아니하거나, 영업을 폐지하거나 임의로 양도하여 익명조합원에게 손해를 입힌 경우에 익명조합원은 부득이한 사정을 이유로 계약을 해지할 수 있고(상 83조 2항) 그에 따른 손해배상을 구할 수 있고 나아가 익명조합계약의 종료의 원인이 될 수 있다고 할 것이다(상 84조).

이 밖에도 영업자에게 익명조합계약에 정한 특정한 영업에 관한 경업피지의무가 있는지에 관하여 이를 긍정하는 견해[58]도 있지만, 상법이 익명조합에 있어서 합자회사에 관한 규정을 준용하는 규정을 두면서(상 86조) 합자회사의 무한책임사원의 경업피지의무에 관한 규정(상 198조)을 준용하지 않고 있는 점에 비추어 이를 인정할 수는 없다. 다만 영업자는 선량한 관리자의 주의의무를 부담하므로 만약 경업행위를 하였다면 선량한 관리자의 주의의무를 위반한 것으로 손해배상책임을 추궁하거나 계약해지의 사유로 할 수는 있다고 할 것이다.

(다) 익명조합원의 영업감시권

상법은 익명조합원으로 하여금 영업에 직접적으로 관여할 수는 없으나(상 86조, 278조), 합자회사의 유한책임사원과 같이 영업연도 말에 회계장부, 대차대조표 기타 서류를 열람하고 업무와 재산상태를 검사할 수 있는 등의 감시권을 인정하고 있다(상 86조, 277

58) 손주찬 285면, 이철송 385면, 정찬형 257면.

조). 다만 이러한 영업감시권은 내부적인 권한에 불과하다고 할 것이다.

(라) 영업자의 이익분배의무

영업자는 익명조합원에게 영업으로 인한 이익을 분배할 의무를 부담하는데(상 78조), 이익이란 영업활동의 결과에 따라 각 영업연도에 영업상 증가된 재산액을 의미하고, 이익의 분배란 영업의 결과에 따라 이익이 발생한 경우에 이를 일정한 비율에 따라 배분하는 것을 의미하는 것으로서 영업의 결과에 상관없이 일정액이나 일정비율의 금액을 지급하는 것은 이익의 분배라고 할 수 없다.

이익분배의 비율은 익명조합계약에 따르게 되겠지만 그러한 약정이 없는 경우, 만약 손실부담의 특약이 있으면 그 비율에 따르고 그것마저 없는 때에는 출자액의 비율에 따라 정하여야 할 것이다(민 711조).[59]

(마) 익명조합원의 손실분담의무

손실이란 영업활동의 결과에 따라 각 영업연도에 영업상 감소된 재산액으로서 영업으로 인한 손실을 의미한다. 익명조합원이 손실을 분담한다는 것은 재산상의 출자액이 감소하는 것을 의미하는 것으로서 특별한 약정이 없는 한 현실적으로 추가의 출자를 요하는 것은 아니다. 영업 손실로 인하여 익명조합원의 출자가 감소된 경우에는 향후 이익이 발생하더라도 그 손실을 전보한 다음에 이익배당을 청구할 수 있다는 의미이고(상 82조 1항), 설령 손실이 커서 출자액을 초과하더라도 이미 받은 이익의 반환이나 증자의 의무는 없다고 할 것이다(상 82조 2항). 그런데 익명조합원의 손실분담의무는 익명조합의 요소는 아니라 할 것이므로, 익명조합원이 손실부담을 하지 않기로 하는 당사자의 특약이 있다면 상법의 손실 분담에 관한 규정(상 82조 1항, 2항)에도 불구하고 당사자 사이의 특약이 우선적으로 적용(상 82조 3항)되어 손실 분담 없는 이익분배만의 약정도 가능하다. 그러나 당사자 사이의 이러한 특약이 없다면 익명조합원은 손실을 분담하기로 하였고 그 분담비율은 이익분배비율과 동일한 것으로 추정하는 것(민 711조 2항)이 타당한 해석일 것이다.[60]

59) 이철송 386면, 정찬형 258면, 최준선 281면.
60) 손주찬 283면, 이철송 387면, 정찬형 258면, 최준선 279면.

(2) 익명조합의 외부관계

(가) 익명조합원과 제3자의 관계

익명조합원은 영업자의 행위에 관하여 제3자와 아무런 권리의무관계가 없고(상 80조) 영업자의 업무행위를 직접 수행하거나 대리하지도 못한다고 할 것이다(상 86조, 278조).

상법은 익명조합원이 자신의 성명이나 상호의 사용을 영업자에게 허락한 경우에 익명조합원으로 하여금 영업자와 연대하여 변제할 책임을 부담시키고 있는데(상 81조), 이러한 책임은 외관이론 내지는 금반언의 원칙에 기하여 인정되는 상법상의 명의대여자의 책임(상 24조)과 유사한 책임이므로 이때의 제3자는 상법 제24조에서 보는 바와 같이 익명조합원을 영업자로 오인한 경우 즉 선의인 경우에 한하여 보호 받을 수 있다고 할 것이다.

(나) 영업자와 제3자의 관계

익명조합원이 출자한 재산은 영업자의 재산으로 보게 되므로(상 79조) 영업자의 재산에 편입되어 영업자의 채권자를 위한 책임재산을 구성하게 된다.

익명조합은 법률상으로는 영업자의 단독기업으로서 제3자와의 거래로 인한 모든 권리의무는 영업자에게 귀속하게 되고, 익명조합원은 제3자에 대하여 아무런 법률관계가 없으므로 영업상의 채권을 행사할 수도 없고 영업상의 채무에 대한 책임을 부담하지도 않는다고 할 것이다.

라. 익명조합의 종료

(1) 종료의 원인

익명조합은 익명조합원과 영업자 사이의 계약으로서 계약의 일반적인 종료원인에 의하여 종료하게 되므로 당사자 사이의 종료원인을 정하였거나 존속기간을 정한 경우에는 그에 따라 종료하게 된다.

상법은 익명조합의 존속기간을 정하지 않았거나 어느 당사자의 종신까지로 정한 경우에 각 당사자는 6월 전의 사전예고로써 영업연도 말에 익명조합계약을 해지할 수 있고(상 83조 1항), 존속기간의 정함이 있더라도 당사자는 부득이한 사정이 있는 때에는 계약을 해지할 수 있도록 하고 있다(상 83조 2항).

또한 상법은 영업을 폐지하거나 양도하는 경우, 영업자가 사망하거나 금치산선고를 받은 경우 그리고 영업자 또는 익명조합원이 파산한 경우에는 익명조합계약이 당연히 종료하는 것으로 정하고 있다(상 84조).

(2) 종료의 효과

익명조합이 종료한 경우, 영업자는 익명조합원에게 출자금을 반환하여야 하는데, 출자가 손실로 인하여 감소된 경우에는 그 잔액을 반환하면 된다(상 85조). 다만 익명조합원이 손실을 분담하지 않기로 하는 약정이 있다면 출자액 전액을 반환하여야 할 것이다.

익명조합원이 출자한 재산은 영업자의 재산에 편입되므로 물건으로 출자한 경우에는 물건의 가액을 반환하여야 하지만, 물건의 사용권을 출자한 경우에는 물건을 반환하여야 한다. 익명조합원이 물건의 사용권을 출자한 경우에는 물건의 소유권이 영업자에게 귀속하는 것이 아니므로 영업자가 파산선고를 받더라도 익명조합원은 파산재단에 대하여 환취권을 행사할 수 있다(회생법 407조).

6. 합자조합

가. 합자조합의 의의

합자조합은 조합의 업무집행자로서 조합의 채무에 대하여 무한책임을 지는 조합원과 출자가액을 한도로 하여 유한책임을 지는 조합원이 상호 출자하여 공동사업을 경영하기로 함으로써 성립하는 조합이다(상 86조의2).

합자조합은 2011. 4. 14. 개정되어 2012. 4. 15.부터 시행되는 상법에서 새로운 기업형태로서 회사편의 유한책임회사와 함께 새롭게 도입되었는데(상 86조의2 내지 상 86조의9), 그 실체가 법인이 아닌 조합(계약)이므로 회사편이 아닌 상행위편에 규정하게 된 것이다. 합자조합은 조합의 채무에 대하여 무한책임을 부담하는 조합원과 유한책임을 부담하는 조합원으로 구성되는 기업형태로서 비교법적으로 볼 때 미국의 합자조합(LP: Limited Partnership)과 흡사한 형태라고 할 것이다. 미국에는 이와 유사하지만 조합원 전원이 유한책임을 부담하는 유한책임조합(LLP: Limited Liability Partnership)이 있고, 일본의 회사법에는 이러한 유한책임조합을 본받아 유한책임사업조합이라는 기업형태를 도입하고 있으나 우리나라에서는 아직 조합원 전원이 유한책임조합원으로 구성되는 기업형태를 허용하고 있지는 않다.

합자조합은 무한책임조합원과 유한책임조합원이 각 1인 이상으로 구성되도록 되어 있는데, 상법은 조합계약에 일정한 사항을 기재하고 모든 조합원이 기명날인 혹은 서명함으로써 성립하도록 정하고 있다(상 86조의3).

상법이 합자조합계약에 기재하도록 하는 사항은 제3자의 이해관계에 중요한 영향을 미치므로 거래의 안전을 위하여 업무집행조합원으로 하여금 합자조합 설립 후 2주 내에 조합의 주된 영업소에서 일정한 사항을 등기하도록 하고, 후일 그 내용이 변경된 경우에도 2주 내에 변경등기를 하도록 하고 있다(상 86조의4). 이러한 등기를 게을리 한 경우에는 선의의 제3자에게 대항할 수 없고(상 37조 1항), 고의 또는 과실로 사실과 상위한 사항을 등기한 경우에는 그 상위를 선의의 제3자에게 대항하지 못한다고 할 것이다(상 39조).

나. 합자조합의 법적 성질

합자조합은 2인 이상의 조합원이 상호 출자하여 공동사업을 할 것을 목적으로 하는 조합원 상호간의 유상, 쌍무적인 낙성계약으로서 상법상의 조합 계약이므로 상법의 규정이 없는 한 민법의 조합에 관한 규정이 적용된다.

이러한 합자조합은 조합의 채무에 대하여 무한책임을 부담하는 조합원과 유한책임을 부담하는 조합원이 상호 출자하여 조합재산을 합유적으로 공동소유하게 되고, 법인격이 인정되지 않으므로 권리의무의 주체는 조합 그 자체가 아니라 조합원이 되지만 원칙적으로 무한책임조합원만이 업무집행을 담당하고 대외적인 채무를 부담한다는 점에서 민법상의 조합이나 상법상의 익명조합 또는 합자회사와 다르다고 할 것이다.

합자조합은 무한책임조합원과 유한책임조합원으로 구성되어 있고 그 역할도 합자회사의 무한책임사원과 무한책임사원의 그것과 매우 유사하며, 합자회사의 많은 규정(상 272조, 275조, 277조, 278조, 283조, 284조 및 287조)이 준용되지만(상 86조의8), 본질적으로 합자조합은 조합적 실체를 가지고 있는데 반하여, 합자회사는 법인으로서 독자적인 법인격을 가지고 있다는 점에서 다르고, 한편 익명조합은 익명조합원이 영업을 수행하지 않고 외부에 현명되어 있지도 않으나, 합자조합의 경우에는 조합계약에서 유한책임조합원의 인적사항을 기재하도록 하여 외부적으로 현명되어 있으며 원칙적으로 업무를 집행하지는 않으나 예외적으로 업무를 집행하는 경우도 있다는 점(상 86조의4 1항 1호)에서 다르다고 할 것이다. 다만 유한책임조합원이 업무를 집행하지 않는 경우에는 그 인적사항이 등기사항도 아니므로 외부에서 익명조합과 합자조합을 구별하는 것이 반드시 명확하지 않을 수가 있다.

다. 합자조합의 법률관계

(1) 내부적 법률관계

(가) 출 자

합자조합은 조합원이 상호 출자하여 공동사업을 경영할 것을 목적으로 하므로(상 86

조의2) 모든 조합원이 출자를 하여야 하고, 조합원 이외의 자가 출자하거나, 조합원이 출자를 하지 않는 것은 허용되지 아니한다. 상법은 합자조합의 설립을 위한 조합계약에 조합원의 출자에 관한 사항을 기재하도록 하고 있다(상 86조의3 6호). 유한책임조합원은 조합계약에 다른 규정이 없는 한 신용 또는 노무를 출자의 목적물로 하지 못하도록 하고 있으나(상 86조의8 3항, 272조), 무한책임조합원에 대하여는 이러한 제한이 없다.

합자조합은 법인격이 인정되지 않는 조합의 형태를 취하므로 조합원들이 출자한 재산은 조합원들이 합유의 형태로 공동으로 소유하게 된다.

(나) 업무집행

업무집행조합원은 조합계약에 다른 규정이 없으면 합자조합의 업무를 집행하게 되고(상 86조의5 1항), 조합원 이외의 자는 합자조합의 업무를 집행할 수 없다.

업무집행조합원은 원칙적으로 무한책임조합원이 되지만(상 86조의2), 상법은 업무집행조합원이 되는 자격에 관하여 명시적으로 규정하지 않고 있으며, 오히려 유한책임조합원도 업무집행조합원이 될 수 있음을 전제로 하는 규정을 두고 있으므로(상 86조의4 1항 1호), 조합계약에 특별한 정함이 있다면 유한책임조합원도 업무집행조합원이 될 수 있다고 해석하는 것이 타당할 것이고, 만약 유한책임조합원이 업무집행조합원이 되었다면, 조합의 채권자에 대하여 자신이 유한책임조합원이라는 이유로 그 책임을 벗어날 수는 없다고 하여야 할 것이다.

상법은 합자회사의 유한책임사원에 대하여 업무집행을 금지하는 규정(상 278조)을 유한책임조합원에 대하여 준용하고 있으므로(상 86조의8 3항) 유한책임조합원은 업무집행조합원이 될 수 없다고 해석할 여지도 있으나, 위 규정은 "조합계약에 다른 규정이 없을 것"을 전제로 하므로 만약 조합계약에서 유한책임조합원으로 하여금 업무집행조합원이 될 수 있도록 하였다면 이를 제한할 근거가 없어지고 반대로 해석하면 조합계약에서 허용한 경우에는 유한책임조합원도 업무집행조합원이 될 수 있다고 할 것이다.

업무집행조합원은 원칙적으로 각자가 업무를 집행하게 되는데(상 86조의5 1항), 조합계약으로 2인 이상의 업무집행조합원으로 하여금 공동으로 업무를 집행하거나 대리하도록 정한 경우에는 이를 조합계약에 명시하여야 하고(상 86조의2 9호) 또한 등기하여야 한다(상 86조의3 1항).

2인 이상의 업무집행조합원이 있을 경우에 각자의 업무집행조합원의 업무집행에 대하여 다른 업무집행조합원이 이의가 있는 경우에는 그 업무집행행위를 중지하고 업무집행조합원 과반수의 결의에 따라야 하는데, 이 경우에도 조합계약으로 다르게 정할 수 있다(상 86조의5 3항).

업무집행조합원이 각자 할 수 있는 업무에 관하여 상법은 명시적으로 정하고 있지는 않으나, 합자조합에 관하여 조합계약이나 상법에 특별한 정함이 없으면 민법의 조합에 관한 규정이 준용되도록 정하고 있다(상 86조의8 4항). 민법은 조합의 사무를 통상사무와 그 밖의 사무로 나누어 통상사무는 업무집행자가 각자 할 수 있으나(민 706조 3항), 그 밖의 사무는 업무집행자의 과반수로 결정하도록 하고 있음(민 706조 2항)에 비추어 합자조합의 경우에도 업무집행조합원이 각자 할 수 있는 업무는 합자조합의 통상적인 업무를 의미하고 통상적인 업무가 아닌 경우에는 업무집행조합원의 과반수로 결정하도록 하여야 할 것이다.

상법은 업무집행조합원으로 하여금 선량한 관리자의 주의로써 업무를 집행하도록 규정하고 있는데(상 86조의5 2항), 이는 타인의 사무를 처리하는 자로서 당연히 부담하여야 할 의무라고 할 것이므로 주의적 규정이라고 할 것이다.

업무집행조합원의 업무집행을 정지하거나 직무대행자를 선임하는 가처분을 하거나 그 가처분의 변경, 취소가 있는 경우에는 이를 등기하여야 하고(상 86조의8 2항, 183조의3), 직무대행자는 가처분명령에 다른 정함이 있는 경우 외에는 합자조합의 통상업무에 속하는 행위만 할 수 있다(상 86조의8 2항, 200조의2).

(다) 유한책임조합원의 영업감시권

상법은, 익명조합에 있어서 익명조합원이나 합자회사에 있어서 유한책임사원과 동일하게, 유한책임조합원이 영업에 직접적으로 관여하지 않더라도 영업연도 말에 회계장부, 대차대조표, 기타 서류를 열람하고 업무와 재산상태를 검사할 수 있는 등의 감시권을 인정하고 있다(상 86조의8 3항, 277조). 그러나 이러한 영업감시권은 내부적인 약정에 의하여 제한될 수 있다고 할 것이다.

(라) 조합원에 대한 손익의 분배

합자조합의 경영결과에 따라 이익이 발생하였으면 조합원에게 분배하여야 하고, 손실이 발생하였으면 조합원이 분담을 하여야 한다.

상법은 조합원들이 손익 분배에 관한 사항을 정하여 합자조합계약에서 이를 명시하도록 정하고 있을 뿐, 이에 관한 명시적인 규정을 정하고 있지는 않으므로 결국 민법의 조합에 관한 규정이 준용될 것이다(상 86조의8 4항).

따라서 조합원들은 이익의 분배 혹은 손실의 분담비율에 관하여 조합계약에서 자유롭게 정할 수 있고, 이익 또는 손실의 어느 한 가지에 대하여 비율을 정한 때에는 그 비율은 이익과 손실에 공통된 것으로 추정하게 되며(민 711조 2항), 손익분배의 비율을 정하지 아니한 때에는 출자가액에 비례하여 정하게 될 것이다(민 711조 1항).

(마) 조합원의 경업금지와 자기거래의 제한

상법은 업무집행조합원 뿐만 아니라 유한책임조합원에 대하여도 합명회사 사원의 자기거래 제한에 관한 규정(상 199조)을 준용하고 있으므로(상 86조의8 2항, 3항), 합자조합의 모든 조합원은 다른 조합원의 과반수의 결의가 있는 때에 한하여 자기 또는 제3자의 계산으로 합자조합과 거래를 할 수 있다. 다만 조합계약에서 이와 다르게 정할 수 있다(상 86조의8 2항 단서, 3항). 조합원이 이를 위반한 경우에 관하여, 상법은 아무런 규정을 두고 있지 않으나 손해배상을 청구할 수 있고, 제명사유로 할 수도 있다고 할 것이다.

한편 상법은 업무집행조합원에 대하여 합자회사 사원의 경업금지에 관한 규정(상 198조)을 준용하여(상 86조의8 2항), 업무집행조합원은 다른 조합원의 동의가 없으면 자기 또는 제3자의 계산으로 합자조합의 영업부류에 속하는 거래를 하지 못하고, 동종영업을 목적으로 하는 다른 회사의 무한책임사원 또는 이사가 되지 못하도록 하고 있다(상 198조 1항). 업무집행조합원이 이를 위반한 경우, 상법은 합자조합으로 하여금 이른바 개입권을 행사하거나(상 198조 2항) 손해배상을 청구할 수 있도록 하고 있으나(상 198조 3항), 그 법률관계를 신속히 확정하도록 하기 위하여 단기의 제척기간을 두고 있다(상 198조 3항). 업무집행조합원과 달리 유한책임조합원은 조합계약으로 다른 약정이 없는 한 원칙적으로 경업이 자유롭게 허용된다고 할 것이다(상 86조의8 3항, 275조).

합명회사의 업무집행사원이나 합자회사의 무한책임사원이 경업금지의무를 위반한 경우에는 다른 사원은 과반수의 결의에 의하여 그 사원의 제명을 법원에 청구하거나(상 220조 1항 2호, 269조), 업무집행권 또는 대표권의 상실의 선고를 법원에 청구할 수 있다(상 205조 1항, 216조, 269조).

(바) 조합원의 변동

조합에 가입하거나 조합을 탈퇴하는 경우 혹은 조합원 지분을 양도, 양수하는 경우에 조합원 지위의 변동이 일어나게 되는데 이러한 조합원의 변동이 있더라도 합자조합의 동일성은 유지된다고 할 것이다.

상법은 합자조합에 있어서 조합원의 변동에 관하여 조합원 지분의 양도의 경우만을 규정하고 있으므로(상 86조의7), 그 밖의 경우에 관하여는 조합계약이나 민법의 규정이 준용될 것이다(상 86조의8 4항).

새로이 조합에 가입하는 경우에 관하여 법률에는 아무런 규정이 없으므로 조합계약에 따라 처리하여야 할 것이다. 기존의 조합에 가입하는 것은 조합원 전원과의 새로운 조합계약을 체결하는 것으로 보아야 하고, 이때 새로이 가입한 조합원의 권리와 의무는 조합계약에 의하여 정하여지겠지만, 특별한 약정이 없는 한 가입 전의 조합 채무에 대하여는 책임을 부담하지 않는다고 할 것이다.

상법은 합명회사와 합자회사의 무한책임사원으로 새로이 입사한 자는 입사 전의 회사 채무에 대하여도 책임을 부담하도록 규정하고 있으나(상 213조), 합자조합에 관하여는 이 규정을 준용하지 않고 있다.

조합의 존속기간이 정하여 있지 않거나 조합원의 종신까지로 정한 경우에, 조합원은 언제든지 임의로 탈퇴할 수 있고 다만 부득이한 사유가 없으면 조합에 불리한 시기에 탈퇴할 수 없으나(민 716조 1항), 부득이한 사유가 있으면 존속기간을 정한 경우에도 탈퇴할 수 있다고 할 것이다(민 716조 2항).

이 밖에도 조합원의 사망, 파산, 금치산[61] 및 제명의 사유가 있으면 조합원의 의사와 상관없이 당연히 조합을 탈퇴하게 된다(민 717조). 다만 상법은 유한책임조합원의 경우에는 사망하더라도 상속인이 그 지분을 승계하고(상 86조의8 3항, 283조) 금치산선고를 받더라도 탈퇴되지 않도록 정하고 있는데(상 86조의8 3항, 284조), 물론 이 경우에도 조합계약으로 이와 달리 정할 수 있다고 할 것이다. 또한 조합계약으로 제명사유를 정할 수도 있지만 이를 정하고 있지 않다고 하더라도 정당한 사유가 있으면 조합원의 일치로써 제명을 결정할 수도 있다(민 718조).

조합원이 탈퇴하게 되면 잔존 조합원과의 사이에 탈퇴 당시의 조합재산의 상태에 의하여 지분의 계산을 하여야 하는데(민 719조 1항), 민법은 계산의 편의상 탈퇴한 조합원이 출자한 재산의 종류에 불구하고 금전으로 반환할 수 있고(민 719조 2항) 아직 완결되지 아니한 사항에 관하여는 완결 후에 할 수도 있도록 정하고 있다(민 719조 3항).

◆ 대법원 2008.9.25. 선고 2008다41529 판결

조합에서 조합원이 탈퇴하는 경우, 탈퇴자와 잔존자 사이의 탈퇴로 인한 계산은 특별한 사정이 없는 한 민법 제719조 제1항, 제2항에 따라 '탈퇴 당시의 조합재산상태'를 기준으로 평가한 조합재산 중 탈퇴자의 지분에 해당하는 금액을 금전으로 반환하여야 하고, 조합원의 지분비율은 '조합 내부의 손익분배 비율'을 기준으로 계산하여야 하나,

61) 민법의 개정에 따른 후속조치로서 이 부분은 2011.3.7. 상법개정을 통하여 성년후견의 개시로 바뀌어 2013. 7.1.부터 시행될 예정이다.

당사자가 손익분배의 비율을 정하지 아니한 때에는 민법 제711조에 따라 각 조합원의 출자가액에 비례하여 이를 정하여야 한다.

탈퇴한 조합원이 탈퇴 이후의 조합채무에 대하여 책임을 부담하지 않는 것은 당연하다 할 것이나, 탈퇴할 때에 이미 존재하고 있던 채무에 대하여 어떤 책임을 부담하는지는 탈퇴조합원이 무한책임조합원인지 유한책임조합원인지에 따라 달라질 것이다. 무한책임조합원은 탈퇴하더라도 탈퇴시의 조합채무 전부에 대하여 직접·연대·무한책임을 부담하게 되지만(상 86조의8 2항, 212조 1항), 합자조합에 변제의 자력이 있고 집행이 용이함을 주장하여 그 책임을 면할 수 있다(상 86조의8 2항, 212조 3항).

◆ 대법원 2012.4.12. 선고 2010다27847 판결[62]

[1] 상법 제269조에 의하여 합자회사에 준용되는 상법 제212조 제1항은 "회사의 재산으로 회사의 채무를 완제할 수 없는 때에는 합명회사의 각 사원은 연대하여 변제할 책임이 있다."고 규정하고, 제2항은 "회사재산에 대한 강제집행이 주효하지 못한 때에도 전항과 같다."고 규정하고 있는데, 합자회사의 무한책임사원 책임은 회사가 채무를 부담하면 법률의 규정에 기해 당연히 발생하는 것이고, "회사의 재산으로 회사의 채무를 완제할 수 없는 때" 또는 "회사재산에 대한 강제집행이 주효하지 못한 때"에 비로소 발생하는 것은 아니며, 이는 회사채권자가 그와 같은 경우에 해당함을 증명하여 합자회사의 무한책임사원에게 보충적으로 책임의 이행을 청구할 수 있다는 책임이행 요건을 정한 것으로 봄이 타당하다.

[2] 상법 제212조 제1항에서 정한 "회사의 재산으로 회사의 채무를 완제할 수 없는 때"란 회사의 부채 총액이 회사의 자산 총액을 초과하는 상태, 즉 채무초과 상태를 의미하는데, 이는 회사가 실제 부담하는 채무 총액과 실제 가치로 평가한 자산 총액을 기준으로 판단하여야 하고, 대차대조표 등 재무제표에 기재된 명목상 부채 및 자산 총액을 기준으로 판단할 것은 아니며, 나아가 회사의 신용·노력·기능(기술), 장래 수입 등은 원칙적으로 회사의 자산 총액을 산정하면서 고려할 대상이 아니다.

(같은 취지: 대법원 2009.5.28. 선고 2006다65903 판결)

한편 유한책임조합원이 탈퇴한 경우에는 탈퇴시의 조합채무에 대하여 자신이 출자가

---

62) 대법원은, 비록 합명회사 사원 또는 합자회사 무한책임사원에 관한 것이기는 하지만, 합자회사의 무한책임사원이 한 대물변제계약 등 법률행위가 사해행위에 해당하는지가 문제된 사안에서 법률행위 당시 합자회사가 그 재산으로 채무를 완제할 수 있었다는 점(상법 제212조 제1항)이 주장·입증된 경우에는 합자회사의 채무를 고려함이 없이 무한책임사원 고유의 채무 총액과 고유의 재산 총액을 비교하여 법률행위가 사해행위에 해당하는지를 판단하여야 하고, 그렇지 않은 경우에는 무한책임사원 고유의 채무 총액과 합자회사의 부채 총액을 합한 액과 무한책임사원 고유의 재산 총액을 비교하여 사해행위에 해당하는지 여부를 판단하여야 한다고 판시하고 있다.

액에서 이미 이행한 부분을 공제한 가액을 한도로 책임을 부담하여야 하고(상 86조의6 1항), 이익이 없음에도 불구하고 배당을 받았던 경우에는 그 배당받은 금액을 변제 책임의 한도액에 더하여 계산하게 되는데(상 86조의6 2항), 무한책임조합원과는 달리 유한책임조합원은 다른 조합원이 무자력이더라도 그 부분에 관하여는 책임을 부담하지 않는다 할 것이다(상 86조의8 4항, 민 712조, 713조).

상법은 업무집행조합원은 다른 조합원 전원의 동의가 있어야 그 지분의 일부 또는 전부를 양도할 수 있으나(상 86조의7 1항), 유한책임조합원의 지분은 조합계약에 따라 양도할 수 있도록 정함으로써(상 86조의7 2항) 조합원 전원의 동의가 없더라도 지분을 양도할 수 있도록 하고 있다.

조합원 지위의 양도에 관하여 민법은 특별히 규정하고 있지 않지만, 조합계약에서 양도를 허용하고 있거나 조합원 전원의 동의가 있으면 가능하다는 것이 일반적 견해이고 대법원도 이를 인정하고 있다.

◈ 대법원 2009.3.12. 선고 2006다28454 판결

조합원은 다른 조합원 전원의 동의가 있으면 그 지분을 처분할 수 있으나 조합의 목적과 단체성에 비추어 조합원으로서의 자격과 분리하여 그 지분권만을 처분할 수는 없으므로, 조합원이 지분을 양도하면 그로써 조합원의 지위를 상실하게 되며, 이와 같은 조합원 지위의 변동은 조합지분의 양도양수에 관한 약정으로써 바로 효력이 생긴다.

상법은 유한책임조합원의 지분을 양수한 자는 양도인의 조합에 대한 권리의무를 승계한다고 규정하고 있다(상 86조의7 3항). 이때 양수인은 양도인이 조합재산에 가지는 합유지분을 승계하게 되고 이러한 승계는 특정승계이므로 조합재산의 이전에 필요한 등기 등의 절차를 마쳐야 할 것이다. 뿐만 아니라 양수인은 양도인의 의무도 승계하게 되는데, 유한책임조합원은 출자가액에서 이미 이행한 부분을 뺀 가액을 한도로 조합채무에 대하여 책임을 부담하므로(상 86조의6 1항), 양수인은 양도인이 출자를 이행하지 않은 한도 내에서 출자의무 혹은 조합채권자에 대한 책임을 부담한다고 할 것이다.

상법은 업무집행조합원의 지분양도의 효과에 대하여 아무런 규정을 두고 있지 않으나, 업무집행조합원의 업무집행권과 조합채무에 대한 책임도 승계의 대상이 된다고 할 것이고, 특히 업무집행조합원은 조합채무에 대해서는 다른 업무집행조합원과 연대하여 직접적으로 무한책임을 부담하므로 다른 조합원 이외에 조합채권자와 이에 관한 합의, 예컨대 면책적 채무인수 등의 절차도 필요하다고 할 것이다.

(2) 외부적 법률관계

(가) 조합 업무의 대리

합자조합은 법인격이 없으므로 조합의 대외적 업무는 대리의 형식으로 이루어지는데, 업무집행조합원이 원칙적으로 업무집행을 대리할 권리와 의무가 있으나(상 86조의5 1항), 유한책임조합원도 합자조합계약에 특별한 정함이 있으면 업무집행을 대리할 수 있다고 해석하여야 함은 이미 밝힌 바와 같다. 그 대리의 범위는 합자조합의 영업에 관하여 재판상·재판 외의 모든 행위에 미치고, 그 권한에 대한 제한은 선의의 제3자에게 대항할 수 없다고 할 것이다(상 86조의8 2항, 209조). 또한 수인의 업무집행조합원이 있을 시에는 각자 합자조합을 대리하지만(상 86조의5 1항) 조합계약으로 업무집행조합원들이 공동으로 대리하거나 일부의 업무집행조합원만 대리하도록 약정할 수 있고(상 86조의3 9호, 10호), 다만 이 경우에도 제3자의 조합에 대한 의사표시는 1인의 업무집행조합원이 유효하게 수령할 수 있다(상 86조의8 2항, 208조 2항).

조합원이 아닌 자가 자기를 조합원으로 오인시키는 행위를 하여 이를 믿은 타인이 합자조합과 거래를 한 경우에 관하여, 상법은 합자조합이나 자칭 조합원에 대하여 외관이론 등에 따른 표현책임을 인정한 규정(상 24조, 215조)과 같은 규정을 별도로 두고 있지 아니하므로 결국 민법의 표현대리나 무권대리에 관한 규정 혹은 의사표시의 하자에 관한 법리로 해결하여야 할 것이다.

(나) 조합채권에 대한 책임

합자조합의 재산으로 조합채무를 완제할 수 없거나 조합재산에 대한 강제집행이 주효하지 못한 때에는 각 업무집행조합원은 연대하여 변제할 책임이 있으므로(상 86조의8 2항, 212조 1항, 2항), 업무집행조합원은 조합채권자에 대하여 연대하여 직접적이고 무한적인 책임을 부담하게 된다.

유한책임조합원은 조합계약에서 정한 출자가액에서 이미 이행한 부분을 뺀 가액을 한도로 하여 조합채무를 변제할 책임이 있고 조합의 이익이 없음에도 이익배당을 받은 금액이 있으면 이를 변제책임의 한도액에 더하게 되므로(상 86조의6), 유한책임조합원은 출자가액의 한도에서 조합채권자에게 직접 채무를 부담할 뿐이고 이미 출자를 모두 이행하였다면 더 이상 조합채무에 대한 책임을 부담하지 않는다. 이러한 유한책임조합원의 책임은 일종의 분할책임이므로 다른 조합원이 무자력이더라도 그 부분에 관하여는 책임을 부담하지 않는다 할 것이다(상 86조의8 4항, 민 712조, 713조).

조합의 채무를 이행한 조합원은 변제할 정당한 이익이 있는 자로서 채권자를 대위하여 조합에 대하여 구상권을 취득하게 되고(민 481조) 그에 따라 다른 조합원에 대하여 그 부담부분의 한도 내에서 구상할 수 있다고 할 것이다.

라. 합자조합의 종료

합자조합은 계약관계이므로 계약의 일반적 종료사유인 존속기간의 만료, 조합계약에 정한 종료사유의 발생 또는 계약목적의 달성이나 목적 달성의 불가능을 확인하게 된 경우에는 해산하게 된다.

이 밖에도 민법의 조합과 같이 부득이한 사유가 있는 경우에는 각 조합원이 법원에 조합의 해산을 청구할 수 있다(상 86조의8 4항, 민 720조).

또한 합자조합은 무한책임조합원이나 유한책임조합원 전원이 탈퇴한 경우에도 해산하게 되는데(상 86조의8 1항, 285조 1항) 이 경우에도 잔존한 무한책임조합원이나 유한책임조합원 전원의 동의로 새로이 유한책임조합원이나 무한책임조합원을 가입시켜서 합자조합을 계속할 수 있다고 할 것이다.

합자조합이 해산하게 되면 청산절차에 들어가게 되고, 구체적인 청산절차는 민법상 조합의 청산절차를 따르게 되며(상 86조의8 4항, 민 722조 내지 724조), 청산인은 무한책임조합원의 과반수의 결의로 선임하게 되고 이를 선임하지 아니한 때에는 업무집행조합원이 청산인이 된다(상 86조의8 2항, 287조). 그 밖에 합명회사의 해산 등기(상 228조), 청산인의 등기(상 253조) 및 청산종결의 등기(상 264조)에 관한 규정이 준용된다(상 86조의8 1항).

제2장 상행위법 각론

1. 대 리 상

가. 총 설

대리상은 일정한 상인을 위하여 상업사용인이 아니면서 상시 그 영업부류에 속하는 거래를 대리하거나 또는 중개하는 것을 영업으로 하는 자를 말한다(상 87조).

대리상은 스스로 독립된 상인이란 점에서 상업사용인과 구별되고, 특정한 상인을 위하여 거래를 보조하는 자라는 점에서 불특정한 상인을 위하여 위탁매매업이나 중개업을 하는 상인과도 구별되며, 또한 상인의 상시적인 영업부류에 속하는 거래행위를 계속적으로 보조한다는 점에서 민사중개인이나 상거래의 대리인과도 구별된다.

대리상과 상업사용인은 특정한 상인을 위하여 계속적으로 영업을 보조하는 점은 동일하지만 독립적인 영업의 주체로서의 지위를 갖는지에 따라 본질적인 차이가 있고 이로 인하여 보조행위의 업무 내용을 본인으로부터 위탁받았는지 혹은 본인의 지휘 감독을 받는지 여부, 자연인에 한정되는지 법인도 가능한지 여부, 보조행위에 대한 대가의 성질이 실적에 따른 수수료형식인지 일정액의 급여형식인지, 영업비를 누가 부담하는지, 영업주가 1인에 한정되는지 등에서 차이가 있다고 할 것이다.

대리상과 위탁매매상 혹은 중개상은 모두 상인의 거래를 보조한다는 점에서 동일하지만, 대리상은 그가 보조하는 상인이 특정되어 있고 그 보조행위가 계속적이라는 점에서 불특정한 상인을 위하여 일회적으로 보조행위를 하게 되는 위탁매매상이나 중개상과 구별된다. 다만 대리상이 특정한 상인을 보조한다고 하여 그 특정한 상인이 반드시 1인에 한정되어 있을 필요는 없다고 할 것이다.

대리상 특히 중개대리상과 민사중개인은 모두 타인의 거래를 중개한다는 점에서 동일하지만 대리상은 상인의 영업부류에 속하는 거래를 보조하는 점에서 상인 이외의 자를 위하여 중개행위를 하는 민사중개인과 다르다.

대리상 특히 체약대리상과 상거래의 대리인은 모두 상인의 영업적 거래를 대리한다는 점에서 동일하지만, 대리상은 그 대리행위가 계속성을 가지고 있다는 점에서 특정한 영업적 거래행위를 대리하는 데 불과한 상거래의 대리인과 구별된다.

◆ 대법원 1999.2.5. 선고 97다26593 판결[1)]

어떤 자가 제조회사와 대리점 총판 계약이라고 하는 명칭의 계약을 체결하였다고 하여 곧바로 상법 제87조의 대리상으로 되는 것은 아니고, 그 계약 내용을 실질적으로 살펴 대리상인지의 여부를 판단하여야 하는바, 제조회사와 대리점 총판 계약을 체결한 대리점이 위 제조회사로부터 스토어(노래방기기 중 본체)를 매입하여 위 대리점 스스로 10여 종의 주변기기를 부착하여 노래방기기 세트의 판매가격을 결정하여 위 노래방기기 세트를 소비자에게 판매한 경우에는 위 대리점을 제조회사의 상법상의 대리상으로 볼 수 없고, 또한 제조회사가 신문에 자사 제품의 전문취급점 및 A/S센터 전국총판으로 위 대리점을 기재한 광고를 한 번 실었다고 하더라도, 전문취급점이나 전국총판의 실질적인 법률관계는 대리상인 경우도 있고 특약점인 경우도 있으며 위탁매매업인 경우도 있기 때문에, 위 광고를 곧 제조회사가 제3자에 대하여 위 대리점에게 자사 제품의 판매에 관한 대리권을 수여함을 표시한 것이라고 보기 어렵다

대리상 계약은 낙성 불요식 계약으로서 그 계약의 내용은 특정한 상인을 위하여 상거래를 대리(법률행위)하거나 중개(사실행위)하기로 약정하는 것이므로 대리상의 대리행위(체약대리상) 또는 중개행위(중개대리상)는 대리상계약의 이행행위로서 보조적 상행위라고 할 것이다.

대리상 계약은 상인이 대리상에게 일정한 행위를 위탁하는 것으로서, 그 법률적 성질은 위임이므로 원칙적으로 대리상은 상인인 본인에 대하여 선량한 관리자의 주의의무를 부담한다(민 681조). 특히 체약대리상의 경우에는 상사대리에 관한 규정(상 48조 내지 50조)이 적용되지만 그 이외에는 일반적으로 민법의 위임에 관한 규정이 적용된다.

나. 대리상의 법률관계

(1) 본인과 대리상의 관계

(가) 대리상의 의무

대리상과 상인인 본인의 법률관계는 대리상계약의 내용에 따라 정하여지겠지만, 상법은 대리상에게 본인에 대한 선량한 관리자의 주의의무를 부담하도록 하는 이외에 몇 가지 특별한 의무를 부담시키고 있다.

---

1) 대법원은 이 판결을 통하여 당사자 사이에서 사용되는 명칭보다는 그 법률관계의 실질을 파악하여 대리상 여부인지를 판단하여야 한다고 하면서, 노래방 제조업체와 대리점총판계약을 체결하였더라도 그 업무의 내용이 제조업체로부터 매입한 노래방기기의 본체에 자신이 몇 개의 부품을 첨가하여 제3자에게 판매하는 행위는 대리상으로서의 행위가 아니라고 판시하고 있다.

(A) 대리상의 통지의무

상법은 대리상이 거래의 대리 또는 중개를 한 때에는 지체 없이 본인에게 그 통지를 발송하도록 규정하여 대리상에게 본인에 대한 통지의무를 부담시키고 있다(상 88조).

민법은 위임인의 청구가 있거나 위임이 종료한 때에는 수임인으로 하여금 위임사무의 처리사항을 위임인에게 보고하도록 하고 있으나(민 683조), 상법은 위임인의 청구여부에 관계없이 이 같은 통지의무를 대리상에게 부담시키고 있다.

특히 민법의 보고의무와 달리, 상법이 규정한 이 같은 대리상의 통지의무는 발송함으로써 이행하게 되는 것이므로(발신주의) 그 통지가 도달하지 않음으로 인하여 발생한 손해는 본인이 부담하게 된다.

대리상에게 이 같은 통지의무를 부담시키는 것은, 대리상이 본인을 위하여 영업적인 거래행위를 반복적으로 보조하므로 본인으로 하여금 그 처리상황을 신속히 파악하여 그에 따른 후속조치를 취하도록 할 필요가 적지 않기 때문이며, 예컨대 보험대리상이 보험회사를 대리하여 제3자와 보험계약을 체결하였으나 이를 보험회사에 통지하지 아니 함으로써 보험회사로 하여금 재보험 계약을 체결할 기회를 상실하였고 그 후 보험사고가 발생한 경우에는 보험회사가 그 손해를 그대로 부담하게 될 수 있기 때문이다.

(B) 대리상의 경업피지의무

대리상은 본인의 허락 없이 자기 또는 제3자의 계산으로 본인의 영업부류에 속한 거래를 하거나 동종영업을 목적으로 하는 회사의 무한책임사원 또는 이사가 되지 못한다(상 89조 1항).

이는 타인의 사무를 처리하는 자로 하여금 본인과의 경쟁영업을 금지하고 동종업무에 겸직하지 못하도록 함으로써 이익의 충돌을 방지하고 충실히 업무를 수행하도록 하기 위하여 신의칙상 부과하는 부작위의무이다.

대리상에 대한 이러한 겸직금지의 범위는 합명회사의 무한책임사원(상 198조 1항)이나 주식회사의 이사(상 397조 1항)의 경우와 동일하지만 상업사용인(상 17조 1항)보다는 좁게 규정되어 동종영업을 목적으로 하는 회사의 무한책임사원이나 이사에 한정하고 있고, 상업사용인의 경우처럼 모든 영업이나 다른 상업사용인의 겸직을 제한하고 있지는 않다.

이와 관련하여 대리상에 관한 상법 제89조와 상업사용인에 관한 상법 제17조가 겸직금지를 규정한 취지가 반드시 같다고 할 수 없으므로 대리상은 다른 상인의 상업사용인이 될 수 있다는 견해[2]도 있으나, 앞서 본 상법 제89조 1항의 취지에 비추어 볼 때 대

리상은 다른 상인의 상업사용인 될 수 없다고 해석하여야 할 것이다.[3]

상법은 대리상이 이러한 경업피지의무를 위반한 효과에 관하여 상업사용인에 관한 규정(상 17조의 2항 내지 4항)을 그대로 준용하고 있으므로(상 89조 2항), 본인은 대리상계약을 해지하거나 손해배상을 청구할 수 있고(상 17조 3항), 특히 경업금지의무를 위반하여 거래한 경우에는 이른바 개입권을 행사할 수 있으나(상 17조 2항) 이에 대하여 본인이 그 거래를 안 때로부터 2주간, 거래가 있은 날로부터 1년의 제척기간의 적용이 있다(상 17조 4항).

(C) 대리상의 영업비밀준수의무

대리상은 계약의 종료 후에도 계약과 관련하여 알게 된 본인의 영업상의 비밀을 준수하여야 한다(상 92조의 3).

상법은 대리상의 계약 종료 후의 영업비밀 준수의무를 명시적으로 규정하고 있을 뿐이지만, 대리상은 계약 존속 중에도 본인의 영업에 관한 영업비밀을 준수하여야 하는데, 이는 대리상이 부담하는 선량한 관리자의 주의의무에 비추어 볼 때 당연하다고 할 것이다.

이 같은 영업비밀의 준수의무는 구체적으로 볼 때, 소극적인 영업비밀의 누설금지의무, 이른바 소극적인 수비의무(守秘義務)와 적극적인 비밀이용금지의무(秘密利用禁止義務)를 포함한다고 할 것이다.

영업비밀이란 공공연히 알려져 있지 아니하고 독립된 경제적 가치를 가지는 것으로서, 상당한 노력에 의하여 비밀로 유지된 생산방법, 판매방법, 그 밖에 영업활동에 유용한 기술상 또는 경영상의 정보를 의미한다(부정경쟁법 2조 2호)고 할 것이지만, 그 정보가 위법한 행위에 관한 것이라면 그것에까지 수비의무가 발생하는 것은 아니라 할 것이다.

대리상이 계약종료 후 비밀을 준수하여야 할 의무를 부담하는 기간은 정보의 미공지성, 경제성 그리고 관리가능성을 토대로 거래의 통념에 비추어 합리적으로 판단하여야 할 것이다.

대리상이 이러한 비밀준수의무를 위반한 경우에는 본인에게 계약불이행이 될 것이므로 본인은 사전통고 없이 대리상 계약을 해지하거나(상 92조 1항), 채무불이행 또는 불법행위로 인한 손해배상책임을 부담하게 되고, 그러한 행위가 동시에 부정경쟁방지 및 영업비밀에 관한 법률에 정한 비밀침해행위가 되는 경우에는 본인은 대리상을 상대로 손

2) 손주찬 293면.
3) 이철송 419면, 정찬형 283면.

해배상을 청구하거나(부정경쟁법 10조), 법원에 비밀침해행위의 금지를 청구(부정경쟁법 12조)할 수도 있다.

(나) 대리상의 권리

(A) 대리상의 보수청구권

대리상의 보수는 대리상계약에 의하여 정하여질 것이지만 설령 보수에 관한 약정이 없더라도 대리상은 상인으로서 당연히 보수청구권을 갖는다고 할 것이고(상 61조), 이때 보수의 내용과 지급시기 등은 거래의 내용을 토대로 거래의 통념에 비추어 합리적으로 결정되어야 할 것이다.

민법의 위임은 특별한 약정이 있는 경우에만 보수를 청구할 수 있도록 규정되어 있는 점(민 686조)에서 대리상과 다르다.

(B) 대리상의 보상청구권

대리상의 활동으로 본인이 새로운 고객을 획득하거나 영업상의 거래가 현저하게 증가하고 이로 인하여 대리상 계약이 종료된 후에도 본인이 이익을 얻고 있는 경우에 대리상은 본인에 대하여 상당한 보상을 청구할 수 있다(상 92조의2 1항).

대리상이 본인의 거래행위를 보조하는 것을 넘어 본인에게 새로운 고객을 창출하는 등 사업의 영역을 확대시킨 효과는 대리상계약기간의 종료 후에도 지속되는 경향이 있으나 대리상에 대한 보수는 대리상계약 종료 후의 이러한 부분까지 반영한 것은 아니므로 대리상계약이 종료하였다고 하여 대리상에게 이 부분에 대하여 아무런 대가를 지급하지 않는 것은 공평하지 못하다는 견지에서 상법은 이를 인정하고 있다.

본인이 대리상계약에 따른 대리상의 노력에 기인한 영업의 확대로 인하여 수익을 취한다고 하여 반드시 그것을 법률상 이유 없다고 할 수 없으므로 이러한 보상청구권의 법률적 성질이 부당이득에 대한 반환청구라고 볼 수 없고, 상법이 본인과 대리상 사이의 이익의 형평을 기하려는 취지에서 인정한 특별한 청구권으로 이해하는 것이 타당할 것이다.

대리상이 이 청구권을 행사하려면, 첫째로 유효하게 존재하던 대리상계약이 대리상에게 책임없는 사유로 종료하였어야 하고, 둘째로 대리상계약 기간 중의 대리상의 활동으로 인하여 그 대리상 계약이 종료한 후에도 본인이 새로운 고객을 획득하거나 영업상의 거래가 현저하게 증가하는 등의 이익을 얻고 있어야 한다.

상법은 대리상이 상당한 보상을 청구할 수 있음을 규정하면서(상 92조의2 1항) 보상의 최고 한도액을 정하고 있을 뿐이고(상 92조의2 2항), 그 구체적 내용과 방법에 대하여는 침묵을 지키고 있다. 보상의 방법은 상법 제92조의2 제2항과 관련하여 볼 때 당사자 사이에 특약이 없다면 금전보상을 원칙으로 하되 그 구체적 내용은 대리상의 노력, 본인이 획득한 이익 및 보수의 기준에 관한 거래의 통념 등을 종합적으로 고려하여 합리적으로 결정하여야 할 것이다.

또한 상법은 이러한 대리상의 보상청구권에 관하여, 대리상계약이 종료한 날로부터 6월이 경과하면 소멸하도록 하여 제척기간을 정하고 있다.

이러한 보상청구권은 대리상계약이 종료함으로써 비로소 발생하게 되므로 대리상은 대리상계약이 종료한 후에 이를 포기할 수 있다고 할 것이다. 그런데 대리상 계약이 종료하지 아니하여 아직 이러한 보상청구권이 발생하기 전에 이를 포기하거나 이를 배제하기로 대리상과 본인이 약정하는 것이 가능한지에 관하여, 이러한 보상청구권은 경제력의 차등이 있는 본인과 대리상 간에 이익배분의 형평을 기하고자 하는 취지이므로 사전에 보상청구권을 배제하기로 하는 약정은 무효라는 견해[4]도 있으나, 상인으로서 자신의 이해관계를 냉정히 따질 수 있는 대리상에 대하여는 경제적 배려에 기한 후견적 조치는 필요하지 않다고 할 것이므로 본인과 대리상이 사전에 이를 배제하기로 약정하는 것도 가능하다고 해석하여야 할 것이다.[5]

(C) 대리상의 유치권

상법은 상인간의 상행위에 관하여 인정하고 있는 일반상사유치권에 관한 규정(상 58조) 이외에 대리상에 대하여 별도로 유치권에 관한 규정을 두고 있다(상 91조).

대리상에게 인정되는 이러한 특별한 상사유치권은 당사자가 모두 상인인 경우에 인정되고, 피담보채권과 유치목적물의 견련관계가 필요하지 않다는 점에서는 민법상의 유치권(민 320조)과 다르며, 목적물이 본인의 소유일 필요가 없고 또한 그 점유취득의 원인이 본인과의 거래관계에서 비롯되었을 것을 요하지 않는 점에서 일반상사유치권(상 58조)과도 다르다. 특히 상법은 당사자간의 약정으로 대리상의 유치권을 배제할 수도 있도록 정하고 있다(상 91조 단서).

대리상의 유치권은 민사유치권(민 320조 내지 328조)이나 일반상사유치권(상 58조)과 별도로 인정되는 것인 만큼 이들 유치권과 선택적으로 행사가 가능하다.

4) 이철송 431면, 정찬형 285면.
5) 최기원 313면, 최준선 299면.

다만 대리상의 유치권에 관한 효력이나 소멸 등에 관하여는 상법에 별도의 규정이 없으므로, 민법의 유치권에 관한 규정(민 321조 내지 328조)을 적용하여야 할 것이다.

(2) 대리상과 제3자의 관계

(가) 대리상의 통지수령권한

상법은 물건의 판매나 중개의 위탁을 받은 대리상에게 매매의 목적물의 하자 또는 수량부족 기타 매매의 이행에 관한 통지를 받을 권한을 부여하고 있다(상 90조).

매매계약에 있어서 체약대리상은 계약체결에 관한 대리권이 있으므로 매매목적물의 하자 혹은 수량 부족 등 매매의 이행에 관한 통지를 받을 권한도 있다고 볼 수 있는 여지가 있으나, 중개대리상은 이러한 계약체결에 관한 대리권마저도 없으므로 이러한 권한이 당연히 인정된다고 할 수는 없고 따라서 상법의 이러한 통지수령권은 특히 중개대리상에게 그 의미가 적지 않다고 할 것이다.

상법은 중개상에게는 이러한 권한을 인정하지 않고 있는데 이것은 중개대리상은 특정한 영업주를 위하여 일하는 자이고 중개상은 불특정한 자를 위하여 거래의 중개를 하는 자이기 때문이라고 생각된다.

다만, 대리상에게 이러한 통지수령권이 인정된다고 하더라도 대리상은 본질적으로 본인의 거래행위를 보조하는 자에 불과하므로 거래계약의 무효, 취소 또는 해제는 직접 본인에 대하여 하여야 할 것이고 마찬가지로 대금수령권도 특별한 수권이 없으면 인정되지 않는다고 하여야 할 것이다.

◆ 대법원 1997.3.25. 선고 96다51271 판결[6)]

법률행위에 의하여 수여된 대리권은 원인된 법률관계의 종료에 의하여 소멸하는 것이므로 특별한 사정이 없는 한, 매수명의자를 대리하여 매매계약을 체결하였다 하여 곧바로 대리인이 매수인을 대리하여 매매계약의 해제 등 일체의 처분권과 상대방의 의사를 수령할 권한까지 가지고 있다고 볼 수는 없다.

(같은 취지: 대법원 1993.1.15. 92다39365 판결)

(나) 대리상의 제3자에 대한 책임

체약대리상의 행위는 대리의 법리에 따라 그 효과가 본인에게 귀속하고, 중개대리상

---

6) 이 판결은 비록 대리상에 관한 것은 아니지만 대리인의 권한과 상대방의 의사표시를 수령할 권한의 유무에 관한 대법원의 태도를 엿볼 수 있다고 할 것이다.

의 경우도 계약의 당사자가 아니므로 어느 경우에도 대리상은 제3자와 직접적인 권리의 무관계를 가지지 않는다. 설령 대리상이 그 업무 중에 제3자에게 불법행위를 하였더라도, 대리상은 본인의 상업사용인이 아니므로 대리상만이 책임을 부담하게 되고 본인은 사용자책임조차도 부담할 이유가 없다고 할 것이다.

예외적으로 보험업법은 보험대리상이 보험모집과 관련하여 보험계약자에게 손해를 입힌 경우에 보험자(보험회사)에게 민법상의 사용자책임과 유사한 책임을 부담시키고 있다(보험업법 102조).

다. 대리상관계의 종료

대리상계약은 그 법적 성질이 위임이므로 사망, 파산 및 금치산선고[7] 등 민법이 정한 위임의 일반적인 종료원인에 따라 종료하지만(민 690조), 본인의 사망은 대리상관계의 종료를 가져오지 않는다(상 50조).

본인의 사망은 민법상 위임의 종료사유이지만 상인이 그 영업에 관하여 수여한 대리권은 본인의 사망으로 소멸하지 않으므로(상 50조), 상인인 본인의 사망으로 대리상계약이 당연히 종료되지는 않는다.

또한 대리상은 본인의 영업적 거래를 보조하는 자이므로 본인이 영업을 폐지하거나 영업을 양도하는 경우에 대리상관계는 종료하게 된다.

특히 민법은 이른바 위임계약 해지자유의 원칙에 입각하여, 위임의 당사자가 언제든지 자유롭게 계약을 해지할 수 있고, 다만 부득이한 사유 없이 상대방이 불리한 시기에 계약을 해지한 때에는 그로 인한 손해를 배상하도록 정하고 있다(민 689조). 상법은 당사자가 존속기간을 약정하지 아니한 때에는 각 당사자가 2월 전의 예고로써 계약을 해지할 수 있도록 하고(상 92조 1항), 부득이한 사정이 있는 때에는 존속기간의 약정에도 불구하고 각 당사자가 언제든지 계약을 해지할 수 있도록 하고 있다(상 92조 2항, 83조 2항). 그러나 존속기간의 약정이 있음에도 부득이한 사정이 없이 계약을 해지한 경우에는 민법 제689조 2항을 유추 적용하여 그로 인한 손해를 배상하여야 할 것이다.

◆ 대법원 2000.6.9. 선고 98다64202 판결

민법 제689조 제1항은 위임계약은 각 당사자가 언제든지 해지할 수 있다고 하면서

7) 민법의 개정에 따른 후속조치로서 이 부분은 2011.3.7. 상법개정을 통하여 성년후견의 개시로 바뀌어 2013. 7.1.부터 시행된다.

제2항에는 당사자 일방이 부득이한 사유 없이 상대방의 불리한 시기에 계약을 해지한 때에는 그 손해를 배상하여야 한다고 규정하고 있는데, 민법상의 위임계약은 그것이 유상계약이든 무상계약이든 당사자 쌍방의 특별한 대인적 신뢰관계를 기초로 하는 위임계약의 본질상 각 당사자는 언제든지 이를 해지할 수 있고 그로 말미암아 상대방이 손해를 입는 일이 있어도 그것을 배상할 의무를 부담하지 않는 것이 원칙이며, 다만 상대방이 불리한 시기에 해지한 때에는 그 해지가 부득이한 사유에 의한 것이 아닌 한 그로 인한 손해를 배상하여야 하나, 그 배상의 범위는 위임이 해지되었다는 사실로부터 생기는 손해가 아니라 적당한 시기에 해지되었더라면 입지 아니하였을 손해에 한한다고 볼 것이고, 또한 사무처리의 완료를 조건으로 하여 보수를 지급받기로 하는 내용의 계약과 같은 유상위임계약에 있어서는 시기 여하에 불문하고 사무처리 완료 이전에 계약이 해지되면 당연히 그에 대한 보수청구권을 상실하는 것으로 계약 당시에 예정되어 있어 특별한 사정이 없는 한 해지에 있어서의 불리한 시기란 있을 수 없다 할 것이므로, 수임인의 사무처리 완료 전에 위임계약을 해지한 것만으로 수임인에게 불리한 시기에 해지한 것이라고 볼 수는 없다.

(같은 취지: 대법원 2005.11.24. 선고 2005다39136 판결)

2. 중 개 업

가. 총 설

타인간의 상행위를 중개하는 것을 영업으로 하는 자를 중개인(상 93조)이라고 하고, 이런 중개인의 영업을 중개업이라고 한다.

상법에 정한 중개인은 타인간의 상행위를 중개하는 점에서 상행위 이외의 행위를 중개하는 이른바 민사중개인과 구별되고, 불특정한 자의 상행위를 중개한다는 점에서 특정한 상인의 상행위를 중개하는 중개대리상과 구별되며, 또한 타인간의 상사매매를 중개하더라도 중개라는 사실행위를 할 뿐 자신의 이름이든 본인의 이름이든 간에 법률행위를 하지 않는다는 점에서 위탁자의 계산이기는 하지만 자신의 이름으로 매매라는 법률행위를 하는 위탁매매인과도 다르다.

민사중개인은 상행위 이외의 행위(예컨대 혼인의 중매, 직업알선, 민사상의 부동산거래 혹은 물물교환 등)를 중개하는데 이들 중에서 중개행위를 영업으로 하는 경우에는 당연상인(상 46조 11호)으로서 상법총칙이나 상행위에 관한 상법의 규정이 적용되지만 중개업에 관한 규정(상 93조 내지 100조)은 적용되지 않는다.

중개인은 중개를 영업으로 하므로 스스로 독립된 상인이다. 중개인이 중개하는 상행위는 계속적이고 반복적인 영업행위를 의미하므로 기본적 상행위를 중개하는 경우만을 의미한다고 하는 견해[8]도 있지만, 중개인이 중개하는 상행위를 이렇게 제한적으로 해석할 법률상 근거는 없다고 할 것이므로 중개의 대상이 되는 행위가 상행위이면 충분하고 그것이 기본적 상행위이든 보조적 상행위이든 혹은 일방적 상행위이든 쌍방적 상행위이든 불문한다고 할 것이다.[9]

중개계약은 중개인과 중개를 부탁하는 자 사이의 낙성 불요식 계약으로서 그 계약의 내용은 타인간의 상행위를 중개하기로 약정하는 것이다. 이러한 부탁에는 계약의 일방당사자가 중개를 부탁하는 경우(일방적 중개부탁)와 쌍방당사자가 중개를 부탁하는 경우(쌍방적 중개부탁)가 있는데, 일방적 중개부탁의 경우에 중개인과 중개로 인하여 체결되는 계약의 상대방과의 관계, 특히 중개인에게는 중개로 인하여 체결되는 계약의 상대방에 대하여도 보수청구권이 인정된다고 할 것인데, 이는 상법의 규정에 의하여 중개인과 중개부탁을 하지 아니한 그 상대방과도 일정한 법률관계가 발생한다고 보기 때문이다. 또한 중개계약은 계약당사자가 중개인에게 일정한 행위를 부탁하는 것으로서 그 법률적 성질은 위임이라고 할 것이므로 원칙적으로 중개인은 당사자에 대하여 선량한 관리자의 주의의무를 부담하게 된다(민 681조).

중개계약을 계약의 내용에 따라, 중개인이 적극적으로 중개할 의무가 있는 경우와 적극적인 중개의무가 없는 경우로 나누어, 전자를 쌍방적 중개계약이라고 칭하면서 그 성질이 위임이고, 후자를 일방적 중개계약이라고 하면서 그 성질이 도급과 유사하며, 전자의 경우에는 중개인이 적극적으로 중개하지 않으면 채무불이행책임을 부담하지만 후자의 경우에는 중개가 성사되면 보수를 청구할 수 있을 뿐이라고 하는 견해[10]가 있다. 그러나 중개계약은 본질적으로 타인으로부터 상거래의 중개라는 업무의 처리를 부탁받는 것을 내용으로 할 뿐 일의 완성을 목적으로 하는 것이 아니고, 또한 중개인이 부담한다는 적극적인 중개의무의 내용도 모호할뿐더러 중개인이 그러한 적극적 중개의무를 부담한다는 것도 상당히 이례적이라고 할 것이므로 찬동할 수 없는 견해로 생각된다.

중개계약은 민법의 이른바 유명계약으로 규정되어 있지 않고 이에 관한 별도의 규정을 가지고 있지 않으므로, 일반적으로 민법의 위임에 관한 규정을 적용하여야 할 것이다. 다만 상법은 타인간의 상거래를 중개하는 자로서 중개인의 중립성을 확보하기 위한 몇 가지 특별한 규정을 두고 있다.

8) 강위두/임재호 247면, 손주찬 302면, 정찬형 289면, 최기원 317면.
9) 이철송 436면, 최준선 303면.
10) 손주찬 303면, 정동윤 213면.

나. 중개업의 법률관계

(1) 중개인의 의무

(가) 견품보관의무

상법은 중개인이 그 중개한 행위에 관하여 견품을 받은 때에는 그 행위가 완료될 때까지 보관하도록 하고 있는데(상 95조), 이는 견품매매에 있어서 목적물의 품질과 내용에 관한 다툼에 대비하기 위한 규정이라고 할 것이다.

중개인이 견품을 보관하여야 하는 기간 즉 행위가 완료될 때까지의 의미는 이 규정의 취지에 비추어 볼 때, 단순히 중개행위가 성립하거나 이행이 완료된 때까지의 의미라고 하기보다는 이의기간 등이 경과되거나(상 69조) 담보책임이 소멸되는(민 580조, 575조) 등 더 이상 분쟁의 가능성이 없어진 때까지의 의미로 보아야 할 것이고 보관기간이 종료한 때에는 견품을 반환하여야 할 것이다.

견품의 보관은 거래의 내용과 목적물에 비추어 거래의 통념에 따라 적합한 방법으로 하여야 할 것이고, 중개인의 이러한 보관의무는 상법상 인정되는 의무이므로 당사자에 대하여 보관비용의 지급을 구할 수 없다고 할 것이다.

(나) 결약서 교부의무

상법은 당사자간에 계약이 성립된 때에는 중개인은 지체 없이 각 당사자의 성명 또는 상호 혹은 계약년월일과 그 요령을 기재한 서면 이른바 결약서를 작성하여 당사자에게 교부하도록 규정하고 있는데(상 96조 1항), 이것은 향후에 발생할 수 있는 당사자 사이의 계약에 관한 다툼에 대비하여 증거자료를 확보하기 위한 조치라고 할 것이다. 결약서는 계약서 자체가 아니라 계약의 당사자에 관한 사항과 목적물의 명칭, 수량, 품질, 가격 및 이행의 방법, 장소, 시기 등 계약의 핵심적 내용이 포함되어 있는 일종의 증거서면이라고 할 것이다.

중개인은 계약의 이행이 즉시 가능한 경우에는 계약 성립 후 지체 없이 결약서를 작성하여 스스로 기명날인을 하고 이를 계약 당사자에게 교부하여야 하지만(상 96조 1항), 계약의 이행이 즉시 가능하지 않은 경우에는 당사자로부터 결약서에 각기 기명날인 혹은 서명을 받은 후 이를 당사자에게 교부하도록 함으로써(상 96조 2항) 계약 성립 후의 다툼에 대비하도록 하고 있다. 이때 결약서에 당사자가 기명날인하거나 서명을 하였더라도 처분문서는 아니라 할 것이다. 당사자가 결약서의 수령을 거부하거나 기명날인 혹은 서명을 거부하는 때에는 이에 관하여 즉시 상대방에게 통지를 발송하여 상대방으로 하여금 분쟁에 대비하도록 하고 있다(상 96조 3항). 물론 당사자가 결약서의 수령을 거부하더라도 계약의 성립이 부정되지는 않으므로 보수청구는 가능하다고 할 것이다.

결약서는 당사자가 기명날인하거나 서명을 하였더라도 처분문서는 아니라고 할 것이고, 중개인의 결약서 작성의무는 당사자의 이익을 위한 것이므로 당사자는 중개인에 대하여 결약서 작성의무를 면제할 수도 있을 것이다.

(다) 장부작성의무

상법은 중개인으로 하여금 결약서에 기재할 사항을 장부 이른바 중개인 일기장에 기재하도록 하고 당사자의 등본교부요청에 응하도록 하고 있다(상 97조).

중개인 일기장은 중개인의 영업 및 재산상황을 기재한 것이 아니므로 상업장부가 아니고, 중개인이 소상인이더라도 일기장은 기재하여야 할 것이다.

한편 상법이 중개인에게 중개인 일기장의 작성과 등본교부의무를 부담시키고 있으므로 상업장부의 보존에 관한 규정(상 33조)을 유추하여 일기장을 폐쇄한 날로부터 10년간 보존하여야 한다는 견해[11]도 있으나 당사자 사이의 분쟁에 대비한 증거자료에 불과한 일기장을 법률의 규정이 없음에도 10년씩 보존하도록 하는 것은 지나치다고 할 것이다.

결약서와 일기장의 내용이 다른 경우에는 결국 법원이 자유심증에 입각하여 합리적으로 판단하여야 하고 일률적으로 어느 것이 우선하여야 한다고 할 수는 없을 것이다.

(라) 성명 · 상호묵비의무

상법은 당사자가 자신의 성명 또는 상호를 상대방에게 표시하지 아니할 것을 중개인에게 요구한 때에는 중개인은 그 상대방에게 교부할 결약서 또는 중개인 일기장의 등본에 이를 기재하지 못하도록 하고 있는데(상 98조), 몰개성적인 상거래에서는 당사자를 은폐하는 것이 필요할 수도 있고, 또 그러한 은폐를 용인하는 경우에도 혼란이나 폐해가 발생할 염려가 크지 않으므로 당사자의 의사를 존중하여 이를 인정하고 있다.

당사자가 자신의 성명과 상호의 묵비를 요구한 경우에 중개인은 상법 제96조 1항의 서면(결약서) 또는 상법 제97조 2항의 등본(중개인일기장의 등본)에 이를 묵비하여야 할 뿐이고 상법 제97조 1항의 장부(중개인 일기장)에는 반드시 성명과 상호를 기재하여야 할 것이다.

---

11) 손주찬 306면, 이철송 440면, 정동윤 215면, 정찬형 293면, 최준선 307면.

(마) 이행담보책임

상법은 중개인이 임의로 또는 당사자의 요청으로 그 당사자의 성명 또는 상호를 상대방에게 묵비한 경우에, 상대방은 중개인에 대하여 그 이행을 청구할 수 있도록 규정하고 있는데(상 99조), 이에 대응하여 중개인이 부담하는 의무를 강학상 개입의무라고 한다.

중개인의 중개를 통하여, 은폐된 상대방과 거래행위를 한 자는 결국 중개인을 신뢰하였기 때문이므로 이러한 상대방의 신뢰를 보호하기 위하여 상법이 중개인에게 특별한 담보책임을 부담시킨 것이다. 그러므로 상대방의 중개인에 대한 이행청구 후에 중개인이 묵비된 당사자의 성명 등을 공개하더라도 중개인은 이행담보책임을 면할 수 없다고 할 것이다.

이러한 이행담보책임을 부담하는 경우에 중개인은 변제할 정당한 이익이 있는 자이므로(민 481조) 당연히 당사자에게 법정대위권자로서 구상이 가능하다고 할 것이지만, 중개인 스스로 그 거래행위의 당사자가 되는 것은 아니므로 상대방에게 그 거래의 내용에 따른 이행을 구하거나 반대급부를 청구할 수 있는 것이 아닌 점에서 위탁매매인의 개입권(상 107조)과 구별된다고 할 것이다.

(2) 중개인의 권리

(가) 보수청구권

중개인의 보수(중개료)는 당사자와의 약정에 의하여 구체적인 발생조건, 금액 및 지급시기 등이 정하게 되지만 중개인은 상인이므로 약정의 유무를 불문하고 중개인의 노력으로 인하여 거래가 성립된 경우에는 당사자에 대하여 보수청구권이 인정된다(상 61조).

중개인의 보수청구권은 중개로 인한 계약의 성립을 전제로 하므로 중개인이 노력을 하였더라도 당사자 사이의 거래가 성립하지 않았다면 중개인은 보수청구권이 인정되지 않고, 다만 중개인의 노력으로 거래가 성립할 수 있었음에도 불구하고 당사자가 보수의 지급을 회피하기 위하여 중개인을 배제한 채로 직접적 교섭을 통하여 거래를 성립한 경우에는 민법 제150조를 유추하거나 신의성실의 원칙에 입각하여 중개인은 보수청구권을 행사할 수 있다고 할 것이다.[12)]

당사자 사이의 특약이 없는 한, 중개인의 보수청구권은 중개행위로 인하여 거래가 유효하게 성립한 경우

12) 이철송 443면, 정동윤 217면, 최준선 309면.

에 발생하므로 계약이 무효로 되거나 취소되는 등 거래에 하자가 있는 경우에는 보수청구권이 발생하지 않지만, 일단 유효하게 성립된 계약의 이행의 문제는 당사자간의 문제이므로 성립된 계약이 이행되지 아니하여 해제된 경우에는 보수청구권이 발생한다고 할 것이다.

상법은 결약서의 교환이 끝난 후에 보수를 청구할 수 있도록 하고(상 100조 1항), 그 부담비율에 관하여 당사자의 약정이 없는 경우에는 당사자 쌍방이 균등하여 부담하도록 규정하고 있으나(상 100조 2항), 이 규정은 강행규정이 아니므로 당사자 사이에서 달리 정할 수 있다고 할 것이다.

이처럼 상법은 당사자의 약정이 없는 경우의 보수지급시기와 보수분담비율에 관하여 규정하고 있을 뿐, 그 지급액의 범위에 관하여는 침묵하고 있는데 결국 지급액의 범위에 관한 당사자의 약정이 없다면 중개인의 노력, 중개한 거래행위의 내용 및 거래의 관행 등 제반사정을 참작하여 합리적으로 결정하여야 할 것이다.

대법원 1985.10.8. 선고 85누542 판결

선박을 매매함에 있어 그 대금을 연불조건으로 지급하기로 약정하는 경우의 중개수수료는 연불에 따른 이자를 제외한 선박대금액을 기준으로 산정하여 지급하는 것이 일반거래의 관행이다.

(나) 비용상환청구권

중개인과 본인 사이에 비용의 상환에 관한 특별한 약정이 있거나 거래의 관행상 인정되지 않으면 중개상의 중개행위에 따른 비용은 보수에 포함된다고 할 것이므로 중개인은 별도로 비용상환청구권이 없다고 해석하는 것이 타당할 것이다.

(다) 급부수령대리권

상법은 다른 약정이나 관습이 없는 한 중개상으로 하여금 자신이 중개한 거래행위에 관하여 당사자를 대리하여 지급 기타 이행을 받지 못하도록 규정하고 있다(상 94조). 본래 급부에 대한 이행의 수령권은 본인이나 이에 관한 특별한 권한을 받은 대리인에 한하여 인정되므로 당연한 규정이라고 할 것이고, 만약 당사자 일방이 중개인에게 이행을 하더라도 다른 약정이나 관습이 없는 한 이를 이유로 상대방에게 그 이행의 유효를 주장할 수 없다고 할 것이다.

다만 당사자의 일방이 그 성명이나 상호를 묵비할 것을 요청한 경우에는 그 당사자는 중개인으로 하여금 그 이행을 수령할 것을 허락하는 묵시의 의사표시를 한 것으로

해석하여야 할 것이다.[13)]

다. 중개업관계의 종료

중개계약은 존속기간 만료, 목적의 달성 또는 목적의 달성 불가능 등 계약의 일반적 종료원인이 발생하면 종료하게 된다.

특히 상법은 중개계약의 종료원인에 관하여 아무런 규정을 두고 있지 않으나 민법상 위임에 관한 규정이 준용된다고 할 것이므로 사망, 파산 및 금치산선고 등 위임의 일반적인 종료원인이 발생하면 종료하지만(민 690조), 중개계약은 상법상의 위임계약이므로 당사자의 사망이 중개계약의 종료를 가져오지는 않는다고 할 것이다(상 50조).

또한 민법은 위임의 당사자가 언제든지 자유롭게 계약을 해지할 수 있고, 다만 부득이한 사유 없이 상대방이 불리한 시기에 계약을 해지한 때에는 그로 인한 손해를 배상하도록 정하고 있으므로(민 689조 1항), 중개계약도 이러한 위임계약 해지자유의 원칙에 입각하여 자유롭게 해지할 수 있다고 할 것이다.

3. 위탁매매업

가. 총 설

자기명의로, 타인의 계산으로 물건이나 유가증권을 매매하는 것을 영업으로 하는 자를 위탁매매인이라고 하고 이들의 영업을 위탁매매업이라 한다(상 101조).

자기명의란 매매계약의 당사자로서 그 법률행위로 인하여 발생하는 권리의무의 주체가 되는 것을 의미하고, 타인의 계산이란 매매계약으로 인한 경제적 효과로서 손익이 타인에게 귀속하는 것을 의미하는 것으로서, 위탁매매는 이처럼 거래의 법률적 형식(거래의 명의)과 경제적 실질(거래 효과의 귀속)이 분리되는 주선행위이다.

위탁매매인은 물건 기타 유가증권에 대한 매매의 주선을 영업으로 하는 자로서, 이러한 매매의 주선행위가 기본적 상행위이므로 당연상인이라고 할 것이고(상 46조 12호), 위탁매매인과 제3자 사이의 거래행위는 위탁계약의 이행이라고 할 것이므로 보조적 상행위라고 할 것이다. 또한 위탁자는 상인이어야 할 필요는 없으나 만약 상인이라면 위탁매매인에게 매매를 위탁하는 행위는 보조적 상행위가 된다.

---

13) 손주찬 308면, 이철송 444면, 정동윤 216면, 정찬형 296면, 최준선 310면.

상법은 매매의 주선행위를 영업으로 하는 자를 위탁매매인(상 101조)이라고 하고 매매 이외의 행위 예컨대 광고, 출판, 운송 등의 주선행위를 영업으로 하는 자를 준위탁매매인(상 113조)으로 구분하고 있다. 특히 물건 운송의 주선을 영업으로 하는 자는 별도로 운송주선인(상 114조)으로 하고 있으나 본질적으로 주선행위를 영업으로 한다는 점에서는 동일하므로 상법은 특별한 규정이 없는 한 모두 위탁매매인에 관한 규정을 준용하고 있다(상 113조, 123조). 또한 위탁매매인은 자기명의로 법률행위를 하고 위탁자가 특정인이거나 상인일 필요가 없다는 점에서 대리상과도 구별된다.

위탁매매인이 하는 매매주선행위의 목적물에 부동산을 제외하여야 한다는 견해[14]와 당연히 포함하여야 한다는 견해[15]가 대립하고 있다. 생각건대 매매주선행위의 목적물에 부동산을 제외하여야 할 법률적 근거가 없다고 할 것이므로 당연히 부동산도 포함된다고 할 것이다.

상법 이외에도 자본시장과 금융투자업에 관한 법률에 의하여 한국거래소가 개설하는 금융투자상품 거래시장(자본시장법 386조 1항), 농수산물 유통 및 가격안정에 관한 법률에 의한 농수산물 도매시장(농수산법 17조) 등 특별법상의 위탁매매인도 있다.

위탁매매관계의 법률적 구조를 보면, 위탁자는 자신의 계산으로 위탁매매인에게 물건 기타 유가증권의 매매계약의 체결을 위탁하고, 이러한 위탁에 따라 위탁매매인은 자신의 명의로 제3자와 매매계약을 체결하게 되므로 내부적으로는 위탁자와 위탁매매인 사이의 위탁계약관계가 있고, 외부적으로는 위탁매매인과 제3자 사이의 매매관계 그리고 위탁자와 제3자 사이의 위탁물 귀속관계가 발생하게 된다. 위탁자와 위탁매매인 간의 위탁계약의 관계에 관하여 상법은 별도의 규정을 두고 있지만(상 104조 내지 109조) 본질적으로 위임관계라고 할 수 있으므로, 상법은 위임에 관한 규정을 준용하되(상 112조) 이들이 상인일 경우에는 상사매매에 관한 규정도 준용하고 있다(상 110조). 한편 위탁매매인과 제3자 사이의 매매계약관계에 관하여, 상법은 매매계약의 당사자로서의 관계를 확인하는 규정을 두고 있을 뿐이다(상 102조). 나아가 위탁자와 제3자는 직접적인 법률적 관계가

---

14) 이기수·최병규 398면, 이철송 448면, 최기원 326면, 최준선 312면. 이 견해는 민법 제186조와 상법 제103조의 관계상 등기내용과 다른 소유관계가 형성되는 등 등기이전과 관련하여 복잡한 문제가 생기고 또 중간생략등기를 하더라도 상법 제102조의 적용에 의하여 위탁자와 거래상대방의 보호에 문제가 생기며, 나아가 운송주선업이나 창고업에서도 물건의 범위에 부동산을 포함하지 않고 있다는 점을 근거로 한다.

15) 강위두/임재호 255면, 손주찬 310면, 안강현 255면, 임홍근 368면, 정찬형 299면. 이 견해는 등기내용과 다른 소유관계가 형성되거나 중간생략등기의 경우에 위탁자와 상대방보호의 문제는 위탁매매의 특성상 불가피한 것이고 이런 점은 부동산의 경우에 특유한 것이 아닐 뿐만 아니라, 운송주선업에 있어서 물건의 범위에 부동산이 포함되지 않는 것은 부동산의 본질상 운송이 불가능하기 때문이라고 반박하면서 오히려 부동산을 제외하는 것은 상법의 근거가 없다고 주장한다.

없지만, 상법은 위탁매매의 특수성을 고려하여 별도의 규정을 두고 있다(상 103조).

나. 위탁매매의 내부적 관계

(1) 위탁매매계약의 의의

위탁매매계약은 낙성, 불요식 계약이고, 그 계약의 내용은 위탁자가 위탁매매인에게 물건이나 유가증권의 매매라는 법률행위를 위탁하는 것으로서 그 법률적 성질은 위임이라 할 것이므로, 상법은 별도의 규정이 없는 한 민법의 위임에 관한 규정을 적용하도록 하고 있다(상 112조).

대법원 2008.5.29. 선고 2005다6297 판결[16]

위탁매매라 함은 자기의 명의로 타인의 계산에 의하여 물품을 구입 또는 판매하고 보수를 받는 것으로서 명의와 계산이 분리되는 것을 본질로 하는 것이므로, 어떠한 계약이 일반 매매계약인지 위탁매매계약인지는 계약의 명칭 내지 형식적인 문언을 떠나 그 실질을 중시하여 판단하여야 한다.

(같은 취지: 대법원 2011.7.14. 선고 2011다31645 판결)

대법원 2004.2.27. 선고 2001다38067 판결

국민주택채권이나 양도성예금증서와 같은 유가증권매매거래의 위탁계약의 성립시기는 위탁금이나 위탁증권을 받을 직무상 권한이 있는 직원이 증권매매거래를 위탁한다는 의사로 이를 위탁하는 고객으로부터 금원이나 주식을 수령하면 곧바로 위탁계약이 성립한다고 할 것이고, 그 이후에 그 직원의 금원 수납에 관한 처리는 위 계약의 성립에 영향이 없다.

(같은 취지: 대법원 1994.4.29. 선고 94다2688 판결, 대법원 1997.2.14. 선고 95다19140 판결)

대법원 1980.11.11. 선고 80다135 판결

원고가 증권회사의 지배인 겸 영업부장실에서 동인에게 적당한 시기에 적당한 증권을 적당량 매입 매도하여 이득금이 남도록 관리하여 달라고 하면서 주식매수 대금조로 금전을 교부하고 그 영업부장의 명함 뒷면이나 위 회사 영업부장용 메모지상에 그 금원을 보관하고 있다는 취지의 보관증을 작성 교부받았다면 원고와 그 증권회사 사이에 증권매매 위탁계약이 성립된 것으로 보아야 한다.

---

16) 단순한 매매인지 혹은 위탁매매인지는 파산자가 소유한 물건이나 유가증권에 관하여 채무자 회생 및 파산에 관한 법률에 의하여 인정되는 환취권(회생법 71조 내지 73조, 407조 내지 410조)의 행사와 관련하여 중요한 의미를 가진다.

또한 위탁자가 상인이어야 하는 것은 아니지만, 만약 위탁자가 상인인 경우에는 위탁자와 위탁매매인 사이에는 상법의 상사매매에 관한 규정(상 68조 내지 71조)이 준용(상 110조)된다.

(2) 위탁매매인의 의무

(가) 일반적 의무

위탁자와 위탁매매인 사이의 위탁매매계약의 법률상 성질은 위임계약의 일종이므로 원칙적으로 위탁매매인은 위탁자에 대하여 선량한 관리자의 주의의무를 부담하게 된다(상 112조, 민 681조).

이에 따라 위탁매매인은 위탁자로부터 위탁받은 물건의 매매 및 이행의 전 과정에 걸쳐서 선량한 관리자의 주의를 가지고 위탁업무를 수행하여야 하는데, 상법은 이 밖에도 몇 가지 특별한 의무를 위탁매매인에게 부담시키고 있다.

(나) 통지의무와 계산서 제출의무

상법은 위탁매매인이 위탁받은 매매를 한 때에는 지체 없이 위탁자에 대하여 그 계약의 요령과 상대방의 주소, 성명의 통지를 발송하고 계산서를 제출하도록 규정하여 위탁매매인에게 위탁자에 대한 통지의무와 계산서 제출의무를 부담시키고 있다(상 104조).

이러한 통지의무는 대리상의 통지의무(상 88조)와 동일한 내용이라고 할 것인데, 위임인의 청구가 있는 경우에만 부담하게 되는 민법상의 수임인의 보고의무(민 683조)와는 다르다. 특히 민법상 수임인의 보고의무와 달리 상법상 위탁매매인의 이 같은 통지의무는 발송함으로써 충분하므로 그 통지가 도달하지 않음으로 인한 손해는 위탁자가 부담하게 될 것이다.

(다) 지정가액 준수의무

위탁자가 위탁매매인에게 매도를 위탁하는 경우에는 최저가액을, 매수를 위탁하는 경우에는 최고가액을 지정하는 것이 일반적이고, 위탁매매인이 이를 지켜야 함은 선량한 관리자의 주의의무에 당연히 포함된다고 할 것이지만, 상법은 이에 관한 별도의 규정을 두고 있다.

위탁매매인이 위탁자가 지정한 가액보다 염가로 매도하거나 고가로 매수한 경우에, 위탁자는 그 매매가 자기의 계산에 의한 것이 아님을 주장하면서 그 매매의 효과가 자신에게 귀속되는 것을 거절할 수 있다고 할 것인데(상 106조 1항), 이로 인하여 다툼이 생길 우려가 있으므로, 상법은 위탁매매인이 지정가액과 실제 매매가액의 차액을 부담한 때에는 그 매매는 위탁자에게 효력이 있도록 하고 있다(상 106조 1항). 이 경우 위탁매매인은 차액 전액에 대하여 부담하여야 하고 무조건적이어야 한다고 할 것이다. 또한 위탁매매인의 이러한 일방적인 차액부담의 의사표시로서 위탁자의 거절권을 상실시키게 되므로 그 의사표시는 늦어도 매매의 통지와 동시에 위탁자에게 도달하여야 한다고 해석된다.[17] 다만 이 경우에도 위탁자와 위탁매매인 사이에 지정가액 절대 준수의 특약이 있다면 위탁매매인이 차액부담을 조건으로 하더라도 그 매매의 효력을 위탁자에게 귀속시킬 수 없다고 할 것이다.

한편 상법은 위탁매매인이 지정가액보다 고가로 매도하거나 염가로 매수한 경우에, 그 차액은 위탁자의 이익으로 본다고 규정하고 있으나(상 106조 2항), 이 규정은 위탁매매가 위탁자의 계산으로 하는 것이라는 점에 비추어 볼 때 당연한 규정이라고 할 수 있다. 다만 이에 관하여 위탁자와 위탁매매인 사이에 다른 약정이 있으면 그에 따르게 됨은 당연하다.

(라) 위탁물의 하자통지 및 처분의무

상법은 위탁매매인이 목적물을 인도받은 후에 그 물건의 훼손 또는 하자를 발견하거나 그 물건이 부패할 염려가 있는 때 또는 가격하락의 상황을 안 때에는 지체 없이 위탁자에게 통지를 발송하여야 하고(상 108조 1항), 이 경우에 위탁자의 지시를 받을 수 없거나 그 지시가 지연되는 때에는 위탁매매인이 적당한 처분을 할 수 있도록 규정하고 있다(상 108조 2항).

위탁매매인의 이러한 의무를 상법상의 특별한 규정이라는 견해도 있으나, 이 규정은 성질상 위탁매매인의 선량한 관리자의 주의의무를 구체화 한 것[18]으로 해석하여야 할 것이고, 만약 위탁매매인이 이러한 의무를 위반하여 위탁자에게 손해가 발생하면 그에 따른 손해배상책임을 부담한다고 할 것이다.

상법 제108조 제2항은 "위탁매매인이 위탁자의 지시를 받을 수 없거나 지시가 지연되는 때에 위탁자의 이익을 위하여 적당한 처분을 할 수 있다"라고 규정하고 있는데, 규정된 문구가 "하여야 한다"가 아니라 "할 수 있다"로 되어 있어 의무라기보다는 권한으로 해석할 여지도 없지 않으나, 전체적인 맥락에서 보면 위탁매매인으로 하여금 긴급한 상황에서 선량한 관리자의 주의로서 위탁자의 이익을 위하여 행동할 의무를 부담시키는 것으로 보아야 할 것이다.

---

17) 이기수・최병규 403면, 정동윤 226면, 정찬형 303면, 최기원 332면, 최준선 315면.
18) 손주찬 315면, 최준선 315면.

(마) 이행담보책임

상법은 위탁매매의 상대방이 채무를 이행하지 않는 경우에 위탁매매인으로 하여금 위탁자에게 이를 이행할 책임을 부담시키고 있는데, 이를 위탁매매인의 이행담보책임 또는 위탁매매인의 개입의무라고 한다.

위탁매매인과 거래를 한 상대방이 이행을 하지 않는 경우라고 하더라도 위탁자는 그 상대방과 직접적인 권리의무관계가 없으므로(상 102조), 위탁자는 상대방에 대하여 직접 이행을 구할 수 없게 되어 위탁자의 지위가 불안정하게 되므로 위탁자를 보호하기 위하여 상법은 위탁매매인에게 이행담보책임을 부과하고 있다(상 105조 본문). 다만 위탁자와 위탁매매인 간에 다른 약정이 있거나 다른 관습이 있을 경우에는 이를 적용하지 아니한다(상 105조 단서).

위탁매매인의 이러한 이행담보책임은 상법에 의하여 인정되는 특별한 무과실책임이라고 할 것이므로 상대방이 채무를 이행하지 않고, 채무의 성질상 대체이행이 가능한 경우라면 위탁자와 이를 배제하기로 하는 특약이 없는 한 상대방의 불이행에 대한 위탁매매인의 과실유무는 따지지 않고 행사할 수 있다고 할 것이고, 5년의 시효기간의 경과로서 소멸하게 된다.

◆ 대법원 1996.1.23. 선고 95다39854 판결

위탁자의 위탁상품 공급으로 인한 위탁매매인에 대한 이득상환청구권이나 이행담보책임 이행청구권은 위탁자의 위탁매매인에 대한 상품 공급과 서로 대가관계에 있지 아니하여 등가성이 없으므로 민법 제163조 제6호 소정의 '상인이 판매한 상품의 대가'에 해당하지 아니하여 3년의 단기소멸시효의 대상이 아니고, 한편 위탁매매는 상법상 전형적 상행위이며 위탁매매인은 당연한 상인이고 위탁자도 통상 상인일 것이므로, 위탁자의 위탁매매인에 대한 매매 위탁으로 인한 위의 채권은 다른 특별한 사정이 없는 한 통상 상행위로 인하여 발생한 채권이어서 상법 제64조 소정의 5년의 상사소멸시효의 대상이 된다.

위탁매매인이 부담하는 이행담보책임은 상대방이 위탁매매인에 대하여 이행할 채무와 동일하므로, 위탁매매인은 상대방이 주장할 수 있는 항변으로 위탁자에게 주장할 수 있고, 만약 상대방의 채무가 소멸하였다면 위탁매매인의 이행담보책임도 소멸하게 된다. 상대방이 이행할 채무의 내용이 성질상 대체이행이 불가능하다면 위탁자는 위탁매매인에게 이를 청구할 수 없고 결국 손해배상을 청구하여야 할 것이다.

한편 위탁자에게 이행 담보책임을 이행한 위탁매매인은 위탁자에 대하여 보수 및 비

용을 청구할 수 있다고 할 것이고, 위탁자는 위탁매매인에 대하여 이행담보책임을 청구하는 이외에 이와는 별도로 선량한 관리자의 주의의무를 게을리 하였음을 이유로 손해배상의 청구도 할 수 있다고 할 것이다.

(3) 위탁매매인의 권리

(가) 보수 및 비용상환청구권

위탁매매인의 보수 및 비용의 지급에 관한 내용은 위탁매매계약에 의하여 정하여지겠지만, 그러한 약정이 없더라도 위탁매매인은 상인으로서 위탁자로부터 위임받은 업무를 처리하는 자이므로 당연히 보수청구권이 인정되고(상 61조), 민법상 위임에 관한 규정이 적용되어(상 112조) 비용상환청구권(민 688조), 비용선급청구권(민 687조) 그리고 위탁사무를 위하여 비용을 체당의 경우에는 체당금과 체당한 날 이후의 법정이자를 청구할 수 있다(상 55조).

수임인이 보수를 청구할 수 있는 시기는 위임사무를 완료한 때이므로 위탁매매인이 보수를 청구할 수 있는 시기도 위탁매매행위를 완료한 때로 보아야 하고 또한 위탁자와 위탁매매인의 특약으로 일정액이나 일정률의 보수 대신에 수익의 일부를 받는 것도 가능하지만, 수익률 보장약정이나 손실보전약정 등은 사회질서위반행위로서 무효라는 것이 대법원의 입장이다(대법원 2001.4.24. 선고 99다30718 판결).

(나) 유치권

상법은 위탁매매인의 경우에 대리상의 유치권에 관한 규정을 준용하고 있으므로(상 111조, 91조), 위탁매매인은 다른 약정이 있는 경우를 제외하고 위탁자에 대한 채권이 변제기에 있는 때에는 그 변제를 받을 때까지 위탁자를 위하여 점유하는 물건 또는 유가증권을 유치할 수 있다.

대리상과 위탁매매인에게 인정되는 특별한 상사유치권은 당사자가 모두 상인인 경우에 인정되고, 피담보채권과 유치목적물의 견련관계가 필요하지 않다는 점에서는 민법상의 유치권(민 320조)과 다르고, 목적물이 본인의 소유일 필요가 없고 또한 그 점유취득의 원인이 본인과의 거래관계에서 비롯되었을 것을 요하지 않는 점에서 일반상사유치권(상 58조)과도 구별된다.

(다) 공탁권과 경매권

상법은 위탁매매인이 매수위탁을 받은 경우에, 위탁자가 매수한 물건의 수령을 거부하거나 수령할 수 없는 때에는 상사매매에 있어서 매도인에게 인정되는 경매권과 공탁권에 관한 규정(상 67조)을 위탁매매인에게 준용하고 있으므로(상 109조), 위탁매매인은 그 물건을 공탁하거나 경매할 수 있고 이 경우에는 지체 없이 위탁자에게 그 통지를 발송하여야 한다(상 67조 1항). 그러나 위탁자에게 최고할 수 없거나 목적물이 멸실 훼손의 우려가 있을 때에는 최고없이 경매할 수 있고(상 67조 2항), 경매를 한 경우에는 경매비용을 공제한 잔액을 공탁하여야 하지만 매매대금에 충당할 수도 있다(상 67조 3항).

(라) 개입권

위탁매매인은 위탁자로부터 일정한 거래행위를 할 것을 위탁받고 자기명의로 상대방과 그 거래행위를 하는 자이지만, 위탁매매인이 위탁자로부터 위탁받은 거래행위의 직접 상대방이 되는 것이 이론상 불가능한 것은 아니라고 할 것이다. 다만 이를 무제한적으로 허용한다면 위탁자의 이익을 해칠 우려가 있게 되므로, 상법은 위탁매매인의 자기거래에 일정한 제한을 가하고 있다. 상법은 위탁매매인이 거래소의 시세가 있는 물건 또는 유가증권[19]의 매매를 위탁받은 경우에 한하여 직접 그 매도인이나 매수인이 되는 것을 허용하는 한편 일정한 요건을 충족하는 경우에는 이를 위탁매매인의 권리로서 인정하고 있는데(상 107조 1항), 이를 개입권이라고 한다.

위탁매매인의 개입권은 위탁매매인이 개입권을 행사함으로써 거래의 당사자가 된다는 점에서 운송주선인의 개입권(상 116조)과 같지만, 개입권을 행사하더라도 거래의 당사자가 되지 못하고 단지 그 거래의 실질적 이익을 향수하는 데 그치는 상업사용인의 영업주가 가지는 개입권(상 17조)이나 대리상의 본인이 가지는 개입권(상 89조) 그리고 이사에 대하여 회사가 가지는 개입권(상 198조, 269조, 397조, 567조)과는 다르다고 할 것이고 또한 이러한 개입권은 상업사용인의 영업주에게 인정되는 개입권과 그 입법취지가 다르므로 제척기간에 관한 규정도 없다.

위탁매매인이 개입권을 행사하기 위해서는 첫째로 위탁목적물이 거래소의 시세가 있어야 하고, 둘째로 개입권의 행사를 금하는 특약이나 법률의 규정이 없어야 하며, 셋째로 매매의 실행행위(주선행위)가 있지 않은 상태이어야 한다.

자본시장과 금융투자업에 관한 법률(자본시장법 67조)에서는 투자중개업자의 개입권을 인정하지 않고 있다.

---

19) 2010년 개정 전의 상법 107조는 개입권의 대상을 "물건"에 한정하였으나 개정상법은 "물건 또는 유가증권"이라고 규정하여 상법 제101조와 균형을 맞추고 있다.

개입권은 형성권이라고 할 것이므로 위탁매매인의 일방적 의사표시로서 이를 행사하게 되고 그 의사표시가 위탁자에게 도달함으로써 효력이 발생하게 된다. 개입의 효과가 발생한 후에는 위탁매매인은 이를 철회할 수 없고 마찬가지로 위탁자도 위탁매매계약을 해제하는 등으로 개입의 효과를 배제할 수 없다. 위탁매매인이 개입권을 적법하게 행사하면 위탁자와 위탁매매인 사이에 매매계약이 성립하게 된다. 매매계약의 내용은 위탁매매인이 개입권 행사의 의사표시와 함께 구체적인 내용을 통지하겠지만, 매매가격은 개입권행사의 의사표시를 발송할 때의 거래소의 시세에 의하게 된다(상 107조 1항 2문).

개입권을 행사한 위탁매매인은 위탁자에 대하여 매도인 혹은 매수인의 지위에 있게 되지만, 여전히 위탁매매인으로서의 지위도 겸병하게 되므로 보수청구권도 인정되고(상 107조 2항), 이러한 보수청구권에 기하여 유치권도 행사할 수 있다.

다. 위탁매매의 외부적 관계

(1) 위탁자와 제3자의 관계

위탁매매인은 자신의 명의로 상대방인 제3자와 거래를 하게 되므로 위탁자와 제3자 사이에서는 아무런 법률관계가 발생하지 않고, 위탁자와 위탁매매인의 관계는 위탁매매인과 제3자 사이의 권리와 의무에 아무런 영향을 미치지 못하게 된다.

위탁자와 제3자 사이에 존재하는 항변이나 반대채권은 이를 원용하거나 상계할 수 없고, 위탁매매인과 제3자 사이의 특약이 없는 한 제3자가 위탁자에게 직접 이행하였어도 당연히 면책되는 것이 아니라 할 것이다.

위탁자와 제3자 사이의 관계와 관련하여 (1) 위탁매매인이 위탁자의 단순한 도구로서 행위한 경우에 위탁자의 악의를 위탁매매인의 악의로 볼 수 있고, (2) 제3자가 위탁매매인에게 이행하지 않는 경우에 위탁자가 제3자에게 직접 청구할 수 있으며, (3) 제3자가 위탁매매인에게 이행하지 않아서 결국 위탁자에게 손해가 돌아간 경우 위탁자는 제3자에게 직접 손해배상청구를 할 수 있다는 견해도 있으나 이러한 견해는 위탁매매가 주선행위로서 그 성질상 위탁자와 제3자는 아무런 법률관계가 없다는 점을 간과한 견해가 아닌가 생각된다.

(2) 위탁물의 귀속

위탁자와 위탁매매인의 채권자 사이에는 직접적인 법률관계는 없다 할 것이나, 상법은 위탁자를 보호하기 위하여 위탁매매인이 위탁자로부터 받은 물건 또는 유가증권이나 위탁매매로 인하여 취득한 물건, 유가증권 또는 채권은 위탁자와 위탁매매인의 채권자간의 관계에서는 이를 위탁자의 소유 또는 채권으로 본다고 규정하고 있다(상 103조).

위탁자의 소유로 보는 물건 또는 채권은 매도위탁의 경우에 위탁자가 맡긴 물건, 위탁매매의 상대방에 대한 대금채권, 상대방의 채무불이행으로 인한 손해배상채권이 포함되고, 매수위탁의 경우에 위탁매매인이 인도 받은 물건, 상대방에 대한 목적물인도청구권, 채무불이행에 기한 손해배상채권 등이 포함되지만 현금이나 주식과 같은 대체물은 혼융되므로 포함되지 않는다 할 것이다.

위탁매매인의 채권자가 위탁물에 대하여 강제집행을 하는 경우 위탁자는 제3자 이의의 소(민집법 48조)로서 이를 막을 수 있고, 위탁매매인이 파산한 경우 위탁자는 환취권을 행사(회생법 410조)하여 이를 회수할 수 있다.

실질적인 권리와 법률상의 지위가 분리되는 주선행위의 특징으로 인하여 대외적인 법률적 지위가 불안한 위탁자를 보호하기 위한 상법 제103조의 취지에 비추어 볼 때, 위탁매매인의 채권자에는 위탁매매인의 보통의 채권자를 의미하고 위탁매매 거래의 상대방이나 상대방의 채권자 나아가 위탁자의 채권자는 포함되지 않는다고 할 것이다.

대법원 1986.6.24. 선고 86도1000 판결

위탁매매에 있어서는 위탁품의 소유권은 위임자에게 속하고 그 판매대금은 다른 특약이나 특단의 사정이 없는 한 이를 수령함과 동시에 위탁자에게 귀속한다 할 것이므로 이를 사용 소비한 때에는 횡령죄가 구성된다.

대법원 2011.7.14. 선고 2011다31645 판결[20)]

위탁매매인이 그가 제3자에 대하여 부담하는 채무를 담보하기 위하여 그 채권자에게 위탁매매로 취득한 채권을 양도한 경우에 위탁매매인은 위탁자에 대한 관계에서는 위탁자에 속하는 채권을 무권리자로서 양도한 것이고, 따라서 그 채권양도는 무권리자의 처분 일반에서와 마찬가지로 양수인이 그 채권을 선의취득하였다는 등의 특별한 사정이 없는 한 위탁자에 대하여 효력이 없다. 이는 채권양수인이 양도의 목적이 된 채권의 귀속 등에 대하여 선의였다거나 그 진정한 귀속을 알지 못하였다는 점에 관하여 과실이 없다는 것만으로 달라지지 아니한다.

---

20) 대법원은 준위탁매매의 경우도 위탁매매와 법률관계는 같다는 전제하에 위탁자와 체결한 영화배급을 목적으로 하는 준위탁매매계약에 따라 영화상영계약을 체결함으로써 가지게 된 채권을 자신의 채권자에게 채권 담보를 위해 양도한 경우에 그러한 채권양도는 준위탁매매계약상 위탁자에 대하여는 효력이 없다고 판시하고 있다.

(3) 위탁매매인과 제3자의 관계

위탁매매인은 자기명의로 매매를 하므로 그 거래에 관한 권리의무의 주체가 되어 상대방인 제3자에 대하여 직접 권리를 취득하고 의무를 부담하게 된다(상 102조).

이처럼 위탁매매인이 거래의 당사자이므로 위탁자의 계산으로 위탁매매인이 거래한 것을 상대방이 알고 있었는지에 상관없이 거래행위의 하자 또는 의사표시의 흠결은 모두 위탁매매인과 상대방을 기준으로 판단하게 된다.

라. 위탁매매의 종료

위탁매매계약은 목적의 달성 또는 목적의 달성 불가능 및 기타 당사자가 약정한 사유의 발생 등 계약의 일반적인 종료사유의 발생으로 인하여 종료하게 된다. 특히 상법은 위탁매매계약의 종료에 관하여 아무런 규정을 두고 있지 않고 있으나, 위탁자와 위탁매매인 간의 관계에는 위임에 관한 규정이 준용되므로(상 112조) 사망, 파산 및 금치산선고 등 위임의 일반적인 종료원인이 발생하면 종료하지만(민 690조), 위탁매매계약은 상법상의 위임이므로 위탁자의 사망이 위탁매매계약의 종료를 가져오지는 않는다(상 50조).

또한 위탁매매계약의 당사자는 언제든지 자유롭게 계약을 해지할 수 있고, 다만 부득이한 사유 없이 상대방이 불리한 시기에 계약을 해지한 때에는 그로 인한 손해를 배상하여야 할 것이다(민 689조 1항).

마. 준위탁매매업

준위탁매매인은 자기의 명의로 타인의 계산으로 매매 아닌 행위를 영업으로 하는 자로서(상 113조), 위탁매매인과 같이 주선행위를 하는 자이고 상인이지만 그 주선행위의 내용이 매매가 아닌 예컨대 광고, 영화배급, 출판, 운송 등의 행위를 하는 자이다.

다만 운송주선인도 그 성질상 준위탁매매인으로 볼 수 있지만, 상법은 화물운송주선인의 경우에는 별도의 규정(상 114조 내지 124조)을 두고 있으므로 화물운송주선인에 대해서는 준위탁매매업에 관한 규정(상 113조)이 적용되지 않는다.

상법은 준위탁매매인의 경우에 위탁매매인에 관한 상법의 규정을 준용하도록 하고 있으나(상 113조), 개입권에 관한 규정(상 107조), 위탁물의 훼손, 하자 등의 효과에 관한 규정(상 108조), 매수물의 공탁, 경매권에 관한 규정(상 109조), 매수위탁자가 상인인 경우에 상사매매의 적용에 관한 규정(상 110조) 등은 준용되지 않는다.

준위탁매매의 경우에는 주선의 목적물에 거래소의 시세가 있을 수 없고, 주선행위의 내용이 매매 이외의 행위를 하는 것이기 때문에 성질상 위탁매매에 관한 규정 중 위와 같은 일부 규정은 적용되지 않는다고 할 것이다.

4. 운송주선업

가. 총 설

자기명의로 물건운송을 주선하는 것을 영업으로 하는 자를 운송주선인이라 하고 이들의 영업을 운송주선업이라 한다(상 114조).

타인을 위하여 화물운송을 보조하는 상인에는 운송대리상, 운송중개상, 운송주선인 등이 있는데, 운송주선인은 타인의 계산에 따라 자기명의로 운송인과 운송계약을 체결하는 자로서, 타인의 명의와 타인의 계산으로 운송인과 송하인 사이의 운송계약을 체결하는 운송대리상과 다르고, 송하인과 운송인이 운송계약을 체결하도록 중개하는 사실행위를 하는 운송중개인과 다르다. 운송주선인은 주선행위를 한다는 점에서 그 법률적 구조가 위탁매매인과 같으나 단지 그 주선행위의 내용이 물건 기타 유가증권의 매매가 아니라 화물운송이라는 점에서 구별된다.

운송주선인은 화물운송계약의 주선행위가 기본적 상행위이므로 당연상인이고(상 46조 12호), 운송주선인이 운송인과 운송계약을 체결하는 행위는 위탁계약의 이행으로서 보조적 상행위라고 할 것이다. 위탁자는 상인이어야 할 필요는 없으나 만약 상인이라면 운송주선인에게 운송계약체결을 위탁하는 행위는 보조적 상행위가 된다.

운송주선인은 위탁자(송하인)의 위탁과 계산에 따라 운송인과 화물운송계약을 체결하므로 준위탁매매인의 일종이라고 할 것이지만, 상법은 이를 별도로 규정하여 준위탁매매인과 구별하고 있으므로 같은 운송주선행위라고 하더라도 여객운송주선인은 준위탁매매인이라고 할 것이다.

◈ 대법원 1987.10.13. 선고 85다카1080 판결

가. 상법 제46조 제12호, 제114조에 의하여 자기의 명의로 물건운송의 주선을 영업으로 하는 상인을 운송주선인이라고 하고 여기서 주선이라 함은 자기의 이름으로 타인의 계산 아래 법률행위를 하는 것을 의미하는 것이므로 운송주선계약은 운송주선인이 그 상대방인 위탁자를 위하여 물건운송계약을 체결할 것 등의 위탁을 인수하는 계약으로 민법상의 위임의 일종이기 때문에 운송주선업에 관한 상법의 규정이 적용되는 외에 민법의 위임에 관한 규정이 보충적용된다.

나. 운송주선업은 운송의 거리가 육해공 삼면에 걸쳐 길어지고 운송수단도 다양할 뿐만 아니라 공간적 이동이 필요불가피한 화물도 복잡다양화, 대형다량화 되어짐에 따라 송하인과 운송인이 적당한 상대방을 적기에 선택하여 필요한 운송계약을 체결하기 어렵게 되었으므로 송하인과 운송인의 중간에서 가장 확실하고 안전신속한 운송로와 시기를 선택하여 운송을 주선하기 위한 긴요한 수단으로서 발달하게 된 것이다.

다. 운송주선인이라 불려지고 있어도 발송지운송주선인의 위탁을 받고 하는 도착지 운송주선인이나 중간운송주선인의 행위 등은 특별한 사정이 없는 한 상법상의 운송주선행위가 아니라는 점이다.

◈ 대법원 2007.4.26. 선고 2005다5058 판결

상법 제114조에서 정한 '주선'은 자기의 이름으로 타인의 계산 아래 법률행위를 하는 것을 말하므로, 운송주선인은 자기의 이름으로 주선행위를 하는 것이 원칙이지만, 실제로 주선행위를 하였다면 하주나 운송인의 대리인, 위탁자의 이름으로 운송계약을 체결하는 경우에도 운송주선인으로서의 지위를 상실하지 않는다.

운송주선인은 주선행위를 주된 영업으로 하지만 그 영업범위는 실무상 운송계약을 체결하는 이외에 물건의 운송에 필요한 부수적 행위인 운송물검사, 포장, 계량, 수령, 보관, 인도, 보험계약체결과 통관절차대행 등에 필요한 서류작성 등을 하는 경우도 많고 심지어는 운송업까지도 겸병하는 경우가 있는데 이런 경우에 운송주선계약인지 운송계약인지는 당사자의 의사와 객관적 사정을 종합적으로 고려하여 판단하여야 할 것이다. 한편 운송주선인은 송하인과 운송인의 이해관계에 적지 않은 영향을 미치게 되므로 자동차 운수사업법, 해운업법, 항공법 등에는 이들의 활동을 규제하는 규정이 적지 않다.

운송주선계약은 낙성 불요식 계약이고, 그 계약의 내용은 위탁자가 운송주선인에게 운송계약의 체결이라는 법률행위를 위탁하는 것으로서 그 법률적 성질은 위임이라고 할 것이므로 민법의 위임에 관한 규정이 적용되고, 또한 운송주선계약의 법률적 구조는 위탁매매계약과 유사하므로, 상법은 위탁매매에 관한 규정을 준용하고 있다(상 123조).

운송주선의 법률적 구조를 보면, 위탁자(송하인)는 자신의 계산으로 운송주선인에게 운송계약의 체결을 위탁하고, 이러한 위탁에 따라 운송주선인은 자신의 명의로 운송인과 운송계약을 체결하게 되므로, 내부적으로는 위탁자(송하인)와 운송주선인 사이의 위탁관계가 있고, 외부적으로는 운송주선인과 운송인 사이의 운송계약관계 그리고 위탁자(송하인)와 운송인 사이의 관계가 발생하게 된다. 상법은 위탁자(송하인)와 운송주선인 간의 관계에 관하여 운송주선계약의 특수성을 고려한 별도의 규정을 두는 한편 운송주선계약은 본질적으로 위임계약으로서 위탁매매계약과 유사하므로 위탁매매에 관한 규정

을 준용하고 또한 운송계약과 그 이행에 적지 않은 이해관계를 가지는 수하인의 운송계약상의 지위와 의무에 관한 규정을 운송주선에 있어서도 준용하고 있다. 나아가 운송주선인과 운송인은 운송계약관계로서 운송에 관한 규정이 적용될 것이고, 위탁자와 운송인은 위탁매매의 경우와 같이 아무런 법적 관계가 없다고 할 것이므로, 상법은 이들 관계에 관하여 아무런 규정을 두고 있지 않다.

나. 운송주선업의 법률관계

(1) 운송주선인의 의무와 책임

(가) 운송주선인의 의무

운송주선계약은 성질상 위임관계이므로 운송주선인은 위탁자를 위하여 물건운송의 주선행위를 함에 있어서 기본적으로 선량한 관리자의 주의의무를 부담한다고 할 것이다(민 681조). 비록 상법이 개별적인 의무로서 명시적으로 규정하고 있지는 않지만 운송주선인에 대하여는 위탁매매인에 관한 규정을 준용하도록 하고 있으므로(상 123조), 운송주선인은, 위탁매매인의 의무로서 규정된, 통지의무와 계산서제출의무(상 104조), 지정가액 준수의무(상 106조) 그리고 운송물의 훼손, 하자 등에 대한 통지 및 처분의무(상 108조)도 부담하게 될 것이다.

(나) 운송주선인의 손해배상책임

상법은 "운송주선인은 자기나 그 사용인이 운송물의 수령, 인도, 보관, 운송인이나 다른 운송주선인의 선택 기타 운송에 관하여 주의를 해태하지 아니하였음을 증명하지 아니하면 운송물의 멸실, 훼손 또는 연착으로 인한 손해를 배상할 책임을 면하지 못한다"(상 115조)라고 규정하여 운송주선인의 손해배상책임에 관한 별도의 규정을 두고 있다.

그런데 운송주선인은 이 규정에 의하여 자신에게 과실이 없음을 증명하여야만 책임을 면하게 되므로, 이 규정을 민법의 채무불이행으로 인한 손해배상책임에 관한 규정(민 390조)에 대한 예외규정으로 보아야 한다는 견해도 있으나, 민법의 채무불이행으로 인한 손해배상책임의 경우에도 이행보조자의 과실을 채무자의 과실로 보고 있고(민 391조) 또 채권자는 채무가 불이행된 사실만을 증명하면 되고, 채무자가 책임을 벗어나기 위하여 자신에게 그 채무불이행에 대하여 고의, 과실 등의 책임이 없다는 것을 주장하고 증명하여야 하는 점에 비추어 볼 때, 상법 제115조의 규정은 과실책임주의를 정하고

있는 민법의 일반원칙을 주의적으로 규정한 것이라고 보아야 할 것이다.[21)]

상법 제115조의 규정을 민법 제390조와 유사한 주의적 규정이라고 해석한다면, 상법 제115조는 운송주선인의 사용인뿐만 아니라 모든 이행보조자와 이행대행자의 행위에도 적용되고, 또한 운송물의 멸실, 훼손, 연착뿐만 아니라 모든 운송주선의무 불이행행위에도 적용되며, 나아가 상법 제115조가 나열하고 있는 운송물의 수령 등의 행위유형은 단순히 예시적으로 열거한 것으로 이해하게 될 것이다.

중간운송주선인이나 도착지운송주선인이라고 하더라도 발송지 운송주선인의 위탁에 따른 경우에는 운송주선인의 이행보조자로서의 성질이 있으므로 운송주선인은 이들의 과실에도 책임을 부담하게 될 것이다.

상법은 손해배상의 범위에 관하여, 위탁자가 화폐, 유가증권 등의 고가물의 운송을 위탁할 때 그 종류와 가액을 명시한 경우에 한하여 배상할 책임을 인정하는, 고가물에 관한 규정(상 136조)을 준용하고 있을 뿐(상 124조) 다른 규정이 없으므로 민법에 따라 운송주선인의 채무불이행과 상당인과관계가 인정되는 범위 내에서 원칙적으로 통상의 손해를 그 한도로 하고(민 393조 1항), 예외적으로 특별한 사정이 있을 경우에는 운송주선인이 그 사정을 알았거나 알 수 있었을 때에 한하여 책임을 부담하게 된다.

상법 제115조는 임의규정으로 해석할 것이므로 위탁자와 면책특약을 맺는 것도 가능하다고 할 것이지만 이러한 경우에도 그것이 신의성실의 원칙(민 2조)에 어긋나거나, 반사회질서적인 행위(민 103조)이거나 혹은 약관규제에 관한 법률에 위반한 행위라고 판단될 때에는 적용이 배제되는 경우도 있을 수 있다.

운송주선인의 이러한 손해배상채무는 상행위로 인하여 발생한 채무이므로 5년의 상사소멸시효가 적용되어야 하겠지만(상 64조), 운송물의 멸실, 훼손 및 연착 등은 그 증명자료가 산일되기 쉽고 또 불안정한 상태를 신속히 확정하고자 상법은 이에 대한 특별규정을 두어, 운송주선인의 책임은 수하인이 운송물을 수령한 날로부터 1년이 경과되면 소멸시효가 완성되고(상 121조 1항), 특히 운송물이 전부 멸실한 경우에는 그 운송물을 인도할 날로부터 기산하도록 하고 있다(상 121조 2항). 다만 운송주선인이나 그 사용인이 악의인 경우에는 이러한 단기소멸시효기간이 아니라 일반상사소멸시효기간이 적용되도록 하고 있다(상 121조 3항). 운송주선인 또는 그 사용인이 악의라는 의미는 단순히 멸실, 훼손 등의 사실을 알고 있는 것이 아니라 이러한 사실을 초래하였거나 이를 적극적으로 은폐한 채로 수하인에게 인도한 경우를 의미한다는 견해[22)]가 있으나, 대법원은 멸실, 훼손 등을 초래하였음에도 적극적으로 이를 은폐한 경우뿐만 아니라 직접적으로 멸

21) 이철송 516면, 손주찬 324면, 정동윤 270면, 최기원 378면, 최준선 328면.

22) 손주찬 325면, 이철송 483면, 최준선 330면.

실, 훼손 등을 초래하지는 않았으나 이를 알고도 소극적으로 수하인에게 알리지 않은 채 인도한 경우도 포함한다는 해석하고 있다.[23] 이러한 단기소멸시효기간은 강행규정이라고 볼 수 없으므로 당사자의 합의로 단축하거나 연장하는 것도 가능하다고 할 것이다.

◈ 대법원 1991.8.27. 선고 91다8012 판결

상법 제812조에 의하여 준용되는 같은법 제121조 제1항 제2항의 단기소멸시효의 규정은 운송인의 운송계약상의 채무불이행으로 인한 손해배상청구에만 적용되고, 일반 불법행위로 인한 손해배상청구에는 적용되지 아니한다.

◈ 대법원 1987.6.23. 선고 86다카2107 판결

상법 제812조에 의하여 준용되는 같은법 제121조 제3항에 규정된 운송인이나 그 사용인이 "악의인 경우"라 함은 운송인이나 그 사용인이 운송물에 훼손 또는 일부멸실이 있다는 것을 알면서 이를 수하인에게 알리지 않고 인도된 경우를 가리킨다.

운송주선인이나 그 사용인이 고의, 과실로 운송물을 멸실하거나 훼손한 경우에 운송주선인은 위탁자에 대하여 운송계약상의 채무불이행책임과 불법행위책임을 부담하게 되는데 이 두 가지 책임의 행사와 관련하여, 채무불이행책임은 불법행위책임의 특수한 형태이므로 위탁자는 채무불이행책임을 행사하여야 한다는 견해(법조경합설)[24]와 채무불이행책임과 불법행위은 그 요건과 효과가 다르므로 두 청구권은 별개의 청구권으로서 존재하고 위탁자는 두 가지 청구권을 선택적으로 행사할 수 있다는 견해(청구권경합설)[25]의 대립이 있다. 생각건대 채무불이행책임과 불법행위책임은 서로 다른 책임으로서 병존할 수 있고, 상법상 운송주선인의 채무불이행책임은 손해배상액이나 시효기간 등에서 불법행위책임과 서로 다르므로 위탁자에게 선택권을 인정하는 것이 위탁자를 보다 두텁게 보호할 수 있다는 점에서 두 가지 청구권의 선택적 행사를 인정하는 것이 타당할 것이다.

계약상의 채무불이행책임의 경우에는 운송주선인의 고의 과실이 추정되므로 책임을 면하기 위해서는 운송인주선인이 자기 또는 이행보조자 등에게 고의 과실이 없음을 증명하여야 하고, 손해배상액의 범위에 관하여도 고가물에 대한 면책규정(상법 제124조, 136조)이 있으며, 단기의 소멸시효가 적용된다(상법 제121조). 상법이 비록 운송주선인의 채무불이행책임에 관하여, 정액배상의 원칙을 적용하고 있지 않더라도 그 밖의 규정을 볼 때 불법행위로 인한 손해배상책임보다 경감되어 있으므로, 청구권경합설의 입장에 의하면 두 책임을 선택적으로

23) 강위두/임재호 286면, 이기수・최병규 423면, 정찬형 319면.
24) 정희철 207면.
25) 안강현 265면, 이기수・최병규 424면, 이철송 484면, 정찬형 317면, 최기원 381면, 최준선 331면.

행사할 수 있도록 한다면 위탁자에게 유리하다는 것이고, 법조경합설의 입장에서는 상법이 정한 계약상의 책임을 경감하는 규정이나 당사자간에 맺은 책임을 제한하는 내용의 특약이 무의미해지는 결과를 초래할 우려가 있다는 것이 논의의 핵심이라 할 것이다. 대법원은 청구권 경합설의 입장에 서 있고 계약상의 면책약관은 불법행위책임을 구함에 있어서는 원칙적으로 적용되지 않는다고 할 것이다. 다만 대법원은 해상운송 계약상의 면책약관의 효력은 일정한 조건하에서 불법행위책임에도 미친다고 판시하고 있다(대법원 1983.3.22. 선고 82다카1522 판결).

◆ 대법원 1999.7.13. 선고 99다8711 판결

운송계약상의 채무불이행책임이나 불법행위로 인한 손해배상책임은 병존하고, 운송계약상의 면책특약은 일반적으로 이를 불법행위책임에도 적용하기로 하는 명시적 또는 묵시적 합의가 없는 한 당연히 불법행위책임에 적용되지 않는다.

(같은 취지: 대법원 1983.3.22. 선고 82다카1533 판결, 대법원 2004.7.22. 선고 2001다58269 판결)

(2) 운송주선인의 권리

(가) 보수청구권

운송주선인의 보수청구권에 관하여는 운송계약에서 그 금액, 지급시기 및 지급방법 등이 정하여지겠지만, 특별한 약정이 없더라도 상인으로서 운송주선인은 당연히 보수를 청구할 수 있다(상 61조). 상법은 운송주선인이 운송물을 운송인에게 인도한 때에는 즉시 보수청구를 할 수 있도록 규정하고 있다(상 119조 1항). 또한 당사자가 운송주선계약에서 이미 운임을 확정하였다면 당사자가 그 운임에 운송주선인의 보수를 이미 포함시켰다고 보는 것이 당사자의 의사표시에 부합한다는 취지에서 확정운임운송주선계약의 경우에는 보수청구권을 배제하고 있으나(상 119조 2항), 이 규정은 임의규정이라고 할 것이므로 당사자가 이와 달리 정하는 것도 가능할 것이다. 이 채권은 1년간 행사하지 아니하면 소멸시효가 완성된다(상 122조).

이러한 확정운임운송주선계약의 성질을 둘러싸고, 확정운임을 지급하는 경우에는 운송주선인이 개입한 것으로 보아야 한다는 이른바 개입설과 당사자 사이에 운송계약이 성립한 것으로 보아야 한다는 이른바 운송계약설의 대립이 있으나 대법원 1987.10.13. 선고 85다카1080 판결은 "운송주선인이 운송주선계약으로 운임의 액을 정한 경우 즉, 이른바 확정운임운송주선계약이 체결되었을 때에는 바로 그때에 위탁자와 운송주선인과의 사이에 운송계약이 체결된 것으로 보아 운송의 결과에 따라 지급되는 운임에 의하여 운송주선인의 보수와 운송인으로서의 보수가 함께 약정된 것으로 해석되므로 특약이 없는 한 운송주선인으로서의 보수를 따로 구하지 못한다는 뜻이라 해석하면서, 이처럼 운송주선계약으로 운임의 액이 정해진 경우라도 그것을 확정운임운송주선계약으로 볼 수 있으려면 첫째로, 주선인에게 위와 같은 재산적 바탕이 있어야 하고 둘째로, 그 정해진 "운임의 액"이

순수한 운송수단의 댓가 즉 운송부분의 댓가만이 아니고 운송품이 위탁자로부터 수하인에게 도달되기까지의 액수가 정해진 경우라야만 한다 할 것이므로 구체적인 경우에 당사자의 의사표시를 해석함에 있어서는 위와 같은 요소가 갖추어져 있었느냐를 따져 보아 확정운임운송계약인가의 여부를 확정해야 한다"라고 판시하고 있다.

(나) 비용상환청구권

운송주선인에 대하여는 위탁매매인에 관한 규정이 준용되고(상 123조), 위탁매매인에게는 위임에 관한 규정이 적용되므로(상 112조), 운송주선인에게도 비용선급청구권(민 687조)과 비용상환청구권(민 688조)이 인정된다고 할 것이다.

상법은 운송주선인의 위탁자에 대한 채권에 대하여 1년의 단기소멸시효기간을 정하고 있으므로(상 122조) 이 채권은 1년간 행사하지 아니하면 소멸시효가 완성된다.

(다) 유치권

상법은 운송주선인에게도 유치권을 인정하고 있지만, 운송물에 관하여 받을 보수, 운임 기타 위탁자를 위한 체당금이나 선급금에 관하여만 유치권을 행사할 수 있도록 제한하고 있다(상 120조).

이처럼 운송주선인의 유치권은 유치목적물과 피담보채권과의 견련성을 요구하고 있다는 점에서 민법상의 유치권(민 320조)과 유사하고 상사일반유치권(상 58조)이나 대리상의 유치권(상 91조) 혹은 위탁매매인의 유치권(상 111조)과 다르다.

이처럼 피담보채권과 목적물 사이의 견련관계를 요구하여 운송주선인의 유치권을 약화시킨 이유는 운송주선인이 위탁자와의 관계에서 자신이 점유하는 위탁자의 운송물을 손쉽게 유치한다면 그 운송물에 대한 수하인의 이익을 침해할 우려가 있기 때문이라고 생각된다.

유치목적물은 반드시 위탁자의 소유임을 요하지 않고 위탁자가 반드시 상인이어야 하는 것은 아니지만, 만약 위탁자가 상인이라면 상인간의 일반상사유치권(상 58조)의 행사도 가능할 것이다.

운송주선인은 운송인에 대하여는 송하인의 지위에 있게 되어 운송인을 통하여 운송물에 대한 간접점유를 가지고 있다고 할 것이므로 운송물이 운송되는 도중이라도 운송물처분권(상 139)에 의하여 유치권을 행사하게 될 것이다.[26]

26) 손주찬 327면, 정동윤 273면, 정찬형 322면.

(라) 개입권

상법은 운송주선인이 위탁자로부터 위탁받은 물건운송계약의 직접 상대방이 되는 것에 관하여, 위탁매매인의 경우와 동일하게 일정한 제한적 요건을 충족시킬 경우에 한하여 이를 인정하여, "운송주선인은 다른 약정이 없으면 직접 운송할 수 있다"고 규정하고 있는데 이를 운송주선인의 개입권이라고 한다(상 116조).

상법은 운송주선인의 경우에도 위탁매매인의 경우처럼 당사자간의 약정으로 개입권의 행사를 배제할 수 있도록 하고 있으나, 운송계약의 경우에는 운임 등의 비용이 상대적으로 정형화되어 있어 위탁매매인의 경우와 같이 "매매 가격이 거래소의 시세가 있을 것"을 요구하고 있지는 않다. 한편 운송주선인에 있어서는 위탁매매인과 달리, "운송주선인이 위탁자의 청구에 의하여 화물상환증을 작성한 때에는 직접운송하는 것으로 본다"(상 116조 2항)고 규정하여 일정한 경우에는 운송주선인이 개입권을 행사한 것으로 의제하여 위탁자와 직접운송계약이 성립된 것으로 하고 있다.

대법원 1987.10.13. 선고 85다카1080 판결[27]

해상운송주선인 갑이 선적선하증권을 자기의 명의로 발행한 것이 아니고 양육항에서의 통관 및 육상운송의 편의를 위하여 화주의 부탁을 받고 양육항의 현지상인이면서 갑과 상호대리관계에 있는 을의 대리인자격으로 발행한 것이라면, 갑과 을간에 상호대리관계가 있다하여도 그것만으로는 이 선하증권이 상법 제116조의 개입권행사의 상법조건이 되는 "운송주선인이 작성한 증권"으로 볼 수는 없다.

위탁자와 운송주선인이 운송주선계약에서 개입권배제의 약정을 하지 아니하였더라도, 위탁자는 운송주선인이 개입권을 행사하기 전까지 개입권행사를 허용하지 않는 의사표시를 할 수 있지만, 운송주선인의 개입권은 형성권으로 해석되므로 일단 운송주선인이 개입권 행사의 의사표시를 하면 위탁자는 운송주선인의 개입권 행사를 거절할 수 없다고 할 것이다.

또한 운송주선인이 개입권을 행사하면 운송인과 동일한 권리의무를 가지므로(상 116조 1항), 운송주선인의 보수는 물론이고 운임도 함께 청구하는 것이 가능하다고 할 것이다.

---

27) 대법원의 이 판결은, 화물상환증은 운송인이 발행하게 되는데(상 128조 1항) 이를 운송주선인이 발행하였다는 것은 운송주선인이 스스로 운송인으로서의 책임을 부담하겠다는 의사표시로 해석된다는 것을 전제로 이러한 개입의제를 인정하는 것이므로 만약 운송주선인이 자신의 명의가 아니라 운송인의 대리인으로 화물상환증을 발행하였다면 당연히 이를 개입의제로 볼 수 없다는 취지라고 할 것이다.

다. 순차운송주선

(1) 순차운송주선의 의의와 형태

순차운송주선은 수인의 운송주선인이 동일한 운송물에 대하여 운송구간을 나누어 순차로 운송을 주선하는 것을 의미하는데 일반적으로 하수운송주선, 부분운송주선, 공동운송주선 및 중간운송주선의 형태가 있으나, 상법은 중간운송주선에 관한 규정을 두고 있다.

하수운송주선이란 최초의 운송주선인(元受 運送周旋人)이 운송의 전 구간에 걸쳐 운송을 주선하고 그 일부 구간의 운송을 다른 운송주선인(下受 運送周旋人)으로 하여금 주선하도록 하는 형태이고, 이러한 형태에서는 최초의 운송주선인이 위탁자와의 관계에서 운송주선인이고 일부 구간의 운송주선을 인수한 자는 최초의 운송주선인의 이행보조자에 불과하다고 할 것이므로 위탁자와 직접적인 법률관계를 갖지 않는다고 할 것이다.

부분운송주선이란 운송구간을 나누어 위탁자가 각 구간별로 별도의 운송주선인에게 운송을 위탁하는 형태로서, 이 경우에는 각 구간별로 별도의 운송주선계약이 존재하고 각 구간별로 위탁자와 운송주선계약을 체결한 운송주선인 상호간에는 아무런 법률관계가 없다.

공동운송주선이란 수인의 운송주선인이 공동으로 위탁자와 운송의 전 구간에 관한 운송주선계약을 체결하고 내부적으로 각 구간 운송의 주선을 분담하는 형태로서, 수인의 운송주선인들은 위탁자에 대하여 연대하여 책임을 부담하게 된다(상 138조).

중간운송주선은 운송구간을 나누어 제1의 운송주선인이 위탁자와 운송주선계약을 체결한 뒤 나머지 구간에 대하여는 자신의 명의로 위탁자의 계산으로 제2의 운송주선인(中間 運送周旋人)과 운송주선계약을 체결하는 형태로서 협의의 순차운송주선이라거나 중계운송주선이라고도 하는데 이 형태가 상법 제117조에서 규정하는 경우라고 할 것이다.

특히 운송구간 사이의 중계지에서 연락 등 필요한 행위를 하는 중계지 운송주선인과 도착지에서 운송물을 수령하여 이를 수하인에게 인도하는 행위 등을 하는 도착지 운송주선인 등은 이들이 실제로 하는 행위의 내용과 위탁자 및 운송주선인 간의 관계에 따라 그 구체적인 법률관계를 정하여야 할 것이다.

대법원 1987.10.13. 선고 85다카1080 판결

운송주선인이라 불려지고 있어도 발송지운송주선인의 위탁을 받고 하는 도착지운송주선인이나 중간운송주선인의 행위 등은 특별한 사정이 없는 한 상법상의 운송주선행위가 아니다.

(2) 중간운송주선의 법률관계

(가) 기본적 구조

중간운송주선(협의의 순차운송주선)에 있어서 제1의 운송주선인과 다시 운송주선계약을 체결한 중간운송주선인(제2의 운송주선인) 사이의 계약은 위임 내지는 복위임계약으로 파악되므로 위탁자와 중간운송주선인 사이에는 직접적으로는 아무런 권리의무관계가 없다고 보아야 할 것이다. 만약 중간운송주선인의 고의, 과실로 위탁자에게 손해가 발생하였더라도 위탁자는 중간운송주선인에 대하여 상법 제115조의 책임을 직접 주장할 수 없고, 이 경우에는 제1의 운송주선인이 위탁자의 지위에서 상법 제115조에 따른 중간운송주선인의 책임을 추궁하고 이를 위탁자에게 귀속시킴으로써 위탁자의 손해를 전보하게 될 것이다.

제1 운송주선인과 제2운송주선인의 관계를 복위임으로 본다면 제2의 운송주선인은 제1의 운송주선인의 이행보조자가 아니므로, 제1의 운송주선인은 제2의 운송주선인의 선택에 고의 또는 과실이 있는 경우에만 위탁자에 대하여 상법 제115조의 책임을 부담하게 될 것이다.

(나) 중간운송주선인의 의무

상법은 순차운송주선에 있어서 제1의 운송주선인(前順位 運送周旋人)과 중간운송주선인(後順位 運送周旋人) 사이에는 위임관계에 있고 후자는 전자에 대하여 선량한 관리자의 주의의무를 부담하므로 운송물의 지리적 이동을 고려하여 후자에게 전자를 위한 법정대리인적 지위를 인정하여, 후자로 하여금 전자에 갈음하여 전자가 위탁자에 대하여 가지는 보수청구권, 비용상환청구권, 질권, 유치권 등 권리를 행사할 의무를 부담하도록 하고 있다(상 제117조 1항). 여기서 전자라 함은 직접적인 전자를 의미한다는 견해[28]도 있으나, 상법이 이와 같이 규정한 취지는 운송물의 장소적 이전을 고려하여 권리행사가 쉽지 않은 운송주선인을 보호하려는 것이므로 굳이 직접적인 전자에 한정할 이유는 없다고 할 것이고, 나아가 후자가 이를 게을리하면 전자에 대하여 손해배상책임을 부담할 것이다.

(다) 중간운송주선인의 대위

상법은 "중간운송주선의 경우에 후자가 전자에게 변제한 때에는 전자의 권리를 취득한다"(상 117조 2항)고 규정하고 있다.

---

28) 손주찬 330면, 정찬형 327면.

민법상 대위변제자는 채권자의 승낙이 있거나(민 480조), 변제할 정당한 이익이 있는 경우(민 481조)에 한하여 채권자를 대위할 수 있는데 반하여, 중간운송주선의 경우에는 당연히 변제자의 대위가 인정된다는 점에서 민법에 대한 특별규정이라고 할 것이다.

전자의 권리가 명백하다면 후자가 이를 변제하더라도 전자가 불이익을 받을 염려가 없으므로 이 경우 전자는 변제를 한 후자의 직접적인 전자뿐만 아니라 모든 전자를 포함한다고 할 것이다.[29]

(라) 운송인의 권리취득

상법은 "중간운송주선의 경우에 운송주선인이 운송인에게 변제한 때에는 운송인의 권리를 취득한다"(상 118조)고 규정하고 있는데, 이는 중간운송주선인이 자기가 담당하는 구간보다 앞선 구간의 운송인에게 운임이나 비용 등을 지급하고 운송물을 인도받는 경우가 적지 않음을 고려한 규정이므로 여기서 운송주선인이란 중간운송주선인을 의미하고 운송인이란 자기 구간 이전의 구간에서 운송을 담당한 운송인을 의미한다고 해석하여야 할 것이다.

라. 운송주선인과 수하인의 관계

운송주선계약은 위탁자(송하인)와 운송주선인 사이의 계약이므로 수하인과는 직접적인 법률관계가 생기지 않지만, 운송물이 도착지에 도착하여 수하인이 이를 수령할 수 있는 상태에 놓이게 되면 수하인은 송하인과 동일한 지위에 놓이게 되는 점에 착안하여, 상법은 수하인의 운송계약상의 지위와 운송인에 대한 의무에 관한 규정(상 140조, 141조)을 운송주선인에 준용하고 있다(상 124조). 따라서 수하인은 운송주선인에 대하여, 운송물이 도착지에 도착하면 위탁자와 동일한 권리를 취득하고(상 124조, 140조 1항), 나아가 인도를 청구한 때에는 위탁자보다 우선하는 권리를 취득하였음을 주장할 수 있고(상 124조, 140조 2항), 운송물을 수령하였을 때에는 운송주선인에게 보수 기타 비용과 체당금을 지급할 의무를 부담하게 된다(상 124조, 141조).

마. 위탁자와 운송주선인의 채권자 사이의 관계

위탁자와 운송주선인의 채권자 사이에는 직접적인 법률관계가 없다고 할 것이지만, 운송주선인에 대하여는 상법에 별도의 규정이 없는 한 위탁매매에 관한 규정이 준용(상

29) 손주찬 330면, 안강현 269면, 이철송 525면, 임홍근 416면, 정찬형 327면, 최준선 339면.

123조)되므로, 위탁자와 위탁매매인의 채권자 간의 관계에서 위탁자를 보호하기 위한 규정(상 103조)은 운송주선인에 대하여 준용하게 될 것이다.

5. 운 송 업

가. 총 설

운송이란 사람, 물건 또는 통신을 공간적으로 이동시키는 행위를 말하고 이러한 행위를 영업으로서 하는 자를 운송인이라고 하며, 이들의 영업을 운송업이라고 한다.

물건 또는 여객의 공간적 이동이 운송이 되려면 이동 그 자체가 주요 목적이어야 하고 특히 물건 운송의 경우에는 물건의 직접적 점유가 운송인에게 이전하여야 하므로 여객의 운송과 함께 여객이 휴대한 물건이 장소적으로 이동하였다고 하여 이를 물건운송이라고 할 수는 없다. 또한 운송을 영업으로 한다는 의미는 물건이나 여객의 장소적 이동에 관하여 일정한 보수를 받기로 하는 계약을 체결하는 것을 영업으로 한다는 의미이므로 다른 영업에 부수한 물건의 장소적 이동 예컨대 매매목적물을 배달한다거나 투숙객에 대하여 차량을 제공하여 장소적 이동을 돕는 등의 행위는 운송업이라고 할 수 없다고 할 것이다.

운송은 그 운송물에 따라 여객운송, 물건운송 또는 통신운송으로 구별되고, 운송장소에 따라 육상운송, 해상운송 또는 항공운송으로 구별하기도 하는데, 상법은 육상운송에 관하여는 제2편 상행위편(상 125조 내지 150조)에서, 해상운송에 관하여는 제5편 해상편(상 740조 내지 895조)에서, 항공운송에 관하여는 제6편 항공운송편(상 896조 내지 935조)에서 각기 다르게 규율하고 있다.

상법은 제2편 제9장 운송업에서 "육상 또는 호천, 항만에서 물건 또는 여객의 운송을 영업으로 하는 자를 운송이라 한다"(상 125조)고 규정하여 여객과 물건의 운송이 육상에서 이루어지는 육상운송을 규율대상으로 하고 있음을 명확히 하고 있으므로, 이하에서는 육상운송[30]에 관하여 기술하기로 한다.

운송할 수 있는 모든 물건과 자연인이 육상운송의 대상이라고 할 것인데, 물건은 장소적 이동이 가능한 모든 동산과 유가증권을 의미하고, 자연인은 살아있는 자를 의미하므로 시신의 운송은 물건의 운송에 속한다. 또한 통신이나 서신의 운송은 물건의 운송과는 별도로 통신운송으로 분류된다.

---

30) 우리나라에서 육상운송은 지리적 여건상 특히 중요하여 철도법, 국유철도의 운영에 관한 특례법, 도시철도법, 화물자동차 운수사업법, 여객자동차 운수사업법 등 적지 않은 특별법이 있다.

운송계약은 운송물에 대한 장소적 이동의 완성을 내용으로 하므로 일의 완성을 목적으로 하는 도급계약의 일종으로 보아야 할 것이지만, 상법과 특별법에 비교적 상세한 규정이 있으므로 민법의 도급에 관한 규정은 보조적으로 적용되는 데 그치게 될 것이다.

◈ 대법원 1983.4.26. 선고 82누92 판결

물품운송계약이란 당사자의 일방이 물품을 한 장소로부터 다른 장소로 이동할 것을 약속하고 상대방이 이에 대하여 일정한 보수를 지급할 것을 약속함으로써 성립하는 계약을 말하며, 일의 완성을 목적하는 것이므로 도급계약에 속한다.

운송계약은 대규모, 반복적으로 행하여지므로 실무상 보통거래약관에 따라 체결되는 경우가 많다. 상법은 송하인에게는 화물명세서를 교부할 의무를, 운송인에게는 화물상환증을 교부할 의무를 각기 부담시키고 있으나 이것은 운송계약의 성립요건이 아니므로 운송계약은 원칙적으로 낙성 불요식 계약이라고 할 것이다.

나. 물건운송

(1) 물건운송계약

운송계약은 요물계약이 아니라 낙성계약이므로 운송계약의 체결과 동시에 운송인에게 운송물을 인도할 필요는 없다. 운송물은 계약상 명시되어야 하고, 운송물의 발송지와 도착지가 특정되어야 하는 것이 원칙이나 필요에 따라 후일에 확정시킬 수도 있고, 확정된 도착지나 발송지를 후일에 변경하는 것도 가능하고 할 것이다.

운송계약의 당사자는 송하인[31] 혹은 송하인을 위한 운송주선인과 운송인이고, 수하인은 계약 당사자는 아니지만 운송물을 수령할 자이므로 운송계약을 체결할 때 정하여지는 것이 일반적이다. 그러나 필요한 경우에는 운송물이 도착지에 도착하기 전까지 수하인을 정할 수도 있고, 화물상환증이 발행된 경우에는 화물상환증 소지인이 운송물에 대한 인도청구권을 가지게 되므로 수하인을 정하지 않는 경우도 있다.

운송계약에는 통상적으로 운송수단을 정하게 되는데, 만약 이를 정하지 아니한 경우에 운송인은 운송물의 성질과 운임 등을 참작하여 가장 적절한 운송수단을 택하여야 하

---

31) 송하인이 되는 자는 매매계약의 조건에 따라 다르다고 할 것인바, 예컨대 운임포함조건(C&F)으로 체결된 수출입매매계약에 있어서는 매도인이 선복을 확보하여 운송인과 운송계약을 체결하고 그 운임을 부담할 의무가 있으므로 운송계약의 당사자는 매도인이고, 본선인도조건(F.O.B.)으로 체결된 수출입매매계약에 있어서는 매도인에게는 스스로 선복을 확보하여 화물을 선적할 의무가 없는 것이므로 운송계약의 당사자는 매수인이 될 것이다.

고 이에 위배하여 송하인에게 손해를 입힌 경우에는 계약불이행으로 인한 손해배상책임을 부담하게 된다고 할 것이다.

운송계약에서 운임을 명확히 정하게 되지만 이를 금액으로 정하지 않고 확정할 수 있는 기준 즉 거리, 중량, 부피, 운송시간 등으로 정할 수도 있고, 정하지 아니하였다고 하더라도 상행위의 유상성(상 61조)에 근거하여 운임을 청구할 수 있음은 당연하다.

(2) 물건운송인의 의무[32]와 책임

(가) 화물상환증의 발행·교부의무

송하인은 화물상환증을 타인에게 양도함으로써 운송 중인 물건이라도 그 교환가치를 이용토록 할 수 있게 되므로, 상법은 송하인의 청구에 응하여 운송인에게 이를 발행, 교부할 의무를 부담시키고 있다(상 128조). 화물상환증의 성질과 효력 그리고 법률관계 등에 관하여는 후에 상술하기로 한다.

우리나라는 현재 운송수단이 고도로 발달되어 있고 국토가 비좁기 때문에 화물의 운송이 매우 신속하게 이루어지고 있으므로, 실무상 국내에서는 화물상환증을 발행하고 이를 양도함으로써 화물을 운송 중에 처분하는 경우는 매우 드물다고 할 것이고 그런 이유로 우리나라의 육상운송에 있어서 화물상환증은 큰 의미를 가지고 있지 않다고 할 것이다.

(나) 운송물 처분의무

송하인 또는 화물상환증 소지인이 운송중의 운송물에 대하여 운송중지 또는 반환 등의 청구를 한 경우에 운송인은 이에 따르도록 상법이 규정하고 있는데(상 139조 1항 1문), 이를 처분권이라고 하고 이에 응하여야 할 운송인의 의무를 처분의무라고 한다.

도급계약에서 도급인은 일의 완성 전에 수급인에게 손해를 배상하고 계약을 해지할 수 있고(민 673조), 운송계약은 도급계약의 성질을 가지므로 송하인은 운송인이 운송을 종료(일의 완성)하기 전에 계약을 해지할 수 있다고 할 것이나, 여기서 더 나아가 상법은 송하인으로 하여금 시장상황에 신속히 대응할 수 있도록 하기 위하여 운송계약을 해지함이 없이 운송인에게 운송 중의 운송물에 대하여 운송중지 또는 운송물의 반환 및 예

32) 운송인의 의무를 논함에 있어서, 물건운송인은 운송계약의 내용에 따라 운송물을 수령하여 보관하고 이를 운송한 뒤 수하인에게 인도할 의무를 부담하게 되고 이 과정에서 운송인은 선량한 관리자의 주의의무를 부담한다고 하면서, 이를 운송인의 일반적 의무 혹은 기본적 의무라는 견해도 있으나 이러한 내용의 의무는 운송계약뿐만 아니라 계약상의 모든 채무자에게 성실한 계약이행을 위하여 요청되는 의무라고 할 것이고, 운송계약에 있어서 운송인에게 특별히 위임계약의 수임인과 같은 선량한 관리자의 주의의무가 부과되는 것은 아니라고 할 것이다.

컨대 운송노선이나 수하인의 변경 등 일정한 사실적 처분을 지시할 수 있는 권리를 인정하는 특별한 규정(상 139조)을 두게 된 것이다. 송하인 또는 화물상환증 소지인이 처분권을 행사하면 운송인은 그 처분에 따를 의무를 부담하지만 그렇다고 계약이 해지되는 것은 아니므로, 송하인 또는 화물상환증 소지인은 계약해지를 원인으로 한 손해배상책임을 부담하는 것은 아니고, 다만 운송인은 이미 운송한 비율에 따른 운임, 비용 등을 청구할 권리를 갖게 될 뿐이다(상 139조 1항 2문).

그러나 운송물이 목적지에 도착하여 수하인이 인도를 청구하면 수하인의 권리가 송하인에 우선하므로(상 140조 2항), 운송인은 송하인의 처분권에 응해서는 아니 될 것이다.

(다) 운송물 인도의무

운송인은 운송을 완료하여 운송물이 목적지에 도착하면 수하인 혹은 화물상환증을 소지한 자에게 운송물을 인도할 의무가 있고 이에 대응하여 수하인 혹은 화물상환증을 소지한 자는 운송물인도청구권이 인정된다.

운송물의 인도는 화물에 대한 사실상의 지배가 운송인으로부터 타인에게 이전하는 것을 의미한다고 할 것이다.[33]

화물상환증이 발행된 경우에 있어서 운송물의 처분과 인도는 화물상환증에 따라 화물상환증과 상환으로 이루어지게 된다(상 129조, 132조). 다만 실무상 운송물이 먼저 도착한 경우에는 화물상환증과 상환하지 않고 운송물을 수하인에게 인도하는 경우도 있는데 이것은 수하인의 편의를 위한 것이고 이로써 운송인의 책임이 면제되는 것은 아니다.

화물상환증이 발행되었음에도 불구하고 화물상환증과 상환하지 않고 운송물을 인도하는 경우에, 운송인이 일정한 담보(거래은행의 보증서)를 요구하는 보증도(保證渡)와 이러한 담보없이 인도하는 가도(假渡)가 있는데 오늘날에는 항공 등 운송수단의 발달로 보증도와 가도의 필요성이 현저히 감소되었다.

대법원 1992.2.25. 선고 91다30026 판결

보증도의 상관습은 운송인 또는 운송취급인의 정당한 선하증권 소지인에 대한 책임을 면제함을 목적으로 하는 것이 아니고 오히려 '보증도'로 인하여 정당한 선하증권 소지인이 손해를 입게 되는 경우 운송인 또는 운송취급인이 그 손해를 배상하는 것을 전

33) 대법원 1996.3.12. 선고 94다55057 판결. 대법원은 이 판결에서, 인도의 의미를 "화물에 대한 사실상의 지배가 운송인으로부터 타인에게 이전하는 것"으로 파악하여, 운송인이 컨테이너 전용장치장에 입고시켰던 운송화물이 화주의 위임을 받은 보세운송업자의 보세장치장에 입고되었다면 화물에 대한 사실상의 지배가 운송인으로부터 보세운송업자에게로 이전하였으므로 인도가 있었다고 판시하고 있다.

제로 하고 있는 것이므로, 운송인 또는 운송취급인이 '보증도'를 한다고 하여 선하증권과 상환함이 없이 운송물을 인도함으로써 선하증권 소지인의 운송물에 대한 권리를 침해하는 행위가 정당한 행위로 된다거나 운송취급인의 주의의무가 경감 또는 면제된다고 할 수 없고, "보증도"로 인하여 선하증권의 정당한 소지인의 운송물에 대한 권리를 침해하였을 때에는 고의 또는 중대한 과실에 의한 불법행위의 책임을 진다.

(같은 취지: 대법원 1991.12.10. 선고 91다14123 판결, 대법원 2001.4.10. 선고 2000다46795 판결)

수하인 등이 보증도, 가도 등으로 운송물을 인도받더라도 화물상환증을 소지하지 않는 한 운송물에 대한 적법한 소유권자가 될 수 없고, 그 운송물을 제3자에게 양도하더라도 적법한 소유권의 이전이 될 수가 없으므로 제3자는 선의취득 요건을 갖추어 그 소유권을 주장하여야 한다.

한편 화물상환증이 교부되지 아니한 경우에는, 운송물이 도착한 때 수하인은 송하인과 동일한 권리를 취득하게 되고(상 140조 1항), 수하인이 인도청구를 한 때에는 수하인의 권리가 송하인에 우선하므로(상 140조 2항), 운송인은 수하인의 청구에 따라 운송물을 인도하여야 한다.

◆ 대법원 2003.10.24. 선고 2001다72296 판결

선하증권이 발행되지 아니한 해상운송에 있어 수하인은 운송물이 목적지에 도착하기 전에는 송하인의 권리가 우선되어 운송물에 대하여 아무런 권리가 없지만, 운송물이 목적지에 도착한 때에는 송하인과 동일한 권리를 보유하고, 운송물이 목적지에 도착한 후 수하인이 그 인도를 청구한 때에는 수하인의 권리가 송하인에 우선하게 되는바, 그와 같이 이미 수하인이 도착한 화물에 대하여 운송인에게 인도 청구를 한 다음에는 비록 그 운송계약에 기한 선하증권이 뒤늦게 발행되었다고 하더라도 그 선하증권의 소지인이 운송인에 대하여 새로이 운송물에 대한 인도청구권 등의 권리를 갖게 된다고 할 수는 없다.

(라) 운송인의 손해배상책임

(A) 손해배상책임의 의의

상법은 운송인이 운송계약상의 채무를 이행하지 않는 경우의 손해배상책임에 관하여 특별한 규정을 두어 운송인으로 하여금 무과실에 대한 증명책임을 부담하도록 하고, 이행보조자의 과실에 대한 책임을 부담하는 것을 명확히 하는(상 135조) 한편 손해배상책임을 경감하는 규정(상 136조, 137조)과 손해배상책임에 대한 특별소멸사유(상 146조) 그리고 단기소멸시효기간(상 147조, 121조)을 정하고 있다.

상법은 운송인이 다량의 운송물을 장거리에 걸쳐 운반하는 등 고도의 위험을 수반하는 영업을 하고 있고 물건 운송에 따른 사고로 인한 손해는 천문학적인 규모에 이르게 되어 운송인이 감당할 수 없을 정도에 이르게 됨에 따라 운송인의 책임을 경감하여 운송업무의 원활을 기하기 위하여 민법상의 채무불이행책임에 대한 특별한 규정을 두고 있다.

상법은 운송인의 채무불이행으로 인한 손해배상책임에 관하여, "운송인은 자기 또는 운송주선인이나 사용인, 그 밖에 운송을 위하여 사용한 자가 운송물의 수령, 인도, 보관 및 운송에 관하여 주의를 게을리 하지 아니하였음을 증명하지 아니하면 운송물의 멸실, 훼손 또는 연착으로 인한 손해를 배상할 책임이 있다"(상 135조)고 규정하고 있다. 이러한 규정의 성질은 채무불이행에 관한 손해배상책임에 대한 예외적 규정이기보다는 민법상의 과실책임 원칙에 입각하여 운송인의 책임의 발생 원인을 명확히 하고 구체화시킨 것이라는 것이 일반적인 견해[34]이고, 운송주선인의 책임(상 115조)과 동일한 구조라고 할 것이다.

운송주선인이나 사용인, 그 밖에 운송을 위하여 사용한 자[35]란 이행보조자를 말하므로 이런 자들의 과실에 대하여도 운송인이 책임을 부담하여야 하고 단순히 이들의 선임과 감독에 관하여 과실이 없더라도 면책되지 않는다.

그러므로 운송인은 자신뿐만 아니라 자신이 선임한 운송주선인, 예컨대 중간운송주선인, 도착지 운송주선인 및 사용인, 기타 운송을 위하여 사용한 자의 행위에 대하여도 책임을 부담하게 될 것이고 또한 운송물의 수령, 인도, 보관 및 운송에 관하여 자신에게 귀책사유가 없다는 것에 대한 주장과 증명책임을 부담하게 될 것이다. 한편 상법 제135조에 손해발생의 원인으로 규정된 운송물의 멸실, 훼손, 연착의 경우도 예시적 규정이라고 해석하는 것이 일반적인 견해이다.

운송주선인에 있어서 다른 운송주선인이나 운송인은 이행보조자가 아니므로 운송주선인에 관한 책임(상법 115조)에서는 이들에 대하여는 그 선택에 과실이 없는 경우에도 책임이 인정되는 점이 운송인에 대한 책임(상법 135조)과 다른 점이라고 할 것이다.

---

34) 손주찬 341면, 이철송 475면, 정동윤 238면, 정찬형 338면, 최준선 348면.

35) 대법원은, "보세창고업자는 운송인과의 임치계약에 따라 운송인 또는 그가 지정하는 자에게 화물을 인도할 의무가 있고, 한편 운송인은 수하인이나 그가 지정하는 자에게 화물을 인도할 의무가 있으므로, 보세창고업자가 화물을 보관하고 이를 인도하는 것은 수하인에 대한 관계에서는 운송인의 이행보조자 또는 피용자의 지위에서 하는 것"이라고 판시하고 있다(대법원 2001.1.16. 선고 99다67192 판결).

◆ 대법원 1999.12.10. 선고 98다9038 판결

해상운송에 있어서 해상강도로 인한 운송물의 멸실이 운송인의 손해배상책임을 면하게 하는 면책사유의 하나로서 인정되는 것과는 달리 육상에서의 강도로 인한 운송물의 멸실은 반드시 그 자체로서 불가항력으로 인한 면책사유가 된다고 할 수 없으므로, 다시 운송인이나 그 피용자에게 아무런 귀책사유도 없었는지 여부를 판단하여야 할 것이고, 그 경우 운송인이나 피용자의 무과실이 경험칙상 추단된다고 할 수도 없다.

(B) 손해배상청구권자

운송인에 대하여 손해배상을 청구할 수 있는 자는 화물상환증이 발행되었다면 화물상환증을 소지한 자가 될 것이고, 화물상환증을 발행하지 않았다면 운송물이 도착하기 전까지는 송하인 혹은 운송주선인이라고 할 것이지만 운송물이 도착한 후에는 수하인도 될 것이다.

(C) 손해배상책임의 범위

민법은 손해배상책임의 범위에 관하여 채무자의 채무불이행과 상당인과관계가 있는 모든 통상의 손해를 배상하고, 채무자가 알거나 알 수 있었던 특별사정에 의한 손해를 배상하도록 규정하고 있으나(민 393조), 상법은 원칙적으로 획일적 기준에 따라 정하여지는 운송물의 가액으로 제한하는 이른바 정액배상주의를 채택하고, 예외적으로 모든 손해를 배상하도록 규정(상 137조)하고 있으며, 특히 운송물이 고가물인 경우에는 운송인을 위하여 특별한 규정(상 136조)을 두고 있다.

(a) 정액배상주의

상법은 운송물의 멸실, 훼손 또는 연착으로 인한 손해의 경우에는 그것이 운송인의 고의 또는 중대한 과실에 의하여 발생한 것이 아닌 한, 획일적 기준에 따라 정하여지는 운송물의 가액으로 제한하는 이른바 정액배상주의를 채택하고 있다.

운송물이 전부 멸실하거나 연착한 경우에는 운송물을 인도할 날[36]의 도착지 가격에 의하고(상 137조 1항), 운송물이 일부 멸실되거나 훼손된 경우에는 인도한 날의 도착지 가격에 의하여 정하도록 하고 있다(상 137조 2항).

운송물의 일부 멸실 또는 훼손의 경우에는 운송물이 일부 멸실 혹은 훼손되었더라도 도착하였을 것이므로 인도한 날의 도착지 가격을 적용하는 것은 타당하다고 할 것이나, 운송물이 연착된 경우에도 운송물의 멸실과 동일하게 취급하여 도착할 날의 도착지 가격에 따라 배상하도록 하는 것은 타당성에 의심이 간다고 할 것이다.

36) 이 부분은 상법 개정 전에는 "인도한 날"로 규정되어 있었기에 입법의 오류로 보아왔으나, 2011년 4월 14일의 상법 개정으로 "인도할 날"로 변경되었다.

한편 상법은 운송물의 멸실, 훼손 또는 연착 이외의 원인으로 인한 손해[37] 혹은 운송인의 고의 또는 중대한 과실로 인하여 운송물의 멸실, 훼손 또는 연착이 발생한 경우에는 모든 손해를 배상하도록 규정(상 137조 3항)하고 있는데, 이는 결국 민법 제393조에 따라 상당인과관계가 있는 모든 통상의 손해 및 운송인이 알거나 알 수 있었던 특별사정에 의한 손해의 배상을 의미한다고 할 것이고, 이때 고의나 중대한 과실에 대한 증명책임은 손해배상청구권자가 부담한다는 것이 일반적 견해이다.

다만 상법은 운송물의 멸실 또는 훼손으로 인하여 송하인이 지급을 면하게 되는 운임 기타 비용은 운송인의 손해배상액에서 공제하도록 규정(상 137조 4항)하고 있는데 이것은 손익공제의 성질을 갖는다고 할 것이다. 그러나 운송물이 연착한 경우에는 통상적으로 운임이나 비용이 지급된다는 점에서 상법은 이를 제외하고 있다.

(b) 고가물에 대한 특칙

상법은 고가물에 대하여는 송하인이 운송을 위탁할 때에 그 종류와 가격을 명시하지 아니한 경우에는 운송인의 손해배상책임을 인정하지 않음으로써 운송인의 손해배상책임을 경감하는 규정을 두고 있다(상 136조).

상법은 고가물로서 화폐, 유가증권을 예시하고 있으나, 고가물이란 용적이나 중량에 비하여 현저하게 고가인 물건으로서 그 물건이 갖는 객관적, 경제적 가치를 거래의 통념에 따라 판단하여야 할 것이다.

송하인이 운송인에게 고가물의 종류와 가격을 명시하여야 하는 시기에 관하여 운송계약을 체결할 때에 하여야 한다는 견해[38]가 있으나, 송하인이 운송인에게 물건을 인도할 때까지 이를 명시하면 운송인으로서는 그에 따른 상당한 주의를 기울일 수도 있고 또 운임의 조정도 가능하며 또한 상법은 규정은 "운송을 위탁할 때"라고 규정하고 있는 점 등에 비추어 볼 때 고가물의 명시는 물건을 인도할 때까지고 보는 것이 타당하리라 생각된다.[39]

만약 송하인이 고가물을 위탁함에 있어서 그 종류와 가격을 명시한 경우에는 그 가격이 손해배상액의 기준이 되지만, 명시한 가격보다 실제가격이 낮다면 운송인은 이를 주장하고 증명하여 실제가격의 범위 내에서 배상할 수 있고, 이와 반대로 실제가격이 높다면 운송인은 명시한 가격의 범위 내에서 책임을 부담하게 된다.

송하인이 고가물을 위탁함에 있어서 그 종류와 가격을 명시하지 않은 경우에 운송인

37) 이철송 479면에서는 이러한 손해의 유형으로는 운송인이 화물상환증의 내용을 오기하거나 발행을 지체하거나 거부한 경우 또는 처분의무에 위반한 경우 등을 들고 있다.
38) 손주찬 341면, 안강현 278면.
39) 정동윤 240면, 최준선 351면.

은 고가물로서의 책임은 말할 것도 없고 보통물로서의 책임도 부담하지 않는다고 하는 것이 일반적 견해이다.[40]

송하인이 고가물임을 명시하지 않은 경우에도 운송인 또는 그 사용인의 고의 또는 과실로 인하여 손해가 발생한 경우에는 계약책임과는 별개로 불법행위책임을 부담하게 되고, 이 경우에 고가물이라는 사실은 특별한 사정이므로 운송인은 고가물이라는 점을 알거나 알 수 있었다면 고가물로서 책임을 지겠지만 그렇지 않다면 보통물로서 책임을 부담하게 될 것이고(민 763조, 393조), 물론 이 경우에 과실상계도 가능할 것이다.

한편 송하인이 고가물을 위탁함에 있어서 그 종류와 가격을 명시하지 않았으나 운송인이 이를 알게 된 경우의 책임에 관하여, ① 운송인이 우연히 알게 된 주관적 사항을 고려 할 수 없다고 하면서 운송인은 면책된다는 견해[41]와 ② 운송인이 이를 알았더라도 명시된 것이 아니고 그에 상당한 운임을 받은 것이 아니므로 보통물로서의 주의를 기울이면 족하고 이를 게을리한 경우에는 고가물로서 책임을 부담한다는 견해,[42] ③ 그리고 고가물이라는 것을 안 이상 고가물로서의 주의의무를 부담하고 이를 게을리 한 경우에는 고가물로서 손해배상책임을 부담한다는 견해[43]가 대립한다. 생각건대 고가물로 명시되지 않았고 고가물에 상당하는 운임도 받은 바 없음에도 운송인이 우연히 알게 되었다고 하여 고가물에 상응하는 주의의무를 요구하는 것은 운송인에게는 너무 무겁고 송하인에는 부당한 이득을 인정하는 결과가 되어 타당하다고 할 수 없으므로, 운송인은 보통물로서의 주의의무를 기울이면 충분하지만 운송인으로서는 적어도 고가물이라는 점을 알았으므로 고가물로서 책임을 부담하도록 하는 것이 타당할 것이다.

또한 송하인이 고가물을 위탁함에 있어서 그 종류와 가격을 명시하지 않았으나, 운송인이 과실로 이를 몰랐던 경우에는 상법 제136조의 규정 취지상 면책된다고 할 것이다.

◆ 대법원 1991.8.23. 선고 91다15409 판결

상법 제136조와 관련되는 고가물불고지로 인한 면책규정은 일반적으로 운송인의 운송계약상의 채무불이행으로 인한 청구에만 적용되고 불법행위로 인한 손해배상청구에는 그 적용이 없으므로 운송인의 운송이행업무를 보조하는 자가 운송과 관련하여 고의

40) 손주찬 343면, 정동윤 241면, 정찬형 342면, 최기원 377면, 최준선 352면.
이에 대하여 고가물임을 명시하지 않은 경우에는 법원에 의하여 과실상계가 될 것이므로 보통물로서 책임을 져야 한다고 주장하는 견해도 있다(이철송 481면).

41) 채이식 299면.

42) 이기수・최병규 421면, 손주찬 344면, 정동윤 241면, 정찬형 343면, 최기원 378면.

43) 강위두/임재호 283면, 이철송 481면.

또는 과실로 송하인에게 손해를 가한 경우 동인은 운송계약의 당사자가 아니어서 운송계약상의 채무불이행으로 인한 책임은 부담하지 아니하나 불법행위로 인한 손해배상책임을 부담하므로 위 면책규정은 적용될 여지가 없다.

한편 송하인이 운송물에 대한 배상을 구하는 경우, 운송인은 운송물이 고가물이라는 점 그리고 송하인이 고가물인 점과 가액을 명시하지 아니하였던 점에 관하여 주장하고 증명하여 그 책임을 벗어날 수 있다고 할 것이다.

(D) 불법행위책임과의 관계

운송인이나 그 사용인의 고의, 과실로 운송물을 멸실하거나 훼손한 경우에 운송인은 운송계약상의 채무불이행이 됨과 동시에 소유권 침해 등으로 인한 불법행위를 구성하게 되어 채무불이행에 따른 손해배상책임과 불법행위에 기한 손해배상책임을 동시에 부담하게 되는데 이 두 가지 책임의 행사와 관련하여, 이른바 법조경합설과 청구권경합설의 두 가지 견해가 대립하고 있고, 청구권경합설이 타당함은 운송주선인의 책임과 관련하여 이미 설명하였다.

(E) 면책약관

실무상 운송계약에는 운송인의 손해배상책임을 면제하거나 경감하는 내용의 특약을 하는 경우가 많은데 이를 면책약관이라고 한다.

이러한 면책약관에는 운송인과 그 사용인의 과실에 대하여 운송인의 책임을 면책하는 과실면책약관, 운송인의 손해배상액을 일정액을 한도로 제한하는 손해배상액제한약관 그리고 운송물의 종류, 품질, 무게 혹은 가격 등을 확인하지 아니하였음을 나타내어 손해배상액을 일정액으로만 제한하기 위한 부지약관[44] 등이 많이 사용된다.

이러한 면책약관은 당사자 사이의 특약으로서 계약자유의 원칙에 따라 유효하다고 할 것이지만, 법률행위는 사회 기본질서에 위반하는 내용이어서는 아니 되므로, 운송인의 고의 또는 중대한 과실에 대해서도 면책하기로 하는 약관은 효력이 없다고 할 것이다.

앞서 본바와 같이 운송계약상의 채무불이행 책임과 불법행위로 인한 손해배상책임이 병존한다고 할 때 운송계약상의 면책약관이 불법행위로 인한 책임에도 적용하기로 하는 명시적 또는 묵시적 합의가 없는 한 당연히 면책약관이 불법행위 책임에는 적용되지 않는다고 할 것이고 대법원도 원칙적으로 같은 취지로 판시하고 있다.[45]

---

44) 대법원 1987.6.23. 선고 85다카2666 판결 참조.

45) 대법원 2004.7.22. 선고 2001다58269 판결, 대법원 1999.7.13. 선고 99다8711 판결.

◆ 대법원 2004.7.22. 선고 2001다58269 판결

운송계약상의 채무불이행책임과 불법행위로 인한 손해배상책임은 병존하고, 운송계약상의 면책특약은 일반적으로 이를 불법행위책임에도 적용하기로 하는 명시적 또는 묵시적 합의가 없는 한 당연히 불법행위책임에 적용되지 않는다.

(같은 취지: 대법원 1999.7.13. 선고 99다8711 판결, 대법원 1977.12.13. 선고 75다107 판결)

다만, 대법원은 해상운송인이 발행한 선하증권에 기재된 면책약관에 관해서는, 운송인측에 고의 또는 중과실이 없는 한 당사자 사이에 그 면책약관을 운송물의 소유권침해로 인한 불법행위책임에도 적용하기로 하는 숨은 합의가 포함되어 있다고 해석하고 있다(대법원 1983.3.22. 선고 82다카1533 전원합의체 판결).[46]

◆ 대법원 1983.3.22. 선고 82다카1533 전원합의체 판결

해상운송인이 운송 도중 운송인이나 그 사용인 등의 고의 또는 과실로 인하여 운송물을 감실 훼손시킨 경우, 선하증권 소지인은 운송인에 대하여 운송계약상의 채무불이행으로 인한 손해배상청구권과 아울러 소유권 침해의 불법행위로 인한 손해배상청구권을 취득하며 그 중 어느 쪽의 손해배상 청구권이라도 선택적으로 행사할 수 있다.

운송계약상의 채무불이행책임에 관하여 법률상 면책의 특칙이 있거나 또는 운송계약에 그와같은 면책특약을 하였다고 하여도 일반적으로 이러한 특칙이나 특약은 이를 불법행위책임에도 적용하기로 하는 명시적 또는 묵시적 합의가 없는 한 당연히는 불법행위책임에 적용되지 않는 것이나, 운송물의 권리를 양수하여 선하증권을 교부받아 그 소지인이 된 자는 운송계약상의 권리를 취득함과 동시에 목적물의 점유를 인도받은 것이 되어 운송물의 소유권을 취득하여 운송인에 대하여 채무불이행책임과 불법행위책임을 아울러 추궁할 수 있게 되는 점에 비추어 볼 때 운송인이 선하증권에 기재한 면책약관은 채무불이행책임만을 대상으로 한 것이고 당사자 사이에 불법행위책임은 감수할 의도였다고 볼 수 없으므로 불법행위책임에 적용키로 하는 별도의 명시적·묵시적 합의가 없더라도 당연히 불법행위책임에도 그 효력이 미친다.

선하증권에 기재된 면책약관이라 할지라도 고의 또는 중대한 과실로 인한 재산권 침해에 대한 불법행위책임에는 적용되지 않을 뿐만 아니라 이 약관의 상법 제787조 내지 제789조의 규정에 저촉되는 경우에는 불법행위책임에도 적용되지 않는다.

(F) 손해배상책임의 소멸

상법은 운송인의 책임을 경감하고 신속히 종결지어 운송인을 보호하고 상거래를 활성화하려는 목적에서 운송인의 손해배상책임에 관한 특별한 소멸사유를 규정하는 한편

46) 대법원의 이 판결은 해상운송인이 발행한 선하증권에 관한 것이지만 육상운송인이 발행한 화물상환증에도 적용될 수 있을 것이다. 다만 이 판결은 소유권침해로 인한 불법행위의 경우에만 적용되므로 그 밖의 불법행위에 이를 그대로 적용하는 것은 무리가 있을 것이다.

단기의 소멸시효기간을 규정하고 있다.

(a) 손해배상책임의 특별소멸사유

상법은 수하인 또는 화물상환증을 소지한 자가 아무런 유보 없이 운송물을 수령하고 운임 등을 지급하거나(상 146조 1항 본문), 또는 운송물에 즉시 발견할 수 없는 훼손 또는 일부 멸실이 있다면 그 운송물을 수령한 날로부터 2주간 내에 그 통지를 발송하지 아니한 경우(상 146조 1항 단서)에 운송인의 책임이 소멸하는 것으로 규정하고 있다. 다만 운송인이나 그 사용인이 악의인 경우에는 운송인의 책임이 소멸하지 않도록 하고 있다(상 146조 2항).

수하인 등이 아무런 이의 없이 운송물을 수령하고 그에 따른 운임 등을 시불하였어야 하므로 운송물이 전부 멸실하거나 연착한 경우에는 적용이 없다고 할 것이다.

운송인이나 그 사용인의 악의의 의미를 고의로 운송물을 일부 멸실시키거나 훼손한 경우로 제한하여 해석하여야 한다는 견해도 있으나, 이 규정은 운송인을 보호하기 위한 규정인데 악의의 의미를 그렇게 좁게 해석한다면 운송물의 멸실이나 훼손을 알면서도 이를 속이고 인도한 운송인까지 보호하는 결과를 낳게 되어 타당하다고 할 수 없으므로 악의란 인도할 때 운송물이 멸실되거나 훼손된 것을 알고 있는 사실을 의미한다고 해석하여야 할 것이다.[47)]

대법원은, 복합운송에서 발생한 운송인의 손해배상책임에 대하여 손해발생구간이 명확히 육상운송구간임이 밝혀지지 않고 어느 구간인지 불분명한 경우에도 상법 제146조 제1항이 적용된다면, 수하인으로서는 운송인에게 귀책이 있는 사유로 하자가 발생한 것을 증명하여 운송물이 멸실 또는 훼손 없이 수하인에게 인도되었다는 추정을 번복할 수 있는 기회를 박탈당하고 운송인의 책임을 추궁할 수 없게 되어 불합리하므로, 손해발생구간이 불분명한 경우에는 상법 제146조 제1항은 적용이 되지 않는 것으로 해석하여야 한다고 판시하고 있다(대법원 2009.8.20. 선고 2007다87016 판결).

(b) 단기소멸시효

상법은 운송주선인의 책임에 대하여 단기소멸시효기간을 인정하는 규정(상 121조)을 운송인의 책임에 대하여도 준용하고 있다(상 147조).

운송인의 책임은 운송인이나 그 사용인이 악의가 아닌 한 수하인이 운송물을 수령한 날로부터, 멸실한 경우에는 운송물을 인도할 날로부터 1년을 경과하면 시효기간 만료로 소멸하게 된다.

---

47) 이철송 483면.

해상운송인과 같이 책임의 경감을 금지하는 규정(상 799조)이 없는 육상운송인의 경우에는 운송인의 책임에 관한 단기소멸시효기간을 당사자가 합의로써 단축하거나 연장하는 등 변경할 수 있다고 할 것이고 대법원도 같은 취지로 판결하고 있다(대법원 2009.8.20. 선고 2008다58978 판결).

운송인이나 사용인의 악의는, 운송인이 고의로 운송물을 멸실, 훼손 또는 연착시키거나 이를 은폐하고 인도한 경우에만 해당한다고 좁게 해석하여야만 상법이 단기소멸시효를 마련한 취지를 살릴 수 있다고 주장하는 견해[48]도 있으나 대법원은 악의의 의미를 운송물이 멸실, 훼손 또는 연착된 사실을 알면서도 이를 수하인 등에게 알리지 않고 인도한 경우까지를 포함하여 넓게 해석하고 있다. 운송인이나 그 사용인에게 이러한 악의가 인정될 경우에는 일반상사시효(상 64조)가 적용되어 운송인의 책임은 5년의 시효기간이 경과함으로써 소멸하게 될 것이다(상 147조, 121조 3항). 또한 이러한 단기소멸시효의 규정은 운송인의 운송계약상의 채무불이행으로 인한 손해배상청구에만 적용되고, 일반불법행위로 인한 손해배상청구에는 적용되지 않는다 함은 당연하다.[49]

◆ 대법원 1987.6.23. 선고 86다카2107 판결

상법 제812조에 의하여 준용되는 같은 법 제121조 제3항에 규정된 운송인이나 그 사용인이 "악의인 경우"라 함은 운송인이나 그 사용인이 운송물에 훼손 또는 일부 멸실이 있다는 것을 알면서 이를 수하인에게 알리지 않고 인도된 경우를 가리킨다.

(3) 물건운송인의 권리

(가) 운송물 인도청구권

운송계약은 낙성계약이므로 운송물의 인도 여부에 관계없이 체결될 수 있으나 운송인으로서는 운송물을 인도받지 못하면 운송행위를 할 수 없고 따라서 그 이행을 할 수 없으므로, 이 경우 운송인은 송하인에 대하여 운송물을 인도해 줄 것을 청구할 수 있고, 만약 송하인이 이에 응하지 아니하면 송하인은 채권자 지체의 책임을 부담할 것이다(민 400조 내지 403조).

(나) 화물명세서 교부 청구권

운송인은 운송에 필요한 준비를 하고, 인도받은 운송물과 계약상의 운송목적물이 일치하는지 여부를 확인하기 위하여 송하인으로 하여금 운송물의 내용 등에 관하여 일정

48) 이철송 483면, 최준선 357면.
49) 대법원 1991.8.27. 선고 91다8012 판결.

한 사항을 기재하도록 하고 있는데 이런 서류를 화물명세서[50]라고 한다.

화물명세서는 운송에서 중요한 역할을 하는 서류이므로, 상법은 운송인의 청구가 있으면 송하인이 이를 작성하여 운송인에게 교부하도록 하고 있다(상 126조 1항). 상법은 화물명세서에 기재할 내용을 예시적으로 규정(상 126조 2항)하고 있는데, 운송인은 이를 이용하여 화물상환증 등을 작성하게 된다.

화물명세서는 실무상 송장(送狀) 혹은 운송장(運送狀)이라고 불리는데 이를 통하여 운송인은 운송물이 무엇인지, 도착지가 어디인지, 운송내용이 무엇인지를 알게 되고, 송하인은 이를 수하인에게 송부하여 수하인으로 하여금 도착한 물건과 대조하여 송하인이 발송한 물건이 제대로 도착했는지 여부를 확인하게 된다. 특히 항공운송의 경우에는 운송기간이 단기이고 통상적으로 화물상환증이 별도로 발행되거나 존재하지 않으므로 항공화물명세서는 항공화물의 수령에 관하여 매우 강력한 증명력을 갖는다.

화물명세서는 운송계약 후 송하인이 작성하므로 계약서가 아니고 또 운송계약상의 권리를 나타내는 것이 아니므로 유가증권이라고 할 수도 없지만, 운송계약이 체결된 사실과 그 내용을 증명하는 힘은 있다고 할 것이므로 증거증권으로서의 효력을 갖는다고 할 것이다.

상법은 송하인이 허위 혹은 부정확한 기재를 한 경우에 운송인이 악의가 아니라면 그로 인하여 운송인이 입은 손해를 배상할 책임을 송하인에게 부담하도록 하고 있다(상 127조).

이러한 송하인의 책임에 관하여 과실책임으로 보는 견해[51]도 있으나 일반적 견해는 상법상의 무과실 책임[52]으로 해석하고 있으므로, 송하인은 과실이 없더라도 부실기재에 대하여 책임을 지게 된다.

(다) 운임 및 비용 등 청구권

운송계약에 있어서 운임 등 기타 비용의 지급은 본질적 내용이므로 운임 기타 비용, 예컨대 통관비, 창고보관료, 보험료 등에 관하여 누가, 언제, 얼마를 지급할 것인지 등이 당연히 운송계약에 포함되겠지만 설령 운임 등에 관한 약정이 없더라도 운송인은 상인이므로 당연히 운임을 청구할 수 있고(상 61조), 또한 운송계약은 도급계약의 성질을 가지므로 특약이 없는 한 운송을 완료한 때 즉 후급(민 665조)이 원칙이라고 할 것이다.

---

50) 2007.8.3. 자 상법의 개정으로 종전의 운송장이 화물명세서로 명칭이 변경되었다.
51) 강위두/임재호 302면, 최준선 259면.
52) 이철송 469면, 정찬형 348면.

◈ 대판 1993.3.12. 선고 92다32906 판결

운임은 특약 또는 관습이 없는 한 상법이 인정하는 예외적인 경우를 제외하고는 운송을 완료함으로써 청구할 수 있는 것이고, 운송의 완료라 함은 운송물을 현실적으로 인도할 필요는 없으나 운송물을 인도할 수 있는 상태를 갖추면 충분하다.

상법은 수하인이 운송물을 수령한 때에는 운송인에 대하여 운임 기타 운송에 관한 비용과 체당금을 지급하도록 규정하고 있다(상 141조). 이처럼 수하인으로 하여금 운송인에게 운임을 지급하도록 한 것은 운송물이 도착지에 도착함으로써 수하인이 송하인과 동일한 지위를 취득(상 140조)하였기 때문이 아니라, 상법이 규정한 특별한 의무라 할 것이므로 상법 제141조에 규정된 "수령한 때"라는 의미는 단순히 수하인이 수령권을 취득하거나 화물상환증을 교부받은 것을 의미하는 것이 아니라 운송물을 현실적으로 수령한 것을 의미한다고 할 것이다. 만약 운송계약에서 송하인이 운임 등을 부담하기로 약정하였다면, 송하인은 운송계약에 따른 운임 등 지급채무를 부담하게 되고, 운송물을 수령한 수하인은 상법 제141조에 의한 운임 등 지급채무를 부담하게 되므로, 결국 송하인과 수하인은 운송인에 대하여 부진정연대책임을 부담한다고 할 것이다.

운송인의 입장에서는 상법 제141조에 근거하여 수하인이나 화물상환증 소지인에 대하여 운임 등의 지급과 운송물의 인도에 관하여 동시이행의 항변을 주장할 수 있고, 운송물에 대하여 유치권을 행사할 수도 있다고 할 것이다.

◈ 대법원 1996.2.9. 선고 94다27144 판결

구 상법(1991. 12. 31. 법률 제4470호로 개정되기 전의 것) 제799조는 "개개의 물건의 운송을 계약의 목적으로 한 때에는 수하인은 선장의 지시에 따라 지체 없이 운송물을 양육하여야 한다."고 규정하고 있으나, 한편 상법 제800조 제1항에는 "수하인은 운송물을 수령하는 때에는 운송계약 또는 선하증권의 취지에 따라 운임, 부수비용, 체당금, 정박료, 운송물의 가액에 따른 공동해손 또는 해난구조로 인한 부담액을 지급하여야 한다."고 규정하고 있으므로, 수하인 또는 선하증권의 소지인은 운송물을 수령하지 않는 한 운임 등을 지급하여야 할 의무가 없다고 보아야 할 것이고, 따라서 수하인이 운송인으로부터 화물의 도착을 통지받고 이를 수령하지 아니한 것만으로 바로 운송물을 수령한 수하인으로 취급할 수는 없으며, 상법 제800조 제1항 소정의 운임 등을 지급할 의무도 없다.

◆ 대법원 2004.1.27. 선고 2000다63639 판결

항공화물의 운송에 있어서 운송인이 공항에 도착한 수입항공화물을 통관을 위하여 보세창고업자에게 인도하는 것만으로 항공화물이 운송인이나 운송주선인의 지배를 떠나 수하인에게 인도된 것으로 볼 수는 없다.

또한 상법은 운송 중에 운송물의 전부 또는 일부가 멸실된 경우에 운임의 지급에 관하여 특별한 규정을 두고 있는데, 운송물이 송하인에게 책임 없는 사유로 멸실되었다면 운송인은 운임을 청구하지 못하고 오히려 이미 지급 받은 운임을 반환하여야 하지만(상 134조 1항), 운송물이 그 성질이나 하자 또는 송하인의 과실로 멸실되었다면 운송인은 운임의 전액을 청구할 수 있다(134조 2항). 한편 운송인의 과실로 운송물이 멸실하였다면 운송인은 송하인에게 손해배상책임을 부담하겠지만 이 경우에도 운임 등은 손해배상액에서 공제하게 된다(상 137조 4항).

도급으로서의 성질을 가진 운송계약에서 운송을 완료하지 못하였다면 일을 완성하지 못한 것이 되고 따라서 운임을 청구할 수 없다고 할 것이므로 상법 제134조 1항의 규정은 당연한 규정이라고 할 것이고, 상법 제134조 2항의 규정은 채권자의 귀책사유로 인한 이행불능시 상대방의 이행청구권을 정한 민법 538조에 대한 주의적 규정이라고 할 것이다. 특히 상법 제134조의 규정은 운송물이 멸실된 경우에만 적용되고 훼손이나 연착의 경우에는 적용되지 않는다고 할 것이다. 한편 도착지의 운송물 가격은 도착지에 이르기까지 지불한 운임과 비용 등을 포함한다고 할 것이므로 운송물이 멸실됨으로써 운임과 비용 등의 지급이 필요없게 되었음에도 불구하고 도착지에서의 가격으로 산정한 가액 전액을 손해배상으로 지급하도록 한다면 송하인이나 수하인으로서는 오히려 그만큼의 이득을 보는 결과가 되기 때문에 상법 제137조 4항은 운임 등을 손해배상액에서 공제하도록 한 것이다.

◆ 대법원 1972.2.22. 선고 71다2500 판결

운송인과 송하인은 운임에 관하여 상법 제134조 제812조의 규정에 불구하고 다른 특약을 할 수 있다.

또한 송하인 등이 운송인에 대하여 처분권을 행사하여 운송이 중단된 경우에도 운송인은 이미 실행된 부분에 대한 운임 등의 비용에 대한 청구가 가능하다(상 139조). 운송인의 운임 기타 비용 등의 청구권에 대한 소멸시효기간은 1년이다(상 147조, 122조).

(라) 유치권

상법은 운송인에게도 운송주선인의 유치권에 관한 규정을 준용하고 있으므로(상 147조, 120조) 운송인은 운임, 송하인에 대한 체당금 및 선대금에 관한 채권만을 피담보채권

으로 하여 유치권을 행사할 수 있다.

특히 유치권의 목적물이 채무자의 소유임을 요하지 않는 점, 피담보채권은 목적물과 한정된 범위 내에서 견련성을 요한다는 점에서 일반상사유치권과 다르고 민사유치권과 유사하다.

◆ 대법원 1993.3.12. 선고 92다32906 판결

가. 상법 제147조, 제120조 소정의 운송인의 유치권에 관한 규정의 취지는, 운송실행에 의하여 생긴 운송인의 채권을 유치권행사를 통해 확보하도록 하는 동시에 송하인과 수하인이 반드시 동일인은 아니므로 수하인이 수령할 운송물과 관계가 없는 운송물에 관하여 생긴 채권 기타 송하인에 대한 그 운송물과는 관계가 없는 채권을 담보하기 위하여 그 운송물이 유치됨으로써 수하인이 뜻밖의 손해를 입지 않도록 하기 위하여 피담보채권의 범위를 제한한 것이다.

나. 동일한 기회에 동일한 수하인에게 운송하여 줄 것을 의뢰받은 운송인이 운송물의 일부를 유치한 경우 운송물 전체에 대한 운임채권은 동일한 법률관계에서 발생한 채권으로서 유치의 목적물과 견련관계를 인정하여 피담보채권의 범위에 속한다고 할 수 있다.

(마) 공탁권

운송인이 운송물을 인도할 자를 찾을 수 없는 경우에는 보관의 부담을 지게 되고 운송을 완료할 수 없게 되어 결국 계약을 이행할 수도 없게 되는데 이러한 운송인의 어려움을 덜어주기 위하여, 상법은 운송물을 긴급하게 처리하여 운송계약상의 의무를 면할 수 있도록 하였다.

상법은 운송인이 수하인을 알 수 없는 경우(상 142조 1항), 수하인이 운송물의 수령을 거부하거나 수령할 수 없는 경우(상 143조 1항, 142조 1항)에 운송물을 공탁할 수 있도록 하면서 공탁한 때에는 지체 없이 송하인에게 그 통지를 발송하도록 하고 있다(상 142조 3항).

상법은 수하인에 관하여만 규정하고 있으나 화물상환증이 발행되었으나 그 소지인을 알 수 없거나 소지인이 운송물의 수령을 거부하거나 수령할 수 없는 경우도 포함한다고 할 것이다.

(바) 경매권

상법은 네 가지 경우로 나누어 각기 일정한 조건하에서 운송인이 운송물을 경매할 수 있는 권리를 인정하고 있다.

우선 수하인을 알 수 없는 경우에, 운송인은 송하인에게 상당한 기간을 정하여 운송물의 처분에 관한 지시를 최고하고 그 기간 내에 송하인이 지시를 하지 아니하는 경우에는 운송물을 경매할 수 있도록 하면서(상 142조 2항), 경매한 때에는 지체 없이 송하인에게 그 통지를 발송하도록 하고 있고(상 142조 3항), 둘째로 수하인이 운송물의 수령을 거부하거나 수령할 수 없는 경우, 운송인은 상당기간을 정하여 수하인에게 수령을 최고하여야 하고(상 143조 2항), 수하인이 이에 응하지 않을 경우에는 다시 송하인에게 운송물의 처분에 대한 지시를 최고하고 그 기간 내에 송하인이 지시를 하지 아니하는 경우에는 운송물을 경매할 수 있도록 하면서(상 143조 1항, 142조 2항), 이때에도 경매한 후 지체 없이 송하인에게 그 통지를 발송하도록 하고 있으며(상 143조 3항), 셋째로 송하인, 수하인, 화물상환증소지인을 모두 알 수 없는 경우, 운송인은 6월 이상의 기간을 정하여 권리자로 하여금 권리주장을 할 것을 공시 최고하고 그 기간이 경과하도록 권리를 주장하는 자가 없는 경우에 경매할 수 있고(상 144조), 넷째로 송하인에게 최고할 수 없거나 운송물이 멸실 또는 훼손될 염려가 있을 경우, 운송인은 송하인에 대한 최고없이 운송물을 경매할 수 있도록 하고 있다(상 145조, 67조 2항).

나아가 상법은 운송인이 운송물을 위와 같은 절차를 밟아 경매한 후에는 그 대금에서 경매비용을 공제한 잔액을 공탁하거나 그 전부 또는 일부를 운임 등 비용 상환에 충당할 수 있도록 하고 있다(상 145조, 67조 3항).

(4) 수하인의 지위

(가) 수하인의 의의

수하인은 도착지에서 운송물을 인도 받을 자를 말하는데, 운송계약의 당사자는 아니지만 수하인의 법률상의 지위는 운송이 실현되는 단계에 따라 점차로 변하게 되어, 운송인에 대하여 운송물의 인도를 청구할 권리를 갖고 있고, 운송물을 수령한 경우에는 운임 기타 비용 등을 지급할 의무를 부담한다. 다만 운송물에 관한 권리를 나타내는 화물상환증이 발행된 경우에는 운송물에 관한 권리는 온전히 화물상환증 소지인이 행사하게 되므로, 수하인은 아무런 권리와 의무를 갖지 못하게 된다.

수하인이 가지는 권리나 의무는 송하인의 그것을 승계한 것이 아니고, 수하인의 권리 행사는 송하인을 위한 것도 아니므로 수하인이 권리를 행사하거나 의무를 부담하는 법률적 근거에 관하여 견해의 대립이 있으나, 법률의 규정에 의하여 수하인의 권리와 의무가 발생한다고 하는 것이 가장 간명하고 타당하다고 할 것이다.[53]

(나) 수하인 지위의 변동

운송물이 도착지에 도착하기 전에는 오로지 송하인이 운송물에 대한 권리를 갖게 되므로, 운송 중에는 송하인이 운송물에 대한 처분권(상 139조)을 갖게 되고 또 운송물이 멸실되더라도 수하인은 이에 대하여 손해배상청구권 등과 같은 권리를 갖지 못하며 아무런 의무도 부담하지 않게 된다. 운송물이 도착지에 도착하게 되면, 수하인은 송하인과 동일한 권리를 취득하게 되어(상 140조 1항) 운송인에게 운송물에 대하여 처분권을 행사하거나 인도청구를 할 수 있고 운송물의 멸실 등에 따른 손해배상청구권이 인정된다.

다만 운송물이 도착지에 도착한 후 수하인이 운송물에 대한 인도청구를 한 경우에 비로소 수하인의 권리가 운송인의 권리에 우선하게 되므로(상 140조 2항), 수하인이 운송물의 인도를 청구하기 전까지는 수하인의 권리와 송하인의 권리는 병존하게 되고, 운송물에 대한 권리는 시간적으로 먼저 행사하는 자가 우선하게 된다. 다만 수하인이 인도청구를 하게 되면, 송하인의 권리가 소멸하는 것이 아니라 수하인의 권리보다 후순위가 될 뿐이므로 운송인은 송하인에 대하여 주장할 수 있는 항변으로 수하인에게 대항할 수 있게 된다.

수하인이 운송물을 수령한 때에는 운송인에 대하여 운임 기타 비용 등을 지급할 의무를 부담하게 되는데(상 141조), 이때에도 송하인이 부담하는 운송계약상의 의무는 소멸하는 것이 아니라 수하인의 의무와 병존하게 되고 결국 송하인과 수하인의 의무는 운송인에 대하여 부진정 연대채무의 관계에 있게 된다.

(5) 화물상환증

(가) 화물상환증의 의의

화물상환증은 운송물에 관한 권리를 표창하는 유가증권으로서, 일단 발행되면 그 소지인이 운송물에 관한 권리를 갖게 되고, 그 증권에 의하여 운송물을 양도하거나, 운송물에 대한 인도청구권을 행사하게 된다.

운송물에 대한 권리를 나타내는 화물상환증을 발행 받아 이를 양도하거나 입질하는 등으로 운송물이 운송중인 상태에서 그 교환가치를 활용할 수 있게 되므로, 화물상환증은 해상운송에서의 선하증권과 동일한 기능과 효력을 갖지만 우리나라에서는 지리적 여건으로 인하여 실무상 활용도는 거의 없다고 해도 지나친 말이 아니다.

53) 강위두/임재호 298면, 손주찬 339면, 이기수·최병규 376면, 정동윤 250면, 정찬형 338면, 최준선 365면.

◆ 대법원 1992.1.21. 선고 91다14994 판결

'보증도' 등으로 운송물이 멸실된 경우에 채무불이행으로 인한 손해배상청구권은 물론이고 불법행위로 인한 손해배상청구권도 선하증권에 화체되어 선하증권이 양도됨에 따라 선하증권의 소지인에게 이전되는 것이므로 운송물이 멸실된 후에 선하증권을 취득(양수)하였다고 하더라도 그 선하증권의 소지인이 손해배상채권을 행사할 수 있고, 별도의 채권양도 통지가 필요치 않다.

상법상 화물상환증은 요인증권(상 128조 1항), 요식증권(상 128조 2항), 상환증권(상 129조), 지시증권(상 130조), 문언증권(상 131조 2항), 처분증권(상 132조) 및 인도증권(상 133조)으로서의 성질을 가지고 있는데 관련된 곳에서 따로 설명하기로 한다.

(나) 화물상환증의 발행과 양도

화물상환증은 송하인의 청구에 의하여 운송인이 상법에 정한 일정한 사항을 기재하여 발행하게 되며(상 128조), 법률상 당연한 지시증권이므로 기명식일 경우에도 배서금지의 문구가 없는 한 배서방식으로 양도가 가능하다(상 130조).

화물상환증 발행청구권은 운송계약에 의하여 발생하므로 운송주선인에 의하여 운송계약이 체결된 때에는 운송주선인이 청구권자가 되고, 따라서 운송주선인이 이를 청구하지 아니하면 설령 송하인이라 할지라도 청구할 수 없다.

화물상환증은 운송계약이 체결되었음과 운송물을 수령하였음을 증명하는 것이므로 (상 131조), 운송인이 운송물을 수령한 후에 발행하게 된다.

운송물을 인도받지도 않은 상태에서 화물상환증 특히 선하증권을 발행하는 이른바 先B/L(Bill of Lading)의 경우에 운송인은 화물상환증의 문언증권성에 따른 이행책임을 부담함은 물론이고 형사상으로도 허위유가증권발행죄의 죄책을 면하지 못할 것이다(대법원 1995.9.29. 선고 95도803 판결).

상법은 유가증권에 관하여 민법의 지시채권에 관한 규정(민 508조 내지 525조)과 어음법의 배서방식에 관한 규정(어 12조 1항, 2항)을 준용(상 65조 1항)하고 있으므로, 화물상환증의 배서는 무조건적이어야 하고(어 12조 1항), 일부배서는 인정되지 않으며(어 12조 2항), 또한 배서에는 권리이전적 효력(민 508조)과 자격수여적 효력(민 513조)이 인정된다.

배서의 담보적 효력은 민법의 지시채권에서는 인정되지 않고 오로지 어음과 수표의 배서에서만 인정되는데(어 15조, 수 18조), 상법은 이를 준용하고 있지 않으므로 화물상환증의 배서에는 담보적 효력이 인정되지 않는다.

◆ 대법원 2001.3.27. 선고 99다17890 판결

선하증권은 기명식으로 발행된 경우에도 법률상 당연한 지시증권으로서 배서에 의하여 이를 양도할 수 있지만, 배서를 금지하는 뜻이 기재된 경우에는 배서에 의해서는 양도할 수 없고, 그러한 경우에는 일반 지명채권양도의 방법에 의하여서만 이를 양도할 수 있다 할 것이다.

(다) 화물상환증의 효력

화물상환증은 운송물의 인도청구권을 나타내는 채권적 효력이 있는가 하면, 화물상환증을 배서하여 양도함으로써 운송물을 양도한 것과 같은 효력이 인정되는 이른바 물권적 효력이 있다.

(A) 화물상환증의 채권적 효력

화물상환증의 채권적 효력은 운송인과 화물상환증소지인 사이의 채권관계를 의미하는 것으로서 화물상환증의 소지인이 운송인에 대하여 그 증권상에 기재된 바에 따라 운송계약상의 채무이행을 청구하고, 불이행의 경우에 그로 인한 손해배상을 청구할 수 있는 효력을 의미한다.

화물상환증은 운송계약이 체결되고 운송인이 운송물을 수령한 것을 원인으로 발행되므로 요인증권이고 또한 화물상환증의 소지인은 운송인에 대하여 화물상환증에 기재된 내용의 권리를 가지고 있다고 할 것이므로 문언증권이라고 할 것이다.

그런데 화물상환증이 운송물의 수령없이 발행된 이른바 공권(空券)의 경우 혹은 증권에 기재된 운송물과 실제로 운송인이 수령한 운송물이 다를 경우에 이를 어떻게 처리할 것인가의 문제는 결국 화물상환증의 요인증권성과 문언증권성을 어떻게 조화롭게 해석할 것인가의 문제로 귀결된다.

상법은 송하인과 운송인 사이에서는 화물상환증의 문언에 따라 운송계약이 체결되고 운송물이 수수된 것으로 추정(상 131조 1항)하여 화물상환증의 문언과 다른 주장을 하는 자에게 그 다른 내용을 주장하고 증명하도록 하고 있고, 화물상환증을 선의로 취득한 소지인과 운송인 사이에는 화물상환증에 적힌 대로 운송물을 수령한 것으로 간주(상 131조 2항)하여 운송인으로 하여금 문언대로 책임을 지도록 하고 있다.

화물상환증의 채권적 효력에 관하여 종래에는 운송계약이 우선하므로 공권은 무효이고 화물상환증의 기재내용이 운송계약과 상이할 경우에는 운송계약에 따라야 하며, 운송계약과 다르게 기재된 화물상환증을 선의로 취득한 자에 대하여는 운송인의 불법행위책임으로 해결하여야 한다는 견해(요인증권성 중시설)와 화물상환증의 유통성을 강조하여 공권이나 기재내용이 상이한 경우에도 운송인은 화물상환증의 기재내용에 따라 채무를 이행하여야 하고 이를 이행하지 못한다면 채무불이행의 책임을 부담하여야 한다는 견해(문언증권성 중시설) 그리고 공권은 무효이지만, 운송인은 화물상환증의 작성자로서 선의의 제3자에 대하여 외관에 따라 증권기재의 내용에 따른 책임을 부담한다는 견해(절충설)의 대립이 있었고, 대법원은 비록 선하증권에 관한 사안이기는 하지만 공권의 경우에는 무효(대법원 2008.2.14. 선고 2006다47585 판결, 대법원 1982.9.14. 선고 80다1325 판결)라고 판시하여 요인증권성 중시설의 입장에 있는 듯 보였으나, 상법은 2007년에는 선하증권(상 854조)에 관하여, 2010년에는 화물상환증(상 131조)에 관하여 입법석으로 문언증권싱에 터잡이 이 문제를 해결하고 있다.

이처럼 화물상환증의 문언증권성이 중시된다고 하더라도 운송인은 화물상환증에 "내용불명" 등의 부지약관을 기재하거나 화물상환증작성에 있어서 사기, 강박 또는 착오 등과 같은 하자 또는 소지인의 악의 등을 이유로 운송계약의 내용에 따른 주장을 할 수가 있고, 뿐만 아니라 불가항력에 의한 운송물의 멸실, 단기소멸시효의 완성 등을 이유로 소지인의 청구에 응하지 않을 수도 있다.

(B) 화물상환증의 물권적 효력

화물상환증의 물권적 효력이란 화물상환증의 교부가 운송물 위의 소유권 기타 권리에 미치는 효력을 말한다.

상법은 "화물상환증에 의하여 운송물을 받을 수 있는 자에게 화물상환증을 교부한 때에는 운송물 위에 행사하는 권리의 취득에 관하여 운송물을 인도한 것과 동일한 효력이 있다"(상 133조)고 규정하고 있는데, 이처럼 화물상환증의 교부만으로 운송물을 인도하는 효과를 얻기 위해서는, 첫째로 운송물이 현실적으로 존재하고 또한 운송인이 이를 점유하고 있을 것이 요구되므로 화물상환증이 공권으로 발행되었거나 운송물이 멸실된 상태에 있어서는 아니 되고, 둘째로 운송물을 받을 정당한 권리가 있는 자에게 화물상환증이 양도될 것 즉 화물상환증이 연속성 있는 배서에 의하여 양도되어야 한다. 다만 배서의 단절이 있더라도 상속이나 합병 등의 경우에는 실질적인 권리관계가 인정되므로 이때에는 그 사유를 증명함으로써 단절된 배서가 이어지게 된다고 할 것이다.

이같이 화물상환증은 물권적 효력을 가지고 있으므로 화물상환증이 발행된 경우에는 운송물의 물권적 처분(상 132조)과 운송인에 대한 처분권의 행사(상 139조)는 화물상환증에 의하여만 할 수 있고, 수하인이라고 하더라도 운송물의 인도를 청구할 때는 화물상환증과 상환하여야 한다(상 129조).

그러나 운송물이 실물로서 제3자에게 이전되어 제3자가 선의취득요건을 구비하게 된다면, 화물상환증의 물권적 효력으로도 운송물을 선의취득한 제3자에게는 대항할 수 없고 고작 운송인에 대하여 손해배상을 청구할 수밖에 없다고 할 것이다.

화물상환증이 발행된 경우에 운송물에 대한 직접점유는 운송인이 가지고, 간접점유는 화물상환증소지인이 가지게 되는데, 상법은 화물상환증을 교부한 때에는 운송물을 인도한 것과 동일한 효력이 있다(상 133조)고 규정하고 있기에 과연 이러한 화물상환증의 단순한 교부로써 운송물에 대한 간접점유의 이전을 인정하려는 것인지, 나아가 이러한 상법의 규정은 민법의 간접점유물의 이전절차에 정한 규정에 대한 특별한 규정인지에 관하여 화물상환증의 물권적 효력의 이론구성의 문제로서 논란이 있어 왔다.

민법에 따르면 간접점유자는 자신이 직접점유자에 대하여 가지는 점유물반환청구권을 양도함으로써 목적물을 양도하게 되고(민 190조), 이 경우의 점유물반환청구권은 채권적 청구권이므로 이를 양도하기 위해서는 양수인에게 채권양도의 의사표시를 하고 채무자에게 채권양도의 통지를 하거나 채권자로부터 승낙을 받는 등의 절차를 취하여야 하는데(민 450조), 상법이 화물상환증의 교부에 의한 운송물의 인도를 인정하는 것은 이러한 민법에 정한 점유물반환청구권의 양도와는 다른 방식에 의한 목적물의 인도방식을 인정하는지가 논란의 핵심이라고 할 것이다.

이에 관하여 상법 제133조는 민법 제190조에 대한 특별규정으로서 상법이 특별히 인정한 간접점유의 인도방식이므로 별도의 양도통지가 필요하지 않다는 견해(절대설)와 상법 제133조는 민법 제190조에 대한 특별규정이 아니고, 민법 제190조에 정한 점유물반환청구권의 양도에 의하여 간접점유를 이전하는 방법을 예시하는 것에 지나지 않으므로 화물상환증의 교부로써 운송물을 인도하기 위해서는 민법 제190조의 인도방법과 함께 민법 제450조의 절차도 필요하다는 견해(엄정상대설), 또한 화물상환증은 송하인이 간접점유하는 운송물을 대표하는 것이므로 화물상환증의 교부는 이러한 간접점유를 이전하는 것이고 따라서 민법 제450조의 절차 없이 화물상환증의 인도로써 운송물의 간접점유가 양도된다는 견해(대표설)가 대립하고 있다. 이른바 엄정상대설의 입장은 화물상환증의 물권적 효력을 부인하는 결과를 가져오게 되고 화물상환증의 유통증권으로서의 취지가 몰각되므로 타당하다고 할 수 없고, 절대설의 입장에 서면 이론적 논거가 간명하고 운송물의 양도를 간편하게 함으로써 화물상환증소지인의 지위가 강화되고 화물상환증의 유통성을 보호할 수 있을 것이지만 자칫 물건의 인도방식에 관한 민법의 절차에 대한 예외를 인정하는 결과를 가져오고 특히 공권이 발행되었거나 운송물을 제3자가 선의취득한 경우에는 물권적 효력이 인정되지 않으므로 운송물의 점유이전이 불가능하게 되어 화물상환증소지인의 이익을 침해할 우려가 있다. 한편 대표설에 의할 때에는 운송인이 운송물을 직접점유하는 것이 필요하므로 운송인이 일시 점유를 상실하고 있을 때 화물상환증이 양도되면 운송물에 대한 점유의 이전이 어려울 수가 있고 또한 운송인이 점유매개의 의사없이 직접점유할 경우에는 증권소지인을 보호할 수 없다는 단점이 있기도 하지만 민법 제450조에 정한 채권양도절차 없이 화물상환증의 교부만으로 운송물에 대한 권리의 이전을 가능하게 할 수 있는 해석으로서 상법 제133조와 부합한다고 할 것이다.[54]

---

54) 손주찬 367면, 임홍근 467면, 정찬형 361면, 최준선 376면.

이러한 논란에 관한 대법원의 태도를 얼핏 엿볼 수 있는 판결(대법원 1983.3.22. 선고 82다카 1533 판결, 대법원 1989.12.22. 선고 88다카8669 판결, 대법원 1984.9.11. 선고 83다카1661 판결)은 있어 왔지만 이에 관한 명확히 입장을 나타내는 판결은 아직 없는데, 이는 이론적 관점에서 중요할지는 몰라도 실무적 관점에서 볼 경우 논의의 실익이 크지 않기 때문인 듯하다.

(6) 순차운송

(가) 순차운송의 의의와 형태

순차운송은 수인의 운송인이 동일한 운송물에 대하여 운송구간을 나누어 순차로 운송행위를 하는 것을 의미하는데 일반적으로 하수운송, 부분운송, 동일운송 및 공동운송의 형태로 나누어 볼 수가 있다.

하수운송이란 제1의 운송인이 운송 전 구간에 걸쳐 운송계약을 체결하고 일부 구간의 운송을 다른 운송인에게 맡기는 형태로서, 일부 구간의 운송을 담당하는 자는 제1의 운송인의 이행보조자에 불과하다고 할 것이므로 송하인과 직접적인 법률관계를 갖지 않는다고 할 것이다.

부분운송이란 운송구간을 나누어 각 구간별로 별도의 운송인이 독립하여 운송을 담당하는 형태로서 이 경우에는 각 구간별로 별도의 운송계약이 존재하고 각 구간별로 송하인과 운송계약을 체결하게 되므로 운송인 상호간에는 아무런 법률관계가 없다고 할 것이다.

공동운송이란 각 구간별로 운송을 담당하는 수인의 운송인이 상호간에 운송상의 연락관계를 가지고 운송물을 인수인계하게 되며, 송하인은 최초의 운송인과 전 구간에 관하여 운송계약을 체결하면 다른 구간의 운송인에 의한 운송도 동시에 이용할 수 있는 형태로서, 운송인 상호간에는 운송물을 순차로 인수인계하기로 사전 합의가 있게 되고, 송하인도 이를 알고 최초의 운송인과 운송계약을 체결하는 것이다. 상법상의 순차운송은 이러한 운송을 의미하며 연대운송 혹은 협의의 순차운송이라고도 한다. 이 경우 운송 전 구간에 관한 1통의 화물명세표(이른바 통운송장)가 작성되게 된다.

동일운송이란 수인의 운송인이 공동으로 전 구간의 운송에 대한 운송계약을 체결하고 운송인 내부적으로 구간을 나누어 운송을 분담하는 형태이고, 이 경우 수인의 운송인은 별도의 특약이 없는 한 송하인에 대하여 전 구간의 운송에 대한 연대책임을 부담하게 된다.

만약 수원의 K전자 주식회사가 목적물을 광주의 M에게 매도한 경우에, A가 1톤 봉고트럭으로 K전자의 공장에서 의왕의 트럭터미널까지 물건을 운송하고 그곳에서 W가 20톤 컨테이너 트럭에 다른 화물과 혼적하여 광주의 M에게 운송하였는데 운송과정에서의 잘못으로 물건이 훼손되었음을 M이 알게 된 경우에 A와 W의 운송계약 불이행에 따른 책임관계는 이러한 순차운송의 형태에 따라 달라질 것이다.

상법은 순차운송인의 연대책임과 구상권의 행사에 있어서 분담부분에 관한 규정(상 138조)을 두고 있는데, 하수운송과 부분운송에는 그 적용이 없음이 명백하고 동일운송의 경우에는 상법 제57조 제1항에 의하여 연대책임을 부담하게 되므로 결국 상법 제138조는 공동운송을 그 적용대상으로 한다고 할 것이다.

(나) 순차운송인의 책임

수인이 순차로 운송할 경우에 운송물의 멸실 등에 관하여 책임의 소재를 명확히 하기 힘들고 설령 확인이 가능하더라도 자력이 열등한 운송인으로부터는 만족스런 손해배상을 받는 것이 어렵기 때문에, 상법은 순차운송인들로 하여금 손해에 대하여 연대하여 배상책임을 부담하도록 정하고 있다(상 138조 1항). 이때 손해를 배상한 운송인은 손해의 원인된 행위를 한 운송인에게 구상권을 행사할 수 있도록 하고 있으나(상 138조 2항), 손해의 원인이 된 행위를 한 운송인을 알 수 없는 경우에는 각 운송인이 운임액의 비율에 따라 손해를 분담하도록 하고 있다(상 138조 3항 본문). 그러나 각 운송인은 그 손해가 자기의 운송구간에서 발생하지 않았음을 증명함으로써 손해분담의 책임을 면할 수 있다(상 138조 3항 단서).

상법 제138조는 임의규정으로 해석되므로 송하인과 운송인 간의 특약으로 분할책임을 부담하도록 정할 수 있고, 또한 운송인간의 특약으로 손해분담비율을 달리 정할 수 있을 것이다. 특히 실무에서 운송인은 자신의 책임구간에 한정하여 책임을 부담한다는 책임한정약관을 부가하게 되므로 실제적으로 이러한 운송인간의 연대책임과 구상권을 행사하는 경우는 그렇게 많지 않다고 할 것이다.

(다) 순차운송인의 대위

(A) 대위할 의무

상법은 순차운송주선에 있어서 후자로 하여금 전자에 갈음하여, 전자가 위탁자에 대하여 가지는 보수청구권, 비용상환청구권, 질권, 유치권 등의 권리를 행사할 의무를 부담하도록 하는 규정(상 117조 1항)을 운송인에도 준용하고 있으므로(상 147조) 순차운송에 있어서도 후자 운송인이 전자 운송인을 위하여 전자 운송인이 가지는 권리를 대위행사할 의무를 부담하게 된다. 여기서 전자라 함은 직접적인 전자뿐만 아니라 모든 전자를 의미한다고 해석하여야 함은 순차운송주선인의 부분에서 이미 설명하였다.

(B) 대위할 권리

상법은 중간운송주선에 있어서 후자가 전자에게 변제한 때에는 전자의 권리를 취득한다는 규정(상 117조 2항)을 운송인에도 준용(상 147조)하고 있는데, 이것이 민법의 대위변제(민 480조, 481조)에 대한 특별규정이라고 함은 순차운송주선인의 부분에서 이미 설명하였다.

다. 여객운송

(1) 여객운송의 의의

여객운송은 자연인을 장소적으로 이동시키는 운송행위를 의미하지만, 상법 제148조 내지 150조에서 말하는 여객운송은 자연인을 육상, 호천 혹은 항만에서 장소적으로 이동시키는 운송을 의미한다.

여객운송계약도 여객의 장소적 이동의 완료를 목적으로 하므로 도급계약으로서의 성질을 가지고 있는데, 특히 여객운송에 있어서 운송인의 채무불이행으로 인한 손해는 화물운송과 달리 자연인의 신체와 생명에 대한 침해를 초래하게 된다.

여객운송계약도 낙성 불요식 계약이지만, 승차권 발매의 형식으로 이루어지는 경우가 많다. 승차권 발매방식으로 여객운송계약을 맺는 경우에는 승차권을 발매한 때에 계약이 성립되었다고 하겠지만, 승차 후에 승차권을 구입하는 때에는 승차할 때에 의사의 합치가 있었다고 보아 승차할 때에 계약이 성립되었다고 할 것이다.

통상적으로 승차권은 무기명식으로 발행되는데, 이러한 무기명승차권은 여객운송계약상의 권리를 나타내는 유가증권으로서 양도가 가능하지만 일단 승차를 하면 양도성이 사라지고 특정인에 대한 운송계약의 성립과 운임의 지급을 증명하는 증거증권이라고 할 것이다.[55] 그러나 기명식으로 발행된 승차권은 양도성이 없으므로 기명된 특정인이 가지는 운송권을 증명하는 증거증권에 불과하다고 할 것이다.

기명식 정기권, 무기명식 정기권, 회수승차권의 법률적 성질이 논하여지고 견해의 대립도 있지만 다툴 실익은 별로 크지 않다고 할 것이다.

---

55) 손주찬 368면. 이에 대하여 정동윤 260면, 정찬형 368면, 최준선 378면은 여전히 유가증권으로 보아야 한다고 주장한다.

(2) 여객운송인의 의무와 책임

여객운송인은 운송계약에 따라 여객을 안전하게 목적지까지 운송할 선량한 관리자로서의 주의의무가 있다고 할 것이고, 이를 게을리 한 경우에는 손해배상책임을 부담하게 된다.

여객운송계약에 있어서 운송인의 채무불이행으로 인한 손해는 여객의 생명과 신체에 대하여 발생하거나 여객이 휴대한 수하물에 대하여 발생하게 되므로 상법은 이를 나누어 별도로 운송인의 책임에 관하여 규정하고 있다.

(가) 여객의 손해에 대한 책임

상법은 "여객운송인은 자기 또는 사용인이 운송에 관한 주의를 해태하지 아니하였음을 증명하지 아니하면 여객이 운송으로 인하여 받은 손해를 배상할 책임을 면하지 못한다"(상 148조 1항)고 규정하여 운송주선인의 책임(상 115조)이나 물건운송인의 책임(상 135조)과 동일하게 채무불이행으로 인한 손해배상책임을 인정하고, 여객운송인에게 무과실의 증명책임을 부담시키고 있다. 여객운송인이 부담하는 운송에 관한 주의는 운송시설, 운송방법 등을 포함한 운송의 전 과정에 걸쳐서 여객의 안전을 도모할 광범위한 주의를 의미한다고 할 것이다.

여객운송인이 부담하는 책임의 범위는 여객운송인의 운송에 관한 주의의무위반으로 인하여 여객이 받은 손해이므로, 여객의 신체나 생명의 침해로 인한 손해뿐만 아니라 연발이나 연착으로 인한 손해까지도 포함한다고 할 것이지만 여객이 아닌 출영객 등에 입힌 손해는 포함되지 않는다고 할 것이다.[56)]

상법은 손해배상의 액을 정할 때 법원으로 하여금 피해자와 그 가족의 정상을 참작하도록 정하고 있다(상 148조 2항). 이러한 규정은 성질상 여객의 생명과 신체의 침해로 인한 손해에만 해당하고, 연발이나 연착 등으로 인한 손해에는 적용되지 않는다 할 것이다.[57)] 또한 재산적 손해뿐만 아니라 정신적 손해 즉 위자료까지도 포함한다고 할 것이고, 재산적 손해의 경우에도 치료비, 장례비와 같은 적극적 손해는 물론이고 향후 소득의 감소와 같은 소극적 손해까지도 그 범위에 포함된다고 할 것이다.

상법이 이처럼 여객의 생명 신체의 침해로 인한 손해배상의 액을 정함에 있어서 피해자 등의 정상을 참작하도록 한 것은 첫째로 통상의 손해에 있어서 피해자의 개별적 사정을 고려하여야 한다는 것으로서 물건운송에 따른 손해배상의 기준인 정액배상의 원

---

56) 대법원 1991.11.8. 선고 90다20623 판결.

57) 이철송 509면, 정찬형 368면, 최준선 381면.

칙(상 137조)과 달리 개별배상의 원칙을 밝힌 것이고, 둘째로 특별손해에 있어서 여객운송인의 예견가능성 여부에 관계없이 법원이 재량권을 행사할 수 있도록 하는 점에서 민법 제393조에 대한 예외적 규정이라고 할 것이다.

상법 제148조에서 인정하는 손해배상은 계약상의 채무불이행에 대한 책임이므로 설령 피해자인 여객에게 정신적 손해에 대한 배상책임 즉 위자료의 지급책임을 인정하였다고 하더라도 여객의 가족은 계약당사자가 아니므로 피해자의 가족은 운송인에게 정신적 손해에 대한 책임을 추궁할 수 없다.

◈ 대법원 1982.7.13. 선고 82다카278 판결

승객이 객차의 승강구에서 추락, 사망한 경우 승객아닌 그 망인의 처, 자녀들은 그로 인하여 정신적 고통을 받았다 하더라도 상법 제148조 제1항에 의하여 여객 운송자에게 손해배상책임이 있음을 이유로 하여 그들의 위자료를 청구할 수는 없다.

(나) 수하물에 대한 책임

상법은 휴대한 물건에 대한 손해배상책임을 정함에 있어서 운송인이 물건을 인도받았는지 여부에 따라 달리 규정하고 있고, 운임을 받았는지 여부는 불문한다.

상법은 운송인이 여객으로부터 인도받은 물건, 이른바 탁송수하물에 대하여는 운임을 받지 아니한 경우에도 물건운송인과 동일한 책임을 부담하도록 규정하여(상 149조 1항), 운송인으로 하여금 무과실에 대한 증명책임을 부담하도록 하며(상 135조), 그 손해배상액의 범위를 정함에 있어서 정액배상의 원칙이 적용되도록 하고(상 137조), 나아가 고가물에 대한 특별규정을 적용하고 있다(상 136조). 또한 수하물이 도착지에 도착한 날로부터 10일 지나도록 여객이 수하물을 수령을 하지 않는 경우에 운송인은 수하물을 공탁하거나 경매할 수 있고, 이때 운송인은 여객에 대하여 최고 및 통지를 하여야 하지만(상 149조 2항 본문, 67조 1항), 여객의 주소나 거소를 모를 때에는 이를 할 필요가 없다(상 149조 2항 단서).

한편 운송인이 여객으로부터 인도 받지 아니한 물건, 이른바 휴대수하물에 대하여는 운송인 또는 사용인의 과실이 없으면 배상책임을 부담하지 않도록 하고 있다(상 150조). 여객이 물건을 점유하고 있는 점을 고려하여 여객으로 하여금 운송인의 과실을 주장하고 증명하도록 함으로써 증명책임을 여객에게 전환하고 있다. 만약 운송인의 과실이 증명된 경우라면 그 손해배상액의 범위는 물건운송인과 동일한 책임 즉 정액배상의 원칙(상 137조)에 따른다고 해석하는 것이 탁송수하물에 관한 책임과 비교하여 볼 때 타당할 것이다.

운송인의 휴대수하물에 대한 책임(상 150조)은 공중접객업자가 객의 휴대물건에 대한 책임(상 152조 2항)과 동일한 성질의 책임으로서 운송계약에 따른 책임이 아니라 상법이 인정한 특별한 책임이라고 해석하여야 할 것이므로, 운송인 또는 그 사용인의 고의와 과실이 있을 시에는 별도로 불법행위책임을 부담하게 될 것이다.

(다) 책임의 소멸

상법은 여객운송인의 손해배상책임의 소멸에 관한 특별한 규정을 두고 있지 않다. 여객의 생명·신체적 손해에 대한 여객운송인의 책임에 대해서는 물건운송인의 경우와 같은 단기소멸시효에 관한 규정이 없으므로 상사시효(상 64조)가 적용되어 5년의 소멸시효기간이 적용되지만 인도받은 수하물에 관하여는 물건운송인과 동일한 책임을 부담하게 되므로(상 149조 1항) 이 경우에는 물건운송인의 책임의 소멸에 관한 규정(상 146조 1항, 147조, 121조)이 적용될 것이다.

(3) 여객운송인의 권리

여객운송계약에 따라 보수에 관하여 그 지급 금액, 방법 및 시기 등의 약정이 있을 것이다. 설령 이러한 약정이 없더라도 여객운송인은 상인으로서 보수청구권을 갖는 것은 당연하고(상 61조), 여객운송계약은 도급의 성질을 가지고 있으므로 운송을 완료한 후에 지급을 청구할 수 있을 것이다(민 665조).

한편 상법은 여객운송의 경우에는 유치권에 관하여 아무런 규정을 두고 있지 않다. 이에 대하여 여객운송인의 운임채권을 확보하기 위하여 물건운송인의 유치권에 관한 규정(상 147조, 120조)을 유추 적용하여야 한다는 견해[58]도 있으나, 여객운송계약은 운송대상이 여객이므로 성질상 유치권을 행사한다고 하더라도 여객의 탁송수하물을 목적물로 할 수밖에 없으나, 탁송수하물에 대해서는 통상적으로 운임을 받지 않으므로 물건운송인의 유치권의 행사요건인 견련성을 확보하는 것이 어려울 수 있고, 특히 법률의 규정이 없음에도 불구하고 담보물권인 유치권을 인정하는 것은 이른바 물권법정주의에 입각해 볼 때 타당하다고 할 수 없을 것이다.[59]

---

58) 이기수·최병규 514면, 손주찬 373면, 정동윤 263면, 정찬형 373면, 최기원 415면, 최준선 382면.
59) 이철송 511면.

6. 공중접객업

가. 총 설

극장, 여관, 음식점 그 밖의 공중이 이용하는 시설에 의한 거래를 공중접객행위라고 하는데 이러한 행위를 영업[60]으로 하는 자를 공중접객업자라고 한다(상 151조). 이러한 공중이 이용하는 시설에 의한 거래는 시설의 소유여부와 관계없이 단순히 시설을 제공하고 이용시키는 등 시설이용객의 수요에 응하는 행위로서 상법이 정한 기본적 상행위(상 46조 9호)이므로 공중접객업자는 당연상인이 된다(상 4조).

공중접객업은 불특정 다수의 일반공중을 상대로 영업을 하게 되므로, 국가는 공연법, 공중위생법, 식품위생법, 이용사및미용사법, 공중목욕탕법, 숙박업법, 유기장업법 등 많은 특별법을 통하여 감독하고 있으나 이들 특별법은 거의 대부분이 행정상의 감독을 위한 것으로서 이른바 단속법규에 해당하므로 이들 공중접객행위의 거래행위에 따른 권리와 의무관계는 민법 등 사법적 법률관계에 의하여 규율된다.

공중접객업자와 시설이용객 사이의 거래행위에 따른 법률관계를 직접 규율하는 상법의 규정은 없으므로 이들 사이의 법률관계는 영업의 종류에 따라, 예컨대 숙박업의 경우는 일시사용을 위한 임대차계약, 음식업은 음식물의 매매계약, 미용업은 도급계약 등과 같이, 각기 다르게 나타나게 되어 이에 대해서는 각기 관련된 민법의 규정이 적용되고, 상법은 이들 공중접객업의 공통적인 부분인 시설이용객의 물건에 대한 공중접객업자의 책임에 대하여만 규정하고 있다. 상법은 이러한 공중접객업자의 책임의 발생에 있어서도 시설이용객으로부터 그 물건의 임치를 받았는지 여부에 따라 다르게 취급하고(상 152조) 고가물에 관한 특별한 규정(상 153조)을 두는 한편 이러한 공중접객업자의 손해배상책임에 대하여 단기의 소멸시효기간을 두고 있다(상 154조).

상법은 공중접객시설을 이용하는 과정에서 시설이용객의 생명이나 신체에 손해가 발생한 경우의 책임에 관하여는 아무런 규정을 두고 있지 않으므로, 이러한 경우는 민법에 따라 불법행위로 인한 손해배상책임 혹은 불완전이행의 계약불이행으로 인한 손해배상책임을 구할 수 있으나 이 두 가지 책임은 증명책임의 귀속과 손해배상청구권자 그리고 가족 등에 대한 위자료 인정여부 등과 같이 그 적용요건이나 효과가 상이하므로 서로 병존하게 되고 이 두 가지 책임은 청구권 경합관계에 있다고 볼 것이다.

---

60) 개정전의 상법에는 "객(客)의 집래(集來)를 위한 시설에 의한 거래를 영업"이라는 다소 생경한 문구를 사용하였으나, 2010년의 상법개정으로 이와 같이 바뀌게 되었다.

◆ 대법원 2000.11.24. 선고 2000다38718, 38725 판결

공중접객업인 숙박업을 경영하는 자가 투숙객과 체결하는 숙박계약은 숙박업자가 고객에게 숙박을 할 수 있는 객실을 제공하여 고객으로 하여금 이를 사용할 수 있도록 하고 고객으로부터 그 대가를 받는 일종의 일시 사용을 위한 임대차계약으로서 객실 및 관련 시설은 오로지 숙박업자의 지배 아래 놓여 있는 것이므로 숙박업자는 통상의 임대차와 같이 단순히 여관 등의 객실 및 관련 시설을 제공하여 고객으로 하여금 이를 사용·수익하게 할 의무를 부담하는 것에서 한 걸음 더 나아가 고객에게 위험이 없는 안전하고 편안한 객실 및 관련 시설을 제공함으로써 고객의 안전을 배려하여야 할 보호의무를 부담하며 이러한 의무는 숙박계약의 특수성을 고려하여 신의칙상 인정되는 부수적인 의무로서 숙박업자가 이를 위반하여 고객의 생명·신체를 침해하여 투숙객에게 손해를 입힌 경우 불완전이행으로 인한 채무불이행책임을 부담하고, 이 경우 피해자로서는 구체적 보호의무의 존재와 그 위반 사실을 주장·입증하여야 하며 숙박업자로서는 통상의 채무불이행에 있어서와 마찬가지로 그 채무불이행에 관하여 자기에게 과실이 없음을 주장·입증하지 못하는 한 그 책임을 면할 수는 없다.

숙박업자가 숙박계약상의 고객 보호의무를 다하지 못하여 투숙객이 사망한 경우, 숙박계약의 당사자가 아닌 그 투숙객의 근친자가 그 사고로 인하여 정신적 고통을 받았다 하더라도 숙박업자의 그 망인에 대한 숙박계약상의 채무불이행을 이유로 위자료를 청구할 수는 없다.

(같은 취지: 대법원 1994.1.28. 선고 93다43590 판결, 대법원 1997.10.10. 선고 96다47302 판결)

나. 공중접객업자의 책임

(1) 임치 받은 물건에 대한 책임

상법은, "공중접객업자는 자기 또는 그 사용인이 고객으로부터 임치 받은 물건의 보관에 관하여 주의를 게을리 하지 아니하였음을 증명하지 아니하면 그 물건의 멸실 또는 훼손으로 인한 손해를 배상할 책임이 있다"(상 152조 1항)[61]라고 규정하여 공중접객업자에게 고객의 물건을 보호하기 위한 특별한 책임을 인정하고 있다.

상법은 상인이 영업범위 내에서 타인의 물건을 임치 받은 경우에 부담하는 일반적 책임에 관한 규정(상 62조)을 두어 민법과 달리 무상임치의 경우에도 선량한 관리자의 주의의무를 부담시키고 있고, 이와는 별도로

61) 2010년 개정되기 전의 상법은 "공중접객업자는 객으로부터 임치를 받은 물건의 멸실 또는 훼손에 대하여 그것이 불가항력으로 인하여 발생하였음을 증명하지 못하면 그 손해에 대한 배상책임을 져야 한다(상 152조 1항)"라고 규정하고 있었기에 그 책임의 법적 성질과 불가항력의 의미에 관하여 견해의 대립이 있었으나 개정된 규정은 과실책임을 추궁하는 취지로 해석된다.

운송주선인(상 115조), 운송인(상 135조), 공중접객업자(상 152조 1항) 및 창고업자(상 160조)의 경우와 같이 임치행위가 거래의 중요한 부분을 차지하고 빈번히 발생하는 거래에 있어서 고객을 보호하고 상인의 책임을 명확히 하기 위하여 각각 별도로 임치물의 보관에 관한 책임을 특별히 규정하고 있다.

공중접객업자의 이러한 책임은 고객으로부터 임치 받은 물건의 부주의한 관리로 인한 과실책임으로서, 시설이용객이 공중접객업자에게 임치한 물건이 멸실되거나 훼손된 경우에는 공중접객업자에게 과실이 있음이 추정되므로, 공중접객업자는 자기 또는 사용인에게 과실이 없음을 주장하고 이를 증명하여 그 책임을 면할 수 있고, 또한 이러한 공중접객업자의 책임은 계약상의 책임이므로 불법행위책임과는 별도로 존재한다고 할 것이다.

또한 공중접객업자에게 이러한 책임을 부담시키기 위하여는 공중접객업자와 시설이용객 사이에 물건의 보관에 관한 약정이 있어야 할 것이다. 그러나 구체적인 경우에 이들 사이에 임치계약의 존부를 밝히는 것은 쉽지 않고 다툼이 있는 경우가 적지 않다. 시설이용객의 범위에는 반드시 해당하는 공중시설을 이용한 자에 국한되는 것이 아니라 적어도 객관적인 시설이용의사를 가지고 공중시설에 출입한 자까지도 포함하여야 할 것이고, 명시적이든 묵시적이든 공중접객업자의 지배영역 내에서 임치물을 보관하기로 하는 의사의 합치가 있으면 임치계약은 성립되었다고 할 것이다.

◆ 대법원 1992.2.11. 선고 91다21800 판결[62]

상법 제152조 제1항의 규정에 의한 임치가 성립하려면 우선 공중접객업자와 객 사이에 공중접객업자가 자기의 지배영역 내에서 목적물 보관의 채무를 부담하기로 하는 명시적 또는 묵시적 합의가 있음을 필요로 한다.

여관 부설주차장에 시정장치가 된 출입문이 설치되어 있거나 출입을 통제하는 관리인이 배치되어 있거나 기타 여관측에서 그 주차장에의 출입과 주차사실을 통제하거나 확인할 수 있는 조치가 되어 있다면, 그러한 주차장에 여관 투숙객이 주차한 차량에 관하여는 명시적인 위탁의 의사표시가 없어도 여관업자와 투숙객 사이에 임치의 합의가 있은 것으로 볼 수 있으나, 위와 같은 주차장 출입과 주차사실을 통제하거나 확인하는 시설이나 조치가 되어 있지 않은 채 단지 주차의 장소만을 제공하는 데에 불과하여 그 주차장 출입과 주차사실을 여관측에서 통제하거나 확인하지 않고 있는 상황이라면, 부설주차장 관리자로서의 주의의무 위배 여부는 별론으로 하고 그러한 주차장에 주차한 것만으로 여관업자와 투숙객 사이에 임치의 합의가 있은 것으로 볼 수 없고, 투숙객이 여관측에 주차사실을 고지하거나 차량열쇠를 맡겨 차량의 보관을 위탁한 경우에만 임

62) 이 판결에 대하여 찬성하는 취지의 평석은 정찬형, "공중접객업자의 책임" 법률신문 제2123호(법률신문사 1992년 5월)이 있고, 이에 반대하는 취지의 평석은 김성태, "주차장에서의 차량도난에 대한 숙박업자의 책임", 법률신문 제2179호(법률신문사 1992년 12월) 14면이 있다.

치의 성립을 인정할 수 있다.

◆ 대법원 1998.12.8. 선고 98다37507 판결

[1] 공중접객업자와 객 사이에 임치관계가 성립하려면 그들 사이에 공중접객업자가 자기의 지배영역 내에 목적물 보관의 채무를 부담하기로 하는 명시적 또는 묵시적 합의가 있음을 필요로 한다고 할 것이고, 여관 부설주차장에 시정장치가 된 출입문이 설치되어 있거나 출입을 통제하는 관리인이 배치되어 있는 등 여관 측에서 그 주차장에의 출입과 주차시설을 통제하거나 확인할 수 있는 조치가 되어 있다면, 그러한 주차장에 여관투숙객이 주차한 차량에 관하여는 명시적인 위탁의 의사표시가 없어도 여관업자와 투숙객 사이에 임치의 합의가 있는 것으로 볼 수 있다.

[2] 공중접객업자가 이용객들의 차량을 주차할 수 있는 주차장을 설치하면서 그 주차장에 차량출입을 통제할 시설이나 인원을 따로 두지 않았다면, 그 주차장은 단지 이용객의 편의를 위한 주차장소로 제공된 것에 불과하고, 공중접객업자와 이용객 사이에 통상 그 주차차량에 대한 관리를 공중접객업자에게 맡긴다는 의사까지는 없다고 봄이 상당하므로, 공중접객업자에게 차량시동열쇠를 보관시키는 등의 명시적이거나 묵시적인 방법으로 주차차량의 관리를 맡겼다는 등의 특수한 사정이 없는 한, 공중접객업자에게 선량한 관리자의 주의로써 주차차량을 관리할 책임이 있다고 할 수 없다.

(2) 임치 받지 아니한 물건에 대한 책임

상법은 공중접객업자가 임치를 받지 않은 시설이용객이 휴대한 물건이라도 공중접객업자 또는 그 사용인의 과실에 의하여 멸실 또는 훼손된 경우에는 공중접객업자가 그 손해를 배상하도록 하고 있다(상 152조 2항).[63]

시설이용객이 임치하지 않고 휴대한 물건이 멸실되거나 훼손된 경우에, 공중접객업자가 이로 인한 손해를 배상할 계약상의 책임이 있다고 할 수는 없으나 상법은 공중접객업의 이용관계를 고려하고 시설이용고객을 보호하기 위하여 특별한 책임을 인정하게 된 것으로서 이러한 책임은 상법상의 법정책임이라고 할 것이다.

여기서 과실의 의미는 선량한 관리자의 주의의무로 해석하여야 할 것이고, 시설이용객이 공중접객업자에게 이러한 책임을 추궁하기 위해서는 공중접객업자 또는 그 사용인의 과실을 주장하고 증명하여야 할 것이다.

비록 하급심판결이지만, 광주고법 1989.2.15. 선고 88나3986 판결은, 상법 제152조 제2항 소정의 객이 공중접객업자의 시설 내에 휴대한 물건이라 함은 객이 공중접객업자에게 보관하지 아니하고 그 시설 내에서 직접

63) 이 규정도 2010년 개정되었으나 그 내용은 동일하고 단지 한자가 한글로 바뀌었을 뿐이다.

점유하는 물건을 의미하는 것으로 반드시 객이 물건을 직접 소지함을 요하는 것은 아니므로, 객이 여관에 투숙하면서 그의 승용차를 그 전용주차장에 주차하였다면 이는 공중접객업자의 시설 내에 이를 휴대한 것으로 볼 수 있고 또한 승용차는 고가물이 아니라고 하면서 객이 그 종류와 수량을 명시하여 임치한 바 없더라도 그의 승용차를 도난당한 경우에는 공중접객업자는 상법 제152조 제2항에 따른 책임을 부담한다고 판결하고 있다. 또한 대구고법 1977.4.22. 선고 76나665 판결에서는, 옷장의 완벽한 시정장치를 갖추지 못한 시설의 대중목욕탕에서 옷장 감시 업무를 담당하는 대중목욕탕의 피용자인 종업원들은 목욕객들의 소지품 분실방지를 위하여 특히 잘 보이지 않는 구석진 곳에 위치한 옷장까지도 그 감시를 철저히 하여야 할 주의의무가 있다고 하면서 이를 게을리 한 과실로 목욕객의 소지품 분실사고가 발생하였으면 대중목욕탕은 사용자로서 종업원의 과실로 인하여 목욕객이 입은 제반손해를 배상할 책임이 있다고 판결하고 있다.

(3) 면책특약

시설이용객의 물건에 관한 공중접객업자의 책임을 규정한 상법 제152조의 규정은 강행규정이 아니므로 당사자간의 특약에 의하여 감경하거나 면제하는 것도 가능하다. 다만, 상법은 공중접객업자가 시설이용객의 물건에 대하여 책임이 없음을 일방적으로 고지한 경우에는 그 책임을 면하지 못하도록 규정하여(상 152조 3항), 단순한 주의문구의 게시만으로는 공중접객업자가 면책이 되지 않음을 명시하고 있다.[64]

면책의 특약은 당사자 사이에 의사의 합치를 전제로 하는데 일방적인 면책의 고시만으로 면책특약이 성립하였다고 볼 수 없기 때문이고, 다만 이러한 면책의 고시는 손해배상액을 산정함에 있어서 과실상계의 근거가 될 수는 있다고 할 것이다.[65]

다. 고가물에 대한 특별규정

상법은 공중접객업자의 경우에도 운송주선인(상 124조, 136조)이나 운송인(상 136조)의 경우와 같이 시설이용객이 화폐, 유가증권, 그 밖의 고가물[66]에 대하여 그 종류와 가액을 명시하여 임치하지 아니하면 그 물건의 멸실이나 훼손에 대한 책임을 부담시킬 수

64) 대법원 2003.4.11. 선고 2002다63275 판결.
공중접객업자에 관한 판결은 아니지만, 이 판결에서 대법원은, 병원이 입원환자들의 휴대품 도난방지를 위하여 취하여야 할 입원계약에 따른 신의칙상 보호의무가 있으므로 입원환자에게 귀중품 등 물건보관에 관한 주의를 촉구하면서 도난시에는 병원이 책임질 수 없다는 설명을 한 것만으로는 병원의 과실에 의한 손해배상책임까지 면제되는 것이라고 할 수 없다고 판시하고 있다.

65) 김정호 373면, 이기수·최병규 541면, 정찬형 378면, 최기원 419면.

66) 고가물인지 여부는 사회적, 경제적 관점에 비추어 객관적으로 일반 사회통념에 따라 판단하여야 할 것인바, 대법원 1977.2.8. 선고 75다1732 판결에서는 결혼식장에서 예물로 교환한 물건인 시계, 다이아 반지 등이 상법 제153조 소정의 고가물이라고 판시하고 있다.

없다고 규정하고 있다(상 153조).

시설이용객이 공중접객업자에게 고가물의 멸실이나 훼손으로 인한 책임을 부담시키려면, 고가물의 종류와 가액을 명시하고 임치를 하였어야 하므로, 시설이용객이 물건을 임치하지 않았거나 임치한 경우에도 고가물이라는 것을 밝히고 종류와 가액을 명시하지 않았다면 공중접객업자에게 책임을 부담시킬 수 없다고 할 것이다. 다만 이때에도 공중접객업자 또는 그 사용인에게 고의 또는 과실이 있다면 시설이용객은 공중접객업자에게 불법행위책임을 물을 수 있다고 할 것이다.

라. 책임의 단기소멸시효[67)]

상법은 공중접객업자가 시설이용객의 물건에 대하여 다소 무거운 책임을 부담하는 것을 고려하여 그 책임관계를 신속히 확정하여 공중접객업자를 보호하기 위하여 6개월의 단기소멸시효기간을 정하고 있는데, 그 기간은 물건이 훼손된 경우에는 공중접객업자가 임치물을 반환하거나 고객이 휴대품을 가져간 때로부터 기산하고(상 154조 1항), 멸실된 경우에는 시설이용객이 시설에서 퇴거한 날로부터 기산하도록 하고 있다(상 154조 2항).

다만 이러한 단기소멸시효기간을 인정한 것은 공중접객업자를 보호하려는 것이므로 공중접객업자나 사용인이 악의인 경우에는 이러한 단기소멸시효기간을 적용하지 않도록 하고 있다(상 154조 3항).

7. 창 고 업

가. 총 설

창고업자란 타인을 위하여 창고에 물건을 보관하는 것을 영업으로 하는 자(상 155조)를 의미하는데, 보관이란 일정한 물체를 일정한 장소에 거치하여 그 형태와 가치를 유지하고 멸실이나 훼손을 방지하기 위한 일정한 관리행위 즉 임치의 인수행위로서, 상법이 정한 기본적 상행위(상 46조 14호)이므로 이를 영업으로 하는 창고업자는 당연상인이 된다(상 4조).

창고업자는 임치의 인수를 영업목적으로 하는 자이므로 운송인, 운송주선인 혹은 공중접객업자가 부수적으로 타인의 물건을 임치 받는 경우가 있더라도 이들을 창고업자로

67) 2010년 개정으로 이 규정도 바뀌었으나 내용상으로는 동일하고 단지 한자가 한글로 바뀌었을 뿐이다.

볼 수 없고, 마찬가지로 단순히 물건을 보관할 수 있는 시설을 제공하는 자는 임대인일 뿐이므로, 창고업자라고 할 수 없다.

창고업은 불특정 다수의 일반 공중을 상대로 영업을 하게 되므로 창고의 시설과 운영에 관하여 물류정책기본법(일반 창고), 관세법(보세창고) 등 특별법을 통하여 일정한 규율을 하고 있으나, 상인인 창고업자와 임치인 사이의 임치행위에 따른 법률관계는 사법적 법률관계로서 상법의 창고업자에 관한 규정(상 155조 내지 168조)이 적용되고 보충적으로 민법의 임치에 관한 규정(693조 내지 702조)이 준용된다.

창고는 물건을 보관할 수 있는 장소 혹은 시설이면 충분하므로 반드시 창고용 건물 등과 같은 특별한 구조물을 갖출 필요가 없고, 또한 창고업자가 이를 소유할 필요도 없다. 한편 보관하는 물건은 성질상 동산에 한정되고 부동산은 해당되지 않는다고 할 것이다.

물건을 일정한 공지에 야적하여 보관하는 행위는 임치행위라고 할 수 있지만, 물건보관용 시설을 대여하는 행위는 장소 혹은 시설의 임대행위에 불과하고, 또한 단순임치 또는 혼장임치를 하는 경우에는 보관행위라고 할 수 있지만 소비임치를 하는 경우에는 보관행위라고 할 수 없다.

창고계약은 낙성 불요식 계약이고, 그 계약의 내용은 민법의 임치(민 693조)라고 할 것인데, 상법은 유가증권의 발행과 유통을 통하여 임치물이 창고에 보관된 상태에서도 그 재산적 가치를 활용할 수 있도록 하기 위하여 창고증권에 관한 규정을 두고 이에 관하여는 화물상환증에 관한 규정(상 129조 내지 133조)을 준용하고 있다(상 157조). 또한 임치물의 안전한 보관과 반환을 확보하기 위하여 창고업자에게 특별한 의무(상 161조, 163조, 164조, 168조)와 책임(상 160조)을 부담시키는 한편 과중한 창고업자의 책임을 경감하기 위하여 창고업자의 책임에 대한 특별한 소멸사유(상 168조, 146조)와 단기의 소멸시효기간(상 166조)을 정하고 있다. 한편 상법은 창고업자가 부담하는 의무와 책임의 대가로서 일정한 금전적 청구를 허용하고(상 162조), 특히 창고업자가 임치인의 수령거부 등 임치물의 반환불능으로 인하여 입게 될 손해를 최소화하고 신속히 그러한 상태로부터 벗어나도록 하기 위하여 몇가지 규정(상 165조, 67조 1항, 2항)을 두고 있다.

나. 창고업의 법률관계

(1) 창고업자의 의무

(가) 임치물보관의무

임치물을 보관하는 것은 창고업자의 기본적 의무이므로, 창고업자는 선량한 관리자의 주의의무로써 임치물을 보관하여야 하고(상 62조) 보관기간이 경과한 경우에는 임치물을 임치인이나 창고증권소지인에게 반환하여야 하는 것이 당연하다고 할 것이다.

창고업자의 선량한 관리자의 주의의무는 민법상의 수치인이 부담하는 그것보다 좀 더 높은 수준의 것이라는 것이 일반적 견해이다.

(나) 창고증권교부의무

상법은 창고업자로 하여금 임치인의 청구에 의하여 창고증권을 발행, 교부하도록 하고 있다(상 156조).

창고증권은 화물상환증과 동일한 성질과 효력을 가지고 있으므로, 상법은 화물상환증에 관한 규정(상 129조 내지 133조)을 창고증권에 준용하고 있다(상 157조).

1. 창고증권의 의의

창고증권은 임치계약에 기하여 임치물의 수령을 확인하고 그 반환청구권을 표창하는 채권적 유가증권으로서 임치인의 청구에 의하여 창고업자가 상법이 정한 일정한 사항을 기재하여 발행하여야 하는 요인증권이라고 할 것이고(상 156조), 상환증권으로서의 성질(상 129조), 법률상 당연한 지시증권으로서의 성질(상 130조), 문언증권으로서의 성질(상 131조 2 항), 처분증권으로서의 성질(상 132조) 등 화물상환증과 동일한 성질을 가지고 있으므로 상법은 화물상환증에 관한 규정을 준용하고 있다(상 157조, 129조 내지 133조).

또한 창고증권은 상법상의 유가증권이므로 지시채권에 관한 민법의 규정(민 508조 내지 525조) 및 어음의 배서요건에 관한 어음법의 규정(어 12조 1항, 2항)이 준용될 것이다(상 65조).

상법은 창고증권소지인이 이미 발행된 창고증권을 반환하고 임치물을 분할하여 그 분할부분에 관한 새로운 창고증권을 청구하는 것도 인정하여(상 158), 창고증권의 활용도를 높이고 있다.

실무상 많이 활용되는 하도지시서(delivery order) 또는 입고증(入庫證)은 임치인이 창고업자에게 임치물의 전부 또는 일부를 그 서류의 소지인에게 인도할 것을 위탁하는 서류로서 임치인이 발행하더라도 창고업자가 그 서류에 기명날인한 경우라든가 창고업자가 그 이행보조자에게 발행한 경우의 하도지시서는 유가증권이라는 견해[68]도 있으나, 그 서류는 소지인으로 하여금 임치물을 수령한 권한을 주는 것으로서 그 서류가 임치물의 반환청구권을 나타내는 것이 아니고, 창고업자가 하도지시서의 소지인에게 물건을 인도하더라도 창고증권의 소지

68) 손주찬 395면, 안강현 306면, 최준선 397면.

인에 대한 임치물반환청구권이 소멸하는 것이 아니므로 유가증권이 아니라 면책증권으로서의 성질을 갖는다고 할 것이다.[69]

2. 창고증권의 유통

창고증권은 법률상 당연한 지시증권이므로 배서에 의하여 양도되고 이런 배서는 무조건적이어야 하며(어 12조 1항), 일부 배서는 효력이 없다(어 12조 2항). 또한 권리이전적 효력(민 508조)과 자격수여적 효력(민 513조)은 인정되지만 담보적 효력은 인정되지 않는다. 만약 무기명식 창고증권이라면 단순한 교부로서 양도가 가능하다고 할 것이다(상 65조, 민 523조).

3. 창고증권의 효력

창고증권의 효력에 관하여는 화물상환증의 규정이 준용되므로(상 157조) 화물상환증과 동일하게, 첫째로 창고증권소지인이 임치계약에 따른 임치인의 지위에서 창고업자에 대하여 임치계약상의 채무이행을 청구하고, 불이행의 경우에는 손해배상을 청구할 수 있는 법적 지위에 있게 되는 채권적 효력,[70] 둘째로 창고증권을 교부하면 임치물 위에 존재하는 소유권, 질권 등의 취득에 관하여 임치물을 인도한 것과 같은 동일한 효력을 갖게 되는 물권적 효력이 있다.

4. 창고증권에 의한 입질

창고증권소지인이 임치물을 입질하는 경우에는 질권설정의 계약을 체결함과 동시에 자기가 가지고 있던 창고증권을 채권자에게 교부(상 157조, 133조, 민 330조)하여야 하므로 그 채무를 변제하기 전에는 임치물을 일부라도 처분할 수 없게 되어 불편한 상태에 놓이게 되는데 상법은 이를 구제하기 위한 특별한 규정을 두고 있다(상 159조).

(다) 임치물의 검사, 견품적취, 보존행위를 허용할 의무

임치인 또는 창고증권소지인은 영업시간 내에는 언제든지 창고업자에 대하여 임치물의 검사 또는 견품의 적취를 요구하거나 그 보존에 필요한 처분을 할 수 있고(상 161조), 창고업자는 이에 응할 소극적 의무는 물론이고 필요한 경우에는 적극적으로 협력할 의무를 부담하게 된다. 다만 임치인 등의 처분행위가 통상적으로 수인할 정도를 넘어 창고업자에게 새로운 비용의 지출을 요할 때에는 그 지출된 비용의 상환(상 162조)을 구할 수 있다고 할 것이다.

---

69) 정찬형 389면.

70) 대법원 1963.5.30. 선고 63다188 판결에서는 "입고된 물건에 관하여 창고증권이 발행되면 그 발행일자 이후에는 그 창고증권의 명의인이 그 물건에 대하여 소유권을 취득하고 따라서 그 뒤에 생기는 창고료, 화재보험료는 물론, 감량 등에 대한 책임도 그 명의인이 져야 될 것이다"라고 판시하고 있는데 이는 창고증권의 채권적 효력에 비추어 당연하다 할 것이다.

(라) 임치물의 하자통지 및 처분의무

창고업자는 임치 받은 물건의 형상과 가치의 보존을 위하여 선량한 관리자의 주의의무를 부담하는 자이므로 임치 받은 후에 물건의 훼손 또는 하자를 발견하였거나 부패할 염려가 있을 때에는 적절한 조치를 취할 필요가 있게 되고 이를 위하여 상법은 위탁매매에 있어서 위탁매매인이 위탁물의 훼손이나 하자를 발견한 경우에 관한 규정(상 108조)을 창고업자의 경우에 준용하고 있다(상 168조). 그러므로 이 같은 경우에 창고업자는 지체 없이 임치인에게 통지를 발송하여야 하고(상 168조, 108조 1항), 그럼에도 임치인의 지시를 받을 수가 없거나 그 지시가 지연되는 때에는 임치인의 이익을 위하여 적당한 처분을 할 수 있다(상 168조, 108조 2항).

다만 창고업자의 경우에는 위탁매매인과 달리 목적물을 매매할 의무가 있는 것이 아니라 보관할 의무가 있을 뿐이므로 임치물의 가격저락이 있다고 하여 임치인에게 통지할 의무를 부담하지는 않는다고 할 것이다.[71)]

(마) 임치물 반환의무

창고업자는 임치인을 위하여 임치물을 보관하는 것이므로 임치인의 청구가 있는 경우에는 약정된 임치기간의 유무를 불문하고 이를 반환할 의무를 부담한다. 다만 창고증권이 발행된 경우에는 임치물의 처분은 창고증권으로써 하여야 하므로(상 157조, 132조), 창고업자는 창고증권의 소지인에 대하여만 반환의무를 부담하고, 창고증권의 소지인은 창고증권과 상환하지 않고는 임치물의 청구를 할 수 없으므로(상 157조, 129조), 창고업자는 창고증권과 상환하지 않고는 임치물을 반환할 의무가 없다.

임치물의 보관기간과 임치물의 반환시기는 임치계약에 따라 결정되겠지만, 임치기간의 약정이 없는 때에는 각 당사자는 언제든지 계약을 해지할 수 있으므로(민 699조) 임치인은 물론이고 수치인도 언제든지 임치계약을 해지하고 임치물을 반환할 수 있으나, 상법은 임치인이나 창고증권 소지인의 이익을 보호하기 위하여 이에 대한 일정한 제한을 가하여 당사자 사이에 보관기간의 정함이 없을 경우라고 하더라도 창고업자는 원칙적으로 임치물을 받은 날로부터 6개월 이후에 비로소 2주간 전에 사전예고를 한 후에야 이를 반환할 수 있도록 정하고 있다(상 163조). 다만 부득이한 사유가 있을 경우에는 창고업자도 언제든지 임치물을 반환할 수 있도록 하고 있다(상 164조).

상법 제163조의 규정은 창고업자가 임치인과 보관기간의 정함이 없는 임치계약을 체결한 경우에는 부득

71) 손주찬 391면, 이철송 538면, 정동윤 282면, 정찬형 385면, 최준선 392면.

이한 사유가 없는 한 최소한 6개월 동안 임치물을 보관하여야 하고, 또한 창고업자에게 부득이한 사유가 있다면 창고업자는 6개월의 최소 보관기간의 제한없이 언제든지 반환이 가능하다는 의미이고 부득이한 사유가 임치계약의 당연한 종료를 의미하는 것은 아니라고 할 것이다.

한편 임치인의 경우에는 보관기간의 정함이 있는지 여부에 상관없이 임치물의 반환을 청구할 수 있다고 할 것이다(민 698조).

(2) 창고업자의 손해배상책임

(가) 책임의 원인

상법은 "창고업자는 자기 또는 그 사용인이 임치물의 보관에 관하여 주의를 해태하지 아니하였음을 증명하지 아니하면 임치물의 멸실 또는 훼손에 대하여 손해를 배상할 책임을 면하지 못한다"(상 160조)라고 규정하여 창고업자에 대하여 과실책임주의에 따른 손해배상책임을 지도록 하면서, 무과실에 대한 증명책임을 부담하도록 하고 있다. 이러한 창고업자의 책임은 운송주선인의 책임(상 115조), 운송인의 책임(상 135조) 및 공중접객업자의 책임(상 152조 1항)과 동일한 내용의 책임으로서 법률적 성질은 계약상의 채무불이행에 대한 책임이므로 불법행위책임과는 별도로 존재한다고 할 것이고 이 두 가지 책임은 청구권 경합의 관계에 있다고 할 것이다.

임치물의 멸실은 소실이나 분실 또는 유실된 경우와 같은 물리적 멸실뿐만 아니라 권리없는 자에게 반환하여 선의취득하도록 함으로써 반환이 불가능한 경우까지를 포함하며, 훼손은 물리적 훼손뿐만 아니라 가치의 감소도 포함한다고 할 것이다.

이러한 창고업자의 손해배상책임에 관하여는 당사자 사이의 특약으로 면제하거나 경감할 수 있으나 그러한 특약이 사회질서에 반하거나 신의성실의 원칙에 어긋나거나 혹은 약관의 규제에 관한 법률에 위반하는 경우에는 무효라고 할 것이다.

대법원 1981.12.22. 선고 80다1609 판결

상법 제166조 제1항에서 말하는 "멸실"은 물리적 멸실만을 의미하는 것이 아니고 본건의 경우와 같이 임치물을 권한 없는 자에게 무단 출고함으로써 임치인에게 이를 반환할 수 없게 된 경우도 포함하는 취지로 해석해야 한다.

실화책임은 불법행위에 기한 책임의 경감을 목적으로 하므로 채무불이행책임에 기한 상법 제160조의 손해배상책임에는 실화책임에 관한 법률이 적용되지 않는다고 할 것이다.

(나) 책임의 범위

상법은 창고업자의 손해배상책임의 범위에 관하여 아무런 규정을 하고 있지 않다. 이에 대하여 창고업자에 대하여도 상법이 다른 종류의 상인에 대하여 규정하는 손해배상액에 관한 규정(상 137조) 혹은 고가물에 대한 책임에 관한 규정(상 136조)을 유추적용하려는 견해[72]도 있으나 민법에 정한 손해배상액에 관한 규정에 의하여 상당인과관계가 있는 모든 손해를 배상(민 393조)하여야 할 것이다.[73]

(다) 책임의 소멸

상법은 운송인의 손해배상책임의 특별소멸사유에 관한 규정(상 146조)을 창고업자의 경우에 준용(상 168조)하고 있으므로 창고업자의 손해배상책임은 임치인 또는 창고증권 소지인이 유보없이 임치물을 수령하고 보관료 기타 비용을 지급한 때에는 소멸하지만 (상 168조, 146조 1항 1문), 만약 임치물에 즉시 발견할 수 없는 훼손 또는 일부 멸실이 있는 경우에는 임치인이 임치물을 수령한 날로부터 2주간 내에 창고업자에게 그 통지를 발송한 때에는 소멸하지 않는다(상 168조, 146조 1항 2문).

한편 상법은 임치물의 멸실 또는 훼손으로 인한 임치인과 창고증권소지인에 대한 손해배상채권은 임치물을 출고한 때로부터 1년의 경과로서 소멸시효가 완성되는 것으로 규정하고 있고(상 166조 1항), 임치물이 전부 멸실한 경우에는 창고업자가 멸실의 통지를 발송한 때로부터 기산하도록 정하고 있다(상 166조 2항). 다만 상법이 이 같은 단기소멸시효기간을 두는 것은 창고업자를 보호하고자 하는 것이므로 만약 창고업자 또는 그 사용인이 임치물의 멸실이나 훼손을 알고 있었을 경우에는 적용되지 않는다(상 166조 3항).

◆ 대법원 1978.9.26. 선고 78다1376 판결

창고업자가 임치물을 반환받을 정당한 권리자가 아닌 자에게 임치물을 인도함으로써 정당한 권리자가 그의 반환을 받지 못하게 된 경우에도 상법 제166조의 멸실에 해당하여 1년의 경과로 창고업자의 책임은 시효소멸하지만 이 경우에 창고업자 또는 그 사용인이 악의가 아니었다는 점을 입증하지 못하면 책임을 면할 수 없다.

(같은 취지: 대법원 1981.12.22. 선고 80다1609 판결)

◆ 대법원 2004.2.13. 선고 2001다75318 판결

상법 제166조 소정의 창고업자의 책임에 관한 단기소멸시효는 창고업자의 계약상대방인 임치인의 청구에만 적용되며 임치물이 타인 소유의 물건인 경우에 소유권자인 타

72) 최기원 428면.

73) 손주찬 392면, 이철송 538면, 정동윤 283면, 정찬형 386면, 최준선 394면.

인의 청구에는 적용되지 아니 한다.

(3) 창고업자의 권리

(가) 보관료 및 비용청구권

민법의 임치계약은 무상이 원칙(민 693조)이지만 창고업자는 상인이므로 보관료의 지급 또는 비용의 상환 및 체당금의 지급에 관한 약정이 없더라도 이를 청구할 수 있다(상 61조).

창고업자는, 임치인 혹은 창고증권이 발행된 경우에 있어서는 창고증권소지인에게 임치물을 출고할 때, 보관료 및 비용을 청구할 수 있으나 보관기간이 경과한 후에는 출고 전이라도 이를 청구할 수 있다(상 162조 1항).

또한 임치물 중 일부만을 출고하는 경우에는 그 비율에 따른 보관료 기타 비용 등의 지급을 청구할 수 있다(상 162조 2항). 다만 이 경우에도 비용이 출고하는 임치물을 위하여만 지출된 경우에는 그 전액의 청구가 가능할 것이다.

◈ 대법원 1963.5.30. 선고 63다188 판결

입고된 물건에 관하여 창고증권이 발행되면 그 발행일자 이후에는 그 창고증권의 명의인이 그 물건에 대하여 소유권을 취득하고 따라서 그 뒤에 생기는 창고료, 화재보험료는 물론, 감량 등에 대한 책임도 그 명의인이 져야 될 것이다.

(나) 유치권

창고업자의 유치권에 관하여 상법은 아무런 규정을 두고 있지 않으므로 창고업자는 상법상의 일반상사유치권(상 58조) 혹은 민법상의 유치권을 행사할 수 있다고 할 것이고, 이를 배제하는 특약도 가능하다고 할 것이다(상 58조 단서).

◈ 대법원 2009.12.10. 선고 2009다61803, 61810 판결[74)]

약관의 규제에 관한 법률은 제6조 제1항에서 "신의성실의 원칙에 반하여 공정을 잃은 약관조항은 무효이다"라고 규정하고, 제11조 제1항에서 "고객의 권익에 관하여 정하고 있는 약관의 내용 중 다음 각 호의 1에 해당되는 내용을 정하고 있는 조항은 이를 무

---

74) 대법원은 금융기관인 양도담보권자가 양도담보목적물을 보관하는 창고업자로부터 '창고주는 양도담보권자가 담보물 임의처분 또는 법적 조치 등 어떠한 방법의 담보물 환가와 채무변제 충당시에도 유치권 등과 관련된 우선변제권을 행사할 수 없다'는 문구가 부동문자로 인쇄된 확약서를 제출받은 사안에서, 이러한 유치권 배제의 약관은 고객에게 부당하게 불리하고 신의성실의 원칙에 반하여 공정을 잃은 것이므로 무효라고 판시하고 있다.

효로 한다"고 규정하면서 그 제1호에 '법률의 규정에 의한 고객의 항변권, 상계권 등의 권리를 상당한 이유 없이 배제 또는 제한하는 조항'을 들고 있다. 따라서 공평의 관점에서 창고업자에게 인정되는 권리인 유치권의 행사를 상당한 이유 없이 배제하는 내용의 약관 조항은 고객에게 부당하게 불리하고 신의성실의 원칙에 반하여 공정을 잃은 것으로서 무효라고 보아야 한다.

창고증권이 발행된 경우라고 하더라도 창고증권은 요인증권성이 있으므로 창고업자는 임치인에 대한 유치권을 주장하여 창고증권소지인에게 대항할 수 있다고 할 것이다.

(다) 공탁권과 경매권

상법은 창고업자를 보호하기 위하여 상인간의 매매에 있어서 매도인에게 인정되는 공탁권과 경매권의 행사에 관한 규정(상 67조 1항, 2항)을 준용하고 있으므로(상 165조), 창고업자는 임치인이나 창고증권소지인이 임치물의 수령을 거부하거나 수령할 수 없는 경우에는 임치물에 대한 경매권과 공탁권을 행사하여 반환불능으로 인한 위험과 손해에서 벗어날 수 있을 것이다.

(라) 손해배상청구권

창고업은 민법상의 임치라고 할 것이므로, 창고업자가 임치물의 성질 또는 하자로 인하여 손해를 입었을 때에는 이를 알고 있었을 경우를 제외하고 임치인에 대하여 그에 따른 손해배상을 청구할 수가 있다고 할 것이다(민 697조).

창고증권이 발행된 경우에는 창고업자의 유치권의 행사로 인하여 창고증권소지인이 임치물을 반환받으면서 창고업자의 손해를 배상하는 경우가 적지 않을 것이고 손해를 배상한 창고증권소지인은 이를 임치인에게 구상하는 것이 가능할 것이다.

(마) 채권의 단기소멸시효

상법은 창고업자와 임치인 간의 법률관계를 신속히 확정하기 위하여 창고업자의 임치인에 대한 손해배상채권의 소멸시효기간과 형평성을 맞추어, 창고업자가 임치인 또는 창고증권소지인에 대하여 가지는 채권은 임치물을 출고한 날로부터 1년간의 시효기간의 경과로 소멸하도록 하고 있다(상 167조).

8. 금융리스업[75)]

가. 총　　설

금융리스는 금융리스이용자(Lessee)가 선정한 기계, 시설 그 밖의 재산(금융리스물건)을 제3자(공급자: Supplier)로부터 취득하거나 대여받아 금융리스이용자에게 이용하게 하는 것을 말하고, 이러한 행위를 영업으로 하는 자를 금융리스업자(Lessor)라고 하는데(상 168조의3), 상법은 이러한 "기계, 시설 그 밖의 재산의 금융리스에 관한 행위"를 기본적 상행위(상 46조 19호)로 규정하므로 금융리스업자는 상인이고 당연히 상법이 적용된다.

금융리스에 있어서 금융리스이용자는 자신이 필요로 하는 설비 기타 리스물건의 취득자금을 융통할 목적으로 리스물건을 선정[76)]하여 금융리스업자[77)]와 금융리스계약을 체결[78)]하고, 금융리스업자는 금융리스계약의 이행으로서 금융리스물건에 대하여 공급자와 매매계약을 체결[79)]한 뒤 이를 금융리스이용자에게 공급[80)]하여 금융리스이용자로 하여금 일정기간(리스기간) 동안 금융리스물건을 사용, 수익하도록 하고, 금융리스이용자는 그 대가로 금융리스업자에게 일정한 금전(리스료)을 지급[81)]하며, 리스기간이 종료한 뒤에는 금융리스업자와 금융리스이용자 간의 협의에 따라 금융리스이용자로부터 금융리스물건을 회수하거나 금융리스이용자에게 일정한 금액을 받고 양도[82)]하는 법률적 구조를 가지

---

75) 리스를 규율하는 법률은, 리스에 대한 행정적 규제를 목적으로 1973년에 제정된 "시설대여업육성법"이 1991년에 "시설대여업법"으로 바뀌었다가 1997년에 신용카드업법 등과 함께 "여신전문금융법" 등으로 통합되어 현재에 이르고 있고, 한편 상법은 1995년의 개정을 통하여 "기계, 시설 기타 재산의 물융에 관한 행위"를 기본적 상행위의 하나로 추가(상 46조 19호)하였을 뿐 그에 따른 법률관계를 규율하는 구체적 규정은 마련하지 않았으나, 2010년 상법 개정으로 종래의 상법 제46조 19호를 "기계, 시설 그 밖의 재산의 금융리스에 관한 행위"로 변경하고 상법전 제2편에 제12장을 신설하여 "금융리스업"이라는 표제 하에 별도의 규정(상 168조의2 내지 168조의5)을 두게 되었다. 또한 대법원 2013.7.12. 선고 2013다20571 판결도 동일한 취지로 금융리스의 개념을 판시하고 있다.

76) 리스이용자는 필요한 설비를 선정하여 리스물건을 공급할 자와 가격, 성능, 인도시기 등 공급조건에 관한 실질적인 합의를 한다.

77) 여신전문금융업법에서는 금융리스의 안전성을 담보하기 위하여, 리스회사는 주식회사로서 일정한 자본금을 갖추고(여신법 5조), 금융감독위원회에 등록을 하도록 하고 있다(여신법 3조 2항).

78) 리스이용자는 공급자와 합의한 내용을 가지고 리스회사와 접촉하여 리스대상 물건의 공급에 관한 사항과 리스기간, 리스료의 확정과 지급방법, 리스물건의 유지보존, 리스물건의 반환 등 리스물건의 관리 등에 관한 내용을 정하여 리스계약을 체결하게 된다.

79) 리스업자는, 리스이용자가 리스물건의 공급자와 정한 조건으로, 리스물건에 대하여 리스업자와 매매계약을 체결하고 리스물건은 공급자가 직접 리스이용자에게 인도하도록 한다

80) 리스물건을 공급자로부터 인도 받은 리스이용자는 공급자에게 수령증을 교부하고 공급자는 수령증을 리스업자에게 제시하여 대금을 수령한다.

81) 리스료는 리스물건의 가격과 리스기간 동안의 이자상당액 및 비용을 합산한 금액을 일정한 방식으로 분할하여 일정기간 동안 지급한다.

82) 일반적으로 리스업자는 리스이용자로 하여금 리스물건의 리스기간 종료 후 잔존가치 상당액을 리스물건 반환이행담보금 명목으로 예치하도록 한 후, 리스물건의 반환과 동시에 상환하거나 혹은 이행담보금으로

고 있다.[83)]

이처럼 금융리스는 자금을 융통하는 소비대차로서의 성질과 설비를 대여하는 임대차로서의 성질을 겸병하고 있는 새로운 형태의 상행위로서 당사자 사이의 계약에 의존하는 부분이 적지 않으므로 그 법률관계에 적용될 법률의 내용[84)]과 관련하여 법적 성질이 논의되고 있다.

> 리스의 형태는 크게 금융리스와 운용리스로 나누어지는데, 운용리스는 리스업자가 소유하거나 점유하고 있는 리스물건에 대하여 그 사용연한의 일부를 리스기간으로 하여 리스이용자에게 사용하도록 하고 이에 대하여 사용대가를 받는 법률적 구조로서 일반적으로 리스기간이 단기이고, 리스기간중의 중도해지가 허용되며, 리스물건의 유지, 관리 및 조세부담을 리스회사가 부담하는 내용의 계약으로서 그 법적인 성질이 임대차라고 할 것인데 반하여, 금융리스는 일반적으로 리스물건이 고가의 물건이고, 리스기간은 물건의 내구연한과 동일한 장기간이고 중도해지가 어렵고, 리스이용자가 리스물건의 유지, 보수 등 관리에 대한 책임을 부담하도록 하는 내용의 계약으로서 임대차계약과 소비대차계약의 법적 성질을 모두 가지고 있다고 할 것이다.

금융리스의 본질을 임대차관계라고 보아 임대차계약에 관한 법률을 적용하고 이에 저촉되지 않는 범위 내에서 당사자간의 약정을 적용하려는 견해(특수 임대차계약설)[85)]와 금융리스의 자금융통적 구조에 중점을 두어 소비대차관계로서 파악하려는 견해(특수 소비대차계약설)[86)] 그리고 금융리스가 금전대차의 성질과 임대차의 성질을 동시에 갖고 있어 종래의 전형적인 계약으로서 설명하기 어려운 면이 적지 않으므로 특수한 무명계약이라는 견해(비전형계약설)[87)]의 대립이 있다. 생각건대 금융리스계약 당사자의 의사는 물건의 임대차보다는 금융의 융통이 중요부분을 차지하고 있다고 할 것이고, 한편 금융의 융통이 물건의 취득과 대여 등의 법형식에 의하여 이루어지는 점 등에서 볼 때 금융리스계약은 임대차 혹은 소비대차와 다른 특수한 성질의 계약이라고 하는 것이 타당할 것

서 리스물건의 양도대금을 상계하는 형식을 취하게 된다.

83) 여신전문금융업법은 "시설대여라 함은 대통령령이 정하는 물건(이하 특정물건이라 함)을 새로이 취득하거나 대여 받아 거래상대방에게 대통령령이 정하는 일정기간 이상 사용하게 하고, 그 기간에 걸쳐 일정대가를 정기적으로 분할하여 지급받으며 그 기간 종료 후의 물건의 처분에 대하여는 당사자의 약정으로 정하는 방식의 금융을 말한다"(여신법 2조 10호)고 정의하고 있다.

84) 일반적으로 금융리스계약에는 리스물건의 성능이나 기능에 하자가 있는 경우에도 리스업자는 리스이용자에 대하여 책임을 지지 않는다는 내용의 면책조항을 두는 경우가 많은데, 만약 금융리스계약의 성질이 임대차계약이라면 임차인은 임차목적물의 하자를 이유로 감액 또는 해지를 청구할 수 있고(민 627조), 이에 반하는 내용은 무효(민 652조)라는 규정에 의하여 면책약관을 무효로 할 수 있거나, 유상계약에 관한 매도인의 담보책임(민 567조, 570조)을 부담시킬 수가 있게 되므로 과연 금융리스계약에 임대차계약에 관한 규정을 적용할 수 있는지가 문제되었다.

85) 최기원 442면.

86) 최준선 407면.

87) 강위두/임재호 363면, 이철송 551면, 정동윤 298면, 정찬형 399면.

이다.

대법원은 이에 대하여 형식에서는 임대차계약과 유사하지만 실질에 있어서는 금융의 편의를 위한 계약이라고 판시하여 이른바 비전형계약설의 입장을 취하고 있다.

◆ 대법원 1996.8.23. 선고 95다51915 판결[88)]

시설대여(리스)는 대여시설 이용자에 의하여 선정된 특정한 물건을 시설대여 회사가 새로이 취득하거나 대여받아 그 물건에 대한 직접적인 유지・관리책임을 지지 아니하면서 대여시설이용자에게 일정기간 사용하게 하고 그 기간 종료 후에는 물건의 처분에 관하여 당사자간의 약정으로 정하는 계약으로서, 형식에서는 임대차계약과 유사하나, 그 실질은 대여시설을 취득하는데 소요되는 자금에 관한 금융의 편의를 제공하는 것을 본질적인 내용으로 하는 물적 금융이고 임대차계약과는 여러 가지 다른 특질이 있기 때문에 이에 대하여는 민법의 임대차에 관한 규정이 바로 적용되지 아니한다.

(같은 취지: 대법원 1997.10.24. 선고 97다27107 판결)

금융리스이용자는 고가의 장비 구입대금을 리스료의 형식으로 장기간에 걸쳐 분할 지출하게 되므로 일괄지출에 따른 자금압박을 피할 수 있고, 리스료를 비용으로서 손금 산입하므로 절세의 효과가 있다는 등의 장점이 있는 반면에 일반적으로 리스료가 금전차입에 따른 이자비용보다 높고, 금융리스물건의 소유권이 금융리스업자에 귀속하므로 금융리스이용자는 금융리스물건의 가치상승에 따른 이익을 누릴 수 없으며, 금융리스이용자로서는 리스계약기간중의 중도 해지가 불가능하므로 금융리스물건의 효용성이 떨어진 경우에는 난처한 입장에 처해질 우려가 있다는 단점도 있다고 할 것이다.

나. 금융리스의 법률관계

상법은 일반적으로 사용되는 금융리스계약에 따른 당사자의 권리의무에 기초하여 몇 개의 규정을 두고 있을 뿐이므로, 그 밖의 금융리스의 법률관계는 금융리스계약의 내용에 따라 정하여지게 된다.

88) 대법원은 금융리스계약(시설대여계약)의 법적 성질이 비전형계약으로서 민법의 임대차에 관한 규정이 적용되지 아니하고, 금융리스제도의 금융적 성격 등에 비추어, 리스업자의 하자담보책임을 제한하는 약정조항은 유효하다고 판시하고 있다.

(1) 금융리스업자와 금융리스이용자의 법률관계

(가) 금융리스물건의 조달공급

금융리스업자는 금융리스이용자와 체결한 금융리스계약에 따라 금융리스물건을 공급자로부터 조달하여 이를 금융리스이용자에게 제공하여야 한다. 실질적으로 금융리스물건의 선정과 공급에 관하여는 금융리스이용자와 공급자 사이의 협상에 의하게 되지만, 형식적으로 금융리스물건의 공급은 금융리스업자의 명의로 공급자 사이의 매매계약 등의 형태로 나타나게 된다.

상법은 금융리스업자에게 금융리스이용자가 금융리스물건을 수령할 수 있도록 할 의무를 부과하고 있다(상 168조의3 1항).

그런데 실무상의 금융리스계약에서는 금융리스업자가 금융리스물건의 일반적인 공급의무는 부담하더라도, 금융리스물건의 인도지연 혹은 하자에 대한 책임으로부터 금융리스업자를 면책시키는 약정을 하는 경우가 많다. 대법원은 금융리스물건의 하자에 관한 금융리스업자의 하자담보책임을 면책하는 약관을 인정하고 있다.

◈ 대법원 1996.8.23. 선고 95다51915 판결[89)]

시설대여계약서상 시설대여 회사가 물건 인도시 물건이 정상적인 성능을 갖추고 있는 것을 담보하도록 되어 있으나, 다만 대여시설 이용자가 물건 인도인수확인서를 발급하였을 때는 물건의 상태 및 성능이 정상적인 것을 확인한 것으로 간주한다고 되어 있는 경우, 시설대여계약은 그 실질이 대여시설의 취득자금에 관한 금융의 편의 제공에 있음에 비추어 시설대여 회사의 담보책임은 대여시설이 공급자로부터 이용자에게 인도될 당시에서의 대여 시설의 성능이 정상적임을 담보하되, 이용자가 별다른 이의 없이 리스물건 인도인수확인서를 발급하면 시설대여 회사의 하자담보의무는 충족된 것으로 보는 범위 내에서의 책임이라고 봄이 상당하다.

시설대여계약은 법적 성격이 비전형계약으로서 민법의 임대차에 관한 규정이 적용되지 아니하는 점 및 시설대여 제도의 본질적 요청(금융적 성격) 등에 비추어, 시설대여 회사의 하자담보책임을 제한하는 약정조항은 약관의규제에관한법률 제7조 제2호, 제3호에 해당하지 아니한다.

---

89) 다만 금융리스업자가 금융리스물건의 하자에 대하여 악의일 경우 혹은 금융리스업자가 금융리스물건의 품질에 관하여 보증한 경우 혹은 금융리스업자와 공급자의 긴밀한 관계가 인정되는 경우에는 금융리스업자의 담보책임을 인정하여야 할 것이다.
또한 금융리스계약은 임대차계약과는 다른 성질을 가지는 계약이라고 할 것이므로 임대차의 경우에 인정되는 일부 멸실 등으로 인한 감액청구(민 627조) 등을 배제하는 약관도 일반적으로 유효성이 인정된다고 할 것이다.

금융리스물건의 인도에 관한 사항은 금융리스물건의 조달을 위하여 행하여지는 금융리스업자와 공급자 사이의 매매계약 등에서 정하여지겠지만, 상법은 금융리스계약의 특수성을 고려하여 공급자로 하여금 금융리스이용자에게 금융리스물건을 직접 인도할 의무를 지도록 하고 있고(상 168조의4 1항), 금융리스이용자가 직접 공급자에게 금융리스물건의 인도지연과 하자에 대한 책임을 추궁할 수 있는 규정까지도 마련하고 있다(상 168조의4 2항).

(나) 금융리스물건의 수령과 검수의무 및 수령증발급의무

금융리스이용자는 금융리스물건을 공급자로부터 직접 수령하고 지체 없이, 인도받은 금융리스물건을 검수한 뒤 금융리스물건수령증을 발급하여야 하고, 만약 하자를 발견한 경우에는 즉시 금융리스업자에 통지할 의무를 부담한다.

금융리스이용자가 금융리스물건수령증을 발급한 경우에는 금융업자와의 관계에서 적합한 금융리스물건이 수령된 것으로 추정한다(상 168조의3 3항).

◆ 대법원 1999.9.21. 선고 99다24706 판결

리스물건 이용자가 정당한 이유 없이 리스 목적물의 검수 및 인수를 거절하고 물건수령증을 발급하지 아니한 경우에는, 신의성실의 원칙상 물건수령증이 발급된 것과 같이 보아 리스물건 공급자로서는 리스회사에 대한 자신의 의무를 모두 이행한 것으로 봄이 상당하므로, 특별한 사정이 없는 한 리스회사는 리스물건의 매매·발주계약에 따라 리스물건 공급자에게 대금을 지급할 의무가 있다.

(같은 취지: 대법원 2001.11.27. 선고 99다61736 판결)

(다) 금융리스물건에 대한 사용수익

금융리스이용자는 공급자로부터 인도받은 금융리스물건을 금융리스계약에 정하여진 방법과 내용에 따라 사용, 수익할 권리가 있고, 금융리스업자는 금융리스이용자로 하여금 금융리스물건의 사용, 수익을 허용할 의무가 있음은 당연하다고 할 것이나 금융리스이용자는 금융리스물건의 소유자가 아니므로 그 사용, 수익에 있어서 선량한 관리자의 주의의무를 부담한다고 할 것이다.

(라) 금융리스료

금융리스료지급의무는 금융리스이용자의 기본적인 의무인데, 금융리스에 있어서 리스료는 금융리스이용자의 금융리스물건에 대한 사용 내지는 수익의 대가가 아니라 금융리스업자가 제공한 금융을 포함한 일체의 편의에 대한 대가이다. 그러므로 금융리스료

는 금융리스업자의 금융물건 취득을 위한 금융편의에 대한 원금의 분할변제 및 이자·비용 등의 변제의 기능을 갖는 것은 물론이고 그 외에도 금융리스업자가 금융리스이용자에게 제공하는 이용상의 편익을 포함하여 거래관계 전체에 대한 대가로서의 의미를 갖고 있으므로, 금융리스료 채권은 그 채권관계가 일시에 발생하여 확정되고, 다만 그 변제방법만이 일정 기간마다의 분할변제로 정하여진 것에 불과하다고 할 것이므로, 매 회분의 금융리스료를 금융채권과 같이 일률적으로 원금과 이자로 나누는 것은 타당하지 않다.[90] 상법은 금융리스이용자가 금융리스물건을 수령함과 동시에 금융리스료를 지급하여야 하고(상 168조의3 2항), 금융리스이용자가 금융리스물건 수령증을 발급하게 되면 금융리스물건을 수령한 것으로 추정하고 있으므로(상 168조의3 3항), 그때부터 금융리스기간이 개시된다고 할 것이다.

금융리스업자는 금융리스이용자가 금융리스물건을 수령하였거나, 금융리스물건 수령증을 발급한 때로부터 금융리스료 지급청구권을 행사할 수 있고, 금융리스물건의 멸실이나 하자가 있는 경우에도 리스료지급청구권이 인정된다. 또한 금융리스이용자가 금융리스물건을 인도 받지 않고 금융리스물건 수령증을 공급자에게 교부한 이른바 공리스의 경우에도 리스료지급청구권이 인정된다고 할 것이다.

◆ 대법원 1997.10.24. 선고 97다27107 판결

리스계약은 물건의 인도를 계약 성립의 요건으로 하지 않는 낙성계약으로서 리스이용자가 리스물건수령증서를 리스회사에 발급한 이상, 특별한 사정이 없는 한 현실적으로 리스물건이 인도되기 전이라고 하여도 이 때부터 리스기간이 개시된다.

(같은 취지: 대법원 1995.5.12. 선고 94다2862, 2879 판결, 대법원 1991.12.10. 선고 90다19114 판결)

금융리스료의 지급방법이나 기간 등은 금융리스계약에 따라 정하여지게 되는데 금융리스료의 지급지체는 기한이익의 상실이나 계약해지의 사유가 될 수도 있다.

◆ 대법원 2001.6.12. 선고 99다1949 판결[91]

이른바 금융리스에 있어서 리스료는, 리스회사가 리스이용자에게 제공하는 취득자금의 금융편의에 대한 원금의 분할변제 및 이자·비용 등의 변제의 기능을 갖는 것은 물론이거니와 그 외에도 리스회사가 리스이용자에게 제공하는 이용상의 편익을 포함하

---

90) 대법원 2004.9.13. 선고 2003다57208 판결.

91) 이 판결에 대한 평석으로는 김택주, "리스료채권의 소멸시효", 상사판례연구 12집(한국상사판례학회 2001년) 341면 내지 343면 참조.

여 거래관계 전체에 대한 대가로서의 의미를 지닌다. 따라서 리스료 채권은, 그 채권관계가 일시에 발생하여 확정되고 다만 그 변제방법만이 일정 기간마다의 분할변제로 정하여진 것에 불과하기 때문에(기본적 정기금채권에 기하여 발생하는 지분적 채권이 아니다) 3년의 단기 소멸시효가 적용되는 채권이라고 할 수 없고, 한편 매회분의 리스료가 각 시점별 취득원가분할액과 그 잔존액의 이자조로 계산된 금액과를 합한 금액으로 구성되어 있다 하더라도, 이는 리스료액의 산출을 위한 계산방법에 지나지 않는 것이므로 그 중 이자부분만이 따로 3년의 단기 소멸시효에 걸린다고 할 것도 아니다.

(마) 보험가입

금융리스물건은 금융리스업자가 소유하고 금융리스이용자는 이를 사용, 수익하는 데 불과하므로, 금융리스계약에는 금융리스이용자로 하여금 자신의 비용과 부담으로 금융리스물건에 적절한 손해보험계약을 체결할 의무를 부담시키는 규정을 두고 있는 경우가 많다.

(바) 담보제공

금융리스계약에는 금융리스이용자로 하여금 금융리스계약의 이행을 담보 특히 금융리스료 지급의무와 금융리스물건의 반환을 담보하기 위하여 일정한 담보를 설정하도록 하고 있는 경우가 많다.

(사) 금융리스 물건의 표지부착

금융리스계약에는 금융리스물건의 소유관계 등을 표시하는 표지를 부착하여 제3자에게 공시하도록 할 의무를 금융리스이용자에게 부담시키는 경우가 많은데 이것은 금융리스물건이 금융리스이용자의 소유인 것처럼 보이는 외양을 가지고 있으므로 금융리스이용자의 채권자가 금융리스물건에 대하여 강제집행을 하는 것을 사전에 방지하고 강제집행을 한 경우라도 후일 제3자이의의 소 등을 통하여 이를 회수하기 위한 목적이라고 할 것이다.

(아) 금융리스물건의 보전

금융리스물건의 소유권은 금융리스업자에 있으므로 금융리스이용자가 금융리스물건을 보전하여야 함은 당연하다 할 것이고, 만약 금융리스이용자가 금융리스물건을 처분하여 제3자가 이를 선의취득하였다면 금융리스이용자는 금융리스업자에 대하여 손해배상책임을 부담하게 된다.

(자) 금융리스물건의 수선

금융리스를 임대차로 파악한다면 리스회사는 목적물을 리스이용자의 사용수익에 필요한 상태로 유지시킬 의무가 있다고 할 것(민 623조)이나 금융리스계약에는 임대차에 관한 규정이 그대로 적용되지는 않으므로, 금융리스이용자로 하여금 금융리스물건의 자유로운 사용과 수익을 인정하는 한편 금융리스이용자에게 금융리스물건의 보관과 유지 및 관리책임 나아가 필요한 경우에는 수선책임까지도 부담시키는 경우가 많다.

상법은 금융리스이용자에게 금융리스물건을 수령한 이후에는 이를 선량한 관리자의 주의로서 유지, 관리할 의무를 부담시키고 있다(상 168조의3 4항).

(차) 금융리스물건의 반환의무

금융리스기간이 종료하게 되면, 금융리스이용자는 금융리스업자와 재리스계약을 체결하거나 금융리스업자로부터 금융리스물건을 양도 받은 경우 이외에는 당연히 이를 금융리스업자에게 반환할 의무를 부담하게 된다.

금융리스계약에는 반환을 확실히 하기 위하여 금융리스이용자가 금융리스물건을 반환하지 않는 경우에는 반환할 때까지 금융리스계약이 존속하는 것으로 간주하여 그에 따른 금융리스료 지급의무를 금융리스이용자에게 부담시키는 약정을 하는 경우가 많다.

(카) 재금융리스계약 및 금융리스물건의 구매

금융리스기간이 만료하였다고 하더라도 금융리스물건의 용도가 폐기되는 것은 아니므로 금융리스계약에는 일반적으로 필요한 경우에는 금융리스물건을 지속적으로 사용하기 위하여 재차 금융리스계약을 체결하거나 연장할 수도 있고, 또한 금융리스업자로서는 금융리스물건에 대한 구입 가액을 이미 금융리스료로서 상당부분 회수하였으므로 금융리스이용자에게 금융리스물건을 염가에 매입할 수 있는 선택권을 주는 경우가 많다.

(2) 공급자와 금융리스업자의 법률관계

(가) 금융리스물건에 대한 대금청구

공급자는 금융리스이용자에게 금융리스물건을 인도하고 발급 받은 금융리스물건수령증을 금융리스회사에 제시하여 금융리스물건에 대한 대금의 지급을 청구하게 된다.

금융리스이용자가 금융리스업자로부터 금융의 편의만을 취할 목적으로 금융리스물건이 존재하지도 않음에도 불구하고 공급자와 공모하여 금융리스물건을 인도 받지 않았음에도 마치 금융리스물건을 인도 받은 것처럼 가장하여 금융리스물건수령증을 작성하여 금융리스업자에 교부하는 경우에는 금융리스물건 매매계약의 하자 혹은 불법행위 등에 따른 법률관계가 발생할 것이다.

◆ 대법원 1997.11.28. 선고 97다26098 판결

리스회사가 리스물건 공급자와 사이에 당해 리스물건에 관하여 체결하는 매매계약은 리스회사와 리스이용자 사이에 리스계약이 체결된 후 그 계약상의 의무를 이행하기 위하여 체결하는 것으로 그 목적이 리스이용자가 선정한 특정 물건을 그로 하여금 사용,수익할 수 있도록 리스물건 공급자로부터 이를 구입하는 데에 있으므로 통상의 매매계약과 다르며, 특히 매매 목적물의 기종, 물질, 성능, 규격, 명세뿐만 아니라 매매대금 및 그 지급 조건까지도 미리 공급자와 리스이용자 사이에서 협,결정되고 리스회사는 그에 따라 공급자와 사이에 매매계약을 체결하는 것이 통례이나, 리스물건의 소유권은 처음부터 리스회사에 귀속되어 최종적으로는 그 취득 자금의 회수 기타 손해에 대한 담보로서의 기능을 가지므로 리스회사로서도 그 매매가격의 적정성에 대하여 어느 정도 실질적인 이해관계를 가진다고 할 것이어서, 만일 리스이용자와 공급자 사이에서 미리 결정된 매매가격이 거래관념상 극히 고가로 이례적인 것이어서 리스회사에게 불측의 손해를 가할 염려가 있는 경우와 같은 특별한 사정이 있는 경우에는, 리스물건 공급자는 리스회사에게 그 매매가격의 내역을 고지하여 승낙을 받을 신의칙상의 주의의무를 부담하며 리스회사는 이를 고지받지 못한 경우 위 부작위에 의한 기망을 이유로 매매계약을 취소할 수 있다.

리스회사가 기망을 이유로 리스물건 공급자와의 리스물건 매매계약을 취소하였으나 이미 리스이용자로부터 수회 리스료를 지급받고 리스료 연체로 인한 리스계약의 해지로 리스물건을 회수한 경우, 위 매매계약의 취소로 인한 리스물건 공급자의 매매대금 반환 범위를 판단함에 있어서는 리스회사가 매매대금을 지급한 후에 추가로 지급받은 리스료 및 리스물건을 회수하여 얻은 이익에 상당하는 금액을 공제해야 한다.

◆ 대법원 2001.2.23. 선고 2000다48135 판결

금융리스(finance lease)는 실질에 있어 리스이용자에게 리스물건을 취득하는 데 소요되는 자금에 관한 금융의 편의를 제공하는 것을 내용으로 하는 물적 금융이고, 공(공)리스도 리스물건 대금 상당액의 융자를 받아 이에 이자 상당액을 추가한 금액을 리스료라는 이름으로 반환하는 점에 있어 정상적인 리스와 차이가 없으며 다만 담보역할을 할 것으로 기대되는 리스물건의 존재 여부에 차이가 있을 뿐이므로, 리스물건의 인도가 없는 점에 보증인의 착오가 있는 경우에도, 리스이용자가 리스회사로부터 금융의 이익을 얻어 이를 리스료로 할부변제하는 것을 보증하는 의사가 보증인에게 있었던 이상, 보증인의 위와 같은 착오는 원칙적으로 법률행위의 중요부분의 착오가 아니고 동기의 착오에 불과하다.

또한 금융리스이용자가 이미 자신의 자금으로 구입하여 사용하고 있는 물건에 대하여 리스회사와 금융리스계약을 체결하고 금융리스물건수령증을 교부하여 리스자금을 받는 이른바 중복리스의 경우에도 공리스로 취급하여야 할 것이다.

◈ 대법원 1991.12.10. 선고 90다19114 판결

리스계약은 물건의 인도를 계약성립의 요건으로 하지 않는 낙성계약으로서 이용자가 리스물건수령증서를 리스회사에 발급한 이상 현실적으로 리스물건이 인도되기 전이라고 하여도 이 때부터 리스기간이 개시되고 이용자의 리스료지급의무도 발생한다.

리스계약이 정한 시설대여의 목적물과 같은 종류의 물건을 리스이용자가 구매하여 사용중이라 하더라도 그 물건이 리스계약에 의하여 리스이용자가 구매한 것이 아니어서 리스계약의 목적물이 될 수 없고 따라서 시설대여의 목적물은 어느 것도 아직 리스이용자에게 구매되어 인도된 바 없다.

(나) 금융리스물건의 인도

공급자는 금융리스물건에 대한 매매계약에 따라 금융리스물건을 금융리스이용자에게 인도할 계약상의 의무를 부담하게 되는데, 이른바 제3자를 위한 계약의 성질을 갖는다고 할 것이다.

◈ 대법원 2001.11.27. 선고 99다61736 판결

리스물건 이용자가 리스물건 공급자에 대하여 정당한 이유 없이 리스 목적물의 인수를 거절하고 물건수령증을 발급하지 않고 있는 경우에는 신의성실의 원칙상 물건수령증이 발급된 것과 같이 보아 리스물건 공급자로서는 리스물건에 대한 자신의 의무를 모두 이행한 것으로 봄이 상당하므로 리스회사는 공급자에 대하여 리스물건의 발주계약을 해제할 수 없다.

(3) 공급자와 금융리스이용자의 법률관계

금융리스이용자와 금융리스물건 공급자 사이에는 직접적인 법률관계에 있지는 않지만, 적어도 공급자는 금융리스이용자에 대하여 리스물건을 인도하고 리스물건수령증을 교부 받을 권리가 있다고 할 것이다.

공급자는 금융리스업자와 체결한 금융리스물건에 관한 매매계약에 따른 리스물건 인도의무를 금융리스업자에 대하여 부담하고, 또한 금융리스물건을 공급한 자로서 물건에 대한 하자담보책임을 부담할 뿐이고, 금융리스이용자에게는 아무런 계약상의 책임을 부담하지 않는 것이 원칙이라고 할 것이나, 상법은 공급자가 금융리스이용자와 직접적인 법률

관계에서 인도의무와 하자에 대한 책임을 직접 부담하도록 하고 있다(상 168조의4 2항).

금융리스계약에 있어서 공급자는 당사자가 아니고, 금융리스물건 매매계약에 있어서 금융리스이용자는 당사자가 아님에도 불구하고 공급자로 하여금 금융리스이용자에 일정한 의무를 부담하도록 하고 금융리스이용자로 하여금 공급자에게 직접적인 청구를 인정하는 상법 제168조의4의 이론적 근거에 관하여 다툼이 있을 수 있으나 금융리스거래관계에 있어서의 특수성에 연유한다고 해석하는 것이 타당할 것이다.

다. 금융리스의 종료

(1) 금융리스기간의 만료

금융리스기간이 만료하면 금융리스계약은 종료하게 된다. 다만 금융리스이용자와 금융리스업자 사이에 재계약이나 금융리스물건의 양도약정을 하는 경우도 많다.

(2) 금융리스계약의 해지

(가) 금융리스업자의 계약해지

금융리스계약에 따르게 되지만, 상법은 금융리스이용자가 금융리스료를 지급하지 않거나 혹은 금융리스물건의 보존이나 유지관리의무를 불이행하는 등 금융리스이용자가 금융리스계약상의 책임을 이행하지 아니하는 경우에, 금융리스업자는 금융리스계약을 해지할 수 있고(상 168조의5 1항), 이때 금융리스업자는 금융리스이용자에 대하여 잔존 금융리스료 상당액을 일시에 지급할 것을 구하거나 혹은 금융리스물건의 반환을 구할 수 있도록 하고(상 168조의5 1항), 나아가 손해배상을 청구할 수도 있도록 하고 있다(상 168조의5 2항).

금융리스이용자의 신용이 극도로 악화된 경우 금융리스업자가 중도해지권을 갖는 내용의 약관을 금융리스계약에 포함시키는 경우가 많고, 이러한 중도해지에 따른 법률관계는 금융리스물건의 반환과 잔존 리스료의 일괄 청구로서 나타나게 된다. 특히 상법은 이 밖에도 손해배상액의 청구를 할 수 있도록 하고 있으므로 손해배상액의 예정으로서의 성질을 갖는 손실금 지급약정을 하는 경우도 적지 않다.

(나) 금융리스이용자의 계약해지

금융리스이용자는 중대한 사정변경이 있는 경우에는 3개월 전의 사전 예고를 한 후 금융리스계약을 해지할 수 있으나 이 경우 금융리스업자에게 발생한 손해를 배상하여야 한다(상 168조의5 3항).

이 규정은 금융리스이용자의 이익을 보호하기 위한 것이므로 강행규정으로 해석하여야 할 것이고, 이에 반하는 내용의 약관은 무효라고 할 것이다.

9. 가 맹 업

가. 총 설

(1) 가맹업의 의의

오늘날 프랜차이즈라는 형태의 영업이 편의점, 음식료, 호텔 및 각종 서비스업 분야에서 폭발적으로 증가하고 있는 현실을 고려하여, 상법은 1995년의 개정에서 새로운 상행위의 하나로서 "상호, 상표등의 사용허락에 의한 영업에 관한 행위"(상 46조 20호)를 추가하였으나 그에 따른 구체적인 규정을 두고 있지는 않았다.

한편 2002년에는 이러한 프랜차이즈(가맹사업)에 관하여 가맹사업거래의 공정화에 관한 법률[92] 등이 제정되었으나, 이 법률은 가맹본부(Franchisor)와 가맹점사업자(Franchisee)사이의 공정성을 확보하고 소비자를 보호하는 데 초점을 맞춘 규정들이 대부분이었고, 가맹사업 당사자들의 거래에 따른 법률관계를 규율하기 위한 규정으로는 미흡하였기에 이들의 거래관계는 주로 당사자 사이의 가맹점 계약에 따라 규율되었다. 2010년 개정된 상법은 제2편 상행위 제13장 가맹업에 관한 규정을 신설하여 이에 관한 5개 조항(상 168조의6 내지 168조의 10)을 두고 있다.

상법은 자신의 상호, 상표 등을 제공하는 것을 영업으로 하는 자를 가맹업자라고 하고 이 가맹업자로부터 그의 상호 등을 사용할 것을 허락 받아 가맹업자가 지정하는 품질기준이나 영업방식에 따라 영업하는 자를 가맹상[93]이라고 규정하고 있고(상 168조의6), 가맹업자의 이러한 가맹영업을 가맹업[94]이라고 한다.

가맹상은 가맹업자의 허락을 받아 그 상호 등으로 영업을 하므로 당연히 상인이고 가맹업자도 상호, 상표 등의 사용허락을 하고 그에 따른 대가를 받는 것을 영업으로 하

92) 가맹사업거래의 공정화에 관한 법률은 "가맹사업"이라 함은 가맹본부가 가맹점사업자로 하여금 자기의 상표·서비스표·상호·간판 그 밖의 영업표지(이하 "영업표지"라 한다)를 사용하여 일정한 품질기준이나 영업방식에 따라 상품(원재료 및 부재료를 포함한다. 이하 같다) 또는 용역을 판매하도록 함과 아울러 이에 따른 경영 및 영업활동 등에 대한 지원·교육과 통제를 하며, 가맹점사업자는 영업표지의 사용과 경영 및 영업활동 등에 대한 지원·교육의 대가로 가맹본부에 가맹금을 지급하는 계속적인 거래관계라고 정의를 하고 있다(가맹사업거래의 공정화에 관한 법률 제2조 1호).

93) 가맹사업거래의 공정화에 관한 법률에서는 상법의 용어와는 달리 franchisor(가맹업자)를 가맹본부라고 하고 franchisee(가맹상)를 가맹점사업자라고 한다.

94) 이러한 가맹업은 크게 제조형 가맹업, 생산형 가맹업 그리고 영업형 가맹업으로 나누어 볼 수도 있다.

는 기본적 상행위(상 46조 20호)를 하므로 당연상인이 된다.

(2) 가맹계약

가맹업자와 가맹상 사이에 가맹업 거래를 위하여 체결되는 계약을 가맹계약(프랜차이즈 계약)이라고 하는데, 가맹상은 가맹업자의 지도와 통제 하에 상표 등 경영노하우를 제공 받아 일정한 영업을 하고, 이에 대하여 가맹업자에게 일정한 대가를 지급할 것을 본질적 요소로 하는 비전형적이고 계속적인 유상, 쌍무계약이라고 할 것이다.

가맹상은 가맹업자의 높은 브랜드인지도를 이용하여 영업노하우와 영업기술을 손쉽게 습득하고 작은 자본으로 성공가능성 높은 사업을 창업할 수 있다는 장점이 있으나, 이윤율이 낮고 가맹사업자의 통제와 간섭을 받아 영업의 독창성발휘가 어렵다거나 가맹사업자의 영업노하우가 고정됨으로 인하여 영업발전이 어렵고, 자칫 가맹업자의 잘못으로 브랜드이미지 추락에 따른 손실을 입기 쉽다는 단점이 있다. 한편 가맹업자로서는 성공한 아이템과 브랜드의 인지도를 이용하여, 대규모 자본투입 없이도 조직을 확장할 수 있고 브랜드 관리만으로 사업을 운영하고 독점적인 재료 공급 등으로 안정적인 사업기반을 마련하고 일정한 수수료 수입을 기대할 수 있다는 장점이 있으나, 가맹상의 잘못으로 브랜드 전체의 추락을 감수하여야 하고 영업조직의 일관성과 일사분란성이 미흡하며 가맹상의 속임수로 가맹 수수료 등 수입에 차질을 빚을 수가 있다는 등의 단점이 있다.

가맹계약은 가맹업자의 가맹상에 대한 상표, 상호 등 영업표지의 사용허락,[95] 가맹업자의 가맹상에 대한 영업의 통제 및 조력,[96] 가맹업자의 가맹상에 대한 영업 노하우의 전수,[97] 가맹상의 독립적 지위,[98] 대가의 지급[99] 등을 내용으로 하고 있는데 그 내용의 혼합적 성질로 인하여 가맹계약의 법적 성질에 관하여 견해가 대립하고 있고, 이에 대하여 특약점관계 유사설, 상품매매설, 권리용역임대설 등의 다양한 견해가 있으나 일반적으로는 유상쌍무계약으로서 계속적이고 혼합적 내용을 가진 새로운 계약으로 파악하고 있다.[100]

---

95) 가맹계약에는 영업표지의 사용방법, 사용기간, 사용범위 등에 관한 약정과 가맹계약 종료 또는 영업폐지 등의 경우에 그 영업표지의 회수 방법, 경업금지 등에 관한 약정이 포함될 것이다.

96) 가맹상에 대한 가맹점 운영에 관한 지도, 이미지통합, 영업전략의 통합, 원재료의 공급 등에 관한 약정이 포함되고 특히 이에 따른 가맹업자의 가맹상에 대한 강제행위, 공급거부 혹은 비용전가 등과 같은 불공정행위가 문제된다.

97) 가맹계약에는 영업비밀의 내용과 범위, 비용부담 및 가맹계약기간 중의 영업비밀 준수 혹은 가맹계약 종료 후의 경업금지에 관한 내용 등이 포함된다.

98) 가맹상이 가맹업자의 영업표지를 사용하게 되므로 가맹업자가 가맹상과 거래한 제3자에 대한 책임을 부담시키지 않도록 하는 내용 혹은 책임을 부담할 경우의 가맹업자와 가맹상 사이의 법률관계에 관한 내용 등이 가맹계약에 포함될 것이다.

99) 가맹계약에는 대가의 지급방식(일괄지급과 매출액비율에 의한 지급), 지급시기 및 가맹업자의 가맹상에 대한 회계검사권한 등이 포함될 것이다.

가맹업자의 가맹상에 대한 영업의 통제 및 조력과 관련하여, 가맹업자가 모든 가맹상에게 판매촉진활동의 일환으로 실시하는 할인판매행사에 참여하도록 하는 행위 혹은 판매상품이나 용역을 자기 또는 자기가 지정한 자로부터 공급받도록 하거나 그 공급 상대방의 변경을 제한하는 행위가 독점규제 및 공정거래에 관한 법률이나 약관규제에 관한 법률에 위반되는 불공정행위인지 여부에 관하여 적지 않은 다툼이 있고, 이에 대하여 대법원은 구체적인 경우에 따라 개별적으로 판단하고 있다(대법원 2000.6.9. 선고 98다45553, 45560, 45577 판결, 대법원 2005.6.9. 선고 2003두7484 판결, 대법원 2006.3.10. 선고 2002두332 판결, 대법원 2010.7.15. 선고 2010다30041 판결).

나. 가맹업의 법률관계

(1) 가맹업자와 가맹상의 관계

(가) 기본적 의무

가맹업자와 가맹상 사이의 법률관계는 가맹계약에 의하여 그 내용이 결정되는데 실무상으로 가맹업자가 일방적으로 작성한 보통거래약관에 의하여 가맹계약이 체결되므로 그 내용의 해석은 신의성실에 따라 공정하게 해석하여야 할 것이다(약관법 5조 1항). 특히 가맹사업거래의 공정화에 관한 법률은 “가맹사업당사자는 가맹사업을 영위함에 있어서 각자의 업무를 신의에 따라 성실하게 수행하여야 한다”(가맹사업법 4조)고 규정하여 가맹업자와 가맹상에게 상호 거래를 함에 있어서 신의성실의무를 부과하고 있다.

(나) 가맹업자의 의무

(A) 가맹상에 대한 영업지원의무

가맹업자는 가맹상의 영업을 위하여 필요한 지원을 할 의무를 부담한다(상 168조의7 1항).

가맹업자의 가맹상에 대한 영업 지원업무는 가맹계약의 본질적 부분으로서 그 상세한 내용은 당사자간의 약정으로 정하여지겠지만, 통상적으로 가맹업자가 가맹상에게 부담하는 영업지원의무는 가맹상에게 상표, 상호 등 영업표지를 사용하도록 허락하거나, 가맹상이 영업을 위하여 필요한 운영 노하우 전수, 영업정보 전달 혹은 원료나 제품의 공급 등 필요한 지원업무 등을 포함하게 된다.

(B) 가맹상에 대한 영업권보장의무

상법은 가맹업자로 하여금 가맹상의 영업지역 내에서 동일 또는 유사한 업종의 영업

---

100) 안강현 321면, 이철송 561면, 정동윤 303면, 정찬형 407면, 최준선 421면.

을 하거나 동일 또는 유사한 업종의 가맹계약을 체결할 수 없도록 하여 가맹상의 영업권을 보장하고 있다(상 168조의7 2항).

가맹상의 영업지역은 단순히 장소적인 의미뿐만 아니라 소비자의 분포 혹은 교통적 편의성 등 사회, 문화, 경제적 측면에서 종합적으로 파악하여야 할 것이다.

이 밖에도 가맹상의 영업권을 보호하기 위해서는 가맹업자가 일정한 가맹상을 유지하거나 일정한 홍보행위 등을 통하여 가맹업의 브랜드 인지도를 확보하고 유지하는 것도 포함된다고 할 것이다.

(다) 가맹상의 의무

(A) 가맹업자에 대한 영업권보호 의무

가맹상뿐만 아니라 가맹업자도 상인이므로 상법은 가맹상으로 하여금 가맹업자의 영업권을 보호할 의무도 부담시키고 있는데(상 168조의8 1항), 구체적으로는 가맹계약기간 중에 가맹업자의 영업방식과 영업방침에 따를 의무, 가맹업자의 영업비밀을 보호할 의무, 가맹업자의 신뢰와 명성을 유지하고 해치지 않을 의무 혹은 경업행위를 하지 아니할 의무 등이 있다고 할 것이다.

(B) 비밀준수의무

상법은 가맹상에게 가맹계약이 종료한 후에도 가맹업자의 영업상비밀을 준수할 의무를 부과하고 있다(상 168조의8 2항).

가맹계약기간 중의 이러한 비밀준수의무는 영업권 보호의무에 포함되므로 이 규정은 가맹계약이 종료한 경우에 의미가 있다고 할 것이다.

구체적으로 준수하여야 할 비밀의 내용이나 기간, 지역 등에 관하여는 당사자 사이에 약정이 있을 것이지만, 설령 없다고 하더라도 그 내용이나 가치 그리고 묵비가 필요한 범위 등을 사회의 거래관념에 비추어 합리적인 범위 내에서 개별적으로 판단하여야 할 것이다.

(라) 가맹상의 영업양도

가맹상도 상인으로서 자신의 영업을 자유롭게 양도할 수 있고 이러한 영업양도의 경우에는 상법총칙의 영업양도에 관한 규정에 의하여 규율될 것이다.

다만 가맹상은 비록 독립된 영업을 하는 자이지만, 가맹계약에 따라 가맹업자와 법률관계를 맺고 있는 자이므로, 가맹계약은 일반적으로 가맹상의 가맹점포의 운영 등 영업의 양도를 제한하는 규정을 두는 경우가 많고 이로 인하여 가맹상의 이익이 침해될 우려가 적지 않았다.

이에 상법은 가맹상으로 하여금 가맹점포의 운영 등 가맹계약의 당사자로서의 지위를 포함한 영업의 양도에 대하여 가맹업자의 동의를 받아 양도할 수 있도록 하는 한편 가맹업자는 특별한 사유가 없는 한 가맹상의 영업양도에 대하여 동의하도록 규정하고 있다(상 168조의9).

이처럼 상법은 가맹업자에게 특별한 사유가 없는 한 가맹상의 영업양도에 동의하여야 할 의무를 부담지우고 있으므로 가맹업자의 특별한 사유없는 동의거부는 의무불이행으로 인한 손해배상청구의 대상이 된다고 할 것이다.

한편 영업을 양도한 가맹상은 영업양수인에 대하여 경업금지의무를 부담하게 되고(상 41조), 그 밖에도 가맹업자에 대하여도 경업금지의무 등 영업권보호의무(상 168조의8 1항)와 영업비밀 준수의무(상 168조의8 2항)를 부담한다고 할 것이다.

(2) 가맹상과 제3자의 관계

가맹상은 독립된 상인으로서 제3자와 상거래행위를 하게 되면 그에 따라 법률관계가 형성될 것이다.

(3) 가맹업자와 제3자의 관계

가맹업자가 제3자와 상거래행위를 하면 그에 따라 법률관계가 형성되는 것은 당연한 것이라 할 것이지만, 특히 가맹상과 거래한 제3자와 가맹업자가 어떠한 법률관계를 갖게 되는지가 문제될 수 있다.

가맹상은 가맹업자와는 독립된 상인으로서 별개의 권리의무의 주체이므로 가맹상과 제3자 사이의 법률관계는 원칙적으로 가맹업자에 대하여 아무런 영향을 미치지 않는다고 할 것이다. 그러나 가맹상이 가맹업자의 사실상의 대리인 혹은 피용자이거나 명의차용자인 지위를 갖는 경우에는 각각 해당 법리에 따라 가맹업자도 책임을 부담하는 경우가 있을 수 있고, 또한 가맹업자가 제조한 상품을 가맹상에게 제공하여 이를 판매토록 한 경우 가맹업자는 제조물책임의 법리에 의하여 제3자에 대하여 책임을 부담하게 되는 경우도 있을 수 있게 된다.

가맹업자가 가맹상과 제3자의 거래에 관하여 법률상 책임을 부담할 수 있을 것으로 예상할 수 있는 것은 표현대리책임(민 125, 126조, 129조), 조합관계로 인한 책임(민 703조), 사용자책임(민 756조), 명의대여자로서의 책임(상 24조) 및 제조물책임(제조물책임법 3조) 등이 있을 수 있다고 할 것이다.

다. 가맹계약의 종료

(1) 종료사유

가맹계약은 계약기간의 만료로 종료하게 되고 당사자간에 약정한 해지사유가 발생하면 계약이 종료하게 된다.

이 밖에도 상법은 가맹계약에 존속기간에 대한 약정의 유무와 관계없이 각 당사자는 부득이한 사유가 있으면 상당기간을 정하여 예고한 후 계약을 해지할 수 있도록 하고 있다(상 168조의10). 다만 가맹사업거래의 공정화에 관한 법률은 가맹업자가 가맹상의 계약위반을 이유로 가맹계약을 해지하려는 경우에는 가맹상에게 2개월 이상의 유예기간을 두고 계약의 위반 사실을 구체적으로 밝히고 이를 시정하지 아니하면 그 계약을 해지한다는 사실을 서면으로 2회 이상 통지하도록 하고 있다(가맹사업법 14조).

한편 가맹사업거래의 공정화에 관한 법률은 가맹계약기간이 만료함으로써 투자자금의 회수에 불이익이 있을 것을 염려하여 가맹상이 가맹계약기간 만료 전 180일 내지 90일 이내에 계약갱신을 요구할 경우에 가맹업자는 가맹상에게 귀책사유가 없는 한 정당한 사유없이 계약갱신을 거절하지 못하도록 규정함으로써 가맹상의 계약갱신권을 인정하고 있다(가맹사업법 13조 1항).[101] 다만 가맹상의 계약갱신요구권은 최초 가맹계약기간을 포함한 전체 가맹계약기간이 10년을 초과하지 아니하는 범위 내에서만 행사할 수 있도록 규정하여 적어도 10년의 계약갱신권을 인정하고 있다(가맹사업법 13조 2항).

(2) 종료효과

가맹계약이 종료하게 되면, 가맹업자는 가맹상으로부터 가맹계약의 이행담보명목으로 지급 받아 보관하고 있던 가맹금을 반환하여야 하고 이때 가맹상이 공급 받은 재료대금 등에 관한 채무가 있는 경우에는 이를 공제한 잔액을 지급하게 될 것이다.

또한 가맹업자로부터 지원 받은 물품이나 자료 등을 약정에 따라 반환하거나 폐기하게 되고, 특히 상표 등 영업표지를 더 이상 사용하지 못하게 될 것이다.

한편 가맹계약에는 가맹상이 가맹계약 종료 후에 가맹업자와 경업을 하지 못하도록

101) 대법원 2010.7.15. 선고 2010다30041 판결은 가맹상의 계약갱신권을 인정한 가맹사업거래 공정화에 관한 법률 제13조에 정면으로 배치되는 내용이라고 할 것인데, 이것은 위 규정이 2008.2.4. 시행된 이후에 가맹점계약이 체결되거나 갱신된 계약인 경우에만 적용되고(위 개정법률 부칙 제4조 참조), 위 대법원 판결의 사안은 그 이전에 체결되어 갱신된 계약을 대상으로 하기 때문이다.

하는 경업금지약정(Non-Competition Agreement)을 하는 경우가 많은데, 이러한 약정은 그것이 사회질서 혹은 신의성실의 원칙에 어긋나지 않는 한 계약자유의 원칙에 따라 유효하다고 할 것이지만, 구체적인 경우에 그 경업금지의 범위, 기간, 장소 등과 관련하여 다툼의 여지가 적지 않다고 할 것이다.

10. 채권매입업

가. 총 설

우리나라도 경제가 발전함에 따라 영업상의 거래채권 특히 상인들의 소비자를 상대로 한 외상매출채권이 증가하게 되었고 이를 추심하는 것은 적지 않은 비용과 노력을 요구하게 되어 자연스럽게 이러한 영업상 채권의 추심을 위한 방편으로서 타인의 영업상 채권을 매입하여 추심을 전문으로 하는 거래유형 즉 팩토링 거래가 금융의 한 형태로서 자리 잡게 된 현실을 고려하여, 상법은 1995년의 개정에서 새로운 상행위의 하나로서 "영업상 채권의 매입 회수 등에 관한 행위"(상 46조 21호)를 추가하였으나 그에 따른 구체적인 규정을 두고 있지는 않았다.

한편 1998년에는 종래의 시설대여업법과 신용카드업법을 계승한 여신전문금융업법[102] 등이 제정되어 시행되었으나, 이 법률로서, 팩토링거래 당사자들의 법률관계를 규율하기 위한 규정으로는 미흡하였기에 이들의 거래관계는 대부분 민법 특히 계약당사자 사이의 약관에 의하여 규율되어 오던 중, 2010년 상법개정으로 상법 제2편 제14장으로 채권매입업을 신설하여 2개의 조항을 마련하고 있으나(상 168조의11, 168조의12) 그 내용이 빈약하여 여전히 민법과 당사자 사이의 약관 등에 의존할 수밖에 없다.

상법은 타인의 물건, 유가증권의 판매, 용역의 제공 등에 의하여 취득하였거나 취득할 영업상의 채권을 매입하여 회수하는 것을 영업으로 하는 자를 채권매입업자라고 규정하고 있으므로(상 168조의11), 이러한 채권매입업자의 영업을 채권매입업[103]이라고 한

102) 여신전문금융업법에서는 여신전문금융회사가 행할 수 있는 업무로서 기업이 물품 및 용역의 제공에 의하여 취득한 매출채권의 양수·관리·회수 업무를 들고 있다(1998.1.1. 시행된 여신법 46조 1항 6호 및 2009.2.6. 개정된 여신법 46조 1항 2호).

103) 우리나라에서 채권매입거래는 채권매입업자가 양수받은 채권을 채무자로부터 회수하지 못한 경우에 판매상인에 대하여 상환청구권을 갖는지 여부에 따라 진정팩토링과 부진정팩토링으로 구별되고, 채권의 변제기 전에 판매상인에게 채권의 대가를 미리 지급하는지 여부에 따라 선급팩토링과 만기팩토링으로 구별되며, 판매상인이 채권매입업자에게 채권을 양도한 경우에 이를 채무자에게 통지하는지 여부에 따라 통지식팩토링과 비통지식 팩토링으로 구별하게 되는데 우리나라의 경우에는 선급식의 부진정팩토링의 방식에 의하는 경우가 많고 특히 판매상인이 매출을 함에 있어서 채무자로부터 채권양도승낙서를 받아 이를 팩토링회사에게 교부하는 방식으로 이루어지고 있다.

다. 채권매입업자는 상법에서 규정하는 기본적 상행위(상 46조 21호)인 채권거래를 영업으로 하므로 당연상인이 된다.

이 같은 거래를 통하여 상인은 영업상의 거래에서 취득한 채권을 그 변제기가 도래하기 전에 타인에게 처분함으로써 그 채권의 변제기 전에 자금을 회수하는 것이 가능하게 된다.

나. 채권매입거래의 법률적 구조

채권매입업(팩토링: factoring)은 채권매입업자(팩토링회사: factor)가 판매상인(거래기업: client)으로부터 그 영업에서 생긴 현재 및 장래의 외상매출채권을 일괄매수하고, 판매상인에 갈음하여 판매상인이 그 거래상의 채무자(소비자: customer)에 대하여 가지는 매출채권을 추심하는 동시에 그 판매상인에 대하여 금융의 제공, 회계관리, 경영의 제공 등을 인수하는 것으로서 이러한 채권매입 거래는 채권매입업자와 판매상인, 그리고 판매상인의 고객(채무자) 등 삼면적인 법률관계로 구성된다.

채권매입업(팩토링)은 기업이 자신의 매출외상채권을 유동화하여 이 채권을 담보가치로 파악하여 금융기관으로부터 대출받는 이른바 매출채권담보금융거래와는 달리 채권의 양도 행위가 존재한다는 점에 그 특징이 있다.

채권매입업자(팩토링회사)와 판매상인(거래기업)은 특정한 영업과 관련하여 발생한 채권을 일괄하여 매입하기로 하는 약정 이른바 채권매입약정(팩토링계약)[104]을 체결하고, 판매상인(거래기업)은 채무자와 신용거래를 하여 외상매출채권을 발생시키게 된다. 판매상인(거래기업)은 채무자에 대한 외상매출채권을 채권매입업자(팩토링회사)에게 양도[105]하고 채권매입업자(팩토링회사)로부터 채권대금을 지급[106] 받게 된다. 이에 따라 채권매입업자(팩토링회사)는 채무자(소비자)로부터 외상매출채권을 추심하여 만족을 얻게 되는 것이 채권매입거래의 기본적 구조라고 할 것이다.

---

104) 이러한 채권매입계약(팩토링계약)에서는 양도채권의 대상이나 범위, 수수료율, 거래기업의 예상채무자에 대한 신용조사 및 거래기업에 대한 통지 등의 업무범위에 관한 약정, 계약기간 등을 내용으로 하게 되고, 이러한 계약의 법률적 성질과 관련하여 일반적 견해는 계속적인 채권계약으로서 특수한 혼합계약으로 파악하고 있다.

105) 채권매입약정이 부진정팩토링인지 진정팩토링인지 여부에 따라 그 범위와 조건이 다르게 되는데, 진정팩토링의 경우에는 채권의 양도로 볼 수가 있지만, 부진정팩토링의 경우에는 단순히 추심할 수 있는 권한만을 부여하는 등 매출채권의 추심과 관리를 위탁하는 내용으로 이루어진 경우도 있다.

106) 선급팩토링의 경우에는 만기 때까지의 이자와 수수료 등 비용이 공제되고, 특히 선급팩토링이 부진정팩토링과 결합된 경우에는 만기까지의 금융을 제공하는 기능을 하게 되어 그 법적 성질이 채권의 매매라기보다는 소비대차로서 파악하는 것이 타당할 것이다.

다. 채권매입거래의 법률관계

(1) 채권매입업자와 판매상인의 관계

채권매입업자와 판매상인은 기본적인 채권매입계약을 통하여 향후 일정기간 동안에 판매상인이 매출한 채권의 매매에 관한 기본적인 약정을 하게 되고, 이러한 기본적 계약에 따른 이행으로서 판매상인이 발생시킨 매출채권에 대한 개별적인 양도와 대금의 지급 등의 행위가 이루어지게 된다. 이러한 채권매입 거래의 대상이 되는 채권은 양도가 가능한 지명채권이라고 할 것이고 당연히 지명채권양도에 관한 방식(민법 450조)에 따라야 하므로 채권양도인인 판매상인은 자신의 채무자에게 채권매입업자에 대한 채권 양도를 통지하여야 한다. 실무상 이와 관련하여 판매상인은 채무자(소비자)에게 매출을 함에 있어서 채권양도승낙서를 받아 이를 채권매입업자에게 교부하는 방식으로 이루어지고 있다.

채무자(소비자)가 지급불능일 경우 채권매입업자가 판매상인에 대하여 상환을 청구할 권리가 없는 진정팩토링의 경우에는 채권매입업자가 채무자의 신용에 대한 위험을 부담하게 된다.

상법은 원칙적으로 채권매입업자의 상환청구를 인정하되(상 168조의12 본문) 예외적으로 채권매입계약에서 다르게 정할 수 있도록 함(상 168조의12 단서)으로써 부진정팩토링을 원칙으로 하고 진정팩토링을 예외적인 모습으로 취급하고 있다.

(2) 채권매입업자와 채무자의 관계

채권이 양도되었더라도 채무자는 그 양도통지를 받은 때까지 양도인에 대하여 생긴 사유로서 양수인에게 대항할 수 있으므로(민 451조 2항), 채무자는 자신에 대한 판매상인의 매출채권이 양도되었더라도 자신이 가진 판매상인에 대한 항변을 채권매입업자에 대하여 행사할 수 있고, 자신이 가진 채권을 자동채권으로 하여 상계를 주장할 수도 있다. 실무상 이를 피하기 위하여 채권매입업자는 채권매입을 함에 있어서 판매상인을 통하여 채무자로부터 채권양도 승낙의 의사표시를 기재한 내용의 서면을 받고 있는데, 이로써 채무자는 채권양도를 승낙한 것으로 되어 양도인에 대한 사유로서 양수인에게 대항할 수 없게 되고(민 451조 1항 본문), 결국 채무자는 판매상인에 대하여 대항할 수 있는 사유로 채권매입업자에게 대항할 수 없게 된다.

부록: 유형별 사례

Ⅰ. 상행위 / 상인자격

1. A는 1년 전부터 KH대학교 후문인근에서 원룸 10개를 KH대학생들에게 매월 일정액을 받고 빌려주면서, "KH 원룸하우스"라는 간판을 붙이고, 관리인을 고용하여 원룸하우스의 건물관리 및 입주대학생들로부터 월세 수납 등의 업무를 시키고 있었다.

   가. KH 원룸하우스는 A가 딸을 결혼시킨 후, 자신은 인근의 작은 아파트로 이사를 가고 자신이 딸과 살고 있던 단독주택을 학생용 원룸으로 개조하였던 것이다. A가 위 단독주택을 매수할 때인 약 6년 전 친구 B로부터 돈 1억원을 빌린 후 갚지 않고 있었는데, A가 원룸하우스 사업을 하면서도 차일피일 미루고 B에게는 돈을 갚지 않자, B는 A에게 돈을 갚을 것을 요구하면서 이에 응하지 않으면 소송을 하겠다고 한다. A의 딸 Q는 어디서 무슨 말을 들었는지 A에게 B의 돈은 더 이상 갚지 않아도 되니 걱정하지 말라고 한다. 과연 그럴까?

   나. 만약 A가 6년 전부터 "KH 원룸하우스"를 운영하여 왔고, 그 당시 A는 퇴직금을 가지고 KH대학교 후문 인근의 작은 건물을 임대하여 "KH 원룸하우스"를 꾸미는 과정에서 친구 B로부터 돈 1억원을 빌렸던 것이라면 결과는 달라질까?

   다. 2012. 9. 10.경 A는 자신을 찾아 온 친구 D가 퇴직 후 귀농하려고 하는데 돈이 필요하다고 하기에 D에게 돈 5천만원을 빌려주면서 "5천만원을 2013. 1. 10.까지 갚기로 한다"라는 내용만이 적힌 차용증을 받았다.

   A는 D에게 돈 5천만원과 함께 이자를 요구할 수 있을까?

   만약 가능하다면 몇 %의 이율로 계산한 이자를 요구하여야 할까?

2. 역술가 A는 약 7년 전부터 오피스텔을 임대하여 출입구 앞에 "A 운명철학원"이라는 자그마한 표지판을 붙이고, B를 고용하여 접수와 회계 등을 맡도록 한 뒤 찾아오는 사람들에게 작명과 운명감정 등을 하여주고 일정한 수고비를 받아 왔으나 세무서에 사업자 등록은 하지 않고 있는 실정이다.

   가. A의 운명철학원이 있는 오피스텔 1층에 있는 "Z부동산중개소"의 Z는 평소에 A가 신통하다는 소문을 퍼뜨려 주고, 많은 사람들을 소개하여 주었다. 그런데 약 6년 전 Z의 점포 소유자 K가 Z에게 점포 보증금을 올려 달라고 하자, Z는 A에게 이런 사정을 말하면서 돈을 빌려 달라고 하였고 A는 Z의 부동산 중개사무소가 계속 있는 것이 자신에게 도움이 될 것도 같아서 돈 3000만원을 Z에게 빌려 주었으나 그로부터 한 달 후 뒤 Z는 돈 1,000만원만을 갚은 뒤 종적을 감추었고, 최근에 A가 Z의 행방을 알게 되었으나 Z는 지급을 거절하고 있다.

   A는 Z로부터 돈을 돌려 받을 수 있을까?

   나. 만약 위 "가 항"과 같은 이유로 1년 전에 A가 Z에게 직접 돈을 빌려준 것이 아니라 Z가 S은행으로부터 대출을 받는데 보증을 섰던 것인데, Z가 이행기에 대출금의 변제를 지체한 경우, S는 Z에 앞서 A에 대하여 그 대출금의 변제를 청구할 수 있을까?

Ⅱ. 상업사용인

1. A 회사는 특수광물의 개발과 매매를 주된 영업목적으로 하고 있다.

가. A 회사는 영업부 팀장인 갑과 을을 공동지배인으로 선임하고 이들에게 특수광물의 매매영업에 관한 지배권을 부여하면서 5억원 이상의 거래에 관하여는 영업담당상무 T의 승인을 받도록 하였으나 지배인등기는 하지 않은 상태이다.

이에 따라 갑은 "A 주식회사 영업본부장"이란 직함의 명함을 사용하면서 활발히 영업활동을 하였고, 갑을 통하여 A 회사가 B 회사 등과 체결한 계약은 모두 이행되었다. 그 후 갑은 D 회사와 A 회사 명의로 오산화 바나듐이라는 특수금속 10억원 상당을 구매하기로 하는 계약을 체결하였는데 이행기에 도달할 때쯤 국제시세가 급락하여 만약 이 계약을 이행하게 된다면 A 회사로서는 매우 큰 손실을 부담할 우려가 있게 되자 D 회사에 대하여 위 오산화 바나듐 매매계약을 부인하거나 이행하지 않으려고 계약에 대한 법률적 검토를 하고 있다.

(1) 갑은 지배인등기를 하지 아니하였으므로 갑은 A 회사의 지배인이 아니고 따라서 A 회사와 D 사이의 계약은 유효한 계약이 아니라는 주장이 가능할까?

(2) 갑은 을과 공동지배인이므로 갑이 단독으로 체결한 D 회사와의 계약은 무효라는 주장이 가능할까?

(3) 갑이 D 회사와 체결한 계약은 지배권의 제한을 초과한 계약이므로 효력이 없다는 주장이 가능할까?

나. A 회사는 갑을 지배인으로 등기를 한 사실이 있었으나, 갑이 D 회사와 계약을 체결할 당시에는 갑을 해임하였다. 다만 지배인 해임등기는 아직 마치지 못한 상태였다면 A회사는 갑이 D 회사와 체결한 계약의 효력을 부인할 수 있을까?

다. A 회사의 직원 G는 갑이 거래계약을 성사시키고 성과급을 받는 것이 부러운 나머지 자신도 성과급을 받아볼 요량으로 M 회사와 1억원에 상당하는 세륨의 거래계약을 체결하였으나 희토류인 세륨의 국제가격이 급락하자 A 회사는 계약의 효력을 인정하지 않고 있다.

(1) G가 A 회사의 영업본부장이라고 기재된 명함을 제시하였고 옆에 있던 A 회사의 직원도 G에게 영업본부장이라고 호칭하기에, M 회사의 대표이사는 G가 A회사를 위하여 계약을 체결할 권한이 있는 것으로 믿고 G를 통하여 A 회사와 세륨의 거래계약을 체결하였다면 M 회사는 A 회사에 대하여 세륨의 계약에 관하여 이행을 요구할 수 있을까?

(2) 만약 G가 M 회사의 대표이사와 세륨계약을 체결하기 약 1개월 전에 A 회사를 퇴직한 상태였더라도 M 회사는 A 회사에 대하여 세륨의 계약에 관하여 이행을 요구할 수 있을까?

(3) 계약당시 A 회사의 판매과장이었던 G는 자신의 명함을 내보이며 계약을 성사시킬 목적으로 자신에게도 A 회사를 위하여 매매계약을 체결할 권한이 있다고 자신의 권한을

과장하였고 대동하였던 A 회사의 직원 S도 이를 수긍하기에 M 회사의 판매담당 과장은 이를 믿고 G를 통하여 A 회사와 세륨의 거래계약을 체결하였다면 M 회사는 A 회사에 대하여 세륨의 계약에 관하여 이행을 요구할 수 있을까?

2. G화재해상보험 주식회사에서 자동차사고 보상부장으로 근무하는 A는 자동차사고로 인한 손해배상과 관련된 소송업무를 수행하기 위하여 G회사의 상업등기에 지배인 등기를 하고 그에 관한 업무를 전담하고 있는 자이다. 한편 A의 친구 B는 자신이 설립하여 운영하던 인터넷관련 벤처회사 T의 사업 규모가 커지게 되자 A에게 T회사의 사외이사가 될 것을 제의하였고, A는 사외이사는 하는 일도 없고 그저 형식적인 지위로만 생각하면 된다는 B의 말을 믿고 깊은 생각 없이 G회사에는 알리지도 않은 채 T회사의 사외이사가 되었고 그에 따라 일정한 보수를 받아 왔다.
그런데 G회사에서 보상담당 이사의 자리를 놓고 A와 경쟁하던 D가 이러한 사실을 어떻게 알았는지 G회사 감사실에 제보하였고, 상장회사인 G회사로서는 이런 문제가 공식적으로 알려진 이상 법률에 따라 A에게 엄격한 책임을 추궁하려고 한다면 어떤 조치를 취하여야 할까?

Ⅲ. 상 호

1. 재벌그룹인 태성그룹은 승용차를 제조하는 태성자동차주식회사, 종합건설업을 하는 태성건설주식회사, 석유화학업을 하는 태성화학주식회사, 백색가전제품을 생산하는 태성전기주식회사, 컴퓨터, LED부품을 생산하는 태성전자주식회사 및 건설 화학 플랜트 관련업을 하는 태성엔지니어링주식회사 그리고 그룹의 상호 등을 관리하는 태성물산 주식회사 등이 핵심계열사를 구성하고 있다.

   가. 만약 A가 부천에서 가전제품 부품회사를 설립하면서 회사의 상호를 주식회사 태성전기전자라고 정하여 등기까지 마쳤다. 태성물산에서는 주식회사 태성전기전자가 태성전자주식회사의 상호를 사용하는 것 같아 변경을 요구하였으나 거부당하였다. 태성물산에서 주식회사 태성전기전자로 하여금 그 상호를 사용하지 못하도록 하기 위하여 어떤 조치를 취하여야 할까?

   나. 태성그룹의 창업자가 사망한 후 상속과정에서 태성그룹이었던 태성전자주식회사는 주식회사 TS전자로 상호를 변경한 뒤 회사등기를 마쳤는데, 서울에는 이미 Q가 1인회사로서 경영하는 영세규모의 중고가전품 매매업체인 TS전자 주식회사라는 상호가 등기되어 있었다.

      ⑴ TS전자 주식회사는 주식회사 TS전자로 하여금 그 상호의 사용을 금지하도록 할 수 있을까?

      ⑵ TS전자 주식회사가 용산전자상가에서 주로 중고 컴퓨터의 제조 및 판매를 영업으로 하는 영세회사라고 하더라도 주식회사 TS전자에 대하여 상호사용을 금지하도록 할 수 있을까?

   다. 위 "나 항"의 경우에 주식회사 TS전자는 법률적 다툼을 피하려고 한다.

      ⑴ 차라리 돈을 지불하고 TS전자 주식회사로 하여금 그 상호를 양도하거나 사용을 포기하도록 하는 것이 가능할까?

      ⑵ 만약 TS전자 주식회사가 사업이 여의치 않아 부도를 내고 Q가 구속되고 사실상 폐업상태에 이르게 되자, 채권자 M은 자신의 채권을 탕감하는 조건으로 TS전자 주식회사라는 상호만을 양도 받았는데 주식회사 TS전기는 이를 알면서도 Q로부터 TS전자 주식회사의 영업을 양도를 받으면서 그 상호도 함께 양도받고 등기를 마쳤다면 누가 TS전자 주식회사의 상호에 대하여 권리가 있을까?

Ⅳ. 영업양도

1. A는 지하철 2호선 교대역 10번 출구 옆에서 "엄마손"이라는 상호로 전통 순두부 음식점을 운영하여 속칭 대박집으로 소문이 나게 되었지만 자신의 남편이 고혈압으로 고생하게 되자 "엄마손" 순두부집을 그만두고 귀향하려고 하고 있었다.

   한편 B는 아버지가 사망하고 받은 상속재산으로 사업을 하려고 업종을 물색하던 중 마침 "엄마손"에서 우연히 순두부를 먹고 그 맛에 반하여 A로부터 "엄마손" 순두부 음식점을 인수하기로 하였다. B는 A에게 권리금으로 금 5억원을 지급하면서, A와 점포 소유자 X사이의 점포 임차계약을 승계하는 한편 A로부터 순두부의 조리방법과 양념 그리고 주방설비, 그릇과 식탁 등 접객설비 일체 및 "엄마손 순두부"라고 그려진 간판 등 음식점 시설일체를 인수하였으나 종전의 "엄마손"순두부집이 부담하고 있던 채무의 처리방법이나 직원의 고용문제에 대하여는 별도의 약정이 없었다. A는 "엄마손"이라는 상호를 별도로 등기하지는 않았었지만, B는 "엄마손"주식회사를 설립한 뒤 별다른 행사 없이 종전의 "엄마손 순두부"라는 간판의 표기 옆에 다소 작은 글씨로 "엄마손(주)"라고 새로 부기한 후 종전의 관리담당 지배인 R, 주방장 S 및 casher M 등 직원들도 대부분 그대로 고용한 채로 동일한 메뉴로 순두부집을 운영하기 시작하였다.

   가. 그로부터 약 3개월 후 A의 "엄마손" 순두부집에 국산 서리태를 공급하였던 D가 찾아 와서 서리태 대금을 지급할 것을 요구하고 있다면 A와 B 그리고 D 상호간의 법률관계는 어떠할까?

   나. B가 엄마손 순두부집을 인수하면서 인근의 법률사무소들에 대한 미수금 1500만원은 A에게 귀속시키기로 약정을 하였는데, B가 "엄마손" 순두부집을 인수한 지 3개월이 지난 후 이를 모르는 법무법인 K는 직원들 식대 미수금 300만원을 M에게 교부하였으나 M은 이 돈을 횡령하여 도주하였다.

   A와 B 그리고 K의 상호간의 법률관계는 어떠할까?

   다. A가 순두부집을 운영하던 당시 주방장이었던 S가 조리기구를 소홀히 다룬 탓에 보조주방장 Q가 화상을 입고 병원에 입원하고 있던 상태였다면 A와 B 그리고 S 및 Q의 상호간의 법률관계는 어떠할까?

   라. B가 "엄마손" 순두부집을 운영하고 약 1개월쯤 지난 후에 A가 자신의 친구 H와 "교대역 엄마손 합명회사"를 설립하여 지하철 2호선 교대역 1번 출구 인근에서 "교대역 엄마손" 이라는 상호로 순두부와 두부전골 전문점을 개업하였고 그로 인하여 B가 영업에 큰 타격을 입었다면 B에게는 어떠한 구제수단이 있을까?

Ⅴ. 명의대여자의 책임

1. A는 종로에서 자신의 성명을 상호로 사용한 "A 안경점"을 30년 동안 성공적으로 운영하고 있는데 때마침 "A 안경점"의 명성을 잘 아는 A의 오랜 친구의 아들인 B가 A에게 "A 안경점"의 상호를 사용하게 해 달라고 부탁하자, A는 B가 서초동에서 안경점을 개업하면서 "30년의 신용과 전통을 이어온 A 안경점 서초지점"이라는 간판을 걸도록 허용하면서, B로부터 "A안경점 서초지점은 A안경점과 법률상 별도의 영업자이고, 서초점의 운영에 관한 모든 책임과 위험은 B가 부담한다"는 내용의 확인서를 받았다.
   가. B는 안경테와 렌즈 및 콘택트 렌즈도매상들과 거래하면서 "A안경점"의 로고와 상호가 부동문자로 인쇄된 청구서와 영수증을 사용하였고, 명함에도 "A안경점"의 로고를 인쇄하여 사용하였는데 약 1달 전쯤 경기침체로 사업이 부진하자 안경테 도매상 D에게 지급할 렌즈 공급 대금 1,000만원을 지급하지 않은 채 잠적하였다.
      1) D는 B에 대한 렌즈대금을 A로부터 지급 받을 방법이 있을까?
      2) 만약 B가 "A 스포츠 고글판매전문점"이라는 간판을 달고 스키 등 각종 스포츠용 고글을 판매하다가 스포츠 고글 도매상 D에게 대금을 지급하지 않고 잠적한 경우라면 A와 D의 법률관계는?
      3) 만약 D가 제법 큰 도매상이었던 관계로 A와도 거래를 하고 있었고 특히 B와 거래할 때에는 A안경점의 지점이 아니라 B안경점의 명의로 된 세금계산서를 교환하였고, 그 동안 B가 발행한 약속어음을 교부받아 소지하다가 B로부터 직접 상환받았던 경우도 있었다면 A는 D주장을 배척할 수 있을까?
      4) 만약 B가 약속어음을 발행하면서 발행인의 난에 "A 안경점" 이어서 "B"라고 기재하고 "A안경점 서초지점장"의 인영이 나타나 있는 도장을 날인하여 D에게 교부하였다면 A와 B 그리고 D 상호간의 법률관계는?
   나. 만약 B안경점의 직원인 M이 고객인 Q의 검안을 잘못한 탓에 전혀 맞지 않는 안경을 맞추도록 한 탓에 Q로 하여금 안과질환을 얻게 하여 시력교정수술을 받기에 이르도록 하였다면 Q은 누구를 상대로 어떤 책임을 추궁할 수 있을까?

Ⅵ. 상행위 총칙

1. M, R, T는 "A 유기농 농산물판매점"을 동업으로 운영하면서 농민들로 하여금 유기농 방식으로 농산물을 재배하도록 하고 이를 매수하여 유기농 농산물로서 판매하여 왔다.

   가. A 유기농 농산물판매점이 유기농 재배농민들인 B로부터 유기농 배추 10,000포기를, C로부터 유기농 무우 5,000포기를 각각 납품받고 수량을 일일이 확인하지 않은 채 B와 C의 말만 믿고 그대로 판매를 하던 중 일주일 후에 비로소 납품 받은 수량이 부족함을 알게 되었다.

   A 유기농 농산물판매점은 납품받고 약 15일이 지난 후 수량부족을 주장하면서 부족한 부분에 해당하는 대금을 공제하여 지급할 수 있을까?

   나. 만약 A 유기농 농산물판매점이 농업회사 K로부터 납품받은 유기농 매실원액에서 약 1개월 후에 농약 잔존물이 검출되었는데 이것은 K가 병충해를 방지하기 위하여 몰래 저농도 농약을 사용하였기 때문으로 밝혀졌고 이에 따라 A 유기농 농산물판매점은 이미 판매된 유기농 매실원액을 회수하는 등 손해가 발생하였다면, A 유기농 농산물판매점은 농업회사 K에 대하여 어떠한 법률적 책임을 추궁할 수 있을까?

   다. 만약 A 유기농 농산물판매점이 적자로 영업을 중지하고 유기농 농민 Q에게 유기농 딸기 대금을 지불하지 아니 했다면, Q는 누구에게 어떻게 대금을 청구하여야 할까?

2. 농기계 판매회사 갑의 판매대리점 A는, 지방의 농기계 판매상 을로부터 중고농기계를 500만원에 매수하면서 자신이 갑의 대리인이라는 것을 표시하지 않은 채 계약을 체결하였고, 을도 A가 갑의 대리인으로서 중고 농기계를 매수하는 것이라는 것을 전혀 알지 못하였다. 그 후 A는 자신의 중고 농기계 매수행위는 갑을 위한 대리행위라고 주장하면서 자신에게는 책임이 없다고 주장하고 있다.

   가. A는 갑의 대표이사 B로부터 갑 회사를 대리하여 지방의 농기계 판매상들로부터 중고 농기계를 구입할 대리권을 수여받았다.

      (1) 을은 갑으로부터 농기계대금 500만원을 받을 수 있을까?

      (2) A가 임의로 갑의 명의의 액면 500만원의 약속어음을 발행하여 乙에게 교부하였고, 을은 이 약속어음을 지급기일에 갑에게 지급 제시하였다면 갑은 이 약속어음금을 지급하여야 할까?

   나. A가 갑으로부터 대리권을 수여받은 바 없다고 하더라도 을은 갑에게 농기계대금 500만원을 받을 수 있을까?

   만약 갑으로부터 농기계 대금을 받을 수 없다면 A는 누구에게 어떤 법률적 주장을 하여야 할까?

3. A는 자금을 공급하고 B는 판매를 담당하기로 합의한 뒤 소형트럭을 구입하여 동업으로 아파

트주민을 상대로 해산물을 판매하는 영업을 하기로 하였다. 이들은 영덕대게 도매상인 M의 서울 판매점에서 십수차례에 걸쳐 다량의 영덕대게를 구입하였고, B는 외부 영업을 하여야 했기에 M의 운반기사로 하여금 운반해 온 영덕대게를 직접 자신의 간이점포 냉장고에 넣도록 하고 자신은 필요할 때마다 일부를 꺼내어 차에 싣고 다니면서 시내의 아파트에 판매하여 왔고 영덕대게 매수대금은 M의 서울 판매점에서 지급하여 왔다.

가. M이 B에게 싱싱한 영덕대게를 박스당 30만원에 50박스를 구입할 것을 제의하였으나 B는 알았다는 대답뿐 구체적으로 구매를 확약하지는 않고 있는 사이에 M은 일방적으로 영덕대게 50박스를 항상 그랬듯이 B의 간이점포 냉장고에 넣어 놓고 대금을 달라고 한다면 과연 그 대금을 지급하여야 할까?

나. A와 B의 사업은 잘 되는 듯 싶더니 이익의 분배문제로 동업이 파탄에 이르게 되었다. 이때 M로부터 구입한 영덕대게 대금 1,000만원을 지급하지 못한 상태였고, 명품아파트의 주민 H, J, K, F에게 100만원 상당을 공동으로 판매하였으나 아직 수금이 이루어지지 않은 상태였다.

(1) M은 누구에게 그 대금을 청구하여야 할까?

(2) 위 영덕대게 대금은 어디에서 이행되어야 할까?

(3) 명품아파트 주민 누구에게 영덕대게 대금 100만원을 청구하여야 할까?

4. 서울 가락동의 고추도매업자 A회사는 자주 거래하여 왔던, 인천의 양념고추 수입업자 B회사와 1억원의 태국산 건고추 1천톤의 매매계약을 체결하고 약 2개월이 지난 8월경 B회사는 계약에 따라 수입한 고추를 A회사에 인도하려고 하였다.

가. A회사는 그해 가을철 김장용 고추의 수요가 크게 하락할 것으로 전망되자 B회사에 대하여 "김장수요가 자취를 감췄으니 상황을 좀 지켜보자"라고 하면서 수령을 차일피일 미루고 있다면 B회사는 A회사에 대하여 어떤 법률적 조치를 취할 수 있을까?

나. 만약 B가 건고추를 일정한 절차를 통하여 경매로 처분한 뒤 갑자기 유행하는 돼지독감(SI)에 김치가 특효라고 알려지면서 갑작스런 김장수요가 발생하게 되었고 덩달아 고추값이 뛰게 되자, A회사는 B회사에 대하여 계약상의 건고추의 인도를 요구하고 있는데 B회사는 A회사에게 이를 이행하여야 할까?

다. A회사와 B회사는 서로간의 채권채무관계를 3개월 단위로 차감계산하고 잔액만을 상대방에게 지급하는 방식으로 정산하여 왔는데, 이 건 건고추의 거래로 인한 손해배상금으로 A회사가 B회사에게 금 2,000만원을 지급하기로 합의하였다.

(1) B회사의 채권자 M이 이 손해배상금채권 금 2,000만원을 압류하였다면 그 압류의 효력은 인정될까?

(2) 만약 채권자 R의 독촉에 못 이겨 B회사가 A회사에 대한 손해배상채권 2,000만원을 양도하고 이를 A회사에 통지하였다면, A회사는 R에게 금 2,000만원을 지급하여야 할까?

Ⅶ. 익명조합

1. 골재채취권을 가진 A는 "B 토건공영"이라는 상호로 각종 건재의 매매 및 건설중장비 대여업을 하는 B로부터 중장비를 제공받아 골재채취업을 하면서 유류도매상 M으로부터 중장비용 유류를 구입하였으나 사업이 잘 되지 않자 유류대금을 지급하지 않은 채 종적을 감추었다.
   가. A는 B로부터 중장비를 제공받음에 있어서, B에게 그 사용료로서 매달 금 500만원을 지급하기로 하는 약정을 맺은 사실이 있다면 B는 M에게 유류대금을 지급하여야 할까?
   나. A는 B로부터 중장비를 제공받음에 있어서, A와 B가 골재채취업을 동업하기로 하면서 B는 중장비를 제공하고 A는 운영비 등을 부담하여 자신의 이름으로 사업자 등록을 하고 사업의 대표자로서 골재채취업을 하기로 하되 이익여부와 상관없이 메월 매출액의 20%를 B에게 배당하기로 하는 약정을 맺은 사실이 있다면 B는 M에게 유류대금을 지급하여야 할까?
   다. A가 B로부터 중장비를 제공받음에 있어서, A는 골재채취권을 투자하고, B는 중장비를 투자하여 동업으로 골재채취사업을 하여 이익을 50 대 50으로 나누기로 하였으나 필요한 업무는 A만이 도맡아 왔으므로 M은 골재채취업이 A가 단독으로 운영하는 것으로 알고 있었을 뿐 이러한 A와 B의 동업관계를 몰랐다면 B는 M에게 유류대금을 지급하여야 할까?
   라. A는 B로부터 중장비를 제공받음에 있어서, 골재채취권을 가진 A의 골재채취사업에 B가 소유하고 있는 중장비를 1억원으로 평가하여 투자하기로 하면서 A의 골재채취사업에 이익이 있으면 그 이익의 30%를 B에게 배당해 주기로 하는 약정을 하였다.
      1) B는 M에게 유류대금을 지급하여야 할까?
      2) B가 A의 골재채취업에 "B공영토건"의 이름으로 거래 행위를 하도록 하였다면 M은 B에게 유류대금의 지급을 구할 수 있을까?
      3) 만약 A가 골재채취업을 하면서 2년 연속으로 손실을 입어 이익배당을 하지 못하게 된 경우 B는 A에게 1억원의 반환을 구할수 있을까?

Ⅷ. 위탁매매업

1. 서울에서 건어물상을 운영하는 A는 죽변항의 건어물 도매상 B로부터 죽변항의 명물인 고포 미역 100킬로그램을 2,000만원에 구입하고 대금을 모두 지불하였으나 보관장소가 마땅치 않아 50킬로그램은 인도받고 나머지 50킬로그램은 B에게 보관을 부탁하였다.

   가. 3주일 후 A로부터 미역의 반환을 요청받은 B는 3개월 전에 A에게 인도하였던 반건조 한치의 외상대금 600만원이 생각나서 그 외상대금을 받을 때까지 A에 대하여 미역의 반환을 거부하려고 한다면 가능할까?

   나. 만약 B가 운송업자 Z에게 미역의 운송을 맡겼는데 Z는 종전에 B가 자신에게 지급하지 않고 있던 멸치 운송료 20만원을 이유로, B가 자신에게 밀린 운송료를 지급할 때까지 미역을 보관하겠으니 밀린 운송료를 지급해 달라고 한다. A, B 그리고 Z 상호간의 법률관계는 어떨까?

   다. 만약 B가 1주일 전 강구항의 대게 도매상 H의 영업을 상호속용의 조건으로 양수하였는데, H는 A에 대하여 400만원의 대게 외상채권을 가지고 있었다. B는 자신이 양수한 H의 A에 대한 영업상의 외상대금을 받을 때까지 A에 대하여 미역의 반환을 거부하려고 하는데 가능할까?

   라. A는 B에게 러시아산 수입동태 1000짝의 매수를 위탁하면서 1짝당 5만원씩으로 매입하면 수수료로서 1짝당 1000원씩을 주기로 약정하는 한편 B가 보관하고 있던 A의 미역 50킬로그램은 W에게 팔았으니 W에게 인도해 줄 것을 요청하였다.

      (1) B가 자신이 매수하여 기흥의 냉동창고에 비축하고 있던 러시아산 수입동태 1000짝을 A가 지정한 가격에 직접 팔겠다고 A에게 통지하자, 자신이 가격을 너무 비싸게 지정하였다는 생각이 들었던 A는 B에 대하여 수입산 동태의 매수 위탁을 취소하고 싶은데 가능할까?

      (2) 만약 A가 매수를 위탁한 러시아산 동태를 B로부터 직접 매수하기로 하고 그 대금 5,000만원을 송금하자, B는 A에게 약정한 수수료를 지급해 줄 것을 요구하면서 A가 맡긴 미역 50킬로그램의 W에 대한 인도를 거부하고 있다면 A와 B 그리고 W 상호간의 법률관계는 어떠할까?

      (3) B가 A로부터 위탁받은 러시아산 수입동태 1000짝을 1짝당 5만원에 G로부터 매입하기로 하고, A로 하여금 대금 5,000만원을 G에게 직접 송금토록 하였으나 아직 G는 수입동태를 인도하지 않고 있는 상태인데, 사실은 B가 G에게 속아서 경솔하게 이 건 매매계약을 하였고 G는 당분간 수입동태를 인도할 능력이 없는 것으로 밝혀졌다면 A와 B 그리고 G 상호간의 법률관계는 어떠할까?

   마. A는 B로부터 건조 오징어의 판매를 위탁받아 500만원어치의 건조 오징어를 Q에게 판매하였다.

      (1) 그런데 두 달 전 A는 W로부터 금 1,000만원을 빌렸으나 갚지 않고 있는 상태였는데

W는 우연히 A와 Q사이의 건조 오징어매매 소식을 알게 되었다. 때마침 Q에 대하여 채무를 부담하고 있던 W는 자신의 Q에 대한 채무의 변제를 위하여 Q에게 자신이 A에 대하여 가지고 있는 대여금 채권 1,000만원을 양도하였고, 이에 Q는 W로부터 양도받은 A에 대한 대여금채권과 A의 자신에 대한 건조 오징어 판매대금 채권 500만원을 대등액에서 상계처리 하겠다고 통보하였다면 A와 B 그리고 Q 상호간의 법률관계는 어떠할까?

(2) 만약 A에 대하여 대여금채권을 가지고 있던 T가 A의 Q에 대한 오징어 판매 대금채권을 가압류하였다면 A와 B 그리고 T 상호간의 법률관계는 어떠할까?

Ⅸ. 운 송 업

1. 부산에 소재하는 어패류 상인 A는 서울의 조개 도매상 B로부터 키조개 50박스를 냉장상태로 주문받고 이를 납품하려고 부산의 해산물 냉장 특송회사 C에게 운송을 의뢰하였다.
   가. C의 배송직원이 냉장 트럭에 키조개를 싣고 서울에 약속한 시간에 도착하였다.
      (1) A가 화물명세표에 B의 주소와 연락처를 잘못 기재하여 C의 배송 직원은 B의 점포를 찾을 수가 없어 키조개를 인도할 수 없었다면 C는 운송한 냉장 키조개를 어떻게 처리하여야 할까?
      (2) 만약 C의 배송직원이 B에게 냉장 키조개가 도착하였음을 알렸지만, B는 자신이 A와 계약한 품질의 냉장 키조개가 아니라고 하면서 수령을 거부하고 있고, A에게 연락하였더니 A는 노로 바이러스로 인한 장염이 유행하여 키조개 수요가 없어지니까 B가 공연한 트집을 잡는 것이라면서 그냥 B에게 전달하라고 억지를 부리고 있는데, 냉장 키조개를 장시간 냉장차량에서 보관할 경우 육질이 물러져서 상품가치가 크게 하락할 우려가 있게 되는데 C는 이를 어떻게 처리해야 할까?
   나. C의 배송직원이 냉장조개를 운반하던 중 졸음운전으로 인하여 경부 고속도로에서 다른 차량과 충돌하여 트럭의 냉장기능이 상실된 상태에서 키조개가 장시간 트럭에 있게 된 탓에 신선도가 저하되어 가격의 하락이 예상된다면,
      (1) C는 누구에게 어떤 책임을 부담하게 될까?
      (2) 만약 A와 C가 체결한 운송계약에 고의로 인한 경우 이외에는 책임을 부담하지 않기로 하는 특약이 있었다면, C는 이 건과 관련된 책임을 부담하지 않는가?
   다. 만약 A의 청구에 의하여, C는 A가 교부한 화물명세표를 기초로 운송물인 냉장 키조개에 대하여 수하인을 B로 한 기명식화물상환증을 교부하였고, 화물상환증을 받은 B는 냉장 키조개가 도착하기 전에 이를 D에게 배서 양도하였다. 냉장 키조개를 운송한 C회사의 배송직원이 B의 직원에게 화물상환증을 요구하였으나, 그간의 배송관계로 낯이 익은 B의 직원 K가 화물상환증이 아직 도착하지 않았으나 도착하는 즉시 C의 서울 연락사무소로 보내줄 것이라는 말을 하기에 이를 믿고 화물상환증과 교환하지 않은 채 냉장 키조개를 K에게 인도하였고 K는 이 냉장 키조개를 시가보다 다소 낮은 가격으로 E에게 매도하였다. 한편 D는 냉장 키조개가 도착할 때쯤에 C에 대하여 자신이 화물상환증을 소지하고 있음을 알리면서 냉장 키조개의 인도를 요구하고 있다.
      (1) B와 D는 어떤 법률관계에 있을까?
      (2) C와 D는 어떤 법률관계에 있을까?
      (3) D와 E는 어떤 법률관계에 있을까?

X. 공중접객업

1. A는 회사의 업무관계로 승용차를 운전하여 지방출장을 다녀오던 중 국도변에 있는 B가 경영하는 모텔에 투숙하게 되었다. A는 B가 일러 주는 대로 모텔에서 50미터쯤 떨어진 공터에 자동차를 주차하였으나 그곳에는 특별한 차량통제시설이나 감시인원이 없어서 그냥 차량 키를 가지고 객실로 올라가게 되었다. 모텔이 한적한 국도변에 있어서인지 접수카운터 뒤에는 "휴대품도난에 유의하시오, 모텔에 맡기지 않은 물품의 도난, 분실등에 대하여는 일절 책임을 부담하지 않음"이란 안내문이 붙어 있었다.
   그런데 그날 밤 마침 객실문의 시건장치가 고장난 탓에 절도범 M이 객실에 들어와 A가 침대 옆 탁자에 놓아 둔 Audemars Piguet(오데마 피게)라는 고급 손목시계와 지갑을 훔치는 것을 알아챈 A가 M을 뒤쫓으려던 중 객실 바닥에 돌출되어 있던 못에 걸려 넘어지면서 무릎을 다쳐 요치기간 6주의 골절상을 입게 되었고 M은 승용차를 훔쳐 타고 달아났다면 A는 B에게 어떤 책임을 추궁할 수 있을까?

판례색인

사항색인

ㄱ

ㄴ

ㄷ

ㅇ

ㅈ

ㅊ

ㅌ

ㅍ

ㅎ

저자약력

유 시 창
변호사(서울 / 뉴욕 주)
경희대학교 법학전문대학원 교수

상법총칙 · 상행위법 [제2판]

2013년 2월 5일 초판 발행
2015년 2월 15일 제2판 1쇄발행

저 자 유 시 창
발행인 배 효 선
발 행 처 도서출판 法 文 社
주 소 413-120 경기도 파주시 회동길 37-29(문발동)
등 록 1957년 12월 12일 제2-76호(윤)
전 화 031-955-6500~6, 팩스 031-955-6525
e-mail (영업) : bms@bobmunsa.co.kr
(편집) : edit66@bobmunsa.co.kr
홈페이지 http : //www.bobmunsa.co.kr
조 판 광 암 문 화 사

정가 31,000원 ISBN 978-89-18-08475-6